以再犯罪风险控制为导向的监狱行刑改革实证研究

YI ZAI FANZUI FEGNXIAN KONGZHI WEI DAOXIANG DE
JIANYU XINGXING GAIGE SHIZHENG YANJIU

刘崇亮 ◎ 著

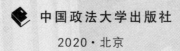

中国政法大学出版社

2020 · 北京

图书在版编目（ＣＩＰ）数据

以再犯罪风险控制为导向的监狱行刑改革实证研究/刘崇亮著. —北京：中国政法大学出版社，2020.8

ISBN 978-7-5620-9622-1

Ⅰ.①以… Ⅱ.①刘… Ⅲ.①监狱－刑罚－研究－中国 Ⅳ.①D926.7

中国版本图书馆 CIP 数据核字(2020)第 154570 号

出 版 者	中国政法大学出版社
地　　址	北京市海淀区西土城路 25 号
邮寄地址	北京 100088 信箱 8034 分箱　邮编 100088
网　　址	http://www.cuplpress.com (网络实名：中国政法大学出版社)
电　　话	010-58908586(编辑部) 58908334(邮购部)
编辑邮箱	zhengfadch@126.com
承　　印	保定市中画美凯印刷有限公司
开　　本	720mm×960mm　1/16
印　　张	22.25
字　　数	380 千字
版　　次	2020 年 8 月第 1 版
印　　次	2020 年 8 月第 1 次印刷
定　　价	89.00 元

目　录

一、研究背景与意义

在刑罚权一体化的运行架构中，监狱行刑在刑事司法实践与理论研究中处于较为尴尬的境地。在当前我国的刑罚改革理论中，相关的知识存量是以刑罚种类与结构为主线展开的，而作为刑罚改革重要环节之一的监狱行刑却在当前的刑罚改革中渐失话语权。譬如，千人千面的罪犯改造，在刑罚知识结构中从应然的角度上看处于非常重要的位置，但是对它的理性反思却总是被有意无意地忽略。极具个性的罪犯改造在刑罚知识系统中被疏忽将不可避免地给刑事司法带来消极影响。"在重新犯罪率居高不下的社会大背景下，罪犯改造更应当在刑罚知识结构中处于中心位置，刑罚、社会、罪犯、监狱四个面的聚集点是罪犯改造，它决定了刑罚的效益、社会的反应、罪犯的未来和监狱的走向。"[1]同样，在行刑的实态中，即从器物层面到制度层面的演化过程里，前者是以刑罚控制观为主导的，这种控制观使得当代中国监狱行刑在器物层面上取得了前所未有的进步。

在监狱惩罚合理化的过程中，由于形成了一整套严格的法定程序，因此罪犯需要面临被支配、被对象化、被客体化、被数字化的物化命运。[2]

正是由于监狱刑罚控制观具有主导作用，因此为了配合监狱器物层面的改革与深化，制度层面上的监狱改革面临着窘境。一方面，从外围来看，在整个刑事司法系统中作为最后一道工序的监狱行刑，相较于刑事立法和刑事司法而言，在整个刑罚权的动态运行机制中更为被动。从某种程度上来看，行刑权甚至依附于刑事立法权与刑事司法权。政治或政策在刑罚权的动态运

---

〔1〕 刘崇亮：《范畴与立场：监狱惩罚的限制》，中国法制出版社 2015 年版，第 15 页。

〔2〕 刘崇亮："本体与属性：监狱惩罚的新界定"，载《法律科学（西北政法大学学报）》2012年第 6 期。

行机制中对行刑权的影响最大，基于立法权与司法权的性质，政治或政策充其量只是对其有间接或宏观上的影响，但对监狱行刑权却具有直接且微观的影响。监狱行刑权本质上属于行政权，所以与政治或政策的关系更为紧密，当此种联系达到一定程度时，监狱行刑便会表现为政治或者政策的工具。[1]

另一方面，从监狱内部来看，监狱在整个刑事司法系统改革中处于被弱化的处境。"劳动改造刑"作为一种社会主义国际经验因为特定的历史原因而被嵌进了中国长达六十多年的监狱行刑实践中。在取得巨大改造效益的同时，监狱的改革与发展仍然处于由政治化向法治化剧烈转型的裂变期。我国的监狱发展迎合了社会发展的情状，既在传统的改造思维中探索，又在理性中借鉴，既在法律文本主义的驱动下起步于依法治监，又受制于长期劳动改造经验的巨大惯性。[2]不管是从微观还是从宏观场面来看，监狱内部的改革都是处于艰难探索的阶段，既要在传统中保留具有中国特色的行刑本体性内容，又要使得改革始终和其他的刑事司法体系改革的步调保持一致。在其他刑事系统改革稳定推进的时候，我国监狱行刑改革不管在目标、原则、体系还是在内容上都仍然不甚清晰。十八大以来，中央在全面深化司法体制改革方面取得了巨大成就，其深度和广度为中华人民共和国成立以来所罕见——司法体制改革紧紧围绕着继续推进以司法责任制为核心的改革试点，完善法官员额制等基础性改革的配套制度，推进诉讼程序制度和审判机制改革，推进人民法院组织机构改革，推进人民陪审员制度改革试点，严格规范减刑、假释制度，强化检察监督制度等。[3]但是，同为刑事司法系统中的一个重要子系统，监狱系统仍强调控制模式下的狱政改革，这就使得监狱系统改革较其他刑事司法系统的改革而言相形见绌。

控制模式依然表现为以对秩序的追求为绝对目的。从理论上说，控制模式具有"犯罪机遇减少方法"的预防特征，控制模式的目的在于依靠严密监控来减少监狱的无序，严格实施监狱规则以使得犯人们不再从事不检点行为。[4]站

---

[1] 刘崇亮："'重重'刑罚观对监狱行刑的效果——以刑法修正案（八）对刑罚结构的调整为分析视角"，载《法制与社会发展》2013年第6期。

[2] 刘崇亮：《范畴与立场：监狱惩罚的限制》，中国法制出版社2015年版，第85页。

[3] 参见 http://www.ce.cn/xwzx/gnsz/gdxw/201601/23/t20160123_ 8507423.shtml，访问日期：2016年6月5日。

[4] Richard Wortly, *Situational Prison Control—Crime Prevention in Correctional Institutions*, Cambridge University Press, 2001, p. 49.

在理性主义的立场去发掘和提出问题，传统的监狱秩序在传统政策的指导下弊端凸显。在当代中国，以控制模式为蓝本的监狱行刑范式显然无法适合当代中国的经济和社会发展水平。因为从本质上而言，以秩序控制为主的监狱行刑模式毕竟是与较为封闭型的社会相联系的。无论从经济社会发展水平还是从刑事法治的发展水平来看，控制型的狱制均已无法适应社会的发展。[1]

　　这种控制模式狱制的负面后果集中反映在近年来的重新犯罪率上。近年来，我国重新犯罪率总体呈明显上升趋势。如图0-1所示，1984年至2006年间我国重新犯罪率几乎增长了一倍。其他数据表明：2006年后我国的重新犯罪率仍处于上升趋势。面对汹涌的犯罪浪潮，国家基于刑罚工具主义的立场，不遗余力地加大刑罚资源的投入。作为刑事司法系统中的最后一道防线，监狱应成为刑罚资源投入的"关键阀"，但监狱"改造失灵"的论调早在20世纪70年代就被"马丁森炸弹"所宣告。在当代中国，监狱行刑效益同样因为"改造失败"的论调而饱受诟病。2013年9月笔者对上海市某重刑犯监狱"二进宫"以上罪犯的调研表明：该监狱在押10年以上的罪犯有2000名，"二进宫"的有481名，"三进宫"的有43名，"四进宫"的有20名，即狱内重新犯罪率为27.2%。当代中国的狱制在较长一段时期里一直是"经验式"的权力改造模式——控制模式。面对如此严峻的重新犯罪形势，"倒逼式"的监狱行刑改革迫在眉睫。

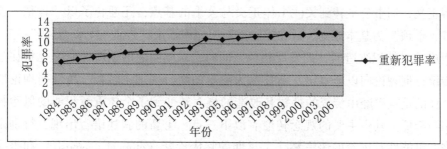

图0-1　1984年至2006年全国重新犯罪率变化图

　　数据来源：根据中国监狱学会2000年编会议资料及2009年江伟人《关于监管改造工作首要标准的思考——以刑释人员重新犯罪为例》一文推算而来。注：重新犯罪率国际通行标准为每100名罪犯的二次以上判刑人数比率。

---

〔1〕　刘崇亮：《范畴与立场：监狱惩罚的限制》，中国法制出版社2015年版，第4~5页。

　　由此，此种"倒逼式"的监狱行刑改革如何与当前整个刑事司法体系改革相契合就成了本书将要着力探讨的关键问题。其是建构在导向性基础之上的，这就意味着原先的监狱行刑思路必须得到根本的转换。从世界范围内的行刑改革趋势来看，降低罪犯的重新犯罪风险应当是绝大部分国家的监狱行刑目的，并以此作为所有监狱行刑器物、制度、政策以及实践的导向。监狱的机能由惩罚机能与改造机能综合而成，不管是在古代监狱还是在现代监狱，任何监狱系统都不可能仅有惩罚机能而没有改造机能或者仅有改造机能而没有惩罚机能，只不过每个国家都会因为政策或者政治的需要而选择偏向一方。但是，不管是改造还是惩罚机能，两者背后共同的根本目的都是降低罪犯的再犯罪风险。美国及其他国家的监狱发展史表明，当代的罪犯矫正（改造）制度是监狱发展的主要方向，它是漫长的惩罚和改造机能演化的结果。这种矫正制度的发展与其说是早期人本主义以及宗教进步的结果，还不如说是精神科学家、心理科学家和社会科学家共同推动的结果。他们的研究成果直接影响了立法者、法学学者、矫正管理人员以及行为科学家对监狱改革的探讨。这种探讨是以罪犯再犯罪风险控制作为矫正改革的发展方向来展开的。[1]

　　同样，本书所主张的以再犯罪风险控制为导向的监狱行刑改革，在理念、原则和目的上不但契合了当代中国刑事司法系统改革所倡导的由关注整体刑事正义、刑事公平转到关注个体正义与公平的基点，还迎合了以"评估、监督、干预"为基本原则、旨在控制重新犯罪率、由"专业-技术-方法"综合而成的"知识改造刑"的发展趋势。同时，对此问题的创新性研究也将促进传统行刑理论向以新术语、新技术为范本的新行刑理论转换。新刑罚理论所关注的重点已经由传统的惩罚和改造的概念转变到了个体重新犯罪的风险控制与降低。其中主要的观念转变有以下三点：①新的叙述语言出现，特别是带有可能性及风险的语言替代了早期的临床诊断（clinical diagnosis）和报应判断。②新制度性目标的形成。观念中的目标不仅是单纯制度性的，还应当是综合性的，传统的改造和犯罪控制目标不断过渡到内部制度性程序的有效控制。减少重新犯罪率已经被视为刑罚的重要目标，但在当代，其在外部社

---

　　〔1〕 Edward J. Latessa & Alexander M. Holsinger, *Correctional Contexts*: *Contemporary and Classical Readings*, Roxbury Publishing Company, 2006, p. 35.

会的影响下有所减弱。③新的技术运用使得罪犯被视为一个整体，而不再仅仅被视为是需要矫正（改造）的个体。[1]

面对不同的犯罪情势，每个国家刑罚改革的方法与路径都不同，但最终的归途均在于刑罚效益的实现。20世纪70年代以来，在世界范围内，因为刑罚矫正主义与刑罚个别主义遭遇空前危机，强调一般预防又兼顾特殊预防的新古典主义刑罚理论走上了前台。持新古典主义刑罚论的学者不但主张以报应作为刑罚实现的评估标准，还主张要考虑犯罪人过去与将来的犯罪，但绝对报应论在刑罚兑现过程中并非能够完全实现。在新古典主义的影响下，强调危险评估与控制的新刑罚理论于20世纪90年代开始受到重视，并导致旧刑罚理论向新刑罚理论转换。在新旧刑罚理论转换的过程中，再犯罪危险的评估受到了前所未有的重视，并以此为自由刑的改革提供了技术支持。基于此，本书所标注的以再犯罪风险控制为导向的监狱行刑改革研究在整体上不仅迎合了新刑罚理论中的一般预防理论，也没有放弃矫正观念下的特殊预防理论。

摒弃理论之争，着眼于刑事司法系统的整体改革，如何降低重新犯罪率将是中国未来监狱改革的突破口，也是本书的主旨。本书将力图在探索诸多监狱改革重要命题的基础之上，勾勒出比较完整的监狱改革蓝图，以期为时下高重新犯罪率背景下的重新犯罪治理提供有益的参考和思路。

二、研究视角和基本思路

就目前国内的相关研究现状来看，学者们从哲学、刑罚学、刑事政策学、犯罪学、社会学、政治学及监狱学等多学科多角度地对监狱行刑改革进行了有益的探索，为我国始发于2003年的监狱行刑体制改革提供了思路。这些研究成果可以被概括为四种观点：①行刑外化论，即强调更新行刑观念，借鉴发达国家有效的监狱行刑制度（如王平：《中国监狱改革及其现代化》，中国方正出版社1999年版）；②行刑价值论，即从行刑哲学论的角度出发，以概念、目标、价值为基础来研究行刑改革的方向选择（如张绍彦：《行刑变革与刑罚实现》，法律出版社1999年版；狄小华："刑罚执行效率论——兼谈我国

---

[1] Malcolm M. Feeley & Jonathan Simon, "The New Penology: Notes on the Emerging Strategy of Corrections and Its Implications", *Berkeley Law Scholarship Repository*, 1992 (1).

的行刑改革",载《犯罪与改造研究》2002 年第 5 期);③行刑功能论,即强调完善监狱的基本功能,具化为监狱行刑改革的法律技术配套运用(如王利荣:《行刑法律机能研究》,法律出版社 2001 年版);④行刑政策论,即将宽严相济的刑事政策的要求内化为监狱具体制度的落实(韩玉胜等:《宽严相济刑事司法政策与监狱行刑改革研究》,中国检察出版社 2010 年版)。中国传统的刑罚理论不像英美等国那样较为注重监狱行刑理论在量刑政策和执行政策中的运用。在监狱行刑理论日益被边缘化的学术研究背景下,上述学者对监狱行刑改革进行了深入研究,为中国的监狱行刑改革提供了理论参考,为理论研究者提供了重要的理论研究资料,为监狱行刑主体扩展了理论研究视野。

就目前一些发达国家的研究现状来看,从再犯罪风险控制的角度研究监狱行刑改革的理论相对较为发达,相关研究成果可谓汗牛充栋,呈现出了以下特点:①研究手段和方法科学,十分注重统计和实证分析。针对如何有效地防治重新犯罪这一问题,发达国家的学者多注意从犯因性需要(criminogenic need)入手定量评估罪犯的再犯风险,对各种因素与重新犯罪原因力进行大量的统计性分析,并充分利用各个层面提供的再犯统计信息(the Statistical Information on Recidivism),具有很强的证明力。②研究内容紧紧围绕着以再犯罪风险控制为目标的矫正(改造)手段的创新。一些学者在经过大量细致的实证研究之后,充分证明了矫正手段的创新是再犯罪风险控制的基本策略,并且促进了行刑领域的改革与创新。③研究成果对监狱行刑具有重大的指导意义,有效地推动了发达国家监狱行刑制度的改革。20 世纪末,英国、加拿大、美国等国一些关于再犯罪风险控制的研究成果推动了监狱制度的改革,一些学者研制的再犯风险评估量表被监狱当局采用,如加拿大的 Case Needs Identification and Analysis 和英国的 the Offender Assessment System。虽然发达国家的研究成果十分丰硕,但因为存在刑事司法制度和监狱运行机制的现实差异,研究只可理性借鉴,切不可全盘照搬,否则只会邯郸学步。因此,我们在讨论中国监狱行刑改革的范式与具体路径时,必须立足于中国国情,在借鉴发达国家先进的行刑经验的基础上,最大限度地实现有益的域外行刑文明的本土化。

但是,当前我国理论界针对监狱行刑改革的研究由于监狱行刑理论学术圈被日益边缘化等原因而存在着不少的问题:

第一，目前的研究过于宏大，对概念、原则、理念的研究居多，导致研究过于宽泛，且缺乏监狱行刑改革的立论基点。监狱行刑改革当然需要目的、理念及原则的指引，但当代中国监狱行刑理论基本上已经对此问题进行了较为明晰的探索，故未来的监狱行刑改革研究更应当在这些基本理论问题研究的基础之上进行技术性的探讨。只有坚持对技术性的环节进行深入研究，才会使得监狱行刑改革具有扎实的技术支撑，监狱行刑的目的、理念及原则才可能被具化为各项微观的刑罚执行制度。

第二，监狱行刑改革的问题研究缺乏明确的导向，尚未对改革的方向和基本范式作出明确的回应。在世界范围内，监狱行刑曾经历过不少典型的行刑范式或者狱政模式。历史上，监狱功能被抽象为一些不同哲学基础的行刑范式，这些行刑范式的哲学常常存在冲突或者竞争，也代表着不同的罪犯改造方案。每个行刑模式对犯罪的原因理论都有着自己的建构，同时也有针对性地提出了具体的方案。到当前为止，近现代监狱狱政改革史上共存在 5 种不同的行刑范式：①医疗或者矫正模式（the medical or treatment model），②改造模式（the rehabilitation or reform model），③社区模式（the community model），④公平或者报应模式（the just deserts or retribution model），⑤正义模式（the justice model）。[1]这五种模式基本概括了监狱行刑的基本模式。问题是，当代中国的监狱行刑改革应当以何种行刑模式作为自己的改革范式？这既是当前我国监狱行刑改革研究的薄弱环节，也是亟待解决的基础性命题。

第三，不注重实证意义上的定量分析，使得研究基础不牢固。当前，我们的监狱行刑研究不管是基础性命题还是技术性环节，定性研究都比较深入，但定量研究以及实证研究却亟待加强。众所周知，英美等国的监狱矫正理论在学理划分上属于犯罪学。作为实证犯罪学的犯罪原因论支撑着监狱矫正理论，"犯罪原因—罪犯矫正"的基本径路如果没有实证或者定量技术作为支撑，其研究基础就会显得太过脆弱。自 20 世纪 70 年代起，在犯罪学较为发达的欧美国家，元分析（meta-analytic）技术得到了充分发展，并被广泛运用于犯罪学或者罪犯矫正理论，使得运用定量分析的方法来对大量的文献进行综合分析得出的研究成果得以陆续发布，极大地促进了对再犯罪控制的

---

〔1〕　Dean J. Champion, *Corrections in the United States-A Contemporary Perspective*, Prentice Hall, 1998, p. 21.

研究。[1]比如，在制定假释政策时，美国假释委员会将如何预测罪犯的再犯罪风险确定为政策指南的重要事项，此外，其还研制了第一代罪犯假释再犯罪风险重要因素量表。重要因素量表的 12 个风险因素都是假释委员会在实践中经过大量的样本分析得出的较为可靠的重要变量。这些指南都经过了 6 个月以上的实验，历经多个版本。这 12 个风险因素最终被划分成 4 种风险类别：非常好（9~11），好（6~8），一般（4~5），差（0~3）。从犯罪学的科学性与精确性来看，定量或者实证方法在一定程度上通常比临床或者经验的判断要精确得多。

　　第四，特别需要指出的是，自 2003 年监狱行刑体制改革以来，我国在改革过程中遇到的一些新问题、新情况亟待在新的研究中得到回应。比如，现行《监狱法》在保障监狱行刑改革方面显然存在不足。作为打击犯罪的刑事法律体系的最后一道防线，《监狱法》应当成为刑罚资源投入的"关键阀"。但事与愿违的是，作为专门规范监狱行刑的《监狱法》自 20 世纪 90 年代中期颁布实施至今，虽然社会形势、法制环境、司法状况、立法水平等已是"轻舟已过万重山"——《监狱法》实施的狱内与狱外环境发生了重大的变化，但《监狱法》仍然没有做出调整。《监狱法》虽然于 2012 年进行过一次修改，但那亦是"不得已"的应时性法律调整，这种应时性的修法无法全面克服《监狱法》与其他刑事法律的冲突，而这只是问题的一方面。更为本质的问题是，如果说法律冲突引起的负面后果尚可以依据上位法优于下位法、新法优于旧法之原则解决，而一部区区 78 条、整体全面落后于当代中国监狱行刑事业的法典要成为行刑法治化的根本前提则是十分困难的。作为调节生活范围界限和协作的法律，它安排各种社会关系：一方面，指派物品、活动领域和统治范围，并且划定界限；另一方面，为人们的合作准备着各种程序和组织形式。[2]为此，本书将对那些在实践中已经出现的新问题、新情况进行回应。

　　针对上述中国监狱行刑改革理论研究存在的问题，本书以刑事一体化为研究视角，对监狱行刑出现的新情况、新问题进行深入分析，以期为中国监

　　[1] M. W. Lipsey, "The Efficacy of Intervention for Juvenile Delinquency: Results from 400 Studies", *Paper Presented at the 41st Annual Meeting of the American Society of Criminology*, 1989.
　　[2] ［德］H. 科殷：《法哲学》，林荣远译，华夏出版社 2002 年版，第 174 页。

狱行刑改革寻找到另一种出路。在研究方法上，本书将重视定量分析与定性
分析的结合、解构与建构，对一些传统行刑理论中的基础命题进行深入分析，
以期最终证成或者证伪。在总体思路上，本书将基于问题意识，以再犯罪风
险控制为导向，对改造刑的本体理论、改造效果理论等监狱行刑的基础命题
进行分析，在此基础上对监狱行刑改革面临的困境进行反思，继而对监狱行
刑改革的目标和范式进行研究，并研制出《中国服刑人员再犯罪风险评估量
表》，最后对监狱行刑的具体改革路径选择进行探索。

本书的主要内容和基本思路大致如下：

第一部分：当代中国监狱行刑改革的立论基础。我们在对监狱行刑改革
理论进行深入探究之前，应当对当代中国监狱行刑改革的一个重要的命题进
行研究，即在行刑实践中，作为整个刑事司法系统中资源投入最多的重要环
节，监狱在行刑过程中对罪犯的改造是否有效。这是一个本源性命题，在世
界范围内都是如此。为了检验罪犯改造是否有效，笔者以中国东、中、西部6
所监狱2000年至2013年的狱内重新犯罪频率作为因变量，以同时期三地的
13项一般性社会经济因素和一般性改造因素为自变量进行两项相关性分析和
多元回归分析。结果发现：仅几项一般性社会经济因素与重新犯罪率显著相
关，在宏观上归因得出"改造无效"的结论。笔者对参加为期1年的循证改
造方案的168名暴力犯进行科学评估与干预，结果发现重新犯罪率显著降低，
在具体个案上得出了"改造有效"的结论。改造刑中的罪犯改造是否有效是
监狱行刑改革理论研究的核心，它涉及改造的根基。

第二部分："倒逼式"监狱行刑改革面临的困境。新时期，监狱行刑面临
的一系列新问题严重影响着刑罚效益的实现。成因包括三个方面：①过度拥
挤的监狱人口规模与监狱行刑效果的冲突；②"重重"刑罚观影响下惩罚机
能的扩张；③"保守"行刑观影响下预防机能的空缺。首先，笔者运用相关
分析方法（Bivariate correlation），对样本国家1990年至2014年间重新犯罪率
的变化与监狱人口规模增长的因素进行了相关分析，探索真正影响我们国家
监狱人口规模的有效因素，进而分析过度拥挤的监狱人口对监狱行刑造成的
负面效果。其次，对监狱惩罚机能的扩张和预防机能的空缺给监狱行刑效果
带来的负面影响进行分析，具体内容包括改造机能弱化、罪犯权利保障机制
受损、改造观念滞后、改造专业化不足、分类改造缺失等。

第三部分：监狱行刑改革目标与范式的选择。监狱行刑改革必须确立一

个目标范畴，否则就会失去改革的动力。"改造刑"的目标是如何使罪犯顺利重返社会，做一个合格的守法公民，而再犯罪风险控制则从技术上提供了支撑的基础。再犯罪风险控制与监狱行刑改革的内在价值与外在机制既高度契合，又互相促进。这就使得监狱行刑是在对犯罪风险控制的基础之上强调对罪犯实施改造。在一些发达国家，矫正刑模式虽仍为主流的行刑模式，但在当代已广受质疑。但我们在没有对矫正模式与中国行刑实践是否契合进行深入反思的情况下，却在监狱行刑实践及理论研究中全面否定了改造刑模式。所以，本部分的内容应当包括三个方面：①当今世界范围内监狱行刑模式的界分；②矫正刑与中国监狱行刑实践的排异与契合；③对改造刑的"改造"。

第四部分：再犯罪风险控制的技术条件：再犯罪风险评估系统（OASys）的本土化构建。对罪犯的再犯风险的控制必须以罪犯的风险评估（risk assessment）为技术前提，我们认为发达国家的监狱行刑理论与实践就是围绕着罪犯的风险评估而展开的。首先，有必要对发达国家罪犯风险评估的发展现状进行介绍，在此，笔者主要介绍英美等国的再犯罪风险评估工具。其次，必须构建适合中国的再犯罪风险评估系统。借鉴英美等国的再犯罪风险评估工具，笔者设计的变量包括罪犯个人基本情况、婚姻家庭情况、就业与收入状况、住宿与社会交往情况、酗酒与吸毒情况、心理与行为状况、犯罪情况及服刑情况等16大类，每大类又被细分，总共细化为60多个预测因子。以此为基础，笔者设计了《中国再犯罪服刑人员风险因素问卷》，完成了对上海、江西、云南三地区监狱系统1000多名罪犯的调查问卷，获得了样本的历史数据。采用相关性分析方法，对所有的预测因子进行筛选，最终研制出了适合我国监狱系统的罪犯风险评估工具。

第五部分：监狱行刑改革的具体制度构建。针对当前我国监狱行刑中存在的问题，监狱行刑制度改革应当紧紧围绕达到对再犯罪风险控制的目的展开。基于此，我们可以考虑构建以下制度：①建立科学的狱内人口规模控制机制。可以考虑在建立完善的罪犯风险评估的基础之上，控制监狱人口增长的入口，扩大假释人口的规模，实现无犯罪风险人口的狱外分流。②基于再犯罪风险控制条件下的罪犯改造自主权的扩张。分别对罪犯改造自主权的法理、价值进行深入分析，并对扩大罪犯改造自主权的路径进行探索。③"改造手段有效原则"具体措施的落实。以目前已有的罪犯心理矫治制度、教育改造制度为基础，建立"风险评估—改造方案"的立项制度。④建立再犯风险评估基础之上的罪犯分类和监狱分类制度。应当在风险评估的基础上对罪犯进行科学分类，改变传统的以犯罪类型为标准的罪犯分类方法，为改造项目的顺利开展奠定基础。建立以监管风险高低为标准的监狱分类制度。以目前的监狱分类制度为参考，以监管风险为依据，建设高度警戒监狱、中度警戒监狱、低度警戒监狱。建立科学的罪犯改造质量评估体系和罪犯出狱评估制度。⑤建立专业化的技术力量平台。

理论系行动的先导。不同于作为解释刑法文本的规范刑法学，监狱行刑理论总是和监狱行刑实践存在紧密联系，它的研究方向通常受到行刑实践的引导和制约。同时因为监狱行刑理论的因时性、政策性、政治性可能比其他刑事法理论更强，其对监狱行刑实践产生的影响可能更为深远。如果监狱行刑理论本身存在着不合理或缺陷，那将会对监狱行刑实践造成误导。所以，我们在探索当代中国监狱行刑改革之前，一些关涉监狱行刑改革的基础理论还必须被厘清，以便正本清源，以为后面的行刑改革范式和路径选择提供理论基础。

第一节　对中国改造刑本体论的反思

邓正来在谈到中国当下究竟需要什么样的法律秩序时曾指出，涉及应当如何认识或定义"中国"时，在一个开放的全球性世界结构中，不仅定义的对象发生了巨大的变化，而且定义本身赖以为凭的话语系统也需要根据当下的立场进行重构，否则我们将没有基本的哲学根据去谈论所谓"中国"法律秩序问题。[1]如何定义改革的对象——具有中国特色的监狱对罪犯的刑罚执行活动——在当下监狱行刑话语系统中具有重要地位。需要指出的是，虽然监狱对罪犯的刑罚执行由惩罚和改造组成，因为惩罚的本质在于通过对自由或者其他权利的剥夺而实现监狱的惩罚功能，因而具有千人一面的特征，自当代中国监狱制度构建起就系其本质机能之存在，只不过因为地区或者历史阶段的不同而在强度或者方式上有所不同，但在属性上并不会发生根本变化。

---

〔1〕　邓正来：《中国法学向何处去——建构"中国法律理想图景"时代的论纲》，商务印书馆2006年版，第30页。

针对于此，本书将不会对惩罚理论或者其依赖的制度进行深入探讨。[1]

其实，监狱行刑改革的实质在于改造罪犯的全部内容。毕竟把一个社会普遍认为的"坏人"变成一个真正意义上的"好人"的重任基本均由监狱改造活动全部承担。为此，改造在人们认识中通常是监狱行刑中最为基础或者最为重要的内容。所以，不管在行刑实践中抑或是在行刑理论中，甚至是在有关的法律法规中，改造一般都被视为监狱行刑的代名词。在日常表述中，人们把监狱视为罪犯改造机关或者罪犯改造场所就是典型的例证。为此，要真正深入研究中国监狱行刑改革的理论，我们首先必须要清楚地认识中国罪犯改造制度的历史与逻辑。

一、改造刑的历史选择

监狱作为国家正式的社会控制和治理机构，自有文字记载的时代起就在华夏文明的体系中占有重要的地位。当然，因为时代的局限，作为负面代名词的监狱一直在中国历史的话语系统中被描述成肉体折磨、精神贬损、罪恶滋生、人性堕落的场所。但若从文明的渐进性来看，不管是未开化的中国古代监狱还是近现代监狱，监狱及其制度的发展都是一部生动的演化史。特别是中国近代以来的监狱史表明：正如中华民族近百年的寻求自我图存的奋斗史一样，监狱行刑的变革甚至革命一直在西风东进的道路上摸索前进，使得这一百多年来的监狱改革运动一直呈现出多样形态。晚清时期沈家本所倡导的"中体西用"的监狱改良运动把西方的教育刑论思想初次运用到中国的监狱行刑实践中。但在那个动荡的时代，中国监狱的现代化历程十分艰难。及至中华人民共和国成立之初，随着各项政治制度的确立，监狱制度自然成了刑事司法制度的重要组成部分。值得称道的是，在整个刑事司法系统中，监狱行刑在制度与实践方面都要领先于其他刑事司法制度。比如，新中国第一部规范监狱行刑的法规《中华人民共和国劳动改造条例》颁布实施于1954年9月7日，而有关侦查、检察、起诉和审判的法律法规的颁布实施则要晚得多。在政治体制苏联化的大背景下，监狱制度在借鉴苏联劳改制度的基础之

---

〔1〕　关于惩罚的课题，本人已经连续出版两本专著，包括《本体与维度：监狱惩罚机能研究》（中国长安出版社 2012 年版）、《范畴与立场：监狱惩罚的限制》（中国法制出版社 2015 年版），关于监狱惩罚制度的改革请参考这两本专著。

上，结合积累的有效经验，作为监狱行刑职能的"劳改队"开创了中国监狱现代化的历程。肇始于社会主义革命理性的"劳动改造"在实践形态上一直履行着监狱行刑的全部功能。

对于以上中国特色的罪犯改造制度，有学者将之概括为"改造刑"。[1]确实，"改造刑"高度概括了新中国六十多年的刑罚执行活动与经验的本体，既在功能上成立又在目的意义上成立。改造既是与惩罚罪犯相并立的监狱行刑功能，同时又是哲学意义上的监狱行刑的最终目的。[2]

改造刑在新中国六十多年的发展中历经了两种发展方向，因此，我们可以把改造刑划分为两个历史阶段，即"政治模式的改造刑"和"法治模式的改造刑"。

政治模式和一般意义上的农业社会非法治式的罪犯改造模式有很大的不同，但又有某种共同性，例如都具有意识形态与实质性的特质。整个20世纪80年代至90年代中期，中国监狱的罪犯改造模式仍然具有实质性的特点，但此时，因为现代商品经济关系已经开始导入，以市场为导向的经济形态也开始在监狱行刑关系中有所体现。一直到20世纪90年代中期（即《监狱法》出台之前），中国社会的变革以商品经济为先导并且逐步扩展到其他领域。在这里特别需要指出的是，中国社会的变化是以改革为中心的。在这场深广的社会变革过程中，农业社会开始向工业化社会过渡，农业社会中的经验模式转变为以契约关系和市场关系来调整社会关系，监狱行刑由传统的政策主导型开始转向法治化，罪犯权利在法学界开始被讨论。"讨论罪犯的权利意味着政府开始走出了单纯从政治角度去理解犯罪，完全以政治原理解释监狱行刑及纯粹以政治标准对待罪犯的时代，开始迈向把犯罪与罪犯作为法律范畴的概念予以理解。"[3]但是，在国家体制下的主导话语权成为变革过程中的主导力量的背景下，把罪犯改造成"新人"仍然是监狱行刑的目标，政治话语权仍然是罪犯改造的主导性力量。在整个20世纪80年代到90年代中期，基本

---

〔1〕 郭明："改造：现代刑罚的迷误及其批判——兼及刑罚范式革命与制度变革的思考"，载《环球法律评论》2005年第5期。

〔2〕 《监狱法》第1条规定："为了正确执行刑罚，惩罚和改造罪犯，预防和减少罪犯，根据宪法，制定本法"，这可谓是国家在法律意义上把改造规定为监狱行刑的功能。而《监狱法》第3条又规定："监狱对罪犯实行惩罚与改造相结合、教育和劳动相结合的原则，将罪犯改造成为守法公民。"在法律意义上，国家又将之规定为监狱行刑的目的。

〔3〕 王云海：《监狱行刑的法理》，中国人民大学出版社2010年版，第64页。

上可以认为，监狱行刑的发展完全和当时的社会发展形态相适应，即处于农业社会向工业社会过渡且并存的监狱发展形态，这也就意味着中国特色的罪犯改造正处于由政治模式向法治模式过渡的阶段。

20世纪90年代中期，中国的社会改革迎来了春天，随着《监狱法》的颁布实施，中国监狱行刑的法治化时代拉开了序幕。随着中国社会改革的深化，经济领域内市场化运作日益规范，市场经济关系本质上是法治型经济形态，它进而蔓延到其他领域也要求法治化。同时，市场经济对监狱本身的运行机制造成了巨大的冲击，监狱职能由分散到专一充分说明了经济形态决定政治形态的法则，当然也对罪犯改造制度产生了深远而广泛的影响。20世纪90年代末以来，中国监狱进行着深刻的变革，监狱的罪犯改造模式处于由政治化向法治化的剧烈转型裂变期，但监狱罪犯改造状况却总体落后于社会的发展。近年来，发达国家的狱制文明深深影响着中国的罪犯改造样态，这不仅体现在法治模式的输入，还包括发达国家的行刑社会化和行刑科学化的思潮引领着改造实践的勃兴。源于发达国家的心理矫治、分级处遇等制度受到了前所未有的重视，大有以矫正模式全面取代基于政治理念的改造模式之趋势。

中华人民共和国成立以来，不管是政治模式还是法治模式，监狱行刑模式都是以改造刑的面目呈现。虽然《劳动改造条例》和《监狱法》都把惩罚作为监狱的主要机能，但或许是基于惩罚的负面影响，惩罚方面的内容基本都在中国的监狱行刑制度叙述中被有意无意地忽略了，使得改造成了中国的监狱行刑实践的同名词。于是，从机构名称到制度（例如劳改队、劳改警察、劳改机关、劳改条例），改造贯穿于整个政治模式阶段。即使是在《监狱法》颁布实施之后的依法行刑法治模式下，实质意义上也仍然带有改造刑的基本特征。这些特征被保持到了现在。

第一，改造刑的立论基础并没有改变。即在长达六十多年中国特色的改造模式中，我国一直坚持把辩证唯物主义和历史唯物主义中"人是可以改造的"的理论作为立论基础。这是政治形态和政治哲学的综合运用。

第二，改造刑把罪犯的思想改造作为罪犯改造的基本原则并以此区别于其他行刑模式。此特征与我国的社会主义政治制度密不可分，也是新中国监狱制度建立以来一直沿袭的传统。

第三，改造刑特别强调改造的强制性。作为法律后果，接受改造与接受惩罚一样不可避免，接受改造成了罪犯监狱生活的重要组成部分。改造刑虽然也主张自愿改造和积极改造，但其前提是有"罪犯应当接受监狱的改造"的法律规定。任何抗拒改造的行为都是违反法律的，这与发达国家罪犯改造的自愿性有所区别。

面对改造刑，当代中国监狱行刑的改革路径面临着三种选择，这三种选择从根本上左右着未来中国监狱行刑的基本模式：

一种选择是全面引进发达国家的矫正模式以替代改造刑模式。在发达国家教育刑论日益缺乏说服力的时代背景下，我们在对发达国家的矫正模式没有充分反思的境况下，似乎大有以"矫正"取代"改造"的倾向。两个词汇的变更不仅在于行刑思潮的跌宕，更在于制度领域的先行。矫正在一时之间成了中国当下监狱行刑实践中最为时髦的词语，基于政治理念的改造模式几乎被全部否定，所谓的"改造刑论"被批驳得"体无完肤"。这种选择明显走的是历史虚无主义的道路。改造刑模式区别于发达国家的矫正模式，是中国监狱制度在历史的演化过程中自我选择的结果。例如，在狱政管理方面，改造刑采取的是半军事化管理，罪犯的劳动、队列训练、生活管理和纪律约束都是半军事化管理的重要体现，也是改造罪犯的重要手段，体现了改造的强制性和义务性，同时也是保持监狱秩序稳定的重要手段。而矫正模式通常采取的是消极管理，罪犯劳动、队列训练和内务卫生等狱政通常以罪犯的自我管理为主，罪犯的自由管理程度较高。如果用矫正模式代替改造模式显然与中国特色的狱政无法契合。

一种选择是全面主张保留改造刑的所有内容，没有必要进行改革。这种主张的理由主要在于全面坚持改造刑体现了我们国家罪犯劳动改造制度的优越性。有的实务部门专家认为，在近七十年的罪犯劳动改造制度实施过程中，我们不但成功改造了包括溥仪在内的伪满战犯和日本战犯，还改造了数百万的普通刑事罪犯。有的学者认为，我国是社会主义国家，以罪犯劳动改造制度为基础的改造刑在政治形态上比发达国家的监狱制度更为先进，因为我们国家坚持了人本主义价值观，并在行刑机能上远离了惩罚的功能，改造效果更为明显。[1]诚然，我们国家的监狱行刑为社会保护、人权保障、经济生产等做出了巨大贡献，但抛弃改革与开放的思维，故步自封，忽略其他行刑文

---

〔1〕 刘崇亮：《本体与维度：监狱惩罚机能研究》，中国长安出版社 2012 年版，第 3 页。

明可资借鉴的有益域外经验，负面后果必定难以避免。

还有一种选择是以中国特色的改造刑为基础，大力引进发达国家的先进做法。自20世纪90年代中期以来，随着国家改革开放步伐的加快，包括监狱制度在内的刑事司法改革有效借鉴了大量的域外经验，并取得了不少成效。以监狱行刑改革为例，以心理矫治为特色的发达国家的矫正模式已被我国所借鉴。特别是通过我国学者对西方发达国家监狱行刑理论的大力介绍，结合本土的特殊情况，我国对以域外为视角的监狱行刑改革理论进行了深入探索，取得了不少成果，极大地促进了中国监狱行刑的改革实践。近几年来，中国监狱系统对世界范围内的一些有效的矫正制度（包括罪犯分类、监区分类、监狱分类、心理矫治、个案管理等）进行了本土化改造，使得一些行刑制度基本迎合了世界上的行刑潮流。

全面照搬发达国家的矫正刑，全面保留改造刑，以中国特色的改造刑为基础大力引进发达国家矫正刑中的先进做法，孰优孰劣，应当一目了然。但是，要对改造刑进行改造，我们必须要认识改造刑的本体，必须要在整体上对改造刑进行全面反思，即应当对包括改造的哲学基础、改造的目标及改造的属性等内容进行思考，以认清改造刑的实质，为后文的监狱行刑改革探索提供理论基础。

二、改造刑的哲学基础之反思

区别于建构在犯因性理论基础之上的矫正刑，中国改造刑有着独特的哲学基础。作为一种社会主义国际经验，改造刑基于特定的历史原因而被契合进了中国长达六十多年的罪犯改造发展历程中。"改造"不但从器物形态到制度形态都是名副其实，而且在一定程度上形成了具有自身特色的理论体系。该理论最为鲜明的特色就在于它把刑罚任务和社会理想最为密切地联系在一起，给刑罚制度以极高的地位，增加了改造的使命感。它的哲学基础就是"人是可以改造的"的认识论，"犯罪人也是人，所以犯罪人是可以改造的"。[1]它从哲学层面上回答了改造刑的存在根据，它既是认识论，又是方法论，既是时代的产物，又在新的形势下仍然具有本源意义。"人是可以改造的"不仅在认识论的意义上解决了改造作为人类自身社会活动的重要组成部分的存在

---

〔1〕　刘崇亮：《本体与维度：监狱惩罚机能研究》，中国长安出版社2012年版，第85页。

根据问题，还与盛行许多年的矫正刑进行了切割，它既表明了自身的出处（即它是从哪里产生的），又表明了发展的态度（即它又要到哪里去）。当矫正无效论甚嚣尘上之时，"人是可以改造的"这一哲学认识论在新的时代背景下被旗帜鲜明地提出。

"人是可以改造的"这一命题既是辩证唯物主义在改造刑中的自然延伸，又是中国革命哲学在监狱行刑实践中的理论体现，同时又是历史唯物主义在中国改造刑中的生动体现。"新中国成立之初，当时摆在新生人民政权面前的迫切问题是，应该创建什么样的监狱？监狱的性质和职能是什么？新中国的监狱如何对待罪犯？采取什么样的方针政策、方法手段来教育改造他们等。新中国第一代领导核心高瞻远瞩，以无产阶级改造社会、改造人类的博大胸怀和远见卓识，提出了一系列改造罪犯的思想和理论，为新中国监狱的创建指明了方向。""所谓被改造的客观世界，其中包括了一切反对改造的人们……""消极因素可以转变为积极因素"，"人是可以改造的，就是政策和方法要正确才行"，"世界观的转变是一个根本的转变"，"有前途改造就有信心"，"我们的监狱其实是学校，是工厂，或者是农场"等思想和论断，为中国监狱制度的创立奠定了理论基础，为我国监狱的发展指明了方向。正是由于有上述理论的科学指导，才使得中国监狱制度自诞生之日起便以与旧社会监狱截然不同的崭新面貌出现，并取得了巨大的历史成就。[1]

"人是可以改造的"认识论之所以会成为改造刑的哲学基础，是因为它具有历史唯物主义和辩证唯物主义的合理性。人们的意识是由社会存在所决定的，即社会存在决定意识，社会存在是指社会物质生活条件，包括物质资料的生产方式和人们所处的经济条件。"人是可以改造的"认识论正是立足于"对罪犯的犯罪意识消除"的本源认识。辩证唯物主义告诉我们，人的意识是客观世界的反映，而罪犯的犯罪意识是来自于他对客观世界的不正确或歪曲的反映。从认识论的角度看，社会实践是人们认识和改造世界的最为基本的实践，是人的认识和意识的最为基本的来源。既然辩证唯物主义选择了从物质到意识的认识路线，那么，要消除罪犯的犯罪意识就必须从社会物质条件和社会存在着手，改变犯罪意识的基础，这就是罪犯改造这一社会实践存在。

---

〔1〕 参见 http://news.sina.com.cn/c/2003-12-26/11111437892s.shtml，访问日期：2017 年 5 月6 日。

罪犯改造这一社会存在，是人类有组织、有计划的社会实践活动。

从上述改造刑的哲学论来看，立足于意识与物质的辩证关系，对罪犯的世界观、人生观和价值观的改造成了罪犯改造的重要内容，而劳动改造则起着重要的作用。在立论方面，我国学者大多以马克思主义的改造哲学观作为劳动改造的立论基础。①劳动改造的历史唯物论依据。人的社会存在决定人的社会意识，这是历史唯物主义的基本原理。监狱改变罪犯的意识，从而实现对社会的改变，进而促进罪犯社会意识发生根本转变。②马克思主义认识论依据。马克思主义认识论认为，人的意识依赖于实践。从认识论的角度看，对罪犯的改造过程，实质上是改造罪犯头脑中对客观世界的错误认识并代之以新的正确认识的过程。③马克思主义劳动学说依据。"劳动创造了人本身"是马克思主义劳动学说的一个基本观点，它充分肯定了劳动在人和人类社会形成过程中的决定作用。对罪犯进行具有实质性内容的改造，就要实现对罪犯本质进行改造，人的本质只有在劳动中才能实现和得到证明。④毛泽东思想中关于改造的世界观是我国监狱通过劳动改造罪犯的最基本的理论依据。对罪犯实施劳动改造是基于无产阶级历史使命的需要，罪犯思想的可变性决定了改造的可能性，人民民主专政是实现罪犯改造的有利条件。[1]

但是，我们在对改造刑的哲学基础和劳动改造的立论基础进行深入分析之后，还必须进行深刻的反思——根植于马克思主义认识论的改造论在当代是否仍然还具有方法论意义？通过对罪犯的劳动改造来转变罪犯的思想是否仍然符合现代罪犯的改造规律？罪犯的思想改造是否与罪犯的行为转变、罪犯的守法意识或者罪犯的道德观养成相一致？虽然改造的哲学论解决了罪犯改造背后的合理性存在根据，即"为什么说罪犯改造是合理的"以及"为什么罪犯改造主要由劳动改造来承担"，但如果因此认为思想改造、劳动改造便是罪犯改造的全部，则存在着重大缺陷，由此可能会造成改造理论的裹足不前。

首先，我们认为，"人是可以改造的""马克思主义劳动学说"以及"改造世界观"等仅为改造刑的哲学基础，是方法论的问题，为改造刑的存在以及发展提供了合理解释。而在行刑实践中，推动改造刑的改革与发展还需要

---

〔1〕　参见力康泰主编：《劳动改造法学研究综述》，中国人民大学出版社 1993 年版，第 252~253 页。

科学的、现代的、与时俱进的多学科、多视角的理论作为指导。虽然上述改造刑的哲学基础在当代仍然具有根本性意义，但如何推动改造刑的进步不能仅停留在这些认识上，还必须在此认识的基础上契合当代中国的经济、政治和社会发展，建构与发达国家矫正模式一样的较为系统的理论体系、学说流派以及技术支撑。在当代的刑事司法系统中，特别是在监狱改造系统中，越来越多的国家试图综合认识罪犯和犯罪，而要认识罪犯和犯罪，就必须将其与多学科相结合，只有实现科学主义和人文主义的完美结合，才可能达到此目的。

其次，关于对罪犯思想改造的科学认识。必须要明确的是，作为改造刑区别于发达国家矫正刑模式的重要特征之一的罪犯思想改造在当代的中国罪犯改造系统中仍然占有非常重要的地位。思想改造与劳动改造和监管改造并列为三大改造手段，是我国改造刑的本质特征，指的是对罪犯的教育改造以思想政治教育为主，包括法制、道德、人生观、爱国主义、形势和政策、前途等内容。作为三大手段之一的思想改造，曾经在中国的改造刑系统中发挥着重要的作用，是特殊时代的产物，带有较为浓厚的社会意识形态，也曾被视为中国改造刑模式优于发达国家矫正刑模式的标志。并且，思想改造是"人是可以改造的"的哲学论的直接体现。在较长的历史时期内，"思想改造"体现在中国社会的各个方面，从学校教育、政治教育到对罪犯的教育。罪犯的思想教育至今仍受到重视，监狱机关认为罪犯之所以会犯罪，就是由于受到错误的人生观、世界观和价值观的影响，罪犯虽然被囚禁于围墙之内，但其犯罪的思想根源并未被消除，所以才有必要深挖其犯罪根源。而只有上述一系列的法制、道德、人生观、爱国主义、形势和政策、前途等方面的有组织、有计划的深入、持久的教育，才可能从根本上转变其犯罪思想，矫正犯罪意识，改变犯罪恶习，改善其世界观、人生观和价值观。

但是，虽然半个多世纪的经验证明思想教育的确有一定的改造作用，在一定程度上有利于提高罪犯的认知水平，但是我们必须要明确，改造刑的哲学基础所倡导的物质决定意识、劳动改造思想虽有其方法论的意义，但仅依靠思想教育甚至劳动改造改变一个罪犯的犯罪思想是十分困难的。思想教育在历史上的确曾经取得过奇迹，这与特定的历史时期有着千丝万缕的关系。在当代中国，社会现实、经济生活、物质基础、意识水平、教育水平、政治生活等方面已经发生了翻天覆地的变化，如果仍然固守传统的思想教育，必然会使得罪犯的改造水平整体落后于中国社会生活的其他方面。因此，我们要在承认中国改造刑哲学基础方法论意义的同时，借鉴其他域外行刑文明的先进成果，把握改造刑的改革方向，以先进的科学与技术作为发展的支撑，为中国当代改造刑的改革提供智力支持和技术支撑。

最后，改造刑必须和知识社会的知识与技术发展形态相契合。在知识社会条件下，基于知识社会的需要，传统的罪犯改造模式必须应社会形态发展的需要而进行恰当、主动和必要的修正。至少基于这样几个理由：一是知识社会的知识与技术的拓展使得科学地认识罪犯和犯罪的手段又大大前进了很多，使得传统的改造观应当进行适时而恰如其分的改造；二是知识与技术在社会关系的建构中具有至关重要的作用，而现有的罪犯改造模式具有阻断罪犯与社会关联之虞，这在一定程度上使得罪犯重返社会困难重重；三是随着知识与技术的广泛介入，知识性产业阶层将成为社会阶段的生力军，而那些即将重返社会的罪犯在现有改造模式下将难以成为这个知识性的产业阶层，故重新犯罪风险性大为增高；四是在知识社会中，因为知识与技术的综合化运用，罪犯改造的专业化有了坚实的社会基础，单纯的心理矫治或劳动改造已经不能适应社会发展形态的要求；五是在由工业社会向知识社会的转变过程中，规模与系统性风险大为增加，对风险的技术处理与控制成了知识社会控制的重要组成部分，监狱对罪犯的监管风险骤然升高，罪犯改造的科学化已经成为监狱发展的未来趋势。六是作为知识社会重要表征的效率与成本的投入产出比同样也应当在罪犯改造中得到体现，但现有的粗放式罪犯改造模式与行刑效益差距颇大。[1]

笔者所主张的以知识社会的需求作为对改造刑进行改革的理由是与改造刑的哲学基础一脉相承的。前述一系列的马克思主义改造观是发展的和动态的改造观。随着知识社会的技术与知识的广泛介入，作为商品的劳动力在市场经济条件下可以得到自由交换，劳动力的认识和意识水平得到了空前的提高。"劳动能够改造思想"这个认识论在这种背景下必须重新得到诠释。在计划经济时代，劳动力不能够自由交换，劳动力的价格完全在体制内达成，劳动的义务性表现得更为明显。这时，劳动的道德属性更为明显，人们常常会把劳动作为道德层面的行为来对待。而在市场经济条件下，当劳动力被商品化时，时间对我们而言便不再是看不见和无形的了，其虽然不能够被触摸，

---

〔1〕 刘崇亮、储槐植："以知识为主的综合改造刑"，载《河北法学》2014 年第 3 期。

但可以被人们控制、消费。正如英国学者汤普森所指出的，工业革命不只带来了生产形式的变化，而且推动了时钟的"暴政"，随着资本主义的发展，时间不再是"流逝"，而是被"花费"，制造技术的进步要求劳动的同步，以及日常工作的精确和精密。时间的社会化错位和技术性的校准使得劳动时间可以被轻易计算，重要的是时间本身在空间中可以被分割，具有线性的特征，其已经取代了前资本主义社会中时间的周期性。线性时间成了现代社会的一个固定特征，增强了进步的概念和个体的改造。[1]因此，在劳动力的市场属性的条件下，人们对劳动的道德属性的感观下降，作为劳动力的罪犯同样如此。罪犯在交出劳动的时候，他们以自由作为代价的监禁被认为是在对法律的报应作出回赎，而如果免费的劳动再次被逼迫交出，此时的罪犯劳动改造思想可能就显得没有太大的说服力了。同思想教育在其他领域的效果一样，罪犯思想教育依靠那种硬性的说教显然已经不适合当代知识社会和市场经济的发展。总之，我们既要以改造刑的马克思主义改造观作为方法论，同时也要意识到过往的诸如罪犯思想教育的一些改造方法明显不能作为改造刑的全部内容。我们还必须在马克思主义改造观的基础上，寻找适合当代中国改造刑改革的方法论。

三、改造刑的目标之反思

中国特色的改造刑在目标上也具有中国特色，它集中反映了人们对改造刑目标的期待，并且改造刑目标本身的演化也体现了中国监狱改造制度的历史进步。颁布于1954年的《劳动改造条例》第1条规定："根据《中国人民政治协商会议共同纲领》第七条的规定，为了惩罚一切反革命犯和其他刑事犯，并且强迫他们在劳动中改造自己，成为新人，特制定本条例。"该条例规范了监狱工作四十多年，其第1条就明确了自身立法渊源、改造任务和改造目的。其中，该条例明确规定把罪犯改造成为"新人"，即把改造的目标定位于"新人"。把罪犯改造成为"新人"，在当时的语境中具有重大的政治意义。新人系相对应于旧人而言，不管是特殊罪犯还是普通刑事罪犯，只有通过改造其旧的思想，才能成为新时代里的"新人"。但是，随着时代的发展和

---

[1] Roger Matthews, *Doing Time*, *An Introduction to the Sociology of Imprisonment*, ST. Martins Press, 1999, p. 29.

进步，把罪犯改造成"新人"明显不适应法治条件下的语境。

把罪犯改造成"新人"是政治改造模式的历史产物，是监狱工作的泛政治化表现，是改造的政治学范畴。在强调革命式改造的特定时代，改造的客体仅在于罪犯的思想意识，罪犯之所以会犯罪，是因为腐朽没落的旧思想，所以强调改造思想。罪犯改造的客体不仅在于罪犯的思想，而且是罪犯的意识或行为，成为"新人"的内涵明显不能包括罪犯改造客体。"新人"的表述也与法治相违背。"新人"与"旧人"的概念具体体现在敌我之间的矛盾和阶级之间的对立，而在法治条件下，此种表述明显属于政治性概念。所以，在1994年《监狱法》的起草过程中，立法者对改造的目标进行了修改。1994年《监狱法》第3条对改造的目标进行了修订。该法第3条规定："监狱对罪犯实行惩罚和改造相结合、教育和劳动相结合的原则，将罪犯改造成为守法公民。"现行《监狱法》第3条对监狱行刑的基本原则和罪犯改造的基本目标作出了规定，可以看出，前半句的规定把惩罚与改造相并列，立法者将改造作为手段或功能，而后半句则规定把罪犯改造成为守法公民，从词性上的差别来看，前面的改造是名词，而后面的改造是动词，具有动词性的改造后面所接的内容明显属于改造的目标。从总体上看，把守法公民作为改造活动的目标，是《监狱法》的一大进步。

但是，一个国家监狱所秉承的改造目的，是这个国家监狱行刑发展的方向和目标，它指引着国家行刑的最终归宿，是国家所坚持的刑事政策的具体落实，而改造的目的在本质上难免具有一定的功利性。

中国模式下的改造的具体内容大致包括思想改造、心理矫治、行为矫治、道德教育、文化教育和职业技能教育等。可以说，凡是能够对犯罪人的思想和行为进行转化教育和治疗矫正的措施都可以被划归到监狱改造的范畴之中。但是，急于追求功利的想法可能会使得刑罚执行工作的效果受到负面影响。比如，我国近年来对改造的目的又有了新的提法，并将之作为监狱工作的首要标准。其新的表述为："监狱要把改造人放在第一位，通过创新教育改造方法，强化心理矫治，提高罪犯改造质量，真正使他们痛改前非、重新做人。要把刑释解教人员重新违法犯罪率作为衡量监管工作的首要标准，确保教育改造工作取得实效。"在全国监狱系统轰轰烈烈地贯彻"首要标准"的行刑实践过程中，重新违法犯罪率降低和预防犯罪成了监狱工作的第一要务，从法理上看，这是监狱工作的铁则，也是监狱改造机能的必要定位。但正如新的表述把改造的目的定位于"重新做人"一样，其会使得刑罚执行过于强调"改造"，进而使得一些刑罚执行工作受到严重影响。监狱为了达到让犯罪人"重新做人"的目的，在政策与政治的双重影响下，往往会忽视必要的监狱惩罚机能，使得一些投机改造的现象抬头，很容易造成监狱秩序稳定的假象。比如，关于罪犯的考核机制，从某种意义上说，这是监狱改造工作的重中之重，是监狱对罪犯改造质量评估的重点，但是正因为"改造是唯一目的"，"首要标准"才成了衡量监狱工作得失成败的前提和关键。但是，大部分监狱受到"改造目的唯一性"的影响，对监狱的考核基本上都倾向于思想改造和劳动改造，在这里就产生了考核机制的重大缺陷。思想改造是最为隐秘的东西，改造效果备受怀疑，再加上思想改造的量化标准较难把握，故自然会对思想改造考核的权威性造成影响。而劳动改造最大的不足就在于完全无法评估罪犯的再犯罪风险。为了实现考核目标，劳动成了罪犯达到目的的主要手段，投机式改造会变得在所难免。但对于罪犯是否真正"重新做人"，监狱机关则难以实现科学的评估。

所以，守法公民也好，在首要标准中把重新犯罪率作为衡量监狱工作的第一要务也罢，我国在目的定位上仍然具有一定的不科学性。本书认为，我国可以借鉴法国的监狱行刑法，将改造的目的定位为让罪犯顺利重返社会。《法国刑法》明确规定，对犯罪人的自由刑的执行，不但是为了保护整个社会和保证对被判刑人犯进行处罚，还有助于被判刑人犯改正过错，为其最终重返社会做准备。[1]《丹麦刑事执行法》第3条规定，刑事处罚之执行，必须既关注处罚之执行，又关注帮助或者影响被定罪人过上合法持久之正常生活之需要。[2]纵观上述关于监狱行刑或改造目的的表述，我们不难发现，我国《监狱法》关于监狱改造目的的表述与发达国家的监狱行刑的目的有着较为明显的差异，其中最为明显的差异体现在对改造目的定位的认识上。此种表述看似与把罪犯改造合格的守法公民相同，但在内涵上仍然具有重大的区别。合格的守法公民在目标定位上仍然具有一定的理想主义色彩。改造作为人类具体的活动，它的有效性自始便受到质疑，当罪犯在监狱内接受的惩罚在质

---

〔1〕 ［法］卡斯东·斯特法尼等：《法国刑法总论精义》，罗结珍译，中国政法大学出版社1998年版，第425页。

〔2〕 参见《丹麦刑法典与丹麦刑事执行法》，谢望原译，北京大学出版社2005年版，第79页。

与量上相适应时，监狱的刑罚执行在一定程度上就可结束，而合格的守法公民则具有功利主义之嫌。并且，从某种程度上看，合格的守法公民是面向未来的，而未来具有很大的不确定性，这种不确定性在罪犯的改造过程中很难得到确证。所以，对于改造的目标而言，合格的守法公民存在着一定的不科学之处。

笔者以为，罪犯的改造目标应当定位于顺利重返社会。正如法国等发达狱制国家在《监狱行刑法》中所明确规定的，对罪犯的矫正最终在于使罪犯顺利重返社会，这是建构在监狱行刑的现实情况之上的。顺利重返社会对于那些较长刑期的罪犯尤其具有特别的意义。监狱规则下的生活完全不同于监狱社区之外的生活，监狱亚文化对罪犯生活的影响持久并且深远，一些罪犯在远离监狱生活后可能仍然无法抵消监狱亚文化的影响。"标签理论表明，一些重刑期罪犯出狱突然直接面对社会，他们发现很难适应社会生活。高度军事化生活（regimented）和暴力威胁的监狱环境，使得当他们面对很少纪律约束的社区环境时变得更有焦虑感。"[1]发达国家矫正模式下的大量实证研究表明，监狱的亚文化环境给罪犯造成的负面后果颇多。为此，相当多的国家都在监狱法或者相关的规则中规定监狱改造或者矫正的目标就是努力促使罪犯顺利重返社会、融入社区，不致再重新犯罪。

同样，对于改造刑而言，我们国家监狱封闭所造成的监狱化后果同样难以避免。特别是在我的行刑机能体系中，惩罚机能被明文写入《监狱法》，行刑实践中行刑主体特殊的扩张性权力使得罪犯的监狱化人格更容易形成。监狱对罪犯的刑罚执行包括惩罚与改造，惩罚是在监狱本质机能意义上成立的，它是监狱的存在根据，但监狱的惩罚机能本身具有不可克服的弊端，于是改造便成了救济本质机能的自然选择，其中最为严重的弊端之一就是罪犯监狱人格养成难以避免，而罪犯监狱人格养成的最终后果就是罪犯在出狱后难以重新融入社会。

如果把罪犯改造目标定位于使罪犯顺利重返社会，那么在改造实践中，围绕着制度的制订和实施都应当以罪犯的顺利重返社会为中心，使得改造机能充分发挥，实现刑罚执行的效益最大化。

---

〔1〕　Dean J. Champion, *Corrections in the United States—A Contemporary Perspective*, Prentice Hall, 1998, p.19.

四、对改造客体之反思

客体在哲学上被认为是主体认识和实践活动所指向的事物，不仅是指具体的人和物，还包括一切事物及其本质。对事物客体的探讨是认清该事物本体的前提，而对罪犯客体的探讨则是监狱行刑的基点，即只有明确罪犯改造的客体才可能厘定改造的本体，为改造活动提供理论预设。

行刑对象和改造客体是有着明确区别的。改造对象是作为行刑法律关系主体而存在着的，行刑法律关系主体包括监狱、罪犯、检察机关和人民法院，罪犯在行刑法律关系中具有主体性地位，和监狱一起构成了对向性的主要行刑主体。在这里，行刑对象又同时成了行刑法律关系的主体，行刑对象是从国家刑事执行活动的层面上来说的，它同时也是惩罚与改造的对象，因为刑事执行活动包括惩罚和改造，所以行刑的对象也就是改造的对象，具体是指已经被判处监禁刑的罪犯。相比于改造对象，改造客体要复杂得多。

行刑法律关系客体形成的基础是国家与罪犯所形成的"刑事债权债务关系"，其随着时代的变化而变化。罪犯之所以会成为被刑罚执行的对象，是因为之前的犯罪行为与国家形成了"债权与债务的关系"，这种关系当然区别于普通的民事领域的债权关系，它是刑事性质的，国家以刑罚权作为手段来迫使罪犯"还债"。此种动用刑罚权"还债"的过程所形成的一系列权利与义务必须要借助一定的中介或载体，当然，此中介或载体随着刑罚的价值观的变化而变化。在人类进入刑罚文明时代以前，罪犯的生命、健康、身体、自由等都可以成为刑事执行法律关系的客体。如中国古代有一些非常残酷的肉刑，表明罪犯的身体直接成了刑事执行法律关系的客体，并被国家明文写进法典。在现代文明与法治条件下的刑罚与刑罚执行制度中，所有的身体刑和耻辱刑都退出了历史舞台，但只要存在着犯罪这种现象，人类在还没有找到一种可以完全替代刑罚与监禁的方式之前，仍需要一种中介与载体。在不同的地区或国家，刑事法律关系的客体也不完全相同。如生命刑在我国仍然存在，这就意味着生命在刑事法律关系上是可以成为客体的。但在作为最为重要的刑事执行法律关系的监狱行刑法律关系中，生命与身体不能成为行刑法律关系的客体，自由则成了最为主要的行刑法律关系的客体。主体间围绕着自由形成了完整的权利与义务，并且这一主要客体衍生出了其他的次要客体，即由教育改造相关内容所形成的权利与义务的载体。如上所述，行刑的客体是刑事法律关系客体内涵和外延的延伸，它是在行刑机关与罪犯之间因刑事债务关系形成的权利与义务所指的对象，是行刑机关和罪犯之间权利与义务的载体。这个载体是行刑法律关系主体的中介，主要指自由以及与行刑相关的内容所形成的权利与义务的载体。

因为刑事执行活动包括惩罚与改造，所以刑事执行法律的客体又可被分为惩罚客体和改造客体。自由、资格以及教育改造内容所形成的权利与义务的载体构成了行刑法律关系的客体。那么，改造的客体是什么呢？有学者认为，根据行刑客体与行刑目的之间的关系，改造客体应当是导致罪犯个体犯罪的主观原因。"行刑改造就是要改造罪犯的主观恶习，有些罪犯由于长期多次实施犯罪，已经形成了犯罪恶习，对这些人不仅要改造其主观恶性，更重要的是矫治其犯罪恶习。"该学者进而认为，改造的客体的具体内容是可以分层次的：第一层次是最直接的主观恶性，即罪过，包括故意与过失；第二层次是罪犯的犯罪目的和犯罪动机；第三层次是导致罪犯犯罪的最深层次的主观原因，即思想，思想改造是最高层次的改造，因为对罪犯的思想改造可以帮助其树立正确的世界观、人生观和价值观，从而让其远离再犯罪的思想。[1]上述对改造客体的界定看似有一定的合理之处，应当说，其把改造客体定位于罪犯的主观原因的基本方向是正确的，但此种观点仍然值得商榷。其一，把故意与过失等犯罪主观原因认定为改造客体的基本属性，客体是权利与义务的载体，是在法律关系存续过程中现实存在的，但包括故意与过失的罪过是罪犯在犯罪过程中所持的主观认识，实施完犯罪后，犯罪故意与犯罪过失业已不存在，即犯罪故意与过失只存在于犯罪行为之中。一个犯罪人在监狱服刑多年后居然还要为其当时的犯罪故意进行改造，实难自圆其说。其二，犯罪目的和犯罪动机成为改造客体的缺陷还在于犯罪目的和犯罪动机无法体现行刑机关执行是对罪犯进行改造的权利与义务的载体。因为犯罪目的和动机只存在于犯罪的过程之中，它只是对犯罪的评价有着直接或间接的意义，在刑罚执行的过程中实在看不出它对体现行刑法律关系有何意义。其三，将罪犯的思想定位为改造的客体的恰当性不足。应当说，在相当长的时期内，把罪犯的思想当作改造的客体具有其历史必然性，但在新时期条件下，对罪犯的改造更应当定位于罪犯的守法意识、心理和行为矫治，因为原先的思想改

---

[1] 张全仁："行刑主体与行刑客体"，载《中国监狱学刊》1997年第4期。

造目标是"把罪犯改造成为新人",而现在的监狱法的目标是"把罪犯改造成为守法公民"。改造成为守法公民是针对罪犯的守法意识、心理和行为进行的,并不只针对罪犯的思想。所以,在当代的社会条件下,在具有中国特色的改造刑中,改造的客体应当是罪犯的违法犯罪意识、心理、越轨(犯罪)行为及犯罪思想。[1]

从笔者上述对中华人民共和国成立以来改造的哲学基础、改造的实质、改造的目标及改造的客体等有关改造刑的重大理论问题的阐述来看,当代中国的监狱行刑在坚持了长达六十多年的改造刑模式基石之上基本形成了具有中国特色并且较为成熟的行刑理论,使之成了当代中国刑事司法理论的重要组成部分,为中国监狱行刑实践提供了理论先导。从本质上来说,改造刑是中国制度在监狱行刑系统自觉建构的总体反映,那种完全移植矫正模式的主张是对中国监狱行刑实践的背离。法制的移植,虽然更为复杂,但终究可以找到比较好的方法,而这则首先要分析法制所据以生长的土壤。[2]实际上,矫正模式中一些具体的做法根本无法被中国监狱行刑系统完全照搬。

同时,我们也要清醒地看到,通过上述我们对改造刑的本体论的整体反思,与改造刑有关的哲学基础的传统论述都存在着改善的空间。改造刑应当要有与时俱进的理论勇气,既应当保持体现自身优势的中国经验,又要借鉴域外行刑文明;既应当发挥罪犯教育制度性的优势,又要去除一些政治模式改造条件下阻碍行刑效益的弊端。这就必须提倡开放的改造刑理念。开放的改造刑在这里不仅是指行刑社会化的理念,更为重要的是指改造理论、改造制度、改造文化、改造观念的融合。在知识社会的背景下,改造刑应当更为广泛、深刻地与他者全方位、立体式地融合,摒弃政治形态和传统思想改造内容的禁锢,引进其他改造模式价值系统中的先进做法。特别是当前中国处在既有农业社会的特征又有知识社会雏形的发展阶段,综合的发展模式亟须拓展。这种开放性的趋势首先表现为对矫正刑的包容。在知识社会条件下,在摒弃了政治模式的弊端之后,应当具有开放式包容,它能够全方位地引进所有关于改造的专业与技术性的知识。在具体的实践中,改造刑的优势就在

---

〔1〕 具体参见刘崇亮:"本体与属性:改造刑的向度",载《河南司法警官职业学院学报》2013年第1期。

〔2〕 时延安:"理性与经验的弥合——中国刑罚改革中的认识论与方法",载《法学论坛》2006年第4期。

于它的内容与手段的灵活性，特别是当专业性和技术性进一步增强时，其可供选择的优势性非其他的模式所能够替代。[1]

第二节　监狱行刑改革的理论核心：改造
有效（无效论）的证成

在全面分析了改造刑的本体论之后，我们得出了中国监狱行刑改革必须依托对改造刑理论进行深刻改善的结论。在坚持中国特色的同时，我们还应当对当代中国监狱行刑改革的一个重要命题进行深入研究，即在行刑实践中，作为在整个刑事司法系统中资源投入最多的重要环节，监狱对罪犯的改造是否有效？这是一个本源性命题，在世界范围内都是如此。

对于改造是否有效这个本源的问题，美国于 20 世纪 60、70 年代开始对其进行广泛讨论。20 世纪 60 年代犯罪数量的急速增加使得美国人在接下来的几十年的时间里对罪犯的看法发生了重大转变，导致了 20 世纪 70 年代早期的"法律和秩序运动"（law and order movement）。特别是根据马丁森报告，在对大量的样本采用在当时被认为最有效的罪犯改造手段并进行实证研究后，研究者得出结论：只有非常少和孤立的案例支持改造对重新犯罪有明显的效果。这个报告被视为"压垮骆驼的最后一根稻草"。其他一些研究者也为马丁森报告的结论提供了支持。对罪犯改造的无效使得犯罪矫正急剧转向威慑和正义模式。[2] 以马丁森报告为起点，罪犯改造的效果成了世界范围内监狱行刑理论最为重要的命题之一，使得无数实践及理论部门的专家对此问题进行了半个世纪的研究和论争。到目前为止，就改造是否有效仍然远未达成一致的认识。虽然此问题是个难解之谜，但我们认为，无论时代与区域有何差异，对其基础作用的认识都是无法回避的。

该理论问题被本书视为中国当代监狱行刑改革理论问题的核心，即只有把该问题研究透彻才能清楚地探索当代中国监狱改革的范式和方向，否则，以行刑经验或者纯粹理性来指导中国监狱行刑改革的模式只会陷入行刑效益模糊不

---

〔1〕　刘崇亮：《范畴与立场：监狱惩罚的限制》，中国法制出版社 2015 年版，第 34~35 页。

〔2〕　Edward J. Latessa & Alexander M. Holsinger, *Correctional Contexts: Contemporary and Classical Readings*, Third Edition, Roxbury Publishing Company, 2006, p. 277.

清的境域。所以，如何提高监狱行刑的效益，首先在于评估监狱系统行刑现状，而评估监狱行刑现状的通行标准则为罪犯改造效果，即有效或者无效。

一、改造效果检验的实证逻辑

世界上评估改造效果的标准通常为重新犯罪，重新犯罪率的高低是衡量一个国家的罪犯改造工作效果好坏的标准。一般认为，犯罪率不断上升和监狱人口规模不断膨胀意味着刑罚效益的低下，犯罪形势整体趋于严峻，国家应当加大控制力度。近二十年以来，我们国家的犯罪率每年平均增长10%以上。白建军教授对此采用社会归因的研究方法，对1988年至1997年的全国犯罪率数据进行了纵向与横向的多元分析并得出结论，在社会归因中，经济发展与犯罪率高度正相关，刑罚资源应当适当投入。[1]

但是，犯罪人口数量既包括初次犯罪人口数量也包括两次以上犯罪的人口数量，犯罪率包括初犯率和再犯率，学者们在分析犯罪归因时通常不考虑两者的区分。[2]关于初次犯罪与再次犯罪的刑事政策及投入的刑罚资源应当有所不同，对重新犯罪的刑罚资源的投入是否较初次犯罪的刑罚资源的投入要多抑或是少，这里涉及一个本源的问题，即罪犯改造是否有效？若罪犯改造活动有效，国家投入的刑罚资源便有所值，但若罪犯改造活动无效，则意味着国家对治理重新犯罪的刑罚资源投入不应无效增加。所以，罪犯改造是否有效应当成为监狱行刑理论中最为本原的问题，这不仅关系到刑罚资源投入是否物有所值，还关系到监狱行刑改革的方向性选择。在狱政史上历次影响较大的改革中，我们总是能够看到人们对改造效果的批评。

对罪犯改造是否有效进行探究，可以分解成下面两个问题：一是对重新犯罪率的增长进行社会归因，考察重新犯罪率的增长到底是与一般性的社会因素相关还是与一般性的改造因素相关。如果能够证明重新犯罪率的增长仅与一般性社会因素相关，则意味着监狱的改造活动无效果。相反，若能够证

----

〔1〕 白建军："从中国犯罪率数据看罪因、罪行与刑罚的关系"，载《中国社会科学》2010年第2期。

〔2〕 但是关押在狱内的两次及以上犯罪的罪犯数量在各个国家的监禁人口中所占比例很大。比如20个世纪90年代根据美国的司法统计局公布的数据，罪犯刑释3年后再次入狱的比例竟然达到了51.8%〔See Management & Training Institute, *Data Spotlight: Recidivism*（2003）〕；另据美国司法统计局于2005年公布的数据表明，全美狱内关押的第二次入狱的罪犯比例高达68%（See *Recidivism of Prisoners Released In 30 States In 2005: Patterns From 2005 To 2010*）。

明重新犯罪率的增长仅与一般性的改造因素相关，则意味着改造有效。二是罪犯改造是否有效，不但应当对重新犯罪率在宏观上进行归因，还应当在微观上对改造活动进行实证考察，即在具体的改造个案上考察改造活动究竟是否真正有效。

为此，此处的研究逻辑是，先对改造无效（有效论）的历史源流、评估标准及方式进行梳理和分析。然后，以中国东部、中部及西部各 2 个监狱的狱内在押犯重新犯罪率为因变量，以该地区一般性社会因素和改造因素的指标为自变量进行两项相关性研究（Bivariate Correlation），初步筛选出影响重新犯罪率的一般性因素；再以初步筛选出的因素为自变量进行多元回归分析（The Regression Analysis）；最后再以微观的罪犯改造具体个案进行实证分析，以期最终得出科学的结论。

此处的分析工具为 SPSS 17.0[1]，样本数据既有来自于《中国法律统计年鉴》《中国统计年鉴》等官方公布的出版物，也有课题组在东部、中部和西部地区 6 所监狱调研收集到的数据。

二、改造有（无）效论之理论源流

监狱作为特殊之国家机构，在人类进入民主开化时代以前，对罪犯从肉体到精神施加痛苦之惩罚一直被认为是监狱的本质机能。而毋庸置疑的是，惩罚的负面效果使得监狱在人类历史中一度被视为黑暗的代名词。近代以来，随着民主与文明的政治制度的发展，监狱在政治改革的基础上使得改造与惩罚或者威慑一起构成了监狱行刑的全部。可以说，世界范围内的近代监狱改革无不是围绕着监狱的改造功能的积极发挥而展开的。所以，改造是监狱在人类文明史的演变中嫁接而来的，是本质机能产生出来的主要功能，没有本质机能就不可能也没有必要衍化出主要功能，衍化的功能是对本质机能的必要修正和主动补充。[2]改造的内涵不管是在中文中还是在英文抑或是其他语言系统中，都意味着通过一系列的有组织、有计划、有步骤、有目的的活动，针对对象进行有效的活动安排，从而使得其在属性上朝着合目的的方向改变。

---

〔1〕　如果没有特别指出，本课题的所有数据分析工具都为 SPSS 17.0。

〔2〕　刘崇亮："本体与属性：监狱惩罚的新界定"，载《法律科学（西北政法大学学报）》2012年第 6 期。

由此看来，改造总是意味着变化或者革新，朝好的方面发展，在词性上属于褒义。

但是，事与愿违的是，对人的改造特别是对罪犯的改造是如此复杂。人们总是会发出疑问，一个国家投入巨大的刑事司法资源以及社会资源，但在同时期的刑事司法年度里无论犯罪率还是再犯罪率都居高不下，人们难免会对监狱的罪犯改造活动产生疑问。而有的国家在某些历史时期投入的资源相对较少，出狱后的重新犯罪率较低，从而证明该国家的监狱改造活动有效。由此，针对上述两个效果相反的现象而产生的理论相对应地形成了改造有效论和改造无效论。下面，笔者将对世界范围内的改造无效论和改造有效论的理论源流进行梳理。

（一）发达国家的改造无效论

世界范围内罪犯改造的观念在经过 20 世纪 50、60 年代的繁荣后突然走向衰微。"就像雪地里的一颗炸弹，Rober Martinson 教授于 1974 年发表的报告《什么有效？关于监狱改革的问与答》宣告了一个急切否定改造效果时代的来临。"[1] 马丁森教授在报告中认为，在过去的几年里（指 20 世纪 70 年代），美国的监狱系统经历了十分糟糕的情况——骚乱和攻击十分频繁，这引起了纳税人的不满，纷纷要求对监狱行刑制度进行改革，特别是要求监狱增加惩罚而减少改造的投入。马丁森教授受纽约州州长罪犯特别委员会（the New York State Governor's Special Committee on Criminal Offenders）的委托，对监狱的罪犯改造进行了全面的调查（a comprehensive survey of what was known about rehabilitation）。马丁森教授的小组首先对 1945 年至 1967 年间所有说英语国家的有关改造效果的文献资料进行了收集，然后对改造方法的标准和方法进行了评估，发现文献中对改造效果的研究方法并不科学，或者样本过少，或者没有对经过改造的对象和没有经过改造的对象进行对比，或者采用了不科学的统计方法，或者没有为读者们提供足够多的信息。马丁森教授于 1945 年至 1967 年对 231 个矫正项目的研究成果进行了有效性检验，采用了控制组与实验组比较的研究方法，采用重新犯罪作为评估标准，对矫正方法的有效性进行了评估。例如，对文化教育和职业训练（Education and Vocational Training）

---

〔1〕 Clive R. Hollin, *The Essential Handbook of Offender Assessment and Treatment*, John Wiley Ltd (2004), p. 7.

项目进行了评估。在 1964 年对纽约州所有的年轻罪犯参加监狱教育项目的有效程度进行测量后，其发现样本间在再犯率方面并没有显著区别。而在对 1965 年的职业训练的评估项目中，其对一所监狱里的年轻罪犯进行了为期 10 周的职业训练，让罪犯掌握了职业技能。然后，在项目结束后对该项目进行评估，发现对罪犯的重新犯罪并没有显著帮助。该报告还对其他包括改造政策的影响、个体咨询强化监督等项目进行了考察和评估。最后，对改造是否有效（Does Nothing Work）进行了明确的回答。马丁森教授回答称，基于对二百多个矫正项目和数万罪犯的数据分析，我们在事实上发现通过改造减少再犯罪有一个明确、有效的手段或者方法。这并不是说我们没有发现成功的个案，只是这些个案非常孤立，无法提供某些具体的矫正方法明显有效的有力证据。而一些改造之外的因素却被证明为减少再犯罪的有效因素，比如，30 岁以上的年龄对于减少犯罪具有显著影响，但看上去似乎和改造并没有关系。当前的教育是最好的刑事政策，这一观点是存在着明显缺陷的，当前把改造项目建立在犯罪是一种疾病的理论上——变异的罪犯个体假设能够治疗——也是存在着重大缺陷的。报告在最后认为，我们对威慑效果基本没有实证的评估，但至少证明了在改造基本无效的结论之后采取何种政策让威慑更有效果是可行的。[1] 在更早的时期，心理学家瑞恩·辛普森在一份调查报告中指出，基本上没有证据能够表明治疗的方法对罪犯本身具有的行为与性格倾向有效果，监狱迄今为止的改革都是愚蠢而不适当的。[2]

正是基于史称"马丁森炸弹"的"改造无效论"在国外行刑理论中的巨大影响，自 20 世纪的 70 年代起，在刑事司法领域中，"强硬手段"（get tough）开始取代改造而成了判决与矫正中的基本观念。正义惩罚与改造失败的观念开始盛行。正义惩罚的观念意味着刑罚的目的并非是犯罪预防，而是使刑罚的严厉程度和罪犯造成的损失相称。当改造被放弃后，美国在过去三十年的时间里，对罪犯的处置变得愈加严厉和具有惩罚性。美国假释委员会和多个州甚至被取消了假释权力，假释被"事实量刑法"（truth-in sentencing）和"三

---

〔1〕　Robert Martinson, *What works? Questions and Answers about Prison Reform*, Public Interest（1974），pp. 24~25.

〔2〕　Ray Simpson, "Prison Stagnation since 1900", *Journal of The American Institution of Criminal Law and Criminology*, 1936（4）.

振出局法"（three strikes and you are out）所取代。[1]

改造无效论不但对刑事司法实践和监狱改革产生了巨大影响，而且对当代美国刑罚理论亦产生了重大影响。刑罚理论自受到改造无效论、刑罚保守论等影响后，其概念、目标、用语以及技术等便都发生了深刻变化，对于这种以上述组成元素为新形式的刑罚理论，有学者称之为"新刑罚学"（new penology）。"旧刑罚学"过分关注个体，刑事制裁旨在保护个体故尤其强调刑事司法程序，其标志性用语关涉对个体的责任（responsibility）、过错（fault）、道德情操（moral sensibility）、诊断（diagnosis）、干预（intervention）及其矫正（correction）。相反，"新刑罚学"更多地关注对犯罪风险技术的运用，包括鉴别（identity）、归类（classify），其任务为管理而非改造，对个体化的诊断与反应被出于监督、限制、控制目的的总分类制度所取代。[2]

自新刑罚学于 20 世纪 90 年代兴起后，改造无效论仍然持续、深入地影响着刑事司法实践。这种影响的直接后果就是包括美国在内的主要发达国家的监狱人口规模持续膨胀，重新犯罪率持续上升。自 1992 年至 2007 年间，美国监禁率由 505/100 000 上升到了 756/100 000，另外还有超过 500 万的成年犯处于社区监督之中，2007 年，有超过 220 万的未成年人被逮捕。[3]美国刑事司法统计局的特别报告《1986—1997 年重新进入联邦监狱》显示：此十余年间，从美国联邦监狱释放出的 21 万多的罪犯中，3 年后有近 3.4 万多罪犯重新进入了联邦监狱系统服刑，占出狱人员的 16%，重返监狱的比率自 1986 年的 11.4%上升到了 18.6%。美国刑事司法统计局的数据表明：2006 年美国的地方监狱系统释放出狱的罪犯中重新被监禁的比率达到 17%。[4]

改造无效论对刑事司法理论与实践的影响导致新古典主义的报应论大行其道，这其中有深广的政治与社会因素。美国与英国在政治上的明显右倾，解决了心理治疗与刑事司法体系之间的矛盾，当改造的效果不那么明显时，

---

〔1〕 D. A. *Andrews & Jams Bonta*，"Rehabilitating Criminal Justice Policy and Practice"，*Psychology*，*Public Policy and Law*，2010（2）.

〔2〕 Malcolm M. Feeley & Jonathan Simon，"The New Penology：Notes on the Emerging Strategy of Corrections and Its Implications"，*Berkeley Law*，1992（1）.

〔3〕 D. A. Andrews & Jams Bonta，"Rehabilitating Criminal Justice Policy and Practice"，*Psychology*，*Public Policy and Law*，2010（2）.

〔4〕 See "Sourcebook of Criminal Justice Statistics Online"，http：//www. albany. edu/sourcebook/tost_6. html.

人们将目光重新转向了建立在严厉惩罚与及时的"餐后甜点"（just desserts）基础之上的刑事司法哲学。以马丁森教授为首的学院派只不过代表了右倾化的政治与社会性因素，其理论分析通常建构在很强的政治分析（political analysis）的基础上，并且拒绝任何解释犯罪的理论。[1]

（二）发达国家的改造有效论

学院派采用实证的方法对改造有效的观点进行了抨击，其采用政治性的语言叙述系统，迎合了当时的社会思潮——既能体现古典正义式的惩罚，又能达到一般预防的目的。但是，学院派的改造无效论自诞生之日起就受到了广泛的质疑。改造无效论反对者首先对惩罚的效果进行了研究。对基于惩罚而预防犯罪首先提出批评的是心理学家，他们在近百年来一直致力于在控制好实验环境的前提下对惩罚进行不懈的研究。在这近一个世纪的研究中，心理学派认为，把惩罚作为刑事司法政策的基石是荒唐的。安德鲁斯和邦塔教授对惩罚为什么会失效进行了概括，认为惩罚有效必须具备以下四个条件：①惩罚须为最大强度，低限度的惩罚只会导致容忍与临时的效果。但很难设想对一个非严重的犯罪适用高强度的惩罚，因为这会违背人们正义与公平的情感。②惩罚必须及时，惩罚与犯罪行为之间的延误将会导致其他犯罪行为的发生，其在现实中往往很难实现。③惩罚必须全部实现，除非每个罪犯和犯罪行为都受到惩罚，否则犯罪就会受到奖赏。④逃跑的机会或者其他获得奖赏的方式必须被阻断，因为没有人愿意受到惩罚，但是每个罪犯都心存侥幸。只有满足上述四个条件我们才能收获惩罚效果从而实现预防犯罪的目的，但是在刑事司法实践中，这些条件很难实现，特别是众多心理学证据表明，严厉的惩罚只会导致犯罪行为的增加。[2]

改造有效论者一方面批评惩罚对预防犯罪的无效果，另一方面又论证改造的有效性，这使得改造观念又得以在 20 世纪 90 年代复苏，尤其是在英、加、美等国家，改造被重新纳入到刑事司法体系当中。[3]马丁森教授的报告

---

〔1〕 Clive R. Hollin, *The Essential Handbook of Offender Assessment and Treatment*, John Wiley Ltd (2004), pp. 9~10.

〔2〕 D. A. Andrews & Jams Bonta, "Rehabilitating Criminal Justice Policy and Practice", *Psychology, Public Policy and Law*, 2010（2）.

〔3〕 Clive R. Hollin, *The Essential Handbook of Offender Assessment and Treatment*, John Wiley Ltd (2004), p. 8.

在发表之初便受到了质疑，之后的研究大量增加了纯实验与准实验（quasi-experimental）的研究，更多的有关罪犯改造效果的积极结论被相继发表。[1]20世纪80年代，两方面研究的重大进展强调了改造在减少再犯罪方面具有效果。一是元分析（meta-analytic）技术的发展使得研究者能够以定量分析的方法来对大量的文献进行综合分析。比如，在1989年，利普西对400个青少年罪犯的改造个案进行了研究。他发现，经过改造，罪犯的再犯率平均降低了10%；而当方法控制和改造变量（比如样本规模、期间、评估方法）等被正确运用时，再犯率甚至降低了30%。[2]二是原先仅关注犯罪原因论的社会犯罪学（sociological criminology）开始转向更为关注个体行为的犯罪行为心理理论（theory of a psychology of criminal conduct）。这种理论认为，犯罪行为是在社会环境中习得的，社会支持和认知导致的行为是犯罪的重要因素。在此理论基础之上，安德鲁斯和邦塔教授提出了著名的"风险—需要—响应"（Risk—Need—Responsivity）罪犯评估和改造三原则。风险原则指的是对于高风险的罪犯应当给予直接的高强度管理，对于低风险的罪犯应当给予低限度的管理。需要原则指的是根据犯因性需要（criminogenic need）进行改造。响应原则指的是响应罪犯的认知风格和能力而提供相应类型和模式的改造。并且，在实践中，根据此三原则对罪犯改造的方案进行实证评估，结果使改造的有效性得到了有效检验。[3]

然而，值得注意的是，虽然学者们通过实证研究得出了"什么改造有效"以及"如何实现改造实效"的大量研究成果，并且监狱部门也把这些研究成果持续地投入到了行刑实践中，但结果却无法让人满意。这同样也受到了改造无效论者的质疑与批评。他们认为，实验的结果很难在实践中得到推广，或者其研究本身就存在问题。但是，反对者则认为建立在小规模样本基础上的控制好的实验组得到的期望值与大规模的实施效果之间的差异本身并不能够证明改造没有效果，而是"因为提供给罪犯有效的改造方案制订与有效管

〔1〕 P. Gendreau & R. Ross, "Revivication of Rehabilitation: Evidence from the 1980s", *Justice Quarterly*, 1987 (4).

〔2〕 M. W. Lipsey, "The Efficacy of Intervention for Juvenile Delinquency: Results from 400 Studies", *Paper Presented at the 41st Annual Meeting of the American Society of Criminology*, 1989.

〔3〕 D. A. Andrews & Jams Bonta, "Rehabilitating Criminal Justice Policy and Practice", *Psychology, Public Policy and Law*, 2010 (2).

理，并且以恰当方法付诸评估、实施，对于诊治者、方案管理者及行政官员都是一个巨大的挑战”。[1]

现有的资料表明，发达国家对罪犯改造的效果不管是理论界还是实务部门都无法完全说服对方，但却对这些国家的各个阶段的罪犯改造实践产生了巨大影响。当然，不管是改造无效论还是改造有效论，抑或是新刑罚学与旧刑罚学，都认为应当采取适当路径预防和减少再犯罪。

（三）我国的改造有（无）效理论

中国传统的罪犯改造理论以马克思主义认识论为论证的哲学基础。具有中国特色的改造理论从马克思主义哲学层面上回答了改造刑的存在根据问题，即"人是可以改造的"，它既是认识论，又是方法论。该理论最为鲜明的特色就在于它把改造的目的与社会理想紧密地联系在一起，增加了改造的使命感。[2]而且，在中国的改造实践中，在长达六十多年的中国特色改造制度的演进过程中，改造不但在手段上成立，还在法律属性上属于监狱的次生机能。我国《监狱法》第1条就明确规定，为了正确执行刑罚，惩罚和改造罪犯，预防和减少犯罪。这就表明我国采用立法的形式，把惩罚和改造都确定为监狱的行刑机能，只不过在法律属性上，惩罚机能属于本质机能，改造机能属于次生机能。[3]这就意味着罪犯改造在我们国家监狱的刑罚执行过程中属于监狱行刑机关的一项基本职责，只有改造机能依法顺利实现，监狱行刑的基本目的才能实现。改造对于罪犯而言因法律规定必须接受而具有强制性，其在本质上属于一种义务。[4]

我国不但以立法的形式规定了罪犯改造是监狱的次生机能，还在1954年颁布实施的《劳动改造条例》及1994年颁布实施的《监狱法》中用大量的条款规定了罪犯改造制度。现行《监狱法》第五章到第六章的第61~77条对教

---

〔1〕　Guy Bourgon, "The Role of Program Design, Implementation, and Evaluation in Evidence—Based 'Real World' Community Supervision", *Federal Probation* (6).

〔2〕　刘崇亮：《本体与维度：监狱惩罚机能研究》，中国长安出版社2012年版，第85页。

〔3〕　刘崇亮："本体与属性：监狱惩罚的新界定"，载《法律科学（西北政法大学学报）》2012年第6期。

〔4〕　这就显然区别于英美等国家关于罪犯改造的规定，英美等国并没有把改造明确规定为强制性的法律义务，其带有较大的自愿性。也正是基于此，国外关于罪犯改造是否有效自然就显得更具有探讨的空间。具体参见刘崇亮："罪犯改造自治权论"，载《当代法学》2016年第3期。

育改造制度进行了明确的规定，涵盖了教育改造的方法、形式、内容等，具有较强的可操作性。另外，2003 年司法部颁布实施了专门规定罪犯改造的部门法规《监狱教育改造工作规定》。该部门法规共 10 章 63 条，对监狱法规定的教育改造制度又进行了进一步明确。

　　然而，在当前我国的监狱行刑理论研究中，虽然对罪犯改造的研究可谓汗牛充栋，关于罪犯改造的方法和手段的研究成果颇多，但对罪犯改造的本源性问题——"罪犯改造是否有效"——却没有进行正本清源式的深入探讨。当然，在理论研究与罪犯改造实践之中，对于罪犯改造是否有效，我国相比于其他国家采取了另外一种径路，即罪犯改造质量评估。

　　那么，罪犯改造质量评估是否和罪犯改造无效完全是一回事？要准确回答这个问题，就必须界定清楚罪犯改造质量评估的实质，以及对两者在评估标准、评估目的和评估实效检验等方面进行区分。为此，下文将进行深入分析。

三、评估标准与方法

　　为了检验罪犯改造是否有效，最为根本之处还是在于准确把握其内部构造及其研究径路的科学性，从而使得评价结果具有可靠性和效用性。为此，在对罪犯改造到底是有效还是无效进行分析之前，我们还必须要清楚罪犯改造无（有）效的评估标准。在我国的罪犯改造实践与理论研究中，关涉罪犯改造的相关评估具体包括罪犯改造质量评估、罪犯改造管理评估以及罪犯改造是否有效的评估。但是，罪犯改造是否有效的评估标准在我国理论研究与实践中被模糊化了。

（一）罪犯改造是否有效的评估标准

　　实践中，有的监狱系统把罪犯改造管理评估作为罪犯改造工作是否有效的评估标准，把罪犯在服刑期间的改造表现作为监狱改造活动的评估标准。罪犯的改造表现被细化为罪犯的劳动改造态度、思想改造态度、政治学习态度、遵守监规监纪态度等，这些方面又被再次细化，比如在遵守监规监纪方面其又被细化为警示性违纪、一般性违纪以及重大违纪三个方面。对上述指标给予相应的评估系数，罪犯在入监时集中给予一次评估，根据评估系数给予相应的评估结果。经过一定的改造期间，再对罪犯进行评估，根据评估结果将改造效果划分为积极、一般和消极三类。[1]据此，监狱方面可以根据此三类结果来整体评估罪犯改造活动的具体效果。

另外，有学者把发达国家关于罪犯改造无效（有效）论的研究等同于我国的罪犯教育改造质量评估研究。该学者认为，罪犯教育改造质量评估的目的是甄别何种矫正实践为更符合期待结果的、最有效的实践，监狱罪犯教育改造质量评估的依据为矫正有效性。其将随机样本划分为初犯组（控制组）和再犯组（实验组）两个组别，把是否再犯作为因变量，把罪犯教育改造质量评估的指标依据作为自变量，采用二元回归的分析方法进行定量分析，主要把考察犯罪年龄、刑期、犯罪类型、前科状况、个体生平作为静态影响，把婚姻家庭关系、文化程度、就业状况、反社会人格模式、亲犯罪态度、亲犯罪的社会支持、毒品滥用等七项作为动态评估指标。最后，根据研究结果把创建的再犯罪风险回归模型作为监狱罪犯教育改造质量的评估模型。[2]

上述关于罪犯改造管理评估、罪犯教育改造质量评估的研究对于中国的罪犯改造理论的丰富与发展具有重要的意义。一是借鉴发达国家的循证矫正（evidence-based corrections）思想，开始把对样本的实证与评估的结果运用于改造实践。国外近年来改造有效论的观点之所以能够在罪犯改造中产生有力影响，正是借鉴于改造无效论的研究范式——基于实证与评估，科学地运用对方的分析方法得出了相反的结论。由于罪犯评估与循证矫正是现代罪犯改造最为重要的特征，因此英、美、加等国自 20 世纪 90 年代开始便大量运用该思想指导罪犯改造。在 1997 年，以多丽丝·莱顿·麦肯齐教授为主的马里兰大学研究团队受美国国会委托，在对超过 500 多份的各类犯罪预防项目进行研究的基础之上向国会呈报了长达 600 页的报告——《预防犯罪：何种有效，何种无效，何种有希望》。在此篇报告中，多丽丝·莱顿·麦肯齐教授明确提出，监狱对罪犯的改造应当遵循循证改造的原则。[3]受国外循证改造理论与实践的影响，近年来，我国理论与实务界也开始高度关注循证改造，并且在司法部的倡导下在监狱改造实践中予以初步运用。对此问题的深入研究，

---

〔1〕　罪犯改造评估在上海监狱系统已有监狱积极开展，并制订了《罪犯改造管理评估量表》等评估文件。

〔2〕　曾赟："中国监狱罪犯教育改造质量评估研究"，载《中国法学》2013 年第 3 期。

〔3〕　Doris Layton MacKenzie，"Evidence-Based Corrections：Identifying What Works"，*Crime & Delinquency*，Vol. 46（2000），pp. 458~462.

将促进我国监狱罪犯改造研究基本范式的转换。二是注重对未来之罪的预测。以前对罪犯改造方案的研究大都只注重静态的犯因性研究。但静态犯因性因素分析在英美等国于 20 世纪 70 年代就被认为存在较大的缺陷。"那些静态性因素主要表现为犯罪史以及样本的过去的行为表现，这都被视为不可变的风险性因素，这种缺陷就表现为无法阐明罪犯将来的改变。"[1] 上述对罪犯改造管理的评估不但对静态性的犯因性因素进行了深入分析，而且把罪犯改造过程中出现的动态性因素归置到较为合理的地位，将静态性和动态性因素结合起来预测罪犯的再犯罪风险。再犯罪风险评估与预测出现在中国的罪犯改造研究之中，标志着我国犯罪预防理论与罪犯改造理论达到了一定程度的融合，使得我国的罪犯改造理论与欧美国家的罪犯改造理论有了一定程度的衔接。

但是，上述罪犯改造管理评估以及罪犯教育改造质量评估虽然对罪犯改造活动具有一定的评价作用，但若以此来作为监狱的罪犯改造是否有效的标准显然并不科学，即罪犯改造管理评估以及罪犯教育改造质量评估不能替代罪犯改造是否有效评估。其一，在世界范围内，监狱对罪犯的改造是否有效通常以是否重新犯罪为评估标准。重新犯罪又被称为再犯罪（recidivism），它是衡量一个国家刑罚效益实现与否的重要指标，同时也是监狱改造罪犯是否成功的基础性指标。不管是改造有效论者还是改造无效论者，在论证改造的效果时，采用的评估指标都是重新犯罪。[2] 因此，从此角度看，探究罪犯改造是否有效，其基本性质就是分析在刑罚执行过程中，在对罪犯实施一系列改造方案后，罪犯是否能够重新复归社会，不再重新犯罪。其二，罪犯改造是否有效与罪犯改造质量评估有着本质的区别。前述学者把罪犯改造质量评估等同于罪犯改造是否有效的理由之一是再犯风险评估是罪犯改造质量评估的内核。于是，对罪犯改造是否有效的判断就是对再犯罪风险评估的判断。再

---

〔1〕 James Bonta & D. A. Andrews, "Risk-Need-Responsivity Model for Offender Assessment and Reha-bilitation", *Public Safety Canada Report* (2007).

〔2〕 比如改造有效论者 S. 雷东多教授用元分析方法对涉及 5000 千名罪犯参加的改造项目进行评估，发现参加过该项目的小组重新犯罪率下降 15%。此处该学者采取的是重新犯罪率。See S. Redondo & Sanchez-Meca, "What Works in Correctional Rehabilitation in Europe: A Meta-Analytic Review", *Advances in Psychology and Law: International Contributions*, 1998. 改造无效论者威尔逊认为对待犯罪只有采取改造才能取得好的效果，但改造被证明是失败的，因为改造活动在控制重新犯罪方面是失败的。此改造无效论者评估改造无效的依据仍然也是重新犯罪。See J. Q. Wilson, *Thinking About Crime*, Random House (1975), p. 223.

犯罪风险评估是现代罪犯改造最为重要的内容之一，其不仅意味着评估罪犯将来重新犯罪的风险水平，还包括鉴别罪犯生活中的哪些因素导致犯罪，从而有助于降低将来犯罪行为发生的可能性。[1]由此可以看出，再犯罪风险评估只是罪犯改造活动中的一个重要组成部分，根据"风险—需要—响应"三原则，风险评估是罪犯改造的一个基本前提，其本身并非等同于罪犯改造。它是对未来犯罪可能的预测，而罪犯改造效果评估则是以罪犯已然之罪为评估标准来对监狱对罪犯改造方案进行评估，以得出是否有效的结论。同样，罪犯改造管理评估也不能等同于罪犯改造是否有效的评估，罪犯改造管理评估是对监狱改造工作本身的一种评估，如前所述，它的评估标准与罪犯改造是否有效的评估标准完全不同。

因此，基于上述三者之间的根本区别，三者之间的评估标准完全不同。罪犯改造是否有效的国际通行评估标准是重新犯罪率，而罪犯改造管理评估的标准则为罪犯在服刑期间的表现，包括改造态度和违反监规纪律等方面，主要反映罪犯的改造状况，其在本质上是对监狱改造工作自身优劣的评估。同样，罪犯改造质量评估按照司法部的相关文件，其基本内涵是指基于阶段性、动态性、常态性的评估，按照罪犯的服刑过程分为入监评估、中期评估和出监评估三种，所运用的评估工具主要包括相关的测试量表和罪犯个体矫正方案。评估中所使用的主要测试量表有：人身危险性检测表（RW）、心理认知行为综合量表（XRX）、重新犯罪预测简评表（CX）等。[2]自司法部2005年罪犯教育改造质量评估开展试点工作以来，行刑实践中大致形成了湖南、天津、上海、北京等模式，这些模式评估的标准相差甚大。例如，湖南模式的评估标准为罪犯心理与行为风险评估，天津模式的评估标准则是ISO9000国际论证标准，上海模式的评估标准则既包括罪犯的再犯罪风险评估也包括对监狱管理工作的质量评估。[3]其实，湖南模式的评估标准本质上还是再犯罪风险评估，而天津模式实质上为对改造工作的评估，上海模式则为两者标准的综合。但是，评估罪犯改造是否有效的标准如上所述只能为重新

---

[1]　Edward J. Latessa, Shelley J. Listwan & Deborah Koetzle, *What Works（and Doesn't）in Reducing Recidivism*, Anderson Publishing（2014）, p. 15.

[2]　参见 http://www. moj. gov. cn/moj/2007-03/09/content_ 554165. html，访问日期：2015 年 12 月 14 日。

[3]　张晶："罪犯改造质量评估模式研究"，载《河南司法警官职业学院学报》2006 年第 2 期。

犯罪率，只是各个国家关于重新犯罪率的认定标准因为评价主旨不同而不同。

（二）与改造效果相关的重新犯罪率的界定

评估重新犯罪的标准通常以重新犯罪率来表示，重新犯罪率是犯罪率的进一步区分，主要反映某个时期与区域的再次犯罪现状。但重新犯罪率的统计标准则并非完全统一，通常包括重新被立案率、重新被逮捕率、重新被定罪率、重新被判刑率、重新被监禁率等。重新立案率与重新逮捕率是以侦查（立案）机关年度立案数或逮捕数为基数，与其中两次及以上立案数和逮捕数计算的比率，此类型的重新犯罪率对反映某区域的社会总体治安形势具有重要意义，但若以此作为监狱改造罪犯是否有效的标准则显然有失精准，因为有相当一部分的罪犯因各种原因而未被定罪，故重新立案率与重新逮捕率比其他类型的重新犯罪率都要高。我国重新定罪率则因为存在着定罪免刑的情形而低于重新判刑率，但世界范围内运用得最广泛的还是重新定罪率。比如从英国司法部官方网站上查找的资料来看，其对外公布的 2002 年到 2005 再犯罪统计公告明确了重新犯罪率的统计标准，即指 100 个罪犯中被法庭再次判决有罪的比率。[1]重新判刑率是以年度判决数为基数，与法院对第二次犯罪进行有效判决的比率，包括重新犯罪判决监禁刑率与重新犯罪判决非监禁刑率。因为存在着定罪免除刑罚的情形，故重新定罪率与重新判刑率存在着些微差别。重新监禁率即为年度内第一次犯罪被判决监禁刑后在服刑期间或出狱后再次犯罪被判处监禁刑之总数与当年狱内监禁罪犯总数的比率。

上述各个类型的重新犯罪率能够各自反映某方面重新犯罪的现状，但准确、明显地反映监狱罪犯改造效果的当属重新判刑率。至于其他重新犯罪率，因为在重新立案、重新逮捕及重新判决等刑事司法过程中存在着立案没有逮捕、逮捕没有起诉、起诉没有定罪、定罪免刑以及判处非监禁刑等情形而不能完全准确地反映监狱改造罪犯之效果。但是，基于样本数据收集的特殊性，本书把重新监禁率作为本书分析罪犯改造效果的评估标准。把重新监禁率作为分析罪犯改造是否有效的评估标准系基于以下两点理由：一是样本收集的现实原因。从当前我国官方的司法统计来看，《中国法律年鉴》自 1988 年起就公布了人民法院每年发生法律效力的判决总人数、公安机关立案的总人数、

---

〔1〕 See "Re-offending of Adults: New Measures of Re-offending 2000-2005", *Ministry of Justice Statistics Bulletin*, Published 9 May 2008.

检察机关批准逮捕的总人数，但没有公开过重新犯罪的类型数据。为此，从笔者收集到重新犯罪的数据来看，获取重新被监禁的数据相对较为容易，因为只需要对某个地区某个时点的监狱中的在押罪犯构成进行统计即可获知该地区的重新被监禁率。二是重新监禁率能够反映某地区重新犯罪的基本现状。历年被判决监禁刑的人口规模在我国整个的犯罪人口规模中占据主要地位。如表1-1所示，对人民法院1996年及2003年至2007年的判决总人数情况进行的统计表明：我国判决监禁刑的比率通常维持在65%以上，判处非监禁刑（管制、缓刑）的比率仅占20%左右。而两次以上的重新犯罪的情形，要么属于累犯的法定从重情节，要么属于具有前科的酌定从重情节，从经验上判断，其被判处监禁刑的可能性更大。所以，这两个叠加因素大体能够证明重新监禁率与重新判刑率最为接近，即重新监禁率也能够准确地反映监狱改造罪犯的效果。

表1-1 我国法院判决监禁刑的比例（1996年、2003年至2007年）

年份	所判总数/人	被判监禁刑总数/人	被判监禁刑百分比/%
1996	719 348	614 323	85.4
2003	730 335	516 553	70.7
2004	752 241	509 249	67.7
2005	829 238	546 017	65.8
2006	889 042	563 295	63.4
2007	931 739	581 448	62.4

*数据来源：《中国法律统计年鉴》

（三）重新监禁率的计算

如上所述，重新监禁率是指当年某地区两次及两次以上被判处监禁刑罪犯总数与当年该地区狱内判处监禁刑罪犯总数的百分比。但是，重新监禁率的计算方法根据研究目的的不同而不同。

第一，关于重新监禁率的计算期间的问题。美国刑事司法统计局及大部分州的统计报告通常采用3年的期间标准。如根据美国司法统计局于20世纪90年代公布的报告——《1986—1997年重新入狱〈联邦监狱〉》，对10年间统计的重新监禁率即采用了 *3* 年的期间统计标准。[1]英国司法部在 2000 年以前一直以释放后 2 年内重新犯罪作为重新犯罪率的司法统计标准，但自 2000年以后，司法统计就一直以 1 年内重新犯罪作为统计期间。司法部解释的理由是："为了更好地理解什么改造项目对减少重新犯罪有效，1 年内是否犯罪对于评估罪犯改造是否有效更为合适。"[2]按照当前我国《刑法》第 65 条和第 66 条之规定，5 年以内再犯有期徒刑之罪的是一般累犯，危害国家安全罪、恐怖活动犯罪及黑社会性质组织犯罪的犯罪分子在刑罚执行完毕或被赦免后在任何时候再犯上述任何一类罪均构成特别累犯。一般累犯的计算期间为 5年，但因为刑法对之进行了明确规定，所以累犯率通常会被作为衡量一个地区的重新犯罪严重程度的指标。我国有学者把累犯率作为衡量监狱中罪犯改造效果的标准。然而，在评价罪犯改造效果时，把累犯作为监禁率的评估依据并不科学，累犯本身只是作为从重处罚的一个情节而非衡量改造效果的标准，因为间隔 5 年或者更长期间再犯罪，到底是改造无效果还是受社会环境的影响无法得到确认。大部分国家通常都以 3 年以内作为统计期间的一个重要原因就是，3 年后，重新犯罪到底系归因社会还是改造无效无法明确，也就无法制订与之相对的刑事政策。为此，本书采取的是期间为 3 年标准的重新监禁率，即罪犯出狱后 3 年内再次被监禁的情形，如此考虑便系出于考察罪犯改造效果之宗旨。

第二，重新监禁率的计算方式。传统的监禁率的计算方式是监狱监禁总人数与两次以上重新犯罪的人数的比率，但是这种计算方式存在一定的缺陷。英国司法部统计局于 2000 年以前统计的重新监禁率也是以两次以上重新犯罪人数来计算的，但有人认为一个罪犯的两次犯罪与三次或三次以上的重新犯罪的危害程度相比肯定存在着较大差别，只有把狱内重新犯罪的次数与监狱人口规模相比才能真正反映重新犯罪的严重程度。[3]如表 1-2 所示：2010 年每 100 位罪犯重新犯罪的频率为 89，而以重新犯罪人数比率来计算的 2000 年

〔1〕 See "Offenders Returning to Federal Prison 1986 - 1997", *Department of Justice Office of Justice Programs*, Published 2000.

〔2〕 See "Re-offending of Adults: New Measures of Re-offending 2000-2005", *Ministry of Justice Statistics Bulletin*, Published 9 May 2008.

〔3〕 See "Re-offending of Adults: New Measures of Re-offending 2000-2005", *Ministry of Justice Statistics Bulletin*, Published 9 May 2008.

的实际重新犯罪率仅为 43.7%。2002 年后每 100 位罪犯重新犯罪的频率逐年下降，于 2005 年下降到了 140.9，总体下降了 11.4%，而实际重新犯罪率总体只下降了 4.9%。由此可以看出，以犯罪次数来计算的重新犯罪率更能说明重新犯罪的强弱程度。[1] 为此，本书也将以重新犯罪的次数来计算的重新犯罪率作为改造是否有效的评价标准。

表 1-2　2000 年至 2005 年英国重新犯罪频率与实际重新监禁率 [2]

年　份	狱内每 100 罪犯中重新犯罪罪数频率		实际重新监禁率（%）	
	比率（每 100 名罪犯）	与 2000 年比较	重新犯罪百分比	与 2000 年比较
2000	89.0	0.0	43.7	0.0
2002	114.6	13.3	45.9	4.9
2003	127.5	9.5	45.8	4.9
2004	134.3	-3.2	43.3	-0.9
2005	140.9	-11.4	41.6	-4.9

四、重新犯罪率与再犯归因

针对罪犯改造到底是否有效，发达国家的有效论者和无效论者都采用了实证研究方法展开了针锋相对的论证。因此，在我国，"罪犯改造是否有效"这个命题要想得到有效论证同样也需要采用实证研究方法。因为把重新犯罪率作为罪犯改造是否有效的评价标准，所以我们可以进行问题的转换——犯罪不管是初犯抑或是重新犯罪都是主体基于意志自由进行的个体选择，但从宏观归因的角度看，对于这种意志自由对重新犯罪的选择我们可以进一步发问，重新犯罪率的增减系与一般性社会因素高度相关，抑或与一般性改造因素高度相关？

〔1〕　因为，这种计算方式把一个罪犯重新犯一罪还是数罪的情形也考虑到了，重新犯一罪还是数罪的危害程度明显存在着差别，而传统的以重新犯罪人数来计算的比率存在着无法统计重新犯罪总体规模之缺陷。

〔2〕　See "Re-offending of Adults: New Measures of Re-offending 2000-2005", *Ministry of Justice Statistics Bulletin*, Published 9 May 2008.

　　若要证明这点，总体思路是如果能够证明在一定期间内犯因性因素导致重新犯罪率增减，而这些因素我们又可以区分为哪些是一般性社会因素，哪些是涉及监狱改造性因素。如果我们能够证明一般性社会因素是重新犯罪的诱因，而改造性因素与重新犯罪的相关性不大的话，那么就意味着中国监狱改造罪犯的效果存在疑问，即改造无效。如果能够证明狱外的社会性因素不是重新犯罪的诱因，而改造性因素与重新犯罪具有显著相关性的话，那就意味着中国监狱改造罪犯的效果是值得肯定，即改造有效。

　　在本书中，我们坚持两个具体径路：一是对中国的东部、中部、西部的6所监狱2000年至2013年（见图1-1）十余年间的重新监禁率在时间与空间分布上进行比较，即以上海、江西、云南各2所监狱14年间的重新监禁率作为因变量，以影响重新监禁率的因素作为自变量进行统计分析。[1]本书为了使抽取的样本更具有代表性，采取了简单随机抽样中的分层抽样方法，即6所监狱的抽样样本既包括重刑期，又包括轻刑期，以便使样本具有较高的代表性。[2]笔者对这6所监狱的重新监禁率与6所监狱所在地区可能影响重新监禁率的各项因素的指标进行横向的两项相关分析，初步得出了影响重新监禁率的因素。二是在两项相关性分析的结果之后，还不能立即认定这些因素就是最终真正影响重新犯罪的因素，所以，我们在两项相关分析初步筛选出的因素基础之上，又对14年间的重新犯罪率进行了多元回归分析。此多元回归分析是基于数据的纵向分析的结果，找出相关的影响重新监禁率的因素，最后在对横向与纵向的数据进行相互印证的基础之上，最终找出

---

　　〔1〕　相关说明：一是课题组向这六所监狱调研收集相关数据数，因为众所周知的原因，我们隐去了这6所监狱的具体名称。二是因为期间连续收集的困难，当前我们只能收集到6所监狱14年间的重新监禁率。三是我们调研的这六所监狱，东、中、西部每地区2所监狱其中一所为重刑犯监狱，另外一所为轻刑犯监狱。按照我们国家监狱行刑的实践标准，根据监管安全的需要，通常关押十年以上有期徒刑、无期徒刑及死刑缓期两年执行的为重刑犯监狱，而关押十年以下有期徒刑的为轻刑犯监狱。

　　〔2〕　分层抽样是指把总体分成更具有同质性的子群体或者层，然后进行简单随机抽样。我们在对罪犯再犯罪的原因分析之前，因为不知道重刑期罪犯与轻刑期罪犯的重新犯罪原因是否相同，而监狱在我们国家被分为重刑犯监狱和轻刑犯监狱，所以在重刑犯监狱与轻刑犯监狱各抽取一所作为抽取样本的子群体。这样的优点是：在更广的尺度上，同样的分群过程中可以应用到全国性的调查中，通过将某地选取为初始首要的抽样单位，然后调查每个被选中的地区的简单随机样本。用此种方法调查者不需要覆盖每一个地区，而只需要调查被随机选取所包括的较少数量的地区。具体参见：〔美〕杰克·莱文、詹姆斯·艾伦·福克斯：《社会研究中的基础统计学》，王卫东译，中国人民大学出版社2008年版，第170页。

影响重新犯罪的因素。[1]

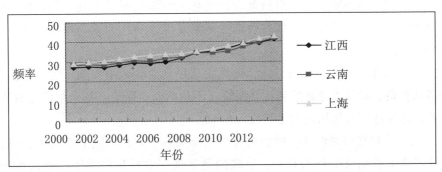

图1-1 2000年至2013年三地狱内在押犯重新犯罪频率

注：1. 数据来源为江西、云南、上海6所男犯监狱，各包括1所重刑监狱和中轻刑犯监狱。

2. 重新犯罪频率系指100名罪犯中两次及以上的犯罪个数的频率。

那么，如何把最终筛选出的影响重新犯罪的因素与罪犯改造是否有效联系在一起呢？本书的设想是对这些最终筛选出的因素的性质进行认定，这样便会产生四种情形：一是如果是涉及改造环境、改造方案及改造过程中的因素对重新犯罪具有显著影响，即可以肯定改造有效。二是如果筛选出的影响因素为涉及非改造性的因素，且不包括罪犯改造性因素，则可以肯定改造无效。三是如果非改造性因素及改造性因素都不会对重新犯罪产生影响，那么就意味着重新犯罪系责任主体的纯粹意志自由选择的结果，不受任何外在因素的影响。四是如非改造性因素与改造性因素都会对重新犯罪产生影响，那么说明在一定条件下改造有效部分成立，但非改造性因素也不可忽略。

（一）影响重新犯罪率的因素

在简单相关性研究中，相关性关系的初步检验逻辑是，尽管相关不一定成

---

[1] 白建军教授在分析犯罪与罪因时就运用了横纵的研究方法。白建军教授把若干连续年份全国犯罪率数据与全国各项经济数据之间的关系进行纵向相关与回归分析，另外又选取该时段若干时点，分别对全国各地区的犯罪率与各项经济数据之间的关系进行横向的相关与回归分析。具体参见白建军："从中国犯罪率数据看罪因、罪行与刑罚的关系"，载《中国社会科学》2010年第2期。

立犯罪学意义上的因果关系，但无相关一定不存在因果关系。[1]从经验法则出发，我们运用犯罪学与监狱行刑理论的相关知识列举了下列可能影响重新犯罪率的因素，以初步检测哪些改造性因素及非改造性因素与重新犯罪率具有相关性。

（1）城镇居民可支配性收入，即城镇居民从总收入中扣除了缴纳给国家的各项税费，扣除了缴纳各项社会保险（不包括商业保险）等余下的总收入，反映的是某地区城镇居民的平均收入水平。

（2）农村居民纯收入，即农村住户当年从各个来源得到的总收入相应扣除所发生的费用后的收入总和，反映的是某地区农村居民的平均收入水平。传统犯罪学理论对经济发展与犯罪的关系并没有形成共识，对于到底是贫困导致犯罪还是经济发展水平越高犯罪率越高，学界存在着争论。同样，判断重新犯罪与经济发展水平有没有因果关系，即经济发展水平与重新犯罪率是正相关抑或是负相关，需要对上述两个指标同时进行观察。

（3）城镇登记失业率，即指在报告期末城镇登记失业人数占期末城镇从业人员总数与期末实有城镇登记失业人数之和的比重。

（4）城乡收入比，即指城镇居民的可支配性收入与农村居民纯收入的倍比数，系反映城乡收入差距最为直观的指标。针对犯罪率与失业率及城乡差距的关系，发达国家传统的犯罪原因论研究得较多，如社会失范理论、社会反常理论及社会冲突理论都把其作为犯罪原因结构论中不可忽略的要素。张小虎教授在其社会分层理论中认为，在改革开放过程中，因为失业率的高企，城乡之间的差距日益拉大，而使利益群体分化导致社会分层加剧，从而影响了犯罪率。[2]但是，对于重新犯罪率与失业率、城乡收入比是否存在着相关性，当前我们国家还未有研究，本书将对其相关性进行观察。

（5）中学以上文化程度人口比率，即指学龄（国家统计局的标准为6岁及以上）以上的人口中，初中以上文化程度在整个学龄人口中的比率。该比率系反映人口素质状况的重要指标。传统犯罪学研究中，有观点认为人口素质在犯因性中具有高度的相关性，实践经验也表明狱内人口的文化程度较狱

〔1〕 参见白建军："从中国犯罪率数据看罪因、罪行与刑罚的关系"，载《中国社会科学》2010年第2期。
〔2〕 张小虎："转型期犯罪率明显增长的社会分层探析"，载《社会学研究》2002年第1期。

外人口文化程度差距较大。但是，文化程度对于重新犯罪是否具有犯因性，则可以观察中学以上文化程度人口比率与重新犯罪率是否呈现显著相关。

（6）社会对具有前科刑释人员的接纳值，即指社会民众对曾经因犯罪判刑的人员的宽容度。它是反映社会对具有前科身份人员宽容的基本指标，可以划分为 6 个不同的宽容度，分别以接纳值赋值 0 到 1，由低到高表示社会对前科人员宽容度为非常不宽容、不宽容、不太宽容、较宽容、宽容和非常宽容。[1]传统犯罪学的标签理论认为，罪犯之所以会从监狱里走出后重新犯罪，重要的犯因性因素是具有监狱化人格的罪犯重返社会困难重重，被犯罪标签化的人员重新社会化的主要障碍就是社会民众对前科人员在各个生活方面的不同程度的歧视。鉴于此，本书把此因素列入了考察范畴，若接纳值存在着显著相关，则能证明社会宽容度能够影响重新犯罪率。

上述六个因素从性质来看属于狱外的社会性因素暨非改造性因素，系反映经济社会发展水平的重要指标。至于改造性因素，我们认为至少应当包括以下各项：

（7）监狱干警大专以上学历人口比率，即指监狱干警总量中具有大专以上学历的干警比例，这是反映监狱干警队伍素质的基本指标之一。作为改造罪犯的主体，我们国家的监狱人民警察在罪犯改造关系中处于唯一的正式主体地位，是绝对的改造力量，改造制度和改造方案的制订与实施都由监狱干警主导。故从此角度看，监狱干警的改造能力尤其重要。而考察某段时期内监狱干警改造能力的变化和能够量化的指标，监狱干警的学历的变化应当可以作为主要参考因素之一。至少在经验上判断，学历的提高意味着专业素养的提高，但在改造实践中是否确实如此，我们还应当在下面的数据分析中得出有效结论。

（8）警因比，即监狱干警数量与罪犯数量的对比，系反映政府对监狱的罪犯改造的财政投入的主要指标之一。一个国家的刑事司法资源投入得越多，证明该国对监狱的改造系统越重视。特别是在监禁人口规模稳定的前提下，持续投入刑事司法资源意味着该监狱系统的改造力量和改造能力的增加。至少

---

〔1〕 上述六项因素中前五项所有的数据都来源于《中国统计年鉴》，第六项来源于课题组对东、中、西部对 2087 份调查问卷的样本数据统计。《社会对具有前科身份人员的接纳值调查问卷》设计了六个不同的问题，每个问题赋予相同的分值，得分越低表示越不具有宽容度，社会对具有前科身份人员的接纳度的统计公式为问卷人数得分值与总分值的比。

在经验上可以去判断，警因比越高越有利于对罪犯的改造效果。但在改造实践中其是否的确如我们在经验上的判断，还应当由下面的数据分析得出有效结论。

（9）监狱干警月平均个别教育谈话次数。按照司法部关于罪犯教育改造工作规定的要求，监狱干警每个月对每个罪犯的个别教育谈话必须符合数量要求。颁布实施于 2003 年的《监狱教育改造工作规定》第 16 条明确规定，监狱各监区的人民警察对所管理的罪犯，应当每月至少安排一次个别谈话教育。第 17 条则规定罪犯有下列情形之一的，监狱人民警察应当及时对其进行个别谈话教育：新入监或者服刑监狱、监区变更时；处遇变更或者劳动岗位调换时；受到奖励或者惩处时；罪犯之间产生矛盾或者发生冲突时；离监探亲前后或者家庭出现变故时；无人会见或者家人长时间不与其联络时；行为反常、情绪异常时；主动要求谈话时；暂予监外执行、假释或者刑满释放出监前；其他需要进行个别谈话教育的。该规定之所以要特别规定个别教育谈话，主要理由即在于中国的改造理论认为监狱干警只有及时了解罪犯的思想动态才能做好对罪犯的思想改造工作，而个别教育谈话是必要的手段之一。所以，该因素系反映监狱干警对罪犯教育改造的精力投入状况的重要指标。但在改造实践中，此项极具中国特色的教育改造方法是否有效还需要经过实证的检验。

（10）罪犯平均每周劳动时间。我国《监狱法》第 69 条和第 71 条对罪犯劳动进行了明确的规定，规定有劳动能力的罪犯必须参加劳动，监狱根据罪犯的个人情况，合理组织劳动，使其矫正恶习，养成劳动习惯，学会生产技能。本书之所以把该因素纳入到考察的范畴内，是因为虽然罪犯劳动系法定的义务，但在实践中，监狱中的罪犯劳动成了一种实现惩罚与实现利益的特殊手段，而非法定的罪犯改造手段。[1] 所以，在此我们可以观测到，若罪犯劳动时间与重新犯罪率呈显著负相关的话，那么其就可以证明过度地强化劳动对罪犯改造具有负面效果。

（11）罪犯每周平均参加"三课学习"时间，即每位罪犯每月参加思想、文化、技术教育等学习的课时。组织罪犯参加"三课学习"是《监狱教育改

---

〔1〕 正是鉴于此，司法部在其颁布的文件中明确规定监狱中的罪犯的劳动时间标准是"五加一加一"，即一星期劳动 5 天，1 天学习，1 天休息，每天劳动不超过 8 小时，但是在监狱工作实践中，每个地区的监狱落实情况差别较大。

造工作规定》所规定的内容，也是监狱对罪犯教育改造的基本手段，是衡量监狱教育工作质量的重要指标。《监狱教育改造工作规定》第5条规定，监狱教育改造工作应当包括个别教育、思想、文化和技术教育等。第24条则规定，监狱应当办好文化技术学校，对罪犯进行思想、文化、技术教育。成年罪犯的教学时间，每年不少于500课时；未成年犯的教学时间，每年不少于1000课时。思想、文化和技术教育等学习也是我国罪犯改造制度的显著特色。我们国家的罪犯改造理论通常认为，"三课教育"在罪犯教育制度里占有非常重要的地位和作用：通过"三课教育"，提高罪犯思想认识，做到认罪悔罪，深挖犯罪根源，从根本上消灭犯罪的思想和意识；通过文化课的学习，提高文化素质和认知水平，而文化素质和认知水平的提高会增强罪犯的知法和守法的水平，能够增强犯罪抵抗重新犯罪的能力；通过职业技术的学习，使罪犯掌握职业技能，提高社会生存能力，罪犯出狱后如果能够正常就业，能够养活自己和家人，则会大大降低重新犯罪的风险。但在实践中，"三课学习"是否真正能够促进罪犯的改造效果，则还需要经过数据的检验。若能证明"三课学习"的时间和罪犯重新犯罪率显著相关，则可以证实教育改造的投入对罪犯改造能够产生积极效果。

（12）罪犯每周平均文娱时间，即每位罪犯每周享受体育运动、观看影视、书画比赛、棋类比赛等娱乐的时间。《监狱教育改造工作规定》第32条规定，监狱应当组织罪犯开展丰富多彩的文化、体育等活动，加强监区文化建设，创造有益于罪犯身心健康和发展的改造环境。第35条规定，监狱应当根据条件，组织罪犯学习音乐、美术、书法等，开展艺术和美育教育。第36条规定，监狱应当建立电化教育系统、广播室，各分监区要配备电视，组织罪犯收听、收看新闻及其他有益于罪犯改造的广播、影视节目。传统的监狱行为矫治理论认为应当激励和宽松罪犯的矫治环境。美国的Mian在高度警备监狱实施的行为矫治项目中，允许罪犯有大量的（诸如休闲室活动、购买咖啡、观看电影等）文娱活动，在连续对这些罪犯进行监控后研究者发现：这些罪犯的行为表现趋好，不稳定性减少。[1]若能证明罪犯的文娱时间与重新犯罪率呈显著相关性，则也可证实有效地组织罪犯文化娱乐活动能够影响重

---

〔1〕　Clive R. Hollin, "The Essential Handbook of Offender Assessment and Treatment", *John Wiley Ltd* (2004), p. 56~57.

新犯罪率。

（13）罪犯年参加心理矫治率，即一年中参加过心理咨询、心理矫正项目的罪犯在在押犯总量中的比率。心理矫治在中国早期的罪犯改造活动中并不存在，而是于 20 世纪 90 年代初期由国外传入我国，在改造实践中开展，并写入了《监狱法》。《监狱法》第 46 条规定，监狱应当在罪犯入监教育、服刑改造中期、出监教育期间对罪犯进行心理测验，建立心理档案，为开展有针对性的思想教育和心理矫治提供参考，对重新犯罪的倾向进行预测。第 47 条规定，监狱应当配备专门人员，对罪犯提供心理咨询服务，解答罪犯提出的心理问题。第 48 条规定，监狱对有心理疾病的罪犯，应当实施治疗；对病情严重的，应当组织有关专业人员会诊，进行专门治疗。发达国家传统罪犯矫正心理学表明，心理矫治项目（psychotherapy programs）在降低重新犯罪方面效果较为明显。加拿大学者的研究成果表明，采用元分析法对 76 名接受心理治疗的罪犯采取跟踪调查，试验组中接受心理治疗的 50 名罪犯从释放后的 18 个月的情况来看，重新犯罪率为 20%，而没有接受心理治疗的 26 名罪犯，重新犯罪率则为 30%，且在释放后 30 个月内两者重新犯罪情况基本没有变化。[1]在我国 20 世纪 90 年代以后的罪犯改造实践中，全国的监狱系统对罪犯的心理矫治投入了大量的人力、物力和财力，参加心理矫治的罪犯数量逐年增加。但整体的改造效果如何，还须经过有效的实证检验。本书认为，检测罪犯参加心理矫治率与重新犯罪率之间有无显著相关性，是考察改造活动是否能够影响重新犯罪率的一个重要因素。

（二）重新犯罪率与再犯性因素的二项相关（bivariate correlation）分析

如表 1-3 所示，对江西狱内押犯重新犯罪频率与上海狱内押犯重新犯罪频率 t 的检验显示，两者均值存在 $p<0.001$ 水平上（实际 p＝0.000）之显著性差异，江西狱内押犯重新犯罪频率 t 值为 23.946，而上海狱内押犯重新犯罪频率 t 值为 32.336。从此也可以看出，两地区的重新犯罪率存在着统计显著性差异。此差异也是下文对重新犯罪率与可能影响重新犯罪诸因素间多元回归分析之前提。

---

〔1〕 Fabiano E. Robinson & F. Porporino, "A Preliminary Assessment of the Cognitive Skills Training Program: A Component of Living Skills Programming", *Correctional Service Canada*, 1990.

表1-3 2000年至2013年江西、云南、上海三地狱内重新犯罪频率的独立样本检验

	t	df	Sig.（双侧）	均值差值	差分的95%置信区间	
					下限	上限
江西狱内押犯重新犯罪频率	23.946	13	0.000	34.8000	31.512	8.088
云南狱内押犯重新犯罪频率	23.249	13	0.000	34.5600	31.023	8.217
上海狱内押犯重新犯罪频率	32.336	13	0.000	36.7300	34.160	9.300

既然两地区重新犯罪率存在着显著性差异，那么究竟是何原因造成此种差异显然就具有犯因性意义上探讨之必要。以上述可能影响重新犯罪率诸因素指标为自变量，笔者以重新犯罪率为因变量做了3次二项相关分析，全部结果显示见下表。

表1-4 2000年至2013年江西、上海、云南三地重新犯罪率与诸因素二项相关分析结果

与重新犯罪率相关的因素	江西省	上海市	云南省	结果
城镇居民可支配性收入	0.887**	0.891**	0.784**	+
农村居民纯收入	0.880**	0.892**	0.681**	+
城镇登记失业率	-0.858**	-0.684**	-0.675**	-
城乡收入比	-0.136	-0.394	0.259	…
15岁以上人口文盲率	-0.589**	-0.279	-0.153	…
社会接纳值	-0.763*	-0.907**	-0.817**	
狱警大专及以上比例	0.838**	0.817**	0.664*	+
警囚比	-0.804**	-0.346	-0.293	…
罪犯每周参加三课学时	-0.395	0.421	-0.253	…
罪犯每周文娱时间	-0.595*	-0.475	-0.524*	
罪犯个别教育谈话次数	-0.541*	-0.594*	-0.405*	-
罪犯年参加心理矫治率	0.328	-0.395*	0.220	
罪犯周平均劳动时间	0.128	0.241	0.109	…

说明：1.表格中数字为pearson相关系数，越接近1意味着两两正相关程度越高，越

接近-1 意味着两两负相关程度越高。

2. **. 在 .01 水平（双侧）上显著相关，*. 在 0.05 水平（双侧）上显著相关。

3. 第四栏中两两相关分析"结果"中"+"意为显著正相关，"-"意为显著负相关，"…"意为无相关。

从表 1-4 可以看出，针对东、中、西部三地 14 年间的统计数据运用二项相关分析后，三个地区的重新犯罪率与 13 项诸因素指标之间存在一致性的显著相关的共有 7 项。这 7 项为：①城镇居民可支配性收入，②农村居民纯收入，③城镇登记失业率、④社会接纳值、⑤狱警大专及以上比例，⑥罪犯每周文娱时间，⑦罪犯个别教育谈话质量。其中，城镇居民可支配性收入、农村居民纯收入、狱警大专及以上比例三因素与重新犯罪率成正相关，即三因素数据越高则重新犯罪率越高；相反，三因素数据低则重新犯罪率也低。城镇登记失业率、社会接纳值、罪犯每周文娱时间、罪犯个别教育谈话次数四因素与重新犯罪率成负相关，即四因素数据越高则重新犯罪率越低，相反，四因素数据越低则重新犯罪率越高。

而另外 5 项，包括城乡收入比、15 岁以上人口文盲率、警囚比、每周参加"三课学习"课时、罪犯参加心理矫治率因为要么相关性的程度不同，要么相关性的方向不同，导致因无法达成一致性的显著相关而被排除。①城乡收入比，江西、上海的重新犯罪效率成反比，而云南则成正比，故无法在方向上取得一致性显著相关性。②江西的人口文盲率与重新犯罪率呈显著性负相关，但上海和云南的数据相关性程度很低，也无法证明两者具有显著相关性。③江西省的警囚比与重新犯罪率呈现显著负相关，但上海与云南的数据相关性程度很低，也无法证明两者具有显著相关性。④江西与云南罪犯每周参加三课学习时间与重新犯罪率呈现负相关，且江西统计数据呈现显著负相关，但上海统计数据则呈现正相关，三地区相关性在相关程度和方向上都不一致，故也可排除两者之间的显著相关性。⑤江西与云南罪犯年参加心理矫治率与重新犯罪率无显著相关性，而上海的统计数据则呈现显著负相关，故也可以排除两者之间的显著相关性。

在 7 项因素中，城镇居民可支配性收入、农村居民收入从经验上判断应当属于直线相关（linear correlation），经线性相关分析检验，三地区的统计数据相关程度很高，譬如江西两者之间的相关系数高达 0.991。所以，在下文的多元分析中，这两个高度依赖的变量只需要使用一个即可。[1]

（三）重新犯罪率与再犯归因的多元回归分析

多元回归分析（multiple regression analysis）是二项相关的自然延伸，是在此基础之上计算出回归方程的常数项和系数。[2]本书之要旨在于探讨监狱的改造活动是否有效，即转换成再犯罪因素与重新犯罪率的相关性考察。为此，我们在此以重新犯罪率为因变量，以前述经过两项相关分析的初步筛选出来的6项因素作为自变量，来分析此6项因素中的哪几项因素在何种程度上会影响重新犯罪率。

表1-5 狱内重新犯罪率多元回归分析结果

三地区因变量	R方	Beta（p<0.05）
上海狱内押犯重新犯罪频率	0.882	城镇居民可支配性收入（Beta=1.241） 社会接纳值（Beta=0.541） 狱警大专及以上比例（Beta=0.341）
江西狱内押犯重新犯罪频率	0.873	城镇居民可支配性收入（Beta=1.044） 社会接纳值（Beta=0.687）
云南狱内押犯重新犯罪频率	0.749	城镇居民可支配性收入（Beta=0.962） 社会接纳值（Beta=0.476）

说明：1. R方指因变量被解释的方差比例，值越接近1说明回归模型对因变量的解释力越强。

2. Beta是指标准回归系数，是一个变量解释对另一个变量的贡献。

3. p<0.05即P值小于0.05的变量，则意味着回归模型中系真正对重新犯罪频率有着显著影响的因素。

从上表可以看出，上海的狱内重新犯罪率经过多元回归分析后，删除了三个变量，而另外三个变量即城镇居民可支配性收入、社会接纳值及狱警大

---

[1] 二项相关分析被证实多个变量之间存在着高度线性相关，并且在性质上属于同质，则属于"多重共线"，即多个变量之间高度线性相关。白建军教授认为不必重复使用这些不相独立的多余变量。具体参见白建军："从中国犯罪率数据看罪因、罪行与刑罚的关系"，载《中国社会科学》2010年第2期。

[2] [加]达伦·乔治·马勒里：《心理学专业SPSS14.0步步通》（第7版），商佳音、胡月琴译，世界图书出版公司2009年版，第218页。

专及以上比例则得到了检验，R 方显示有 88% 的方差可以由这三个变量得到解释。其中，城镇居民可支配性收入的影响力最大（Beta＝1.241），其次是社会接纳值（Beta＝0.541），最后是狱警大专及以上比例（Beta＝0.341）。江西狱内重新犯罪率只有两个模型得到了检验，即删除了四个变量，只有城镇居民可支配性收入和社会接纳值满足进入标准，R 方显示两者有 87% 的方差可以由这两个变量得到解释。云南狱内重新犯罪率则删除了四个变量，城镇居民可支配性收入和社会接纳值得到了检验，满足了进入标准，R 方显示有 75% 的方差可以由这两变量得到解释。

对三个不同地区的三次多元回归进行分析后笔者发现，原来经过两项相关分析的 6 项自变量中，经过三次筛选，只有城镇居民收入和社会接纳值在三次多元回归分析中都满足了进入模型的标准。城镇登记失业率、狱警大专及以上比例、罪犯每周文娱时间、罪犯个别教育谈话次数则因为无法满足进入标准而被删除。这就意味着，城镇居民收入和社会接纳值在两种相关分析中始终显示出与狱内重新犯罪率具有高度相关性。

（四）对重新犯罪率的归因与改造是否有效的判断

上述分析结果表明社会经济越发达，社会对罪犯就越不宽容，重新犯罪率就会越高。白建军教授在分析犯罪与经济的关系时也通过多元回归分析得出了结论——经济发展与犯罪率之间呈高度正相关关系。[1] 为此，本书与白建军教授的论文都得出了相同结论，即重新犯罪率与犯罪率的增长都与社会归因之经济发展高度相关，表明重新犯罪与犯罪的"犯因性"基本相同。其实，从经验上判断，重新犯罪率作为犯罪率的一个部分，两者的犯因性因素一定会存在着共性，即人之所以会犯罪，社会原因一定存在，但仅从经济发展来解释犯罪率与重新犯罪率的趋重显然无法从本质上解释其根本原因。[2] 我们撩开经济发展的面纱，可以从其背后发现真正的社会性因素。中国经济近几十年的高度发展，促使原先超稳定的社会结构发生了剧烈的变化，利益再分配

---

〔1〕 具体参见白建军："从中国犯罪率数据看罪因、罪行与刑罚的关系"，载《中国社会科学》2010 年第 2 期。

〔2〕 这在相关分析中需讨论提第三方变量的存在。例如，在一个城市中教堂的数量与酒吧的数量呈高度正相关，但这不是说明教堂驱使人去酒吧喝酒，或者酗酒者更想去教堂，这其实是第三方变量的存在，即人口。

过程中，各个阶层内部分化导致利益冲突不断激化，二元城乡结构也不断面临冲击，物质与价值观念不断多向变迁，这些都为重新犯罪的滋生提供了肥沃的社会土壤。另外，社会接纳值成了重新犯罪率之社会归因，深刻地反映了罪犯复归社会后重新社会化的过程中，整个社会对罪犯的宽容度显著影响着罪犯的行为选择。

经过两项相关分析与多元回归分析之后，原先我们考察的 13 项因素仅检测到城镇居民可支配性收入（包括多重共性之农村居民纯收入）、社会接纳值与重新犯罪率存在着显著相关，而这两个因素都是非改造性因素。既然两个因素都是非改造性因素，而另外与改造性因素相关的 10 个因素都被排除。那么，从逻辑上我们可以得出结论，即当前中国的罪犯改造活动基本没有效果。但是，在此我们就可以明确地肯定改造无效论吗？重新犯罪的"祸端"仅在于设施外（社会）吗？监狱的机能仅止于惩罚吗？

改造是监狱在人类文明史的演变中嫁接而来的，是对作为监狱本质机能的惩罚的负面后果的必要修正与主动补充，是作为监狱次生机能存在的，是监狱行刑文明与行刑人道主义的必要内涵。[1]可以说，正是由于改造在监狱中的广泛应用，监狱的现代化才正式登上了行刑的历史舞台。但是，若如本书得出的结论，即改造无效，我国的刑罚效益则无从谈起，也意味着国家投入的巨大资源与重新犯罪率成负相关。事实上，可以得到印证的是，近年来，我们国家的两极化刑事政策正偏向于"重重"而非"轻轻"，实质意义上的刑罚制度的趋重主要体现在死缓犯减刑限制、数罪并罚最高期限的延长、假释对象条件的限制等。[2]

另一方面，我们国家的警囚比越来越高，干警大专及以上学历比也越来越高，罪犯参加"三课学习"的时间也逐年提高，罪犯文化娱乐时间也在增加，而这些从经验上判断与改造性相关因素的积极改善却在总体上对重新犯罪率并不产生显著性的影响。但是，如果说在宏观上对改造因素的考察会得出改造无效的结论，那么，从微观层面上，我们还必须考察具体的改造活动对重新犯罪是否具有一定的效果，才真正能够作出肯定或者否定的回答。

---

〔1〕　刘崇亮："本体与属性：监狱惩罚的新界定"，载《法律科学（西北政法大学学报）》2012年第 6 期。

〔2〕　刘崇亮："'重重'刑罚观对监狱行刑的效果——以刑法修正案（八）对刑罚结构的调整为分析视角"，载《法制与社会发展》2013 年第 6 期。

五、以循证改造为基础的改造个案效果分析

在具体个案中要对改造是否有效作出判断我们可以借鉴发达国家的循证矫正方法并将其运用到具体的罪犯改造中。当代国外学者在对罪犯改造的理论研究及监狱实务部门在行刑实践中普遍采用循证矫正（evidence—based corrections）的范式。他们使用那些已经被持续研究所证明了的，能够明显降低重新犯罪率的矫正项目，并结合罪犯的实际情况，有效地对罪犯开展矫正活动。加拿大的安德鲁斯和道登教授在一个对 374 位罪犯的矫正项目实验中发现，不合适的矫正强度会浪费矫正资源，研究甚至表明，对低风险罪犯提供高强度（intensive）的矫正可能会增加罪犯的犯罪行为。如图 1-2 所示，对再犯风险低（low risk）的罪犯提供矫正的效果并不十分明显，减少重新犯罪总量不到 3%；但是对于高风险（higher risk）罪犯提供矫正却能够导致重新犯罪的大量减少。[1]

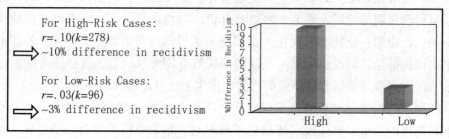

图 1-2　基于风险评估原则的治疗效果图

借鉴国外学者对罪犯循证矫正的方案，我们对 S 市 T 监狱选取刑期还有 2 年即将出狱的 168 名暴力性罪犯作为样本，经过一年多的循证改造，从数据采集、样本分析、制订方案再到效果评估都严格遵循循证改造基本原则，以期在个案的处理上考察改造是否有效。首先，我们对样本进行了严格的数据采集，进行了科学的风险性评估，包括运用《艾森兄量表》《罪犯改造效果评估量表》《暴力犯风险等级评估量表》等评估工具系统，对罪犯的性格特质、悔罪态度、家庭关系、改造表现、暴力危险程度等影响罪犯再犯罪风险的重

〔1〕 James Bonta & D. A. Andrews, "Risk-Need-Responsivity Model for Offender Assessment and Rehabilitation", *Public Safety Canada Report*, 2007, p. 10.

要影响因素进行逐个测量。其次，在对 168 个样本数据进行收集后，对每个罪犯的犯因性需求再进行评估，划分为再犯风险性高、再犯风险性一般及再犯风险低三类。再次针对上述犯因性需求分析相对应的改造性需求，并针对每个罪犯的改造性需求制订相应的改造方案，从心理矫治、法律意识培养、日常改造、家属帮教、职业培训等方面进行综合改造。对改造需求性大的加大改造力度，对改造需求性小的扩大其改造自治权。最后，在为期一年多的改造方案结束后，再运用上述评估工具对 168 位罪犯进行评估，并在罪犯出狱 3 年后对这些罪犯进行跟踪回访，统计重新犯罪的情形。评估及统计结果如表 1-6 所示：

表 1-6　168 名暴力性罪犯循证改造项目描述性统计

因　素		参加改造项目前		参加改造项目一年后	
		均值	N	均值	N
人格特质	掠夺型	65	48	59	40
	称霸型	60	60	52	54
	情绪型	52	40	44	46
	防御型	46	20	46	28
悔罪态度	很好	8.0	42	8.2	54
	一般	7.1	60	7.5	76
	很差	4.1	66	5.4	38
家庭关系	良好	8.3	52	8.3	58
	一般	6.9	62	7.2	76
	较差	3.4	54	5.6	34
改造表现	良好	8.7	34	9.2	38
	一般	7.0	72	7.2	79
	较差	4.8	62	6.1	51
暴力危险程度	高	8.3	23	6.0	14
	较高	7.5	31	5.8	22
	较低	4.0	57	3.9	58
	低	2.5	57	2.5	74

因　素		参加改造项目前		参加改造项目一年后	
		均值	N	均值	N
一年内重新犯罪	2	二年内重新犯罪	3	三年内重新犯罪	5

注：1. 人格特质使用的测量工具为《艾森克量表》；

2. 悔罪态度、家庭关系、改造表现测量工具为《罪犯改造效果评估量表》，三个评估项目赋值都为10；

3. 危险程度的测量工具为《暴力犯风险等级评估量表》，此表与《罪犯改造效果评估》有重合的地方，其不但包括动态的评估因素，还包括诸如年龄、刑期、犯罪性质等静态评估因素。

从为期一年的循证改造结果来看，其基本印证了坚持"犯因性需求—改造性需求—改造方案实施"的循证改造原则的改造效果。如表1-6所示，经过科学的心理矫治后，改造需求量大的掠夺型性格的罪犯的均值降低了6分，并且数量上减少了8。悔罪态度较好的罪犯改造强度小，效果不明显，但对悔罪态度较差的，施加高强度的改造方案后，均值从4.1增长到了5.4。其他的四个因素也基本如此，即对家庭关系较差、改造表现较差、暴力危险性程度高的罪犯施加高强度的改造方案后，其改造效果最为明显，而那些数据表明，再犯风险较低的罪犯的改造效果并不明显。其实，从再犯风险干预与循证改造的基本原则出发，对于那些再犯风险较低的罪犯无须施加高强度的改造方案，否则可能会适得其反。最终，从考察参加循证改造方案的168名罪犯出狱后重新犯罪的情形来看，其也验证了改造方案实施的科学性。3年内的重新犯罪比例仅为6%，比该监狱重新监禁率要低很多。从上述168个循证改造个案的结果来看，总体上改造效果不错，基本能得出改造有效的结论。

六、对改造有效论的证成

通过上述研究，在从宏观上考察重新犯罪率与再犯归因的关系之后，我们得出了"改造无效"的基本结论，而从168个具体的循证改造个案的改造效果来看，我们又得出了"改造有效"的基本结论。从论证的过程来看，我们严格遵循了相关的定量与实证的研究范式，但两者的结论却完全相反，产生了严重的冲突，两种结论似乎使得研究走进了死胡同。但我们认为，正是由于两个研究角度的不同从而得出不同的结论，才使得研究结果合乎情理。

其一，一个国家重新犯罪率的高低的确为衡量罪犯改造有效的唯一评价标准，但反过来却无法证明一个国家的重新犯罪率的高低完全取决于罪犯改造是否有效。我们前面分析得出结论，影响重新犯罪率真正有效的因素为经济发展水平和社会宽容度，关涉改造性的因素对重新犯罪率相关性程度并不高，这就意味着影响重新犯罪的因素为社会归因。但任何一个社会内的重新犯罪的个体，都是社会环境的产物，都是个体化的社会演变过程。正如德国学者乌尔里希·贝克教授所认为："个体化不再是私人境况，而且总是制度性的，解放了的个体变得依赖于劳动市场，而且因为这样，它们依赖于教育、消费、福利的管理与支持、交通规划、消费供应及医学、心理学和教育学咨询和照料的种种可能性和风气。这都指向个体境况的依赖制度的控制结构。个体化成为依赖于市场、法律和教育的社会化的最先进模式。"[1]同样，作为社会个体的重新犯罪人，即便在狱内建立起不再犯罪的观念，一旦面对因不同经济发展水平及不同社会宽容度引起的各种社会性犯罪诱因，见之于主观的个体化的重新犯罪则难以避免。

其二，微观条件下的个案改造有效与宏观条件下重新犯罪率连续上升之间的矛盾并非悖论。重新犯罪是个体自由意志的选择结果，狱内的循证改造是对个体自由意志的干预，从历史与逻辑的角度出发都可以印证这种干预的有效性。只不过这种干预的有效性在时效上并非永久。正如某种流行疾病治愈后遇到病原体又会再次患病一样，我们不能否定前次治疗的有效性。然而，行刑实践中的罪犯改造饱受诟病，以致改造无效论大行其道。人们在忙于谈论改造是否有效的时候，却忘记了一个需要正本清源的事实，即"改造方法"（也就是国外矫正学上所讨论的矫正计划）本身是否科学和有效。[2]美国学者约瑟夫·罗格斯把矫正计划（即我们国家所谓的改造方法）分为四种情形：第一类是对任何犯罪人都没有效果的矫正计划；第二类是只对一些犯罪人有效果的计划；第三类是对某类犯罪人具有特殊效果的矫正计划；第四类是有些罪犯根本不可能得到改造，即本不是矫正计划本身的问题。[3]

---

〔1〕 ［德］乌尔里希·贝克：《风险社会》，何博闻译，译林出版社 2003 年版，第 160 页。
〔2〕 刘崇亮："罪犯改造自治权论"，载《当代法学》2016 年第 3 期。
〔3〕 G. Larry, *Essentials of Corrections*, Wadsworth Publishing, 2004, p. 17.

所以，在具体个案的行刑实践中，改造方案本身的科学性是改造有效的根本前提。在改造实践中，正是由于大多数改造个案中因为没有制订科学的改造方案或改造方案本身不科学而导致改造效果不明显，才使得行刑效益广受质疑。

其三，前面两点结论恰好证明了李斯特的那句名言，即"最好的社会政策，也就是最好的刑事政策"。控制犯罪是一个极其复杂的综合体系，它既包括刑罚权运行机制的合理设置，使每个改造个案得以科学实施，从而使刑罚执行得以发挥最大的效益，还更应包括整个社会控制的过程。既然证明社会经济因素对重新犯罪具有显著相关性，那么，合理的社会政策过程必然具有控制重新犯罪的现实意义。

七、监狱行刑改革论对改造无效论的逾越

既然我们在微观上和宏观上对改造有没有效得出了相反的结论，并显示出了监狱系统对罪犯改造的复杂理论图景，那么，在微观上改造有效、宏观上基本无效的理论前提下，监狱行刑改革应如何开展？如果不清楚如何解决这个难题，我们后面对监狱行刑改革理论的探讨将会丧失理论支撑。相反，只有清楚地论证监狱行刑改革理论如何面对两种矛盾的结论，我们所要研究的理论体系才不致于坍塌。

（一）一体化改革论对改造无效论的超越

监狱行刑改革如何面对宏观数据上得出的"罪犯改造无效"的结论？一直以来，对监狱行刑改革影响颇深的改造无效论在很多国家都左右着监狱行刑政策，在一些国家甚至影响着该国的量刑政策、假释政策等。在这些国家，强调惩罚或者威慑模式的一般预防政策总是在刑事司法实践中深深影响着具体的微观活动。例如在美国，其量刑政策总是受到监狱行刑效果的影响。"在二十世纪的大部分时间，美国的基本量刑目的是罪犯改造（the primary sentencing goal was rehabilitation of offenders for much of the twentieth century），监狱被认为是能够实现这一目标的合适机构。但是在二十世纪的七十年代，很多学者、法官、立法者丧失了监狱对罪犯改造效果的信心，从而转向没有限制的假释决定权，假释模式被视为能够实现改造效果。对改造的失望使得很多美

国司法区以更多的定期刑量刑模式取代之前盛行的不定期刑。"〔1〕

　　同样，如果按照上述对宏观数据分析得出改造无效结论的思路，我们国家长期以来对监狱罪犯改造活动投入的庞大刑事司法资源，从成本效益的角度来看，岂不是在浪费国家的巨大人力、物力和财力？这是否也意味着日后我们国家的监狱行刑政策甚至刑事政策也将转向惩罚为主，而忽略改造？在此，我们明确地指出，宏观数据上得出的改造无效结论并不意味着改造真正无效。正如我们在前文中的分析，罪犯之所以会重新犯罪是一个非常复杂的系统理论，特别是社会因素在我们经过两项相关分析和多元回归分析之后，有十多项的非改造性因素和改造性因素被排除，而只有城镇居民可支配性收入（包括多重共性之农村居民纯收入）、社会接纳值与重新犯罪率存在着显著相关。这些实证分析表明，从犯因性强弱看，罪犯出狱后，社会影响明显强于狱内的改造成果。本书认为，此项研究结论对于研究当代中国监狱行刑改革具有非常重要的意义。

　　鉴于上述结论，我们的监狱改革理论当然不可仅囿于监狱系统内部。当前，监狱行刑改革理论大多仅囿于监狱系统内部，而只有当我们明确了狱外因素甚至强化狱内因素影响罪犯的重新犯罪时，我们的研究视角才会从设施内扩张到社会内。在这里，我们也需要指出的是，涉及狱外因素的考察，笔者认为不仅只包括监狱行刑社会化的范畴，还应当包括监狱行刑体制一体化路径建构的问题。所以，从此角度来看，监狱行刑改革理论应当逾越在宏观数据前提下得出的改造无效的结论，即既要审视当前我们投入的一些资源是否真正达到了应当有的成果或者效益预期，又要坚持加强狱内改造与狱外支持的两相结合，以阻断罪犯再犯罪的犯因性因素影响。

　　（二）监狱功能论对改造无效论的超越

　　应当以改造有效论作为监狱行刑改革理论的核心理论。无论如何，在现代条件下，一个国家的刑事司法系统不可能只具有惩罚功能，而没有改造的功能。即使再悲观的改造无效论，也没有否定监狱改造功能的存在。因为从历史与逻辑的角度都可以表明，倘若否定监狱改造功能的存在，仅剩下监狱的惩罚功能，此类型的监狱完全不可能存在。惩罚虽然是一种对罪犯施加痛

------

〔1〕　Richard S. Frase, *Just Sentencing: Principles and Procedures for a Workable System*, Oxford University Press, 2013, p. 5.

苦属性的活动，但这种活动是基于恢复正义与公平的目的。按照监狱惩罚的定义，惩罚是以国家的名义在法律的限度内按照相关的法律规定，对罪犯剥夺自由以及权利的活动。莫里斯教授就从正义及公平的一般性原则出发，力图证明惩罚的正当性。他认为，从一个正常社会相互合作互惠的计划来看，罪犯不公平地对待了其他守法的公民，因此对这些守法公民欠债（owes them a debt）。一个正当的惩罚应当尊重罪犯，罪犯也因此有权利受到惩罚，并且有权利要求按照正当的程序来惩罚自己。而摩尔教授力图为相应数据报应的惩罚辩护，即认为惩罚应当依据所有日常道德关于惩罚与责任数量的判断，而非惩罚是依据一般性司法原则。摩尔教授尽力迎合尼采（Nietzschean）关于惩罚的挑战，即惩罚并不是为了满足正义情感的表达，而是建构在恶意、猜忌和怨恨的情感之上。他同时也对罪犯应当受到治疗而不是惩罚的观点持批评意见。[1]为此，当惩罚被认为是完全正当性的时候，改造所处的境地就难免会受到非议甚至排斥。惩罚的正当性和该当性不应该排斥监狱的改造功能的发挥。

其实，不论从惩罚的角度看还是从改造的角度看，监狱行刑改革理论都应当坚持改造有效论的核心基础理论作用。

一方面，如果从惩罚的角度来看（即从反向的角度来看），监狱行刑改革必须坚持改造有效论。无论如何，在人类没有找到更好的惩罚形式之前，刑罚惩罚都是最为有效的方法，全世界都是如此。但不可否认的是，刑罚惩罚本身具有不可避免的负面效果。美国的弗朗西斯·T.卡伦教授就对刑罚惩罚的伤害进行了理性的分析。他认为，在犯罪学领域至今有一个美国社会不愿意触及的堡垒，即刑罚其实是有伤害的。当美国人大都不承认改造是有效的时候，加重监禁判决、取消假释和延长刑期往往会被采用。当这些措施被广泛采用时，在1973年到1990年间，罪犯数量增加了332%，人口监禁率超过了200/100 000。相对应的则是，监狱里人口过度拥挤，监狱秩序混乱，狱内暴力案件持续居高不下，使得监狱惩罚饱受诟病。[2]从某种意义上讲，无论

〔1〕 Jeffrie G. Murphy, *Punishment and Rehabilitation*, Third Edition, Wadsworth Publishing Company, 1995, p. 3.

〔2〕 Francis T. Cullen, "Assesssing the Penal Harm Movement", Edward J. Latessa & Alexander M. Holsinger Editing, *Correctional Contexts: Contemporary and Classical Readings*, Roxbury Publishing Company, 2006, pp. 61~65.

是中国近代监狱的改良运动，还是发达国家近代的教育刑学派倡导的监狱行刑改革，都是监狱惩罚负面后果所引起的人们希冀通过对罪犯的改造活动而把罪犯变成一个好人的结果。尽管刑罚惩罚是法律针对犯罪的强制性后果，代表国家正义行使国家刑罚权。但不可否认的是，任何施加诸如对自由和权利的剥夺等痛苦属性的活动都有可能意味着负面后果。而且，值得注意的是，研究者在谈论惩罚的效果的时候，大多会站在国家主体的地位。这种研究值得商榷的是，处在惩罚的法律关系主体位置的罪犯本身才是研究的根本要义，任何忽略罪犯的法律关系主体的研究都存在着瑕疵。为此，2013 年，我们对 J 省女子监狱随机抽取 380 名罪犯进行问卷调查，其中刑期为 5 年以下的罪犯为 243 名，刑期为 10 年以上的罪犯为 137 名，调研主题为"刑罚惩罚对罪犯的威慑效果"。问卷的主要内容包括刑期以及对刑罚威慑的感受。调查结果显示：刑期为 5 年以下的罪犯将近半数表示害怕惩罚，相比之下，刑期为 5 年以上的罪犯则只有不到三成的罪犯表示害怕惩罚，罪犯所犯罪行越重对刑罚惩罚的后果就越不敏感，即总体上表明，仅靠刑罚的威慑力阻止犯罪明显捉襟见肘。虽然我们的样本数量不大，但此次的小规模调研结果显示，约 57% 以上的罪犯确实对刑罚的威慑没有感受。这些罪犯倘若被释放到社会上，受到犯因性诱因的影响在所难免，重新犯罪的可能性较大，再犯罪因素明显升高。

正是因为惩罚具有负面的效果，同时惩罚又不具有阻碍罪犯重新犯罪的威慑力，而改造又能起到修补监狱惩罚功能不足的作用，在这种机理的影响下，改造走上了现代监狱行刑的舞台。

从另一方面来看，当我们在微观环境中对 168 名罪犯的循证改造进行实证分析并得出改造有效结论时，监狱的行刑改革理论就有了坚实的基石。即使中外古今不少学者都否认改造有效，我们仍必须指出，各项研究哪怕是科学的实证研究，因为研究背景以及研究项目的本身存在着不科学的成分，实验结果难免存在着错误。

对于马丁森基于对二百多个改造项目评估之后得出的结论，美国就有学者认为虽然该结论是应时的，但很难有什么新意。该学者认为，人们在谈论改造项目对于罪犯重新变成好人是否有效之前，必须对改造项目本身是否科学进行了解和评估。在大部分的项目中，罪犯的犯罪行为都被认为是个人性格或者心理紊乱的体现，而所有的改造要旨都是纠正这种紊乱。这种核心思想就是改造项目应该被用来处理罪犯犯下犯罪行为的性格或者心理原因，包括辅助性的支持服务，如职业训练、财政资助等，而实施这些工作被人们认为是最有帮助的行为。但实际情况却是，这些案例中大部分罪犯的行为并没有因为这些咨询与帮助而得到明显改善，既没有积极影响也没有消极影响。这就存在着一些问题，学者们对这些支持项目运作的人们本身是否能够具有实施项目的能力以及态度没有进行分析。为此，美国学者奎恩指出，项目的完整性并不仅是指矫正项目理论上的合理性，而是指改造项目本身在实践中的实施——是否具有高技能的专业人士提供高水平的专业服务？如果项目不科学，改造主体的实施能力和态度是否存在问题就很难证明改造项目无效。因此，为了提高当前的咨询服务水平，首先应提高那些提供高强度咨询业务的矫正官的水平。其次，项目的数据和参数必须完整、科学，包括谁来完成、怎么实施和实施的条件等。最后必须全面评估项目的实施方法和手段，这些才是评估一个改造项目是否有效的科学方法。[1]

从中国的行刑实践来看，学界无不把坚持改造有效论作为中国监狱行刑改革理论的核心。当我们在谈论监狱行刑改革的时候，并不意味着彻底否定中国特色的改造刑，在近七十年的中国行刑实践中，在监狱惩罚内容基本保持不变的前提下，一直处于变化发展中的改造从内容到形式都发生着重大变化。正是处于变化中的改造范式，承担着监狱的主要功能，如果没有监狱改造功能的发挥，我国的重新犯罪率是否会改变？从当前中国改造刑的范式来看，其基本内容已经和世界上作为主流趋势的监狱改造模式相当，特别是近年来中国监狱系统已经开始注重运用系统的改造项目，基于实践数据对罪犯进行改造，也更注重对罪犯改造效果的评价。这就使得我们的改造刑在自我修正的过程中始终坚持以"人是可以改造的"为基础的改造有效论，这种导向性的理论指导对于行刑改革与发展非常重要。它不仅涉及改造项目的系统性、科学性，还涉及监狱行刑改革的根本方向的问题。即使在改造实践中，因为各个地区的差异，具体到制度、理念、人力、物力、财力和改造方案的差异，罪犯改造效果存在着高低之分。正因为有对改造有效这一正确方向的坚持，监狱行刑改革的实践与理论才有了坚实的基石。

---

〔1〕 Lawrence F. Travis, Martin D. Schwartz & Todd R. Clear, *Corrections An Issues Approach*, Second Edition, Anderson Publishing Co., pp. 174~177.

当代中国监狱行刑改革面临的困境： 第二章
惩罚的扩张与预防的缺失 CHAPTER2

　　惩罚那些违反社会规则的人是必需的。从人类社会的早期历史来看，惩罚作为社会控制的手段之一，使得人们按照社会的标准和规则进行社会活动。在社会成员诸多行为控制的方式中，对犯罪的刑罚惩罚是最为严厉和正式的方式之一。而为了保护社会，改造有助于明确行为的缺陷，以便每个在社区中的人都能够明白什么行为是被允许的。在近现代社会中，这种惩罚与改造的社会功能大都由正式的国家监狱来承担。就整个刑罚权运行的时间及单个罪犯由国家刑罚权控制的阶段（即国家在惩罚罪犯的前期过程中）来看，警察、公诉机关和法庭虽然是国家起诉和惩罚罪犯的前提阶段，但对于一个被判处重刑甚至终身监禁的罪犯而言，其受监狱控制的时间最长。而且，监狱对罪犯进行改造意味着监狱必须按照社会的需要来改变罪犯，国家为此所付出的刑罚资源也最多。

　　但问题是，监狱是否能够完成行刑目的或者实现行刑功能，这是一个非常复杂的系统。世界范围内各个国家的人口监禁率差别巨大，行刑模式千差万别，行刑效益高低不同，改造质量呈现多样化。在我国，作为刑事司法系统中重要组成部分的监狱行刑，在保护社会、规范行为方面具有非常特殊的地位，但国家同样为刑事司法资源付出了巨大代价。在正式探讨监狱行刑改革的范式与路径之前，我们必须要清楚地分析当代中国监狱行刑面临的问题与挑战。认识或者定义当代中国监狱行刑是探求中国监狱改革范式与路径的前提与基础。众所周知，我们所要认识或者定义的对象较其他社会机构或者组织表现为一个绝对的、封闭性权力机构——正如美国学者乔纳森·西蒙所指出的，站在国家主义的立场，把控制罪犯作为主要目的，监狱看起来更像是一个强有力的社会控制武器；在民众看来，监狱是"社会垃圾集中地"，对平衡犯罪危害和权力对罪犯造成的伤害抱有担心，所以希望政府的政策和手段足以应对犯罪这种社会现象。为此，笔者将从整体或者宏观上阐述当前中国监狱行刑面临的问题与挑战。

第一节　中国监狱人口规模客观解释及面临的问题

邓小平同志在谈及中国最大的国情和最大的实际时，要求把初级阶段作为推进改革、谋划发展的总依据。同样，我们在探讨当前中国监狱行刑改革的理论时，也必须深刻把握当前中国监狱行刑的总体现状，而监狱行刑改革面临的最大现实情况就是监狱人口规模的总体情况以及客观原因。

通常认为，随着犯罪规模的不断上升，犯罪形势趋于严峻，作为主要刑罚资源的监禁刑的使用增加，监禁人口规模难免也会增加。犯罪人口规模的增加在历史上一直都是刑罚制度改革和监狱行刑改革的主要内在动力。同时，全球监禁人口总量持续呈现增长态势，监狱变得日益拥挤。为此，监狱人口规模就成了衡量一个国家实际犯罪总量和刑罚总量的重要指标。美国的监狱人口规模从 20 世纪 80 年代初的不到 40 万增加到了 2010 年左右的近 200 万。不论是自由派还是保守派对此都进行了严厉批评，民众也对刑罚制度和监狱制度改革表达了不满。特别是有的州监狱系统的财政支出已经超过了当地国民教育财政支出，民众呼吁对刑罚制度和监狱制度进行根本改革。[1]可以说，监狱人口规模所产生的效应在一定程度上左右着一个国家刑事司法政策的走向。

笔者收集到的数据表明：近三十年来，我们国家的监禁人口规模持续增长，监狱规模越来越大，国家司法资源投入不断增加。但是，无论是理论研究专家还是实务部门的工作人员，都无法回避这样一个问题，即如果持续增长下去，监狱行刑机关应如何应对？为此，我们只有深入研究监狱人口规模及其背后的原因，才能提出有针对性的措施，最终为改造罪犯提供有益处的思路。

一、监狱人口规模客观解释的研究逻辑

如何解释一个国家的监狱人口规模？从定性来看，其不外是受到政治、

---

〔1〕 Lawrence F. Travis, Martin D. Schwartz & Todd R. Clear, *Corrections An Issues Approach*, Second Edition, Anderson Publishing Co., pp. 174~177.

经济、文化和社会关系的影响。在近代学者的眼里，自然和地理因素甚至也会对犯罪规模产生一定的影响。但是，我们对监狱人口规模的研究目的是为监狱行刑改革提供思路，只有真正解构其背后的真相，才能为后面的监狱行刑改革提供解决问题的基石。

某个国家或者地区在某个特定历史时期的监狱人口规模通常是处于变动之中，是什么原因导致这种波动是监狱人口规模研究的逻辑起点。另外，有的国家的监禁人口规模持续扩大，而有的国家则相对稳定，有的国家在相同的历史时期内监狱人口规模甚至还会不同程度地下降。由此，人们就会深思：造成这种差别的主要原因是什么？如何理解这种原因在非刑罚性因素和刑罚性因素方面的差别？如何在理论上诠释犯罪规模的合理控制，并且由此为探讨对犯罪人口规模进行控制的路径选择奠定基础？

犯罪学、刑罚学与行刑理论应当遵循刑事一体的研究路径，但令人遗憾的是，刑罚学与行刑理论的割裂太严重。研究归因的犯罪学、研究刑罚适用的刑罚学及研究刑罚执行的行刑学三者之间的界线向来泾渭分明，但是这种研究现状容易使一些重要理论被边缘化，对监禁人口规模的解释就是这样一个研究"盲区"。对监禁人口规模的客观解释必须涉及三个方向上的一体化研究路径，基于当前的常识性经验，应选择体现犯罪归因（包括经济、社会、自然等）的宏观指标来说明各个样本国家的犯因性差别，以体现监禁刑轻重的刑量，进而说明各个样本国家的刑罚性因素差别，以各样本国家人口监禁率代表监禁人口规模的变化。[1]

此处的理论假设是，一个国家的监禁人口规模不仅取决于决定犯罪人口规模的宏观归因，还与刑罚本身直接相关。此处的研究逻辑是，如果既能够在横向和纵向上观察到各个样本国家的人口监禁率与各项宏观性社会归因指标显著相关，又能证明各个样本国家刑法中的刑量决定人口监禁率，就可证明理论假设成立。若理论假设能够得到证明，则可以对犯罪、刑罚和行刑的某些定见产生影响，并为监狱行刑改革在方法论上厘定最佳选择。如果监狱人口规模的影响因素主要在于宏观的社会因素，而一个国家的刑罚制度通常是比较稳定的，那么只能通过改变社会因素来稳定监狱人口规模。如果监狱

〔1〕 本节所用样本国家经济、社会和自然等相关数据都来自于世界银行官网上公布的 The World Bank's Open Data，中国的相关数据则来自于《中国统计年鉴》。

人口规模更多地与一个国家的刑罚性因素有关，而与社会性宏观性因素无关，那么要改变监狱人口规模就只能通过改变相关的刑罚制度。因此，为了解释监狱人口规模的客观原因，可以我国不同地区的监狱人口规模作为分析样本，但笔者认为，以不同历史时期不同国家的监狱人口规模作为分析样本，才更具有定量分析意义上的科学性。因为不管是刑罚性因素还是非刑罚性因素，每个国家都存在着较大的差异性，更具有变量上的显著差异性，也更可能研究清楚影响监狱人口规模的客观原因。这里必须要指出的是，之所以冠以监狱人口规模的客观原因解释之名，是因为从整体来考察监狱人口规模，不管是刑罚因素还是非刑罚因素都是客观存在的，也就与单个犯罪是社会个体自身意志的选择结果的基本原理并不违背。为此，笔者将以 G20 样本国家 1990 年至 2014 年的人口监禁率为应变量，运用经验及基础刑罚学、犯罪学、行刑理论总结出的十多项非刑罚性因素与刑罚性因素为变量，对得出的数据进行纵向和横向的分析，最终筛选出真正影响监狱人口规模的因素。

二、1990 年至 2014 年人口监禁率

为了准确检验监禁人口规模之变化，国际上通常采用人口监禁率作为衡量一个国家监狱人口规模的基本指标。我国通常采用监狱关押总数来反映监狱人口规模。监狱关押总数对衡量一个国家在某个特定时期的监狱人口的多寡具有重要意义，但是从纵向或横向来看则存在问题。从纵向来看，一个国家的总人口总是处于变动之中，而人口监禁率更能反映一个国家犯罪规模总量的相对变化。从横向来看，不同国家的人口基数不同，监狱人口规模总量无法反映不同国家的监禁刑适用现状。相对应地看，人口监禁率则既能够从纵向上反映一个国家的监禁人口的相应变化，又能从横向上比较不同国家或地区的监禁刑适用总体情况。人口监禁率系每 10 万人口中被判处监禁刑或者在监狱内监禁的人数，它与犯罪率既有联系也有区别。犯罪率是每 10 万人口中的犯罪人数，和人口监禁率一样都是反映一个国家特定期间犯罪总体情况的重要指标。但是，犯罪率既可以被划分为加害率，也可以被划分为被害率，既反映判处监禁刑率，也反映判处非监禁刑率，是衡量一个国家犯罪数量规模的综合指标体系。[1]人口监禁率较犯罪率在判断一个国家的犯罪总量规模

---

〔1〕 白建军：“从中国犯罪率数据看罪因、罪行与刑罚的关系”，载《中国社会科学》2010 年第 2 期。

方面可能有自己的不足，因为其无法反映非监禁刑人数总量。然而，犯罪率仅能反映一个国家某个时点的犯罪规模总量，而人口监禁率不仅能够反映一个国家的犯罪规模总量，还能够同时反映该国的实际刑罚量和刑罚观念，可谓是衡量犯罪与刑罚的重要指标。

以在反映一个国家的犯罪人口规模、刑罚的实际轻重与刑罚结构的实际效果方面的作用为标准，人口监禁率可以被划分为毛犯罪人口监禁率与服刑人口监禁率。

（1）关于毛犯罪人口监禁率。所谓毛犯罪人口监禁率是指一个国家特定时期的每 10 万人口中被审前羁押（Pretrial detainees）以及在各类监狱设施中被执行刑罚的人口比率，既包括已决犯也包括未决犯。世界上大部分国家统计的人口监禁率如果没有特别说明，通常均指毛犯罪人口监禁率。该人口监禁率不仅反映犯罪规模的总量，同样也反映实际刑罚总量增加的趋势、影响，从而为观念性刑事司法提供参照系，反映该国在特定历史时期采取刑事政策的价值取向。毛犯罪人口监禁率通常被视为是一项重要的刑事司法统计制度，较犯罪率的统计更加成熟、稳定，故历来被外国的刑事司法学者和决策部门所重视。

（2）关于服刑人口监禁率。所谓服刑人口监禁率，仅指一个国家特定时点每 10 万人口中在监狱设施中服刑人员的比率，即羁押中的已决犯。服刑人口监禁率不仅反映犯罪总量，而且也反映刑罚结构在刑事司法实践中的具体运用及其效果。在自由刑占支配地位的刑罚结构下，通过对监狱人口监禁率的考察进而回溯到对刑罚结构的调整是否符合刑罚目的，具有反推的理性。[1] 当一个国家的刑罚结构在刑事司法过程中被建立后，其在监狱刑罚执行中表现为狱内刑期结构。一个国家的狱内总刑期的总和为监狱人口规模与人均狱内实际刑期之积，而人均狱内刑期实质上取决于该国家的刑罚结构的轻重。

（3）G20 国家 1990 年至 2014 年人口监禁率。要判断一个国家的人口监禁率到底是低还是高，若仅以该国的数据作为参考显然不足，因此不同国家之间的人口监禁率横向比较显得尤为重要。近年来，人口监禁率在欧盟成员国家之间每年都被统计，这些数据通常被认为是比较这些国家之间刑罚惩罚程度

---

〔1〕 刘崇亮："'重重'刑罚观对监狱行刑的效果——以刑法修正案（八）对刑罚结构的调整为分析视角"，载《法制与社会发展》2013 年第 6 期。

的标志。采取选择性监禁（selected incarceration）政策的国家的人口监禁率比那些采取严厉惩罚政策的国家的人口监禁率要低得多。比如，1995 年欧盟大部分国家的人口监禁率仅为 100/100 000，而同时期的美国则为 592/100 000。[1] 为了使得人口监禁率具有代表性，我们选取了 1990 年至 2014 年间 G20 国家的人口监禁率作为比较研究样本。之所以选择 G20 国家作为研究样本，是因为这些国家不但地理分布范围广（欧洲 6 国、北美洲 3 国、南美洲 2 国、亚洲 7 国、非洲 1 国、大洋洲 1 国），而且代表性强——既有世界上主要的发达国家，也有主要的发展中国家，人口总数占全球的 2/3，国土总面积占全球的 60%，各国国内生产总值总计占全球的 90%，贸易总额占全球的 80%。

　　本书中的人口监禁率，除了中国，其他样本数据均来源于英国内政部研究与统计理事会（the Research and Statistics Directorate of the UK Home Office）公开出版的《世界监狱人口统计简报》。该统计表中的人口监禁率数据来源主要有两种：一种是该国的司法部官方数据；另一种是联合国相关统计机构数据，数据来源绝大部分为该国监狱系统的主管部门，如司法部或者监狱管理局。该统计简报中 18 个国家的人口监禁率不仅包括毛犯罪人口监禁率，还包括服刑人口监禁率。在我国的司法统计中，通常仅包括服刑人口监禁率，针对这种情形，为了使得我国人口监禁率的统计更符合国际上通行的统计标准并且使之与比较样本具有可比性，审前羁押人口监禁率必须被合理界定。在我国，与审前被羁押人口数紧密相关的数据包括公安机关立案数（应当还包括检察机关直接立案侦查的各类案件）、检察机关决定批捕人数、检察机关决定提起公诉人数、人民法院判决人数等。在这四个统计数据中，与国际上通行的审前羁押人口监禁率标准最相符的当属检察机关决定批捕人数。因为公安机关立案及人民法院判决犯罪成立不一定意味着犯罪嫌疑人被羁押，还包括监视居住、取保候审以及判处非监禁刑之情形。而检察机关决定批捕数则意味着审前羁押，故此数据与国际通行的审前羁押数最为接近。因此，此处的中国毛犯罪人口监禁率系每 10 万人口中在监狱羁押以及被检察机关决定批捕的总人数。

---

　　〔1〕　Roger Matthews, *Doing Time, An Introduction to the Sociology of Imprisonment*, ST. Martins Press, 1999, p. 98.

表 2-1　G20 国家 1990 年至 2014 年间毛犯罪人口监禁率　　　(‰₀₀)

国别＼年份	1990	1992	1994	1996	1998	2000	2002	2004	2006	2008	2010	2012	2014
日本	38	*	38	40	45	48	55	60	64	60	57	53	48
印度	20	21	23	25	27	26	30	30	32	33	30	31	33
韩	124	*	135	135	*	136	131	121	98	96	97	92	101
美	457	487	*	592	698	683	703	725	752	755	731	707	700
德	73	74	79	85	85	85	86	96	93	88	85	82	76
法	78	78	89	85	84	82	76	91	91	96	99	*	114
英	90	93	96	100	114	124	135	141	145	152	153	153	149
意	46	*	80	83	*	93	97	96	66	97	112	110	88
澳	70	84	90	97	108	114	115	121	126	130	135	130	144
南非	327	311	301	*	380	394	396	403	318	342	328	310	288
阿根廷	60	62	70	73	*	102	151	168	152	149	157	160	162
巴西	95	102	107	110	117	133	133	182	212	234	253	275	275
印尼	23	22	22	21	24	26	31	39	51	59	49	61	66
墨西哥	90	110	101	133	145	156	169	186	197	202	194	206	214
沙特	*	*	*	*	120	116	131	142	*	*	165	176	*
土耳其	81	79	74	74	73	73	85	81	101	144	164	180	204
加拿大	121	126	131	131	125	115	115	114	107	115	117	117	118
中国	166	153	152	163	161	169	179	184	188	195	193	195	193
俄罗斯	473	487	622	688	729	729	675	588	577	622	609	528	471

注：1. 符号"＊"表示当年数据缺失。

2. G20 国家虽然系指 20 国集团，但其成员之一的欧盟并非实体国家，故实质上 G20 为 19 个实体国家。

3. 除中国外，所有的数据均来源于英国内政部与统计理事会公开出版的《世界监狱人口统计简报》，而该简报直接来源为成员方的司法部或者监狱主管行政单位。中国的数据来源为《中国法律年鉴》《中国统计年鉴》及《中国检察年鉴》。

基于上表数据：第一，我们对上述各个国家近25年来的均值由高到低按照顺序进行统计，这些样本均值如下：美国为655/100 000，南非为341/100 000，中国为176/100 000，巴西为171/100 000，墨西哥为162/100 000，沙特为142/100 000，英国为127/100 000，阿根廷为122/100 000，加拿大为119/100 000，韩国为115/100 000，澳大利亚为113/100 000，土耳其为107/100 000，法国为90/100 000，意大利为88/100 000，德国为84/100 000，日本为51/100 000，印尼为38/100 000，印度为28/100 000。若以组距为50/100 000进行群组划分，可以划分为5组，即极低、较低、中度、较高和最高。极低组为印度和印尼；较低组为日本、德国、意大利和法国；中度组最多，包括沙特等7国；较高组包括3国，而最高的当属美国和南非，美国竟然高达655/100 000。从上述样本数据来看，人口监禁率最高的美国为印度的均值的23倍，样本中的最大值为美国的755/100 000，而最小值则为印度的20/100 000。第二，再对各个国家历年来的人口监禁的方差进行分析我们可以发现，印度、加拿大、德国、日本四国的方差最小，都在100以内，其中印度仅为19.859，离散趋势最为集中。而美国、南非、巴西、墨西哥、阿根廷、土耳其六国的方差最大，都在1600以上，其中美国为10 585.231，巴西为4856.182。接着，我们在五个高低组别中分别选取美、中、加、德和印度五个国家的毛犯罪人口制作曲线图，结果与方差分析结果一致：较高组的中国和最高组的美国的监禁率变化较大，且除个别年份下降外，总体呈现上升的趋势；而印度和德国相当稳定，近25年来人口监禁率变化不大。另外，加拿大从整体上看还处于下降趋势。第三，我国的毛人口监禁率均值处于较高组，仅次于美国和南非，这说明我国的刑罚量一直处于较高水平，属于刑罚较为严厉的国家。另外，从方差分析结果来看，我们国家的方差为263.692，比较其他18个国家来看，数据基本处于中等水平，即意味着我国的毛犯罪人口监禁率自1990年以来增长一直处于较快稳定增长的水平，25年间自152/100 000增长到195/100 000，意味着人口规模大致增长了40多万人。这表明我们国家的刑罚总量在实践中经历了由轻到重的变化。但也可以看出自2008年到2014年一直稳定在193/100 000~195/100 000，即这6年间国家已经意识到人口监禁率过度增长的弊端，但是否能继续保持稳定甚至下降，还有待对后续官方公布的数据进行观察。

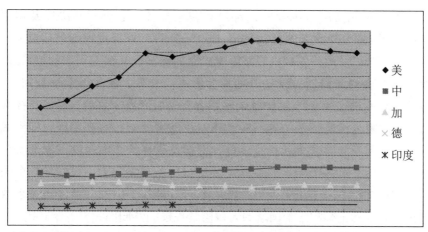

图 2-1　五国毛犯罪人口监禁率

　　从横向和纵向上看，上述样本数据的均值差别很大，意味着样本国家的毛犯罪人口监禁率差别很大。那么，到底是哪些因素导致了这种差距呢？基于此，我们可以最终证明为什么有的国家偏向于刑罚功能主义，而有的国家则偏向于刑罚理性主义或刑罚轻缓化，并在此分析的基础之上寻找犯罪与刑罚的某种规律。[1]

三、对监禁人口规模的客观解释之非刑罚性因素

　　一个国家人口监禁率是高是低到底是由什么原因决定的？对此问题，世界范围内的学者并没有达成共识，正像不可能由单一的因素充分解释犯罪率一样，人口监禁率也不可能由单一的因素来解释。[2]英国有学者认为，决定一个国家的人口监禁规模的因素既包括内部过程（interior processes）也包括

---

　　〔1〕　刑罚功能主义又被称为刑罚工具主义，指的是在绝对刑罚报应观念的指导下，把刑罚作为惩罚和预防犯罪的唯一手段，以达到犯罪控制的目的。对于此，国内很多学者都进行了批判。正如梁根林教授所指出的：长期以来，在绝对工具主义法律价值观的束缚下，刑法成了"刀把子"，使得刑事立法缺乏长远预见。具体参见梁根林：《合理地组织对犯罪的反应》，北京大学出版社 2008 年版，第 7 页。再如，樊文副研究员也指出：刑法一直保持着在功能化方向上的惯性，刑罚结构和刑罚适用面临着重刑主义的突出问题，并未有效遏制犯罪。具体参见樊文："犯罪控制的惩罚主义及其效果"，载《法学研究》2011 年第 3 期。

　　〔2〕　如白建军教授在对犯罪进行社会归因时，对一些经济社会因素进行了多元回归分析，认为一些经济指标以及社会发展指标对犯罪率有显著影响。具体参见白建军："从中国犯罪率数据看罪因、罪行与刑罚的关系"，载《中国社会科学》2010 年第 2 期。

外部过程（exterior processes）。内部过程包括逮捕、起诉和判决以及司法分流，甚至还包括犯罪的定义（definitions of crime），外部过程则包括更为广泛的社会、经济以及政治领域中能够影响犯罪的定义、立法及司法的政策过程，以及能够影响"刑罚气候"的其他社会因素。并且，这些因素总是相关地、综合性地对人口监禁率产生影响。[1]那么，应如何界定政治、经济与社会因素对一个国家人口监禁率的影响呢？我们在此需要进行客观归因，即到底是什么原因导致有的国家实际犯罪总量和刑罚总量巨大，而有的国家却实现了轻缓化？为此，对各个样本的数据进行量化后，在纵向上，我们对各个国家的样本数据进行了两项相关分析，再从纵向上对各个国家的最终相关系数进行分析，观察真正影响各个国家的人口监禁规模的共同因素。

在简单相关性研究中，相关性关系的初步检验逻辑是，尽管相关不一定成立犯罪学意义上的因果关系，但无相关一定不存在因果关系。从经验法则出发，我们运用犯罪社会的相关知识列举了下列可能影响人口监禁率的若干非刑罚因素，以检测哪些因素具有显著的统计学意义。

（1）经济因素之人均 GDP。即人均国内生产总值，其是衡量一个国家经济发展状况的重要指标。发达国家的犯罪学对经济与犯罪关系的研究较为丰富，近年来，我国学者对此问题也日渐关注。学者们主要从各项经济因素对犯罪率的变化进行相关或回归分析，从实证角度得出了两者为显著正相关的基本结论。[2]我国学者基于国内样本分析得出了"经济影响犯罪规模增长的结论"，但却没有在世界范围内进行横向的比较。因此，经济发展程度是否影响世界上各国人口监禁率需要进一步证实。我们在此以人均 GDP 为自变量，以人口监禁率为应变量，对每个样本数据均进行了一次两项相关分析（bivariate correlation），由此得到了所有样本的两项相关分析结果。这一检验逻辑的科学性在于，我们在此处考察的目的是经济因素是否能够影响人口监禁率，如果能够

---

〔1〕 Roger Matthews, *Doing Time*, *An Introduction to the Sociology of Imprisonment*, ST. Martins Press, 1999, p. 129.

〔2〕 如田鹤城等对1955年至2007年中国经济与犯罪关系进行了实证研究，认为基于改革开放前后犯罪率变化与经济增长、收入差距、人口流动率、城市化水平等原因，宏观经济政策的变化对犯罪率有重要影响。具体参见田鹤城、万广华、霍学喜："1955—2007年中国经济与犯罪关系实证研究"，载《中国农业大学学报（社会科学版）》2009年第2期。白建军教授也通过多元回归分析证明经济发展与犯罪率之间呈高度正相关关系。具体参见白建军："从中国犯罪率数据看罪因、罪行与刑罚的关系"，载《中国社会科学》2010年第2期。

证明绝大部分（甚至是所有）样本数据均显示人均 GDP 与人口监禁率显著相关，那么就具有很强的相关性。但如果样本数据有的显示相关，有的显示不相关，甚至有的在相关方向性上都不一致，则基本可以否定两者具有相关性。

表 2-2　G20 国家人均 GDP 与毛犯罪人口监禁率两项相关分析

国家	皮尔逊相关系数	显著性
中国	0.783**	0.002
加拿大	−0.539	0.057
南非	−0.626*	0.015
印尼	0.914**	0.000
土耳其	0.938**	0.000
墨西哥	0.894*	0.000
巴西	0.893**	0.000
德国	0.113	0.714
意大利	0.301	0.368
日本	0.253	0.427
沙特	−0.343	0.506
法国	0.841**	0.000
澳大利亚	0.776**	0.002
美国	0.807**	0.001
英国	0.869**	0.000
阿根廷	−0.029	0.928
韩国	−0.833**	0.001
印度	0.750**	0.003
俄罗斯	−0.502	0.096

注：1. **在 0.01 水平（双侧）上显著相关。

2. 皮尔逊相关系数越接近 1 说明两项变量相关性越强，显著性在 P<0.05 水平上意味着符合统计学要求，表示两者显著相关。

3. 各样本国家的人均 GDP 数据均来自 *The World Bank's Open Data*。

从表 2-2 显示的结果看，具有显著正相关的有 10 个国家，显著负相关的有 2 个国家，没有显著相关性的有 7 个国家。其中，在显著正相关的国家中，有人均 GDP 超过 30 000 美元以上的发达国家（美国、法国、澳大利亚和英国），也有人均 GDP 在 3000 美元~10 000 美元的发展中国家。显著负相关的国家既包括较发达的韩国，也包括发展中国家南非。同样，在没有显著相关性的 7 个国家中既有日本、意大利和加拿大等发达国家，也有阿根廷、俄罗斯这样的发展中国家。因此，以往的经验在实证面前显得十分尴尬，若仅观察某个或几个国家显然容易出现偏差。以前研究得出的犯罪规模与经济因素的正相关或负相关说理论在世界范围内失灵了。到底是贫穷导致犯罪，从而使得国家必须动用刑罚大规模的监禁进而导致实际刑罚量大规模增长，还是经济的快速发展使得人们的行为失范从而使犯罪人口大规模增长，使得实际刑罚量也随之大规模增长？在此，我们仍然无法得出肯定或否定的结论。我们经过上述国家间横向的两项相关分析观察到的结果是，经济发达与否并不能决定一个国家人口监禁率的大小。作为世界上最发达的国家，美国的人均 GDP 自 1990 年的 23 914 美元增长到了 2014 年的 54 596 美元，其间经历了所谓的美国经济史上最为辉煌的 "黄金二十年"，但是相对应的人口监禁率也从 1990 年的 457/100 000 增长到了 2014 年的 700/100 000。与之形成鲜明对比的是德、日等国。德国的人均 GDP 自 1990 年的 20 098 美元增长到了 2014 年的 47 589 美元，相对应的人口监禁率从 1990 年的 73/100 000 仅增长到了 2014 年的 76/100 000。同样，在发展中国家也有此类似情形。为此，我们无法得出经济发展从而导致一个国家人口监禁规模增长的结论。但是，把犯罪与刑罚的增减追溯到社会生产力和经济发展，这是生产关系取决于生产力状况这一历史唯物主义观点的合乎逻辑的延伸。[1]既然作为经济因素之一的人均 GDP 无法解释人口监禁率的变化，那么我们下面应当继续考察在经验法则上影响人口监禁率变化的其他经济因素。

（2）经济因素之基尼系数。基尼系数是指在全部居民收入中，用于进行不平均分配的那部分收入所占的比例，最大为 1，最小等于 0，前者表示居民

---

〔1〕 储槐植：《刑事一体化论要》，北京大学出版社 2007 年版，第 240 页。

之间的收入分配绝对不平均，而后者则意味着人们之间的收入完全平等。[1]
该系数是判断一个国家或地区收入分配公平程度的指标。同时基尼系数也是
犯罪学家们在犯罪归因时非常重视的一个经济因素指标。因为身份与社会地
位形成的收入分配的差距，使得社会分化出不同的利益阶层，由此容易造成
社会冲突。冲突理论首提者美国社会学家乔治·沃德认为个体因为利益差距
而形成了不同阶层，为此，个体为了在阶层中取得利益的最大化会与其他个
体产生冲突。[2]在此，我们把反映各个样本国家差距收入的基尼系数作为一
个考察因素，来分析一个国家中国民收入的差距究竟是否会影响本国的犯罪
规模进而影响人口监禁率。

表 2-3　G20 国家 1990 年至 2014 年间人口监禁率与基尼系数平均值 [3]

	美	南	中	巴	墨	英	加	澳	土	法	意	日	印尼	印度	俄	德
监禁率	655	341	176	171	161	126	119	112	108	89	88	83	50	38	600	84
系数	0.44	0.59	0.48	0.60	0.59	0.35	0.35	0.34	0.35	0.32	0.31	0.31	0.32	0.33	0.44	0.31

注：1. 第二栏的数据为样本国家的 25 年间的年均毛犯罪人口监禁率。

　　2. 第三栏为相对应的各个国家的年均基尼系数，因缺乏阿根廷、沙特、韩国的数
　　　 据，故未无法进行统计。数据来源为 *The World Bank's Open Data*。

我们对平均人口监禁率和基尼系数进行两项相关分析，结果显示 R 值为
0.438（p = 0.090），表明两个变量之间具有很强的相关性，具有显著的统计
学意义（p < 0.1）。从上表我们也可以看出，平均人口监禁率最高组、较高组
的美国、俄、南非、巴西、墨西哥以及中国的基尼系数都在 0.40 以上，表示
这些国家的国民收入差距较大。而人口监禁率在 120/100 000 以内的国家的基
尼系数都在 0.35 以下，包括法、日、意、德，而人口监禁率最低组的印尼和
印度虽然为 G20 中经济最为落后的国家，但因为基尼系数较低，国民收入较
为平均，因此在 G20 国家中人口监禁率最低。

---

〔1〕　按照联合国有关规定，0.2~0.3 表示比较平均，0.3~0.4 表示相对合理，0.4~0.5 表示收
入差距较大，0.6 表示收入差距悬殊。国际通行把 0.4 作为收入分配差距的"警戒线"。

〔2〕　Freda Adler & Gerhard O. W. Murller, " Criminology and Criminal Justice ", *Mcgraw - hill Higher
Education*, 2001, p. 221.

〔3〕　参见 http://datacatalog. worldbank. org, 访问日期：2016 年 7 月 15 日。

对经济因素中最为重要的两个指标进行考察，我们发现一个国家经济的发达与落后并不与监禁人口规模具有因果关系，但与贫富不均显著相关。正如默顿的社会失范理论（Theory of Amomie）所指出的：在一个分阶层的社会中，通向顶层社会的机会并非平均分配，只有非常少的低级阶层成员能够到达上一层，因此目标与手段的差异加剧了导致紧张的失范。默顿的社会失范理论能够较好地解释美国社会由国民收入差距日益加大而导致的犯罪增加。冈纳·麦道教授进一步通过实证分析证明：随着贫富差距的加大，美国社会底层阶级的成员缺少教育以及必要的生存竞争技巧，这使得不平等体现在各个方面，社会结构的失衡使得犯罪诱因加剧。[1]

（3）人口因素之人口密度及人口规模。人口密度是指单位面积土地上居住的人口数，它是反映世界各地人口密集程度的指标，通常以每平方千米或每公顷内的常住人口为计算单位。犯罪是人的自由意志的行为体现，从总体上考察犯罪、刑罚与人口因素是犯罪学家们的一个基本思路。菲利在论及犯罪社会学因素时曾指出，犯罪的社会因素不但包括各项（诸如教育、政治、司法等）制度，还包括人口密度等。"人口增加，再加上人口密集，使得人们相互之间的实际和法律联系增多，结果便增加了犯罪的主观和客观因素。"[2]我国也有学者注意到了犯罪、刑罚与人口因素的关系。储槐植教授就指出，人口因素中的数量多少、质量高低、增长快慢和密度对社会的发展进程起着加速和滞缓作用，同时与犯罪现象也有着密切的联系。[3]一些学者开始注重通过定量分析方法来证明两者间的相关性。[4]那么，人口监禁率是否也受到了人口因素中的人口密度影响？在此，我们选取所有样本中2006年的人口监禁率作为应变量，把所有样本中2006年的人口密度作为自变量，对两变量进行相关分析。2006年G20国家的人口密度中，韩国为495人／平方千米，印度为362人／平方千米，英国为256人／平方千米，德国为228人／平方千米，意

〔1〕 Freda Adler & Gerhard O. W. Murller, "Criminology and Criminal Justice", *Mcgraw-hill Higher Education*, 2001, p. 127.

〔2〕 ［意］恩里科·菲利：《犯罪社会学》，郭建安译，中国人民公安大学出版社2004年版，第161页。

〔3〕 储槐植：《刑事一体化论要》，北京大学出版社2007年版，第236页。

〔4〕 比如，白建军教授在考察死刑与人口因素时，对50个样本国家进行了定量分析，最终得出结论：保留死刑的基本上都是人口大国，并且其还与一个国家的城市化进程有关系等。参见白建军："犯罪轻重是如何被定义的"，载《中国法学》2010年第6期。

大利为 203 人/平方千米，中国为 139 人/平方千米，印尼为 128 人/平方千米，法国为 119 人/平方千米，土耳其为 101 人/平方千米，墨西哥为 58 人/平方千米，南非为 40 人/平方千米，美国为 33 人/平方千米，巴西为 24 人/平方千米，阿根廷为 15 人/平方千米，沙特为 13 人/平方千米，俄罗斯为 8 人/平方千米，加拿大为 3 人/平方千米，澳大利亚为 3 人/平方千米。结果显示：两变量的皮尔逊相关系数 R 值为-0.429，P 值为 0.067，表明两者具有统计学意义上的显著负相关，即人口密度越高，则人口监禁率越低。但值得注意的是，我们对中国的人口密度与人口监禁率进行了纵向分析，结果显示：两个变量间的皮尔逊相关系数 R 值为 0.905，P 值为 0.000，表明两者具有高度正相关性。印度的情况也是如此。为此，经过横向与纵向的比较，因为在相关性的方向上出现矛盾，故我们无法证实人口密度与人口监禁率具有相关性。

我们再对人口因素中的人口规模进行考察。两项相关分析结果如表 2-4：在所有的样本国家中，南非的相关系数仅为 0.081，表明该国人口规模的变化对人口监禁率没有什么影响。另外，韩国的相关系数为-0.658，表示该国的人口规模与人口监禁率系显著负相关。但是，除南非、韩国外，其他样本国家的皮尔逊相关系数均显示两个变量高度正相关，并且共有 15 个国家是在 P<0.01 的意义上显著相关。为此，我们基本上可以得出结论，与菲利先前的经验上的认识不同，至少在 1990 年以后，世界范围内绝大部分国家的人口监禁率的变化并没有受人口密度变化的影响，但一个国家的人口总量的变化却通常会引起自身犯罪与刑罚总量的变化。当然，一个国家人口总量内部何种变化具体与人口监禁率显著相关，还有待分析。

表 2-4　G20 国家人口规模与人口监禁率两项相关分析

国家	皮尔逊相关系数	显著性
中国	0.901**	0.000
加拿大	-0.578*	0.039
南非	0.081	0.803
印尼	0.932**	0.000
土耳其	0.871**	0.000
墨西哥	0.979**	0.000

续表

国家	皮尔逊相关系数	显著性
巴西	0.952**	0.000
德国	0.804**	0.001
意大利	0.537	0.088
日本	0.940**	0.000
沙特	0.988**	0.000
法国	0.901**	0.000
澳大利亚	0.944**	0.000
美国	0.858**	0.000
英国	0.871**	0.000
阿根廷	0.922**	0.000
韩国	−0.658*	0.028
印度	0.937**	0.000
俄罗斯	0.285	0.683

注：1. "＊＊"表示在0.01水平（双侧）上显著相关；"＊"表示在0.05水平（双侧）上显著相关。

　　2. 皮尔逊相关系数越接近1说明两项变量相关性越强，显著性在P<0.05水平上意味着符合统计学要求，表示两者显著相关。

（4）人口因素之总失业人口比率。总失业人口比例按照世界劳工组织的定义是指失业劳动人口占一个国家总的劳动人口的比例。失业在犯罪现象学中历来受到重视。绝大部分犯罪学派都认为失业和监狱中的人口增长及犯罪规模的增长有着直接或间接的联系。马克思主义犯罪学者把犯罪视为社会或者经济环境的恶化、就业机会减少等导致的结果；默顿的社会失范理论则认为那些取得成功事业、幸福婚姻的心理因为失业而被阻断从而转向犯罪心理；控制理论也认为失业因为使得社会联系（social bonds）减弱将导致犯罪的增加。[1]那么，两者到底是否具有统计学意义上的相关性呢？为此，我们把各

---

[1] Roger Matthews, *Doing Time*, *An Introduction to the Sociology of Imprisonment*, ST. Martins Press, 1999, p. 104.

个样本国家的总失业人口比率作为自变量，把相对应的人口监禁率进行了为应变量，对两个变量作两项相关性分析。结果如表 2-5，在 19 个样本国家中，具有 P<0.05 意义上显著正相关性的国家有 6 个，具有边缘相关性的国家有 8 个，不具有相关性或者具有负相关性的国家有 5 个，其中澳大利亚、英国、印度呈现出了显著负相关。所以，显著正相关及边缘性正相关的国家共有 14 个。总的来说，失业作为一个整体的社会现象在大部分国家都能够影响人口监禁率，但是在那些呈现显著负相关的国家中，是否可以说失业率越高则人口监禁率则越低呢？答案当然是否定的。这充分说明，犯罪作为一种社会现象具有极其复杂性，即任何一个单独的社会因素都不可能决定监禁人口率。

表 2-5　G20 国家人口监禁率与总失业人口率的两项相关分析

国家	皮尔逊相关系数	显著性
中国	0.330	0.124
加拿大	0.819**	0.001
南非	0.573	0.051
印尼	0.449	0.124
土耳其	0.478	0.098
墨西哥	0.412	0.139
巴西	-0.108	0.726
德国	0.797**	0.001
意大利	0.265	0.368
日本	0.715**	0.009
沙特	0.459	0.285
法国	-0.143	0.641
澳大利亚	-0.898**	0.000
美国	0.267	0.386
英国	-0.638*	0.019
阿根廷	0.235	0.415
韩国	0.271	0.420

国家	皮尔逊相关系数	显著性
印度	−0.539	0.057
俄罗斯	0.897 **	0.000

（5）教育因素之高等教育入学率。入学率是指相应的适龄学生进入相应年龄阶段学校学习的比例。入学率按照联合国教科文组织统计研究所的标准，可分为小学、中学和高等院校入学率。国际上通常认为，高等教育入学率在15%以下时属于精英教育阶段；15%～50%为高等教育大众化阶段；50%以上为高等教育普及化阶段，它是衡量一个国家教育发展水平的重要指标。在影响犯罪现象的诸多因素中，从经验法则上判断，教育因素应当是重要的犯因之一。菲利曾指出，不仅纯粹的书本教育在降低作为偶犯的预见程度方面很有益，而且，学校通过向学生传授一些实际生活中有用的知识，在减少那些失业者数量的同时，也能够使人们更好地适应生存竞争，从而减少犯罪量。[1] 为了验证教育因素对犯罪是否有影响，我们选取了所有样本国家的高等教育入学率为自变量，人口监禁率为应变量，进行了 19 次两项相关分析。两项分析结果如表 2-6 所示。在所有样本国家中，呈现出显著正相关的国家高达 13 个，显著负相关或相关程度较低的仅有 5 个。这种分析结果与常识上的判断恰好相反，即一个国家的教育的显著进步成了推动该国犯罪规模上升的动力。

表 2-6　G20 国家人口监禁率与高等教育入学率的两项相关分析

国家	皮尔逊相关系数	显著性
中国	0.946 **	0.000
加拿大	0.678	0.094
南非	0.904 *	0.013
印尼	0.917 **	0.000

〔1〕［意］恩里科·菲利：《犯罪社会学》，郭建安译，中国人民公安大学出版社 2004 年版，第207 页。

续表

国家	皮尔逊相关系数	显著性
土耳其	0.960**	0.000
墨西哥	0.960**	0.000
德国	0.744	0.090
意大利	0.657*	0.028
日本	0.776**	0.003
沙特	0.963**	0.002
法国	0.757**	0.003
澳大利亚	0.863**	0.000
美国	0.472	0.104
英国	0.822**	0.001
阿根廷	0.945**	0.000
韩国	−0.702*	0.016
印度	0.773**	0.002
俄罗斯	−0.340	0.256

注：因为缺少巴西的高等教育入学率，故无法对该国进行相关性分析。

　　我们再把样本分成两组，即高等教育高入学率国家和高等教育低入学率国家，再选取 2012 年的数据作为分析依据。在高入学率的国家中，除了美国，其他国家包括日本、英国、意大利、德国、法国、澳大利亚以及加拿大，这些国家中的人口监禁率都在 150/100 000 以下，都属于低人口监禁率。为此，我们对高入学率组与低入学率组的国家进行 T 检验，在 8 个高监禁率的国家中，其入学率均值为 55.25，在 10 个低监禁率的国家中，其入学率均值则为 60.30。两个组别的 T 检验 P 值为 0.674，与统计学上的 P 值小于 0.05要求相差悬殊，故这意味着高监禁率国家的高等教育入学率与低监禁率国家的高等教育入学率并没有显著差别。在纵向上看，教育因素与人口监禁率存在着高度正相关，而从横向上看，两者关系的相关性又不显著。而不管是中学入学率还是高等教育入学率，都是一个国家的经济社会发展的必然结果，所以，这也进一步印证了经济是否发达与人口监禁规模并无显著相关性的结论。

（6）其他非指标性非刑罚性因素。犯罪是社会环境的产物，但是社会环境是极其广泛而复杂的，除了前述所考察的经济因素、人口因素和教育因素之外，我们还应当尝试考察政治制度、宗教、地理环境等因素对人口监禁率的影响。

首先，关于政治制度因素。在所有的样本中，我们把样本国家分为一党制、两党制及多党制，或是划分为联邦制、单一制。T 检验的结果显示，人口监禁率与上述因素并没有显著相关性。

其次，关于宗教因素。作为一种特定的文化历史现象，宗教对社会生活、文化、政治与经济的影响可谓渗透到了社会肌体的每个层面。孟德斯鸠在谈到宗教与刑罚的关系时曾指出：对于宗教来说应当避免刑罚，刑罚会使人产生恐惧，宗教也具有令人恐惧的东西；但宗教的诱导要比刑罚更有力。[1]为了分析究竟宗教是否会对人口监禁率产生影响，我们把所有的样本国家分为信基督国家和非信基督国家，然后对两组国家进行 T 检验。结果表明：高监禁率国家的信仰人口比例的均值为 53.000，低监禁率国家的信仰人口比例均值则为 47.460，P 值为 0.757，显示两者并无显著统计学意义上的关系。所以，从总体上来看，宗教因素对于一个国家的人口监禁率并没有显著的影响。

最后，关于地理因素。从样本的地理空间分布情况来看，以 2014 年的人口监禁率为例，监狱发展史最为悠久的西欧 4 国（德、法、英、意）的人口监禁率最小，其均值仅为 82/100 000，亚洲 6 国（包括澳大利亚）人口监禁率也不高，其均值为 108/100 000，美洲则最高，样本中 5 国的均值高达 338/100 000，T 检验的 P<0.05，说明地理空间的分布差异较为明显。当然，这种地理空间分布背后的原因究竟是什么还是值得进一步探究。另外，从国土面积的角度来看，我们对人口监禁率与国土面积作 T 检验，结果显示高监禁率国家国土面积均值为 594.12 万平方公里，而低监禁率的国土面积均值为 248.37 万平方公里，但 P 值为 0.119，显示两者并没有显著相关性。

---

〔1〕［法］孟德斯鸠：《论法的精神》，孙立坚、孙丕强、樊瑞庆译，陕西人民出版社2001年版，第549页。

　　以上的分析可以验证出影响人口监禁率的非刑罚性因素较为复杂。犯罪作为个体的意志选择结果，可以从其主观形成以及客观环境的影响中去寻找犯因。但作为反映犯罪规模与刑罚量大小的人口监禁率，是一个国家的罪犯犯罪后的现状，影响其变化的因素显然要复杂得多。从两项相分析及 T 检验的结果来看，我们考察的 9 个因素中，原来那些基于经验法则自以为相关的因素经过横向与纵向的分析过滤后，却得到了否定的答案，比如教育因素、经济发展。而那些得到肯定答案的因素中，既能够得到证明也有新的发现，具体包括贫富差距、人口规模、失业人口的增减以及地理空间的分布。当然，因为社会影响因素具有复杂性，特别是历史与传统具有强烈的自身特性，我们今天所证明的，也许在日后又会被新的证据所推翻。但有一点是肯定的，一个国家的人口监禁总量的增减并非无缘无故，总是能够在众多的因果链条中找到某个特殊的节。

四、犯罪人口规模的客观解释之刑罚性因素

　　人们通常会认为，奉行重刑主义模式的刑罚制度国家的人口监禁率通常高于轻刑主义模式的刑罚制度国家的人口监禁率，故我们也通常会把一国的人口监禁率的高低等同于该国是重刑主义国家还是轻刑主义国家。[1]但是，人口监禁率的高低与刑罚结构的轻重是否完全一致，即重刑罚结构、轻刑罚结构与人口监禁率高低是否完全一致呢？是否还存在着人口监禁率高但刑罚结构却整体趋轻的国家？或者是否存在与之相反的情形？

　　因为包括审前羁押在内的毛监禁人口率显然无法反映一个国家的实际刑罚量，故我们必须把服刑人口监禁率作为分析的依据。因此，我们选取了某个年份（本书选取 2010 年）各个样本国家的服刑人口监禁率作为应变量。而至于把哪些影响人口监禁率的刑罚性因素作为自变量，从经验法则上判断至少应当包括监禁刑的刑期结构以及刑罚执行制度。我们把样本国家中规定刑罚结构以及刑罚执行制度的刑法典中的相应数据收入数据库。从现有文献资料来看，本书所考查的所有样本国家的刑法典，从统一的角度出发，都采用

---

　　〔1〕　如樊文研究员认为：在我国审判机关所判处的刑罚中，监禁刑占绝对多数，刑罚结构和刑罚适用具有重刑主义的典型特征。具体参见樊文："犯罪控制的惩罚主义及其效果"，载《法学研究》2011 年第 3 期。

中译本。英国、南非并无成文刑法典，沙特、印尼刑法典暂时没有找到中译本，故该四国的相关数据无法被纳入数据库。另外，美国虽然没有成文刑法典，但其《美国量刑指南》中的相关数据可被纳入数据库。

（一）监禁刑刑期结构

针对各个样本中的刑罚结构，我们以自由刑作为分析对象，既包括有期徒刑，也包括终身监禁。[1]我们的设想是在所有样本国家的刑法典中分别抽取危害公共安全、破坏经济秩序、侵犯公民人身权利、妨碍社会管理秩序及贪污贿赂这5个领域中的21个罪名，具体包括交通肇事类犯罪、重大责任事故类犯罪、生产销售伪劣商品类犯罪、走私类犯罪、金融诈骗类犯罪、故意杀人类犯罪、过失致人死亡类犯罪、故意伤害类犯罪、强奸类犯罪、绑架类犯罪、侮辱类犯罪、重婚类犯罪、抢劫类犯罪、盗窃类犯罪、诈骗类犯罪、妨害公务类犯罪、伪证类犯罪、污染环境类犯罪、走私贩卖和制造毒品类犯罪、贪污类犯罪、受贿类犯罪、滥用或玩忽职守类犯罪等21个罪名。[2]为了对监禁刑进行数据处理，我们对法定刑进行赋权，即以1年及以下徒刑赋值为1，后面每一年递增即赋值加1，终身监禁以该国刑法规定的最高监禁期限进行赋值；[3]各法条中以法定最高刑与最低刑的中间值为赋值标准，若规定有2个以上的量刑幅度，以加重量刑情节的量刑幅度的均值为依据进行赋值；[4]在对各个样本的具体个罪赋值的基础之上，[5]我们对各个样本国家考察的21个罪的刑期进行总赋值，以期得到这些国家的刑法典中监禁刑的刑期结构指数。赋值情况如表2-7：

---

[1] 在我国，死缓犯虽然绝大部分最终都会被减为无期徒刑，但其性质仍然为死刑，故不在统计之列。

[2] 之所以把这21个罪名作为分析对象，一是因为这些罪名基本上为各个国家所普遍规定的罪名，在绝大部分国家刑法典都能够找到相对应的罪刑规定。二是因为这些罪名都为常见犯罪，在刑事司法实践中，这些罪名判决的比例很高。所以，这些犯罪能够反映出各国监禁刑刑罚结构的大致状况。

[3] 譬如，我们国家的无期徒刑，按照《刑法》第78条和第81条的规定及2012年最高人民法院颁布实施的《关于办理减刑、假释案件具体应用法律若干问题的规定》第7条之精神，可赋值24。

[4] 在司法实践中，量刑"中间线"原则受到了批评，如张明楷教授认为按照"中间线"处罚容易造成轻罪重判或重罪轻判（具体参见张明楷：《刑法学》（第4版），法律出版社2011年版，第495页。）笔者也认同此观点。但是，因为此处是对法定刑进行赋值，从应然意义上取均值（即"中间线"）来代表刑量还是更为科学。

[5] 因为各个国家对个罪的具体规定不同，有的个罪是规定在单个条例或行政刑法中，刑法典并没有具体规定。为此，对此类个罪本书的做法是取其他样本的均值进行赋值。

表 2-7　2010 年 G20 国家服刑人口监禁率及 21 个罪刑期总赋值

	美	阿	中	巴	墨	加	澳	土	法	意	日	韩	印度	俄	德
监禁率	574	80	118	169	113	76	96	87	76	63	51	69	10	526	69
刑期赋值	550	269	341	285	298	290	212	290	213	202	172	210	151	324	176

　　我们对上表的两个变量进行两项相关分析，结果显示为皮尔逊相关系数为 0.799，并且 P 值为 0.000，表明服刑人口监禁率与监禁刑的刑期结构为 0.000 水平（双侧）上显著相关。此项相关性检测能够验证出一个国家的人口监禁率的高低与该国的刑期结构的轻重呈现高度正相关，这与人们经验上的认识基本一致。即在通常情况下，表现为重刑主义刑罚结构的国家，其监狱中服刑人口规模较大，而表现为轻刑主义刑罚结构的国家，其监狱中服刑人口规模较小。

　　上述结论是从样本国家的横向比较得到的验证，从纵向上来看也是如此。从我们国家刑法典中的监禁刑的刑期结构的调整也可以验证出，一个国家的监禁率变化与监禁刑刑期结构的变化显著相关。我们国家人口监禁率经历过两个高峰。一个是我国 20 世纪 80 年代初期人口监禁率始终控制在 70/100 000 以内，但在 1983 年后服刑人口开始剧增。在我国传统刑法理论中，通常认为 20 世纪 80 年代中期以后的监狱人口大规模增长系贯彻"严打"方针政策的结果。但是，这种论证方式显然缺乏科学的实证基础。服刑人口大规模增长的确出现在"严打"之后，但我们要看到现象背后的本质。自 1979《刑法》颁布实施以后，罪刑法定原则的初步确立使得刑事判决有法可依，罪刑关系有章可据。特别是自 1982 年以后，国家陆续出台了大量的单行刑法，使得 1979 年《刑法》制订后法典之外的罪刑关系急剧增加，而大量新的罪刑关系的出现使得犯罪人口的增长在所难免。另一个是 20 世纪 90 年代晚期的服刑人口也大规模增加，1994 年和 1995 年的服刑人口监禁率为 104/100 000 和 105/100 000，但 1998 年以后服刑人口监禁率则为 114/100 000 以上。考察服刑人口剧增的因素，我们不难发现 1997 年《刑法》的颁布实施是主因。1994 年、1995 年、1996 年我们国家的犯罪率仅为 139/100 000、130/100 000、130/100 000，而 1998 年以后的犯罪率剧增为 159/100 000 以上，同样，1997 年《刑法》颁布实施前全国年均刑事立案数为 171 余万件，而后十年前的年均立案数为 399 余万件。显然，正如白建军教授的研究所表明的：一部规制犯罪最为主要的法典的颁布实施能够导致犯罪统计的显著变化。[1]

（二）刑罚执行变更

我们必须承认监禁刑刑期结构影响监狱人口监禁率变化的复杂性。如上表所示，我国 21 个罪的刑期总赋值为 341，与之较为相近的为俄罗斯的 324，相对应我国的服刑人口监禁率为 118/100 000，而俄罗斯则达到了 324/100 000，几乎为我们国家的 2 倍。我们再考察两个国家的审前羁押的人口率。我们国家 2010 年审前羁押率为 65/100 000，当年俄罗斯审前羁押率为 73/100 000，两者相差并不大，其他年份也是如此。但是 2010 年俄罗斯的服刑人口监禁率却为我们国家的 2 倍，为此，从经验上判断应当还有其他刑罚性因素对服刑人口有着直接的影响。这个因素应当就是刑罚执行变更。监禁刑的刑期结构影响了监狱"阀门"的进口，而刑罚执行变更刑期结构则影响了"阀门"的出口。[2]

2010 年俄罗斯全国假释 3120 名罪犯，其假释率仅为 0.4%。[3]我们国家 2001 年至 2007 年平均假释率为 1.28%，再加上每年大致 20% 以上的减刑率，两个刑罚执行变更因素使得中俄两国虽然审前羁押率相近，但出口的剪刀差使得两国服刑人口监禁率相差了一倍。

从纵向上来看，我国 2003 年到 2007 年 5 年间，法院判决监禁刑的罪犯总数增加了 6.5 万多人，2003 年到 2007 年间监狱人口却增长了 10 多万人，因监狱人口总量年增数等于年度判决入狱总数减去年度释放总数，所以年度释放与年度判决入狱总数的差额在 3.5 万人以上。年度释放总数包括年度刑满总数和年度罪犯假释总数，而年度罪犯假释总数一方面决定于刑法对假释的限制性规定，另一方面又决定于国家对假释的基本政策。我们国家的罪犯假释率常年控制在 2% 左右，刑满释放总数占到 98%，这就意味着年度释放的罪犯总数主要取决于刑满释放总数。假释总数的偏少和刑满罪犯数量的累积决定了"出口"总数远低于"进口"总数。[4]

---

〔1〕 白建军："犯罪轻重是如何被定义的"，载《中国法学》2010 年第 6 期。

〔2〕 刘崇亮："重重，刑罚观对监狱行刑的效果——以刑法修正案（八）对刑罚结构的调整为分析视角"，载《法制与社会发展》2013 年第 6 期。

〔3〕 Graeme Newman, *Global Report on Crime and Justice*, Oxford University Press, p. 332.

〔4〕 刘崇亮："'重重'刑罚观对监狱行刑的效果——以刑法修正案（八）对刑罚结构的调整为分析视角"，载《法制与社会发展》2013 年第 6 期。

非刑罚性因素对监禁人口的影响是通过对犯罪规模的影响来实现的，具有间接而抽象之属性；而刑罚性因素则是通过对监狱人口规模的影响来实现的，具有直接而具体之属性，这种影响更为明显。但是，在所有的影响因素中，除了地理空间分布，包括贫富差距、人口规模、失业人口的增减、刑罚结构及其刑罚执行变更等都具有动态性特征。这就意味着某些因素的变化可能使得有些影响结果变得模糊，而有些影响结果却是明确的。本书所建立的数据库所印证的也许仅为样本数据所分析的结果，也许是普遍性规律，但那些被证否的经验性法则肯定不属于对实际犯罪与刑罚量的影响因素。

五、监狱人口规模控制的理论图景

作为一种社会现象的犯罪，区别于单个行为的自由意志选择，是社会在自我发展进程中不可避免的附属物。问题是，不同的国家以及不同的历史阶段犯罪人口规模差别巨大，那么何种规模的犯罪人口是合乎社会理性的，并且与社会内部逻辑与结构契合？当人们在批评重刑主义弊端重重的时候，轻刑主义又是否就符合本国的历史境遇与逻辑结构？当犯罪可以成为社会政策的策略性选择的对象时，刑罚的轻与重的刻度又是否理性与公平？建构于社会性因素与刑罚性因素定量分析的基础之上，作为犯罪规模控制的理论图景，我们大致可以作以下几方面的阐述性结论。

（一）犯罪饱和论的证成与犯罪规律的流变

犯罪虽然是人的行为选择结果，但其背后的原因却在百年来因流派的不同而形成了不同的原因论，但都可以被归纳为自由意志论与环境决定论的论争。从单个犯罪系犯罪人自我行为选择的结果来看，犯罪当然系犯罪人自由意志选择的结果，但我们更要看到，犯罪更是一种规模化、群体化、客观化的社会现象。随着知识社会实证技术的进步，人们开始把社会现象与自然科学研究成果联系在一起。人们同样发现，法律内容和既定合法利益存在于一个特质内容的社会中，这种社会现象也可在政治统治的那些群体中被发现，并由进行控制的社会意志的内容和方向决定。[1]在自然科学取得长足进步的背景下，犯罪实证学派开始对犯罪人口规模进行理性反思。

---

〔1〕　［德］马克斯·舍勒：《知识社会学问题》，艾彦译，译林出版社 2012 年版，第 131 页。

菲利在深入考察人类学、自然因素和社会因素之后，提出了著名的犯罪饱和论。他认为，每一个社会都有其应当有的犯罪，犯罪的质与量是与每一个社会集体的发展相适应的。"就像我们发现一定数量的水在一定的温度之下就溶解为一定数量的化学物质但并非原子的增减一样，在一定的自然和社会环境之下，我们会发现一定数量的犯罪。"[1]我们在前文中对毛监禁人口率的非刑罚性影响因素进行了检验，基本可以印证菲利的犯罪饱和论。前文中的检验证明了地理空间分布、贫富差距、人口规模及失业人口的增减与犯罪人口规模显著相关。我们至少可以得出两个结论：

第一，样本国家中近25年来因各国社会因素变化、历史传统的差异较大，毛监禁人口率差异很大，但从总体来看，虽有涨有落但总是在一定的范围内波动。我们甚至可以相信，无论基尼系数、人口规模和失业人口如何波动，其总有一个合理的波动区间，而作为因果关系链条中"果"的犯罪人口规模也有自身的区间。从最终样本的数据来看，除美、俄、南非几个国家外，其他样本国家的标准差都控制在7~40之间，说明其离散程度虽然有差别，但始终较为稳定。

第二，即便我们已经能够证明或者证否影响毛犯罪人口监禁率的诸多因素，但是要像机械决定者那样定在犯罪规律也许会贻笑大方。机械的社会学法学论试图发现那些数学的或者物理学的规律可被运用于社会或自然的运行，认为这些规律主宰着世间万物的生老病死、循环往复。[2]但是，要像物理学那样寻找社会运行的规律，只不过是用"新瓶"来装历史法学派的"旧酒"，社会主宰和社会控制的原理可能要复杂得多。同样，决定犯罪人口规模的力量到目前为止也不可能像计算数学或物理公式那样有迹可循。即便在发达、成熟的社会形态下也是如此。前述已经证明贫富不均是影响犯罪人口规模的重要因素，与经验上的"不患寡而患不均，不患贫而患不安"相契合，但是，从各个样本国家的比较情况来看又不尽如此。25年间，样本基尼系数在0.44以上的国家包括巴西、墨西哥、南非、美国、俄罗斯和中国，这6个国家的毛监禁率都在160/100 000以上，属于高监禁率，印证了贫富不均与毛犯罪人

---

〔1〕[意]恩里科·菲利：《犯罪社会学》，郭建安译，中国人民公安大学出版社2004年版，第163页。

〔2〕[美]罗斯科·庞德：《法理学》（第1卷），余履雪译，法律出版社2007年版，第243页。

口监禁率显著相关。

但是，我们进一步考察，巴西、墨西哥、南非的基尼系数，三国分别达到 0.60、0.59、0.59，美国和俄罗斯的基尼系数尽管只有 0.44，但其毛犯罪人口监禁率却都在 600/100 000 以上，为前三个国家毛犯罪人口监禁率的 3 倍多。这种情形意味着美俄两国虽然基尼系数不高，但其他的因素显然推高了其犯罪人口的规模。

（二）刑量的客观定在与背后的非理性

犯罪是对社会的反动，故刑罚犯罪可谓天经地义。如果说单个犯罪的定义是国家为了达到某种目的（政治、经济、文化、社会及其他）而根据本国历史传统、伦理观念、文化习惯、刑事理论、民间舆论等以法的形式组织起来的主客观事实，决定着犯罪人口规模的质，那么作为单个犯罪的法律后果的刑罚便是一种客观定在的刑量，它决定着犯罪人口规模的量。在刑法启蒙时代，孟德斯鸠和贝卡里亚都对罪刑相称的原则和法理进行了论述，边沁甚至对罪刑相称的基本规则进行了分析。边沁认为，罪与刑的关系必须遵守刑罚之苦必须超过犯罪之利，严重之罪适用严厉之刑，刑量应当以预防犯罪为必要。[1]只是古典学派抑或近代学派在把刑量当成报应或教育论的基点时，单个罪的刑量虽然以实定法的形式存在，但这种以理性的名义来定制的刑量又到底是否真正合乎理性？单纯刑量的轻重显然无法作出肯定或否定的回答。

我们在对样本国家刑法典规定的 21 个罪的赋值结果中发现，即便是一些诸如故意杀人、抢劫、强奸等自然犯，虽然所有样本国家中都无一例外地将之设置为重罪，但从刑期赋值的情况来看，差异较大。譬如强奸罪，样本中赋值的极大值为 30.0，极小值仅为 8.5，均值为 19，标准差达到了 6.6767。从强奸罪的刑量定制的情况来看，赋值较高有美、俄、中、墨西哥等国，赋值较低的有德、日、意、澳、印度等国，但对于究竟是历史传统或社会环境对性权利或观念的认识不同导致刑量不同，还是其他特定因素导致刑量不同，我们无法判断。但我们发现，强奸罪赋值较高的国家的毛犯罪人口监禁率都较高，意味着这些国家的犯罪规模较大，犯罪形势严峻，而毛犯罪人口监禁率较低

---

〔1〕［英］吉米·边沁：《立法理论——刑法典原理》，孙力等译，中国人民公安大学出版社 1993 年版，第 68 页。

的国家的情形却正好相反。

按照边沁的功利主义理论，如果刑量超过了预防犯罪之必需则不必要，所以根据此项基本规则，如果以预防犯罪的视野考察，罪的刑量过重，但犯罪规模却较其他国家居高不下，抛开其他的影响因素，至少从刑量的角度来看，其失去了理性。从美国的"三振出局"法案到我们国家的重刑功能主义立法都说明了刑罚背后的非理性——人类社会在取得巨大进步的同时，更加注重自身的命运与安全，但以"民意"为代表的情绪主义立法愈演愈烈。刘宪权教授指出，刑事领域中的情绪立法会严重破坏正常的立法秩序，特别是所谓的民意，似乎有过度介入或影响刑事立法秩序之嫌，从而导致不理性的情绪性刑事立法时有发生。[1] 我们已经在前文确证了贫富不均、人口规模增长、失业人口等动态性社会性因素会导致犯罪人口大规模增长，这就意味着犯罪的确受到了环境的显著影响，也说明对犯罪人口规模的控制是一个系统性的过程，"哪里来还应当回到哪里去"，而非一味地采取加大刑量的情绪性立法路径。

六、中国监狱人口规模与监狱行刑的冲突

我们在分析宏观因素对监狱人口规模的影响时，运用经验，只有收入分配和失业水平对监狱人口有显著影响，而人口规模与地理空间的分布等自然因素则超出了人们日常经验的判断。正因为监狱人口规模控制具有复杂性，既涉及宏观的社会性因素和自然性因素，又涉及刑罚性因素，刑罚性因素既包括刑罚结构因素又包括减刑和假释制度因素，而本书是关于监狱行刑改革理论的解构与建构，故我们仅探讨与中国监狱人口规模相对应的监狱行刑改革方面的内容。刑量设置的轻重是刑罚立法权的问题，是一个国家刑罚权在长期的实践运行中的结果，是一个国家政治、经济、文化和社会发展情况的反映，寄希望于通过监狱行刑改革理论解决立法权与行刑权的冲突明显不现实。所以，我们在此处只论述与中国监狱人口规模相对应的影响监狱行刑的因素。

---

〔1〕 刘宪权："刑事立法应力戒情绪——以《刑法修正案（九）》为视角"，载《法学评论》2016 年第 1 期。

（一）　监狱人口拥挤与监管安全的冲突

监狱作为一个国家主要的关押罪犯的场所，是反映一定行刑理论与行刑文化的建筑体，是国家追求对罪犯执行刑罚和有效控制的建筑与技术的综合体。[1]作为建筑体的监狱总是把有效控制作为其基本功能，这种有效控制的基本功能意味着两方面的内容：一是把罪犯监禁在稳固的设施内，防止罪犯在狱内重新犯罪，这是有效控制的第一层次功能；二是把罪犯监禁在设施内，防止人身危险高的罪犯出狱危害社会，即保护社会的功能，这是有效控制的第二层次功能。可以说，我们所持的监狱惩罚机能应当作为监狱的本质机能的论点正是基于监狱对罪犯的有效控制的基本功能，即如果连监狱的有效控制功能都无法保障，那么监狱的惩罚机能和改造机能根本不可能实现。

监狱的控制功能在监狱的惩罚机能和改造机能的实现过程中起着保障作用，罪犯改造安全观成了监狱行刑的首要观念。监狱的安全与秩序是指在管理者的有效指导与管理下，树立正确的惩罚观与改造观，有条理、有规则、有计划地安排各项规章与制度，惩罚与改造罪犯，以使对罪犯的管理、教育、生活及奖惩达到一个安全、有序、稳定的状态。在一个特殊的机构中，因为利益主体的利益存在着相对的不平衡，如果惩罚带来越来越多模糊的、极为弹性的、过于宽泛的规定，那么监狱秩序的不稳定运行状况必定会增加那些处于不对称地位的罪犯的危险感和不安全感。如果监狱安全处于不稳定的状态，连最起码的监管安全都难以保证，那么法律效果和社会效果的良好统一必定难以实现。[2]

所以，在中国长达六十多年的行刑实践中，对罪犯的有效控制长期以来一直是监狱行刑的重中之重。监狱安全一直是监狱所有实际工作的生命线，从20世纪80年代就提出来的"监狱三无"安全观（无罪犯脱逃、无重大狱内案件、无重大疫情）到20世纪90年代末提出的"监狱四无"（增加了无重大安全生产事故）安全观，再到近年来提出的"治本安全观"，无不把改造安全放在首要位置，其甚至成了监狱工作的政治任务。

但问题的是，当监狱人口规模日益扩大时，监狱也就日益变得拥挤。而监狱变得更加拥挤最大的问题就是将会使得监管安全变得更加困难。在当前

---

〔1〕　刘崇亮：《本体与维度：监狱惩罚机能研究》，中国长安出版社2012年版，第22页。
〔2〕　韩玉胜、刘崇亮："监狱惩罚机能及其限制"，载《犯罪与改革研究》2010年第4期。

监狱刑罚执行制度不做出根本转变之前，以控制为主的监狱行刑模式本是以秩序与安全为最大目的，但这将形成一个奇怪的现象，即为了社会安全而把更多的罪犯扔进监狱，而当监狱人口规模超出了一定的羁押率时，监狱安全和社会控制功能又会面临威胁。

如图 2-2 所示，我国监狱的人口规模自 1978 年至 2012 年的 35 年间由 40 万左右猛增至 164 万。2000 年为 142 万、2012 年为 164 万，12 年增长 20 多万，年平均增长率 3.41%。

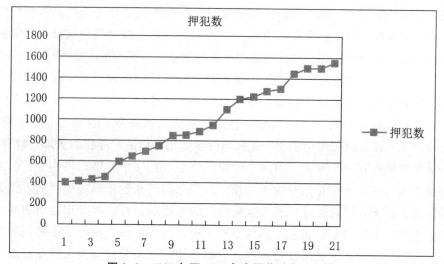

图 2-2　1988 年至 2014 年中国监狱人口规模

*数据来源：《中国法律年鉴》

我国的监狱人口增长率远超人口自然增长率——我们国家 1978 年人口为 9.62 亿，2010 年人口为 13.87 亿，同时期 1978 年的监狱人口为 40 万左右，2010 年增长到 158 万，增长了大概 3.95 倍。但是，我们国家的监狱的数量并没有随着押犯数量的猛增而大量增加。1988 年共有 674 所监狱，1991 年为 684 所，1995 年为 703 所。相对于押犯总量的迅猛增长，我国的监狱数量的增加则要缓慢得多，近年来监狱数量甚至还有所减少，截至 2012 年 4 月，我国监狱总数共有 681 所。所以，以当前监狱押犯的总数以及监狱数量的比例推算，1988 年每所监狱平均关押大约 1557 人，1995 年每所监狱平均关押大约 1877 人，2012 年 4 月我们国家每所监狱平均关押大约 2400 人，每所监狱较 1988 年的平均关押量大致增加约 850 人。司法部预防犯罪研究所的一份研究报告指出：2006 年我国监狱的押犯总数已经超出了关押容量，其中经济较为落后的中西部超容量状况更为严重。[1]根据司法部预防犯罪研究所的研究报告，我国 2006 年的超押罪犯数量为 24 万，根据《中国法律年鉴》2006 年的数据，当时全国押犯为 147 万左右。而 10 年以后，即 2016 年之后的超押罪犯数量已经超过 40 万，超押形势可谓相当严峻。若根据 681 所监狱推算，截至 2016 年中国每所监狱的关押数量为 2450 人左右。这里还需要特别指出的是，随着《刑法修正案（八）》对刑罚结构的修改，监狱人口规模还将进一步扩大。

表 2-8　《刑法修正案（八）》对与刑罚结构相关刑罚制度的调整

修订项目	修订前规定	修订后规定
死刑年龄条件	仅规定最低年龄限制	增加 75 岁周岁一般不适用死刑
死缓的减刑	如有重大立功表现两年期满后减为 15 年以上 20 年以下徒刑	①如有重大立功表现情形调整为减为有期徒刑 25 年；②增设死缓的限制减刑
数罪并罚最高期限	有期徒刑最高不能超过 20 年	调整为数罪总和刑期不满 35 年最高不能超过 20，总和刑期 35 年以上的，最高不能超过 25 年
缓刑的对象条件	符合缓刑的一般规定	①增设未成年人、怀孕妇女及满 75 周岁的人符合实质条件应当宣告缓刑；②增设犯罪集团的首要分子不适用缓刑
减刑的限度	原判无期徒刑实际服刑期不得少于 10 年	①无期徒刑的实际服刑期调整为 13 年；②增设死缓限制减刑限度：缓期期满后减为无期的，不得少于 25 年，期满后减为 25 年的，不得少于 20 年
假释的对象条件	原判无期徒刑实际服刑 10 年以上可以假释	调整为实际服刑 13 年以上可以假释

　　根据表 2-8，除了缓刑的对象条件中的关于增设未成年人、怀孕妇女及满 75 周岁的人符合实质条件应当宣告缓刑外，其他对刑罚制度的调整都将加

〔1〕 刘崇亮："'重重'刑罚观对监狱行刑的效果——以刑法修正案（八）对刑罚结构的调整为分析视角"，载《法制与社会发展》2013 年第 6 期。

重监狱人口规模。即便是关于满 75 周岁的人符合实质条件应当宣告缓刑，此条内容的增加也未必会减少监狱的人口规模。笔者于 2013 年对 J 省女子监狱的罪犯年龄进行了调研，发现 J 省女子监狱 60 岁以上的罪犯只占 1‰，没有判处无期徒刑以上的 75 周岁以上的罪犯。所以，此条的修订几乎对该监狱的刑罚量不会产生实质性的影响。[1]

表 2-9　2013 年 2 月 J 省女子监狱罪犯年龄统计表[2]

监区	14 岁~18 岁	18 岁~40 岁	41 岁~60 岁	61 岁以上
一 监 区	20	450	155	0
二 监 区	8	237	96	0
三 监 区	6	120	73	1
四 监 区	8	123	80	1
合计比例	3.1%	67.5%	29.3%	0.1%

那么，监狱人口严重超押会对监狱的监管安全有何负面影响呢？情景犯罪预防理论（Situational Crime Prevention）认为，过度的监狱人口拥挤以及单个监狱人口规模过大，将会对监狱的监管安全造成严重影响。情景犯罪预防理论近年来在英美国家较为流行，它对英美等国对犯罪的预防政策产生了巨大的影响。在 20 世纪 60 年代至 80 年代，情景预防理论和别的非古典犯罪理论（如经济犯罪学选择理论、现代威慑理论和犯罪模式理论）一同出现。但是，情景预防理论是在目标上更为注重减少未来犯罪的一种实践和定位政策性的犯罪理论，特别关注罪犯是在什么情景下、如何顺利实现犯罪，并且凭借深入理解"罪犯如何实现犯罪"来干预并且预防犯罪。该理论特别强调情景分析并运用材料方法来鉴别可能的犯罪突发点而移除确定的犯罪机会。科尼什和克拉克教授认为，犯罪系涉及犯罪决定和行为因果链条，这是两个分别独立的阶段。因此，一旦这样的犯罪机会和可能性突发点被鉴别，接下来

---

〔1〕 刘崇亮："'重重'刑罚观对监狱行刑的效果 ——以刑法修正案（八）对刑罚结构的调整为分析视角"，载《法制与社会发展》2013 年第 6 期。

〔2〕 J 省女子监狱为该省唯一关押女犯的押犯单位，所以针对该监狱女犯的年龄调查可以反映该省女犯的年龄构成现状。

就应当设计对策来预防犯罪。[1]犯罪行为理论通常把环境作为行为的基本支配因素，但传统的行为理论在讨论犯罪的行为原因时总是集中在历史的作用而不是直接的环境因素，即重点关注行为模式和行为习惯的养成，结果行为理论与传统的性格理论并没有多大差别。但是直接的环境对于行为的示范具有非常重要的作用。[2]

作为在特殊环境下的罪犯，按照情景犯罪预防理论，在监狱中，无论是交叉感染还是犯罪机会的突发点都会比狱外的机会要多，因此监狱环境里的罪犯关押环境显然尤其重要。环境拥挤在情景犯罪预防理论中占有重要地位，指的是因高密度的环境而对心理产生影响的后果。拥挤对于行为与心理的影响的直接证据来源于动物界的研究，在自然与实验环境条件下，很多种动物都有一个数量集中所的最高限度，人在监狱环境中更是如此。监狱人口规模在监狱控制的情景预防方面具有重要的作用，即对于单个罪犯而言，监狱中别的居民是其身处环境中不可避免的元素。其要义不是在于单个罪犯的规则违反的特征，而是在于监狱人口环境将会影响哪些规则违反者的行为的总体特征。[3]

有关改造的文献有个广泛的共识，即大型监狱因为其本质特征容易导致监狱秩序的紊乱。美国矫正协会曾于1981年推荐所有超过500名罪犯的监狱再被细分为独立的单元，这些单元关押的犯罪不应该超过500名。小型监狱更不容易出现监狱安全事故：一是因为更多的罪犯被集中关押在一起更容易使得自我感丧失，罪犯之间的社会联系会产生"生活是廉价和伤害他人会付出更少的心理成本"；二是因为大型监狱更难有效监控，监狱的安全常常依靠罪犯事先提供的情报，但在大型监狱内，罪犯与管理人员的非正式联系会随着监狱的变大而更加困难和弱化。

监狱管理与研究都广泛承认监狱拥挤与监狱秩序的紊乱有着深刻的联系。美国矫正协会于1981年推荐单人监舍单个罪犯的使用面积不应该少于60平方英尺，多人监舍每个罪犯的使用面积不得少于50平方英尺。美国矫正协会

〔1〕 Joshua D. Freilich, "Beccaria and Situational Crime Prevention", *Criminal Justice Review*, 2015, Vol. 40（2）, pp. 131~150.

〔2〕 Richard Wortly, *Situational Prison Control—Crime Prevention in Correctional Institutions*, Cambridge University Press, 2001, p. 39.

〔3〕 Richard Wortly, *Situational Prison Control—Crime Prevention in Correctional Institutions*, Cambridge University Press, 2001, pp. 40~45.

之所以这样推荐，理由在于环境压力状况。当监狱变得更加拥挤时，罪犯更加容易侵犯其他罪犯的个人空间，使得隐私水平降低、资源竞争加剧。反社会行为是一个心理压力不断增加的表现，监狱拥挤一旦超出了合理的限度，将会使得罪犯之间的安全感缺乏。当大部分监狱的人口都变得越来越拥挤时，这种糟糕的情形会使得监管安全问题日益严重。1990 年至 1995 年间，美国的监狱人口由 715 649 人增加到 1 023 572 人，增加了 43%，期间的联邦监狱系统容押率达到了 124%，超押了 24%，而大型监狱（关押 1000 名~2499 名罪犯）容押率则达到了 145%，相对应的是同期联邦监狱系统的暴力案件也大量增加。[1]

监狱人口拥挤使警囚对比发生变化，增加了监狱的控制风险。根据《中国法律年鉴》的数据，司法部对外公布的监狱人民警察数量为 30 万人，司法部 2012 年对外公布的数据仍然是 30 万人，而罪犯的数量却增加了 40%，所以警囚比大大下降了。如表 2-10 所示，我国监狱警察数量的配比最低，警囚比为 1∶5.4，日本为 1∶3.3，德国、意大利、荷兰、法国、西班牙的警囚比都控制在 1∶2.2 以上，其中英国为最高，大约 1 名罪犯配比 1 位监狱警察。由监狱人口大量增加导致的警囚配比下降的后果显而易见，特别是在重刑犯监狱中，因为监管风险等级较高，警察数量配比较低导致监管事故概率较高。[2]

表 2-10　2008 年中、日及欧洲一些主要国家警囚比例表

国家	狱警总数（万）	罪犯总数（万）	警囚比
中国	30	161	1∶5.4
日本	1.7	5.6	1∶3.3
德国	3.5	7.9	1∶2.2
英国	7	6.8	1∶0.97
意大利	4.6	5.3	1∶1.2
荷兰	1.1	1.4	1∶1.3

[1] Richard Wortly, *Situational Prison Control—Crime Prevention in Correctional Institutions*, Cambridge University Press, 2001, pp.40~45.

[2] 刘崇亮：“'重重'刑罚观对监狱行刑的效果——以刑法修正案（八）对刑罚结构的调整为分析视角”，载《法制与社会发展》2013 年第 6 期。

国家	狱警总数（万）	罪犯总数（万）	警囚比
法国	2.5	4.6	1：1.8
西班牙	2.1	4.6	1：2.2

数据来源：日本警囚比根据司法部预防犯罪研究所研究员鲁兰研究员的《中日矫正理念与实务比较研究》一书第 272 页计算得出，欧洲国家数据根据吴宗宪教授《当代西方监狱学》第 400 页以下计算得出。

监狱的监管安全在中国的狱制话语体系中包括"三防"，即人防、物防和技防，三者相互依靠，互相保障。物防和技防在现代监狱行刑中已经成为监狱安全的重要保障。在现代监狱管理体系中，从监狱建筑到视频技术和数字技术，全方面的物质和技术保障使得监狱在监管事故防范和危险事件的处置能力方面得到了广泛的提升。特别是随着现代科技发展和中国经济水平的提高，越来越多的现代科技装备被广泛运用于监狱行刑实践。中国现代监狱物防和技防的高速发展为改造刑的转型提高了物质基础，但从基础作用来看，在三防体系中，即使处于在高科技条件下，人防仍然应当处于最为基本的地位。因为不管是物防还是技防，都是人力功能的延伸和加强，都必须依靠人的主观能动的发挥才能最大限度地发挥防控效果。所以，在现代监管体系中，监狱管理者处于特别重要的地位。但不言而喻的是，合理的警囚比是保障人防的重要因素。只有投入合理的监狱警察，才能保证监狱有足够的人力来保障监狱监管安全机制的顺畅运行。

我们在对横向的监狱警囚比进行了比较之后，还要在微观上对某个监狱在纵向上的警囚比进行调研。从该警囚比来看，显示该监狱自 2004 年至 2014 年十年间单个监狱干警分管罪犯的罪犯数量从每位 10 个罪犯增加到 23 个，表明每个干警包管的罪犯增加了一倍还多。[1]虽然我们未对由干警包管数量的变化导致的罪犯违反监规监纪的数量变化进行调研，但我们可以从美国

---

〔1〕　长期以来，在我国的监狱系统内，有关规定明确每位监狱干警都必须负责监区或者分监区中一定数量的罪犯，这被称为包夹管理。这种负责管理是全方位的，每个干警都要负责监督管理罪犯的劳动状况、思想状况、行为表现以及其他方面的情况，并实现直接责任制。这种管理实际上体现了直接管理的原则，每个罪犯的思想动态和狱内表现、安全隐患排除都必须由分管干警直接掌握，体现了狱政管理的中国特色。

监狱因人口拥挤而导致的监狱暴力案件的大量增加得到启示。

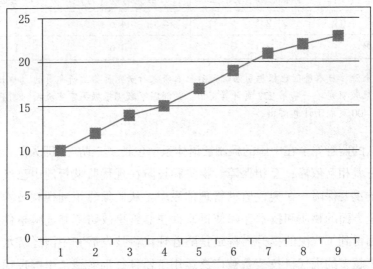

图 2-3　单个监狱干警 10 年间包管罪犯数量变化图

表 2-11　Significant effects of different "crowding" measures on the inmate-everelation-ships (inmate-level coefficients as outcomes at the facility level; ML coefficients reported with standard errors in parentheses)

Reduced sample models			
	(1) Ratio population： capacity	(2) ADP	(3) Design capacity
Inmate-level coefficients as outcomes	—	-. 0003*	—
Physically abused			
Incarcerated for violent offense	—	-0. 0002**	-0. 0002*
Incarcerated for drug offense	—	-0. 0002**	
Prior incarceration	—	-0. 0002**	
Used drugs in month before arrest	—	-0. 0002	—

美国学者约翰·伍尔德莱克教授为了检验监狱人口拥挤（crowding）与监狱暴力是否有相关性，即监狱人口拥挤是否会影响监狱的罪犯暴力案件的发

生率，在拥挤与没有超押的监狱两种类型的监狱里随机抽取了 1022 名罪犯。经过相关性检验，结果如表 2-11 所示。表 2-11 的结果表明，暴力犯罪、毒品犯罪、累犯和逮捕前使用毒品的罪犯在拥挤的监狱更容易犯罪，即具有显著的相关性。[1]

（二）监狱人口规模与改造效果的冲突

我们在论证监狱改造有效论与无效论时，在微观上得出了改造有效论的结论，这也是我们在谈论监狱行刑改革时的理论支撑。正是基于此，我们才有可能在设施的范畴内探讨改造刑改革的种种路径。当然，我们在分析改造是否有效的时候并没有把监狱人口规模作为变量进行相关性分析，但现有监狱行刑理论已经清楚表明，过度拥挤的监狱人口规模不仅会影响到监管安全，还会影响到改造效果。

第一，过度拥挤会影响罪犯与监狱干警的互动关系。在监狱改造关系中，管理者与被管理、改造者与被改造者的关系注定是最重要的关系。从管理者方面来看，监狱干警在互动关系中处于支配的地位，他们不但代表国家实施刑罚权，还负责把一个破坏法律秩序的"破坏人"改造成一个守法公民。可以说，改造者与被改造者、管理者与被管理者良性互动的关系决定了这一过程中所有的重要细微环节。但是，古今中外的监狱行刑或者改造史均表明，改造者与被改造者的关系在监狱行刑法律关系中，甚至可能是整个社会关系最难界定或者最难维系的关系。一方面，作为国家惩罚权的实施者，监狱干警必须依法对罪犯实施国家强制力，对罪犯的人身自由和各项权利进行剥夺。从这个方面看，由于任何惩罚活动都是依法施加的具有痛苦性的活动，故两者具有不可避免的冲突性。从历史上看，越是惩罚严厉的监狱制度，改造者与被改造者冲突的可能性就越大。监狱惩罚所运用的手段都具有强制性，这些手段是一个由硬件设施和软性制度所组成的复杂而有序的综合体，体现了赤裸裸的国家强制力。这些手段包括监督、监视、隔离、监禁、剥夺、限制、审批、命令、批评、禁闭、反省、处分、配给等，受刑的对象只能在上述手段的作用下表现出一定的服从，而且上述多种的手段在法律中都被明确地规定下来。如果受刑人以非常手段来表示对上述各个明定的惩罚手段的否定的

---

〔1〕　John Wooldredge & Benjamin Steiner, "Comparing Methods for Examining Relationships Between Prison Crowding and Inmate Violence", *Justice Quarterly*, Volume 26, 2009.

话，便是对抗与违规，严重者将受到监狱管理方的处罚。现代社会条件下的监狱惩罚，不再仅仅是针对犯罪人身体施加物理性的痛苦，而是充分利用"知识权力"的无形控制，包括法律、道德、政策和伦理的输入。科技条件下的监管使得犯罪人虽然在物理的空间上比以前的时代要宽松得多，人均居住面积在某些发达国家或地区甚至要高于当地人的平均水平。但是从另外一种角度看，视频技术、影像技术、监听设备、金属探测器等在现代监狱的广泛运用，使得监狱对犯罪人的控制更具有扩张性，犯罪人的私人空间在实质上被进一步限制了。[1]另一方面，监狱干警在对罪犯进行改造的过程中，又必须平衡与罪犯的关系。在以惩罚机能为主的传统监狱类型中，监狱管理者与罪犯的关系通常体现在冲突方面。在世界范围内，人类社会的第一代监狱是为了防范管理者与罪犯的直接冲突，监狱的设计主要体现以隔离为主的理念。第一代监狱的建筑特征反映了盛行的关于人类行为的共性和犯罪行为的个性思想和理念，其背后的设计动机和目的在于一种有关人本质的精神观点，即赋予个体自由意志和道德改造的能力。最早的监狱被设计成了通过单独囚禁、苦役、规训和深思而赎罪的地方。第二代监狱有更为严格的精神控制，其是建立在罪犯天生具有危险性和不可预测性的假设基础之上的，所以，可以通过科学技术在任何时间点对罪犯进行全方位的监控，监狱看守的安全是依靠限制和罪犯的联系来实现的，设施和家具被设计得简朴而实用以达到最大限度地减少被罪犯滥用的目的。新生代监狱建筑是一个全新的功能性单元管理模式，其是建立在合作而不是强制性关系基础之上的。看守人员处在一个特别的小单元中，和罪犯建立良好的关系起着解决和协调发生在小单元内的冲突和矛盾的重要作用。[2]

现代新型监狱之所以非常注重管理者与罪犯的关系，从情景预防理论的性质来看，是因为该理论的核心在于强调行为的养成或者矫正会受到环境因素的影响，而人与人之间的关系对于人的行为影响之所以不可忽视，就在于人可以通过情景的设置或者改变来影响他人的心理或者行为。

但是，如果监狱因为容积的设计或者一个国家或者地区犯罪量的剧烈增

---

〔1〕 刘崇亮：《本体与维度：监狱惩罚机能研究》，中国长安出版社 2012 年版，第 184~185 页。

〔2〕 Richard Wortly, *Situational Prison Control—Crime Prevention in Correctional Institutions*, Cambridge University Press, 2001, pp. 37~42.

加而过度拥挤，单个管理者便会面对过多的罪犯，其与罪犯的关系会变得脆弱或者疏远，改造的效果自然会受到影响。当代美国的监狱设置基本体现了新生代或者第三代监狱的建设理念，但大部分的监狱都在容积已经确定的情况下，随着监禁人口规模在近二十年的爆炸式增长，而变得越来越拥挤。这严重影响了美国监狱系统的罪犯改造效果。原先设计关押 30 个罪犯的监舍，现在关押了超过 60 个或者 100 个罪犯，特别是随着现代科技和电子设备的飞速发展，这种情况变得更加严重。闭路电视、报警装置、电子锁和电子周边安全系统变得越来越普遍。这些现代科技虽然提高了安全性，却分化了监狱环境，而且可能会使得管理者对罪犯的态度变得更为强硬。[1]在现代监控体系下，罪犯与管理者的关系一旦变得更疏远，情景预防理论所强调的管理者为罪犯创造更为有利的环境就会变得更加难以实现，另一方面，这种情形会加剧罪犯间的交叉感染。综上所述，监狱人口过度拥挤会影响改造者与被改造者的关系，进而最终会在一定程度上影响监狱的改造效果。

第二，监狱人口过度拥挤将会使得监狱交叉感染更加不可控制。正如情景预防理论所指出的，罪犯的犯罪意义与行为总是受制于周围的环境，而监狱环境在大部分条件下并不利于罪犯的改造。监狱人口过度拥挤最直接的一个后果就是加重狱内交叉感染。狱内交叉感染是指罪犯之间互相影响、互相学习、互相恶化消极的行为和意识。特别是在强化犯罪倾向和犯罪意义的过程中，受到监狱亚文化的影响，重新犯罪的思想和意识会进一步加固。狱内交叉感染是现代监狱行刑面临的一个重要课题。在 19 世纪的独居制盛行后，人们发现边沁式的全景式单独关押最为严重的后果就是罪犯的监狱化人格变得越来越严重。出狱后，那些被长期单独关押的罪犯的社会化变得困难重重，这是重新犯罪的显著因素，对罪犯本人而言也极不人道。因此，现代狱制基本采用群居制，即在保证监狱管理安全的前提下，对罪犯的生活、劳动和学习的场所实行集体管理，监舍通常以单个人为主。群居制避免了独居制的监狱化人格的一些负面后果，但随之而来的罪犯之间交叉感染又成了一大难题。

为了证明监狱化、监狱拥挤和监狱亚文化之间的相关性，美国学者查尔斯·W. 托马斯教授收集了高度警备监狱 276 个男性重刑罪犯的样本材料，用以

---

〔1〕　Richard Wortly, *Situational Prison Control—Crime Prevention in Correctional Institutions*, Cambridge University Press, 2001, p. 42.

测试罪犯间交叉感染和监狱环境影响的后果。结果显示：罪犯被关押在拥挤的高度警备监区内，罪犯间的行为模式会因为监狱组织和长期监禁而发生明显变化。该学者为了验证三者之间的相关性，设置了下列变量：①正常的同化作用（Normative Assimilation），该变量反映罪犯接受"罪犯间准则"的程度。②社会角色的适应（Social Role Adaptation），即说明罪犯在监狱社会中的适应度，分化成23个态度因素，来检验罪犯对监狱环境的最终接受度。③罪犯自我认同，即罪犯对自己被社会的评价的接受度以及在自由社会中和犯罪相联系的意愿。该变量被分化成6个考察因素来说明罪犯的自我认同。④罪犯间相互交往（Interpersonal Contacts），该变量反映罪犯监狱化的一个重要指标，被分成7个因素归因。对样本数据进行二元回归分析后发现：一是罪犯同化的程度越深，监狱监禁的负面效果就越严重；二是环境越糟糕，监狱监禁的负面效果就越严重。从任何角度来看，当罪犯对监狱亚文化变得更加积极时，他们的反社会行为就不可避免地被同化在拥挤的监狱社会中，交叉感染与狱内冲突同时也在增加。[1]

表 2-12 S 市 T 监狱押犯罪名分布情况

比例 合计	暴力性犯罪	破坏社会主义市场 经济秩序罪	妨害社会管理 秩序罪	侵犯财产类 犯罪	其他
合计	727	202	640	395	120
比例	34.9%	9.7%	30.7%	19.0%	5.8%

表 2-13 S 市监狱一监区罪犯分布情况

比例 合计	暴力性犯罪	破坏社会主义市场 经济秩序罪	妨害社会管理 秩序罪	侵犯财产类 犯罪	其他
合计	139	40	128	80	10
比例	35.0%	10.1%	32.2%	20.2%	2.5%

我们对 S 市一所关押重刑犯的监狱中的罪犯分押情况进行了调研，调研

---

[1] Charles W. Thomas, "Prisonization in the Inmate Contracultere", *Behavior & Official Delinquency*, *Social Problems* 13（Winter）.

结果表 2-13 所述。上述两表清楚地表明：在超押较为严重的情况下，我国监狱的分押和分管工作基本处于空白的境地。表 2-12 清楚地显示：我国在新收犯监狱分配时基本没有界定哪些监狱主要关押哪些罪犯，导致监狱基本关押所有类型的罪犯。表 2-13 更是清楚地表明：在监狱没有进行分类的情况下，监区的罪犯分类同样属于空白。在正常情况下，虽然监狱分类没有进行，但监区对罪犯的分类最起码应当达标。由此可见，我们在日益关注监狱对罪犯的改造效益时，忽略了最为基础的罪犯分类。

第二节　"重重"政策观影响下惩罚机能的扩张

自 20 世纪 70 年代以来，在综合刑论主导下，发达国家的刑罚观沿着两极化趋势，我国学者储槐植教授形象地把两极化趋势归纳为"重重轻轻"。"重重"主要是指对严重的犯罪及主观恶性深重的累犯适用更为严厉的刑事责任，加大对重罪罪犯的处遇力度。[1]在当代中国，对严重犯罪的控制刑法一直保持着功能化方向上的惯性，"重重"刑罚观充分体现在刑事立法的全过程中。1997 年《刑法》颁布实施后的历次刑法修订主要以增加入罪条款、严密刑事法网为主，[2]在刑罚的调整方面，《刑法修正案（八）》前主要以单个罪的刑罚量作出调整为主，《刑法修正案（八）》则对刑法总则中刑罚结构作出了重大调整。这不仅反映出因为持续性的改革开放所带来的社会形势的巨变而要求对一些新的危害行为在刑法上作出必要的反应，而且还反映出国家刑罚观的选择。[3]国家刑事政策观反映了国家对犯罪和犯罪人的基本态度。虽然我国《监狱法》清楚地规定了监狱改造机能与惩罚机能都是监狱的行刑机能，但国家基本刑事政策对监狱机能的选择从实然意义上看超越了法律文本的规定。国家基本刑事政策的运行对监狱机能的最终走向影响很大，甚至有可能左右监狱内的某个具体制度。只有作为监狱本质机能的惩罚机能和作

---

〔1〕　梁根林：《刑事制裁：方式与选择》，法律出版社 2006 年版，第 47 页以下。

〔2〕　如从 1997《刑法》到 2011 年《刑法修正案（八）》的颁布实施，我国对刑法典的 73 个条款进行了修改，新增了 44 个条款，罪名由原先的 415 个增加到了 450 个，仅十多年间，新增罪名就达到了 35 个。

〔3〕　刘崇亮："'重重'刑罚观对监狱行刑的效果——以刑法修正案（八）对刑罚结构的调整为分析视角"，载《法制与社会发展》2013 年第 6 期。

为次生机能的改造机能的互相协调才能使刑罚的效益顺利实现，而不同的行刑政策观对监狱行刑机能的抉择具有重大影响。

一个国家的刑事政策观不但在观念上影响着整个刑事司法系统的整体运作，还可能对微观的刑事活动产生直接的规制作用，监狱行刑政策观就是如此。监狱行刑政策观作为指导中国六十多年的行刑实践活动的根本理念，较其他的刑事司法政策观对具体行刑实践的影响更为深远。我们在探讨监狱行刑改革的重大命题时，监狱行刑政策观是无论如何都绕不开的话题。鉴于此，我们将尝试着分析不同的行刑政策观将在何种意义上影响监狱的行刑机能之选择，并且分析中国行刑政策观在何种程度上深刻影响着监狱行刑实践。

一、中国行刑政策观的演化史

行刑政策观是国家在颁发和实施一系列有关监狱惩罚和改造罪犯的方针和政策的过程中形成的指导性观念，它来源于方针与政策，又高于方针与政策。我国的监狱刑事政策从中国成立至今随着时代的发展也历经了更新和发展。在整个刑事政策体系中，国家对监狱工作的指导政策在属性上显然更为贴近政治，因为国家特定的历史原因，罪犯不管是普通刑事罪犯还是政治罪犯，在中华人民共和国成立之初都通常被视为专政的对象，即敌人。此时的监狱工作政策定位很高，通常以党的文件或者领导人指示的形式出现，显示出了中华人民共和国成立之初国家对监狱对罪犯改造工作的重视。1950 年，毛泽东主席在中国人民政治协商会议的闭幕词中提出了"强迫他们从事劳动并在劳动中改造他们成为新人"的主张。在随后举行的第一届全国司法会议上，刘少奇在报告中提出了"惩罚与教育相结合"的思想，并在 1956 年视察监狱工作时明确地提出了"劳改工作的方针，第一是改造，第二是生产"。随着国家政治、经济形势的好转和人民民主政权的日益巩固，对罪犯实行劳动改造已经显示出了重要的政治意义和经济意义。在对罪犯的监管生产、教育改造走上正轨的情况下，在第一次全国劳改工作会议提出的"政治改造与劳动改造相结合、惩罚与改造相结合"的管教工作方针的基础上，为了把前段改造罪犯的实践经验更加条理化，便于指导下一步的劳改工作，1954 年，政务院颁布了《中华人民共和国劳动改造条例》（以下简称《条例》）。《条例》第 4 条规定，劳动改造机关对于一切反革命犯和其他刑事犯所实施的劳动改造，应当贯彻"惩罚管制与思想改造相结合、劳动生产与政治教育相结合"

的方针，强调对罪犯的惩罚管制、强迫劳动生产和实施政治思想教育必须密切结合，不可稍有偏废。[1] 1964 年，中共中央在批转公安部《关于第六次全国劳改会议情况的报告》中，明确了监狱工作必须坚持"改造第一、生产第二"的方针。

从某种程度上讲，改造刑正是在中华人民共和国成立以后三十年间因为监狱工作政策或者方针的推动而形成的一种具有中国特色的刑罚执行制度。也正因此，改造刑自其诞生以来就具有政治的属性。并且，因为这种指导性的方针或者政策已被写进了国家的正式文件之中，它的作用往往更高于诸如《条例》之类的法规，有的甚至被正式写入了法规之中。譬如"强迫他们从事劳动并在劳动中改造他们成为新人"的政治主张就成了劳动改造制度的直接渊源，而且，"把他们改造成为新人"也被写进了《罪犯劳动改造条例》。可以说，在改造这一带有政治属性的词汇与监狱工作整合在一起的时候，改造刑作为带有政治属性的刑罚执行制度被当作经验型的工作运用到了罪犯改造当中。从此意义上看，上述监狱工作政策支配着中国改造刑的产生和发展，即便到今天，这些政策仍然在一定程度上影响着监狱行刑工作。

当然，从法理上讲，不管是改造成为新人政策、惩办与教育相结合，还是"改造第一、生产第二"的方针，这些都是监狱行刑政策观的范畴，按照基本刑事政策观，"惩办与宽大相结合"才是长期指导刑罚执行的基本刑事政策。当然，早期的惩办与宽大相结合的基本刑事政策初见于国家领导人的各种讲话或者党的文件当中。1950 年 10 月 10 日，中共中央发布《中央关于纠正镇压反革命活动的右倾偏向指示》，指出：在镇压反革命问题上，要求坚决纠正镇压反革命中"宽大无边"的偏向，全面贯彻党的"镇压与宽大相结合"的政策，即"首恶者必办，胁从者不问，立功者受奖"。董必武在 1956 年 1 月《关于肃清一切反革命分子问题》中指出："我们对反革命分子的政策从来就是镇压与宽大相结合的政策，这就是'坦白从宽，抗拒从严，立功折罪，立大功受奖'的政策。"从这里我们可以看出，惩办与宽大相结合政策依然是作为与反革命做斗争的策略被提出的，只是大规模的反革命势力已经被消灭了，所以在后来的发展过程中，这一政策才逐渐发展为适用于所有犯罪的刑事政策。在此期间，由于监狱是国家人民民主专政的工具的理念深入人心，监狱

---

〔1〕　栾永超、于同良："监狱工作方针的历史沿革"，载《政法论丛》1997 年第 6 期。

在这一基本刑事政策的体系中具有非常重要的作用，因此，惩办与宽大的基本刑事政策可谓是指导监狱工作的根本指针。在日常的行刑实践中，正是因为此项的基本刑事政策观对监狱行刑的根本指导，改造刑的本体与维度才得以自我形成。正如我们在前文论及改造刑本体的时候所指出的，改造刑是以权力为核心的思想改造，旨在把一个"坏人"变成一个"好人"（新人或者守法公民），而将这一切落实在行刑实践中就必须要有理念作为保障或者前提，而惩罚与改造相结合正好契合了惩办与宽大相结合基本刑事政策的基本精神。为此，属性上体现政治为主的改造刑在制度上惩罚在前，改造在后，惩办是前提，宽大是保障。

随着国家实行改革开放，国家各项法制建设渐渐被提上日程。在刑事司法领域，《刑法》《刑事诉讼法》相继出台，被称为中国刑事法制建设的开端。1980年中共中央在批转公安部的《关于做好劳动教养工作的报告》中指出："对劳动教养人员必须实行教育、挽救、改造的方针。"1984年召开的"全国劳改、劳教工作会议"将劳动、劳教工作方针统一为"教育、感化、挽救的方针，着眼于挽救"。随着刑事法制不断走向深入，在《刑法》和《刑事诉讼法》已经相继颁布的情况下，1994年的《监狱法》及时出台。《监狱法》的及时出台，是中国监狱行刑法制化的根本要求，也是监狱工作由政策化向法制化转变的时代要求。特别是《监狱法》第3条规定："监狱对罪犯实行惩罚与改造相结合和教育、劳动相结合的原则，将罪犯改造成为守法公民。"可以说，《监狱法》第3条是对过去四十多年中国监狱工作政策的高度概括和集中总结。该条继承了改造刑的基本宗旨，是上述诸多监狱工作方针或者政策的优化或者科学化。"把罪犯改造成为合格的公民"摒弃了中华人民共和国成立之初的"把罪犯改造成为新人"的政治表述，更体现了监狱行刑的社会理想和法律属性，同时这也意味着国家罪犯观的初步形成。

这些具体的监狱政策都是在当时的"惩办和宽大相结合"的基本刑事政策的指导下提出的，有着深刻的历史背景，而其他的刑事政策也在一定程度上对监狱的行刑活动有着较大的影响，譬如我们国家在打击刑事犯罪领域活动中的"严打"政策。

自20世纪80年代以来，国家进行了几次全国性的严厉打击各类刑事犯罪的活动，后被学者们称为"严打"，指导这一"严打"活动的政策又被称为"严打"政策。1983年8月25日，中共中央做出了《关于严厉打击刑事犯罪活动的决定》，"从重从快严厉打击刑事犯罪活动"的"严打"拉开序幕。1983 年 9 月 2 日，全国人大常委会颁布了《关于严惩严重危害社会治安的犯罪分子的决定》和《关于迅速审判严重危害社会治安的犯罪分子的程序的决定》。前者规定，对一系列严重危害社会治安的犯罪，"可以在刑法规定的最高刑以上处刑，直至判处死刑"；后者则规定，在程序上，对严重犯罪要迅速、及时审判，上诉期限也由《刑事诉讼法》规定的 10 天缩短为 3 天。截至今天，我们国家进行了 4 次"严打"，"严打"期间的政策不但对当时的刑事司法产生了深远的影响，也使得监狱人口规模不断扩大，还对以后的监狱行刑方式和理念产生了重大影响。

在"严打"政策的实施过程中，监狱系统为了配合公安机关、检察院和法院系统对严打政策的贯彻，通常会进行相对应的专项治理。1983 年 5 月，中共中央在《全国政法工作会议纪要》中提出，现行严厉打击严重刑事犯罪是首要任务，要实行综合治理社会治安的方针，概括起来主要是三个方面，打击犯罪、改造罪犯、预防犯罪，这些都是综合治理的重要内容。透过这份 1983 年的政法工作会议纪要，我们可以认识到，在"严打"过程中，国家充分认识到了监狱系统在犯罪治理过程中的重要作用，从另一个侧面也可以反映出严打政策对监狱行刑的影响。例如，监狱通常会配合严打斗争而严厉打击各种牢头狱霸和严重违反监规监纪的现象，对监狱里的重点罪犯保持各种严格控制态势，排查犯罪线索，开展罪犯自查自纠活动，严格控制各类减刑和假释活动。

进入 21 世纪后，在 2003 年召开的全国监狱工作会议上，司法部首次系统地提出了推进监狱工作的法制化、科学化和社会化的整体要求，其标志着中国监狱工作由封闭走向开放、由神秘走向透明、由狭义改造走向广义改造，是新时期监狱工作的新发展和新突破，具有重大的历史意义和现实意义。我们认为，监狱行刑法制化、行刑科学化和行刑社会化政策作为新时代、新世纪条件下的监狱行刑的基本指导性政策，对于当代中国监狱行刑现代化具有重大的意义，标志着中国特色的狱制基本走向成熟，开始与世界范围内的行刑趋势初步接轨，并开始反思过去行刑实践中的经验与得失，把握行刑过程中的客观规律。正是基于此，我们认为监狱行刑"三化"政策的出台及以后监狱改革试点工作的初步探索，标志着监狱监狱工作的政治化向法治化的转型，一系列的改革使得监狱的罪犯改造与其他领域的刑事司法工作开始同步。

2006 年召开的十六届六中全会通过的《关于构建社会主义和谐社会若干重大问题的决定》明确了"宽严相济"为我们国家当前的基本刑事政策。当下，这一基本刑事政策当然会对监狱刑事政策产生重大影响。[1]"惩罚和改造罪犯，预防和减少犯罪"的监狱基本刑事政策和"三化"总体工作要求与"宽严相济"的基本刑事政策三者之间的关系应该是和谐统一的。监狱惩罚罪犯是监狱作为刑罚执行机关的必然定位，也是源于国家报应主义立场对犯罪现象的理性反思，这是刑事法治的必然要求，而这也使"严"实际体现在了监狱行刑工作的各个方面；改造罪犯必须要求坚持依靠科学化和社会化的手段，在理念、制度两个层面上现实考虑，而这一目标又是和"宽"的基本刑事政策相关的。但惩罚和改造与"宽"和"严"又不是完全独立的，惩罚的机制运行中也要体现相济的思想，即宽严有度、该严必严、该宽必宽，做到区别对待；在改造的模式中也要充分运用宽严的对策来教育和矫治罪犯，两者的最终落脚点都是预防和减少犯罪。[2]

但是，在诸多的监狱行刑政策以及基本刑事政策的演化过程中，一个不容忽视的景象就是——重刑主义行刑观对监狱惩罚机能的扩张具有不可推卸的责任。虽然前述的各个监狱行刑政策包括行刑目的论、监狱工作方针、监狱行刑方法论、监狱行刑三化论等政策观在应然意义上讲具有与时俱进的科学性，但是受传统刑罚观的影响，特别是受重刑主义刑罚观影响下的行刑政策观的影响，监狱在惩罚与改造机能的方向选择上更容易倾向于前者。在刑事司法领域一直存在着一个悖论——当犯罪形势严峻时，严厉打击犯罪与从重惩罚罪犯是非常普遍的做法，监狱的人口规模不断增加不可避免，宽严相济的国家刑事政策在刑事司法实践中更容易体现在"从严"的一面。而随着对累犯和重新犯罪从严从重处罚，极度拥挤的监狱系统很难实现真正有效的监管改造，因各种原因被释放后，这些没有得到有效改造的罪犯会因为各种诱因又重新犯罪，这些重新犯罪又必然会使犯罪形势更加严峻，反过来国家又必须加大刑事司法资源的投入。如此反复，刑罚效益的实现将十分困难。所以，在分析当代中国监狱行刑改革面临的问题时，我们必须要对监狱行刑

---

〔1〕 刘崇亮："现代监狱刑事政策与监狱行刑秩序的建构"，载《中国监狱学刊》2009 年第 4 期。

〔2〕 刘崇亮："现代监狱刑事政策与监狱行刑秩序的建构"，载《中国监狱学刊》2009 年第 4 期。

政策观对监狱行刑实践造成的负面后果进行深刻分析，以期为后面的监狱行刑改革寻找方法论。

二、重刑主义的行刑政策观与法治主义的行刑政策观的界分

以横向的结构为标准，刑事政策动态地看应当包括刑事立法政策、刑事司法政策及刑事执行政策，这是以刑罚权的动态运行机制为依据的划分标准。刑事执行政策是国家刑事政策的重要组成部分，是保障国家刑罚权最终得以恰当落实的重要环节和实现国家刑罚观及刑罚目的的重要手段。就世界范围内而言，推动刑事政策成为对抗犯罪的手段其实正是从监狱这一器物始发而萌芽的，监狱改革运动的思想最终引发了人们对刑法以外的社会规制的深入反思。[1]在基本刑事政策横向结构之标准的基础之上及刑事政策衍化的过程中，就国家对狱内服刑的罪犯采取何种态度而言，虽然在传统的刑罚理论中早已有报应观与教育观之对立，但此种早在百年前的观念划分模式在当代的中国并没有多少实践意义。在当代的刑事司法实践中，一个国家的基本刑事政策观以对犯罪人是否宽宥为界限可以被划分为重刑主义刑事政策观与非重刑主义刑事政策观，非重刑主义刑事政策观的实践样态主要表现为"重重-轻轻"的两极化刑事政策观和宽严相济的刑事政策观等。单纯的重刑主义刑事政策观在现代国家盛行基本已无可能，但"重重"较"轻轻"在实践中却要普遍得多。

轻刑主义的刑事政策在学术界得到了较大程度的认可，但体现轻刑主义的刑事政策是否在刑事司法实践中能够完全得到反映，我们认为其是值得商榷。重刑化的刑事政策观与轻刑化的刑事政策观在立论与基点上完全对立。重刑化的刑事政策观的立论基点基于刑罚威吓的立场，要求在原有处罚标线之上提高对罪犯的处罚，希望建立起一个没有严重犯罪的稳定社会。而轻刑化的刑事政策观的立论基点在于教育刑理论背景下的特殊预防，其核心理论认为严酷的刑罚无法从根本上遏制严重犯罪和控制犯罪人数规模，应当取消运动式的严打斗争和畸重的刑罚结构，进而主张刑罚应当趋向轻缓，希望建立起一个宽松的社会环境。轻刑化的刑事政策的主张是我国根据近年来面临

---

〔1〕　刘崇亮："现代监狱刑事政策与监狱行刑秩序的建构"，载《中国监狱学刊》2009 年第 4期。

的犯罪量和刑罚量同步增长这一危机进行理论反思的产物，但其因具有强烈的理想色彩而始终未能为国家最高决策部门所接纳而成为刑事立法和刑事司法的基本政策。[1]重刑主义刑事政策是国家在特殊时期面对严重犯罪规模上升而做出的无奈选择，而轻刑主义的刑事政策却很难成为国家在犯罪规模稳定时期的实然选择。轻刑化的刑事政策虽然从法理上看顺应了刑罚趋缓的人类社会文明的发展潮流，但从轻刑化的内容来看，其在实践中的实现难度远非重刑化的刑事政策可比。譬如《刑法修正案（八）》对刑罚结构的调整从表面上看似乎符合了轻刑化的刑事政策观，显示了宽严相济政策观中"宽"的一面，但从刑罚的绝对总量及刑罚结构的轻重平衡来看，此次刑罚结构的调整还是主要反映了以"重重"刑罚观为倾向的修法理念。[2]

在刑事司法实践中，重刑化的刑事政策并非与轻刑化的刑事政策完全对应，但若以非重刑化的刑事政策与重刑化的刑事政策来加以区别似乎又有些模棱两可。笔者以为，相对于重刑化的刑事政策，特别是以监狱行刑机能为对象来考察，法治主义的刑事政策观或许更具有一定的合理性。卢建平教授认为，刑事政策所涉的刑事法理是一种公法法理，而法治原则是调整公法和公权力的根本法理，在最根本的意义上制约着刑事政策的制定和实施。坚守法治原则，就意味着刑事政策在追求预防和控制犯罪的目标时，必须优先尊重刑事政策保障人权和促进个人自由的终极价值。[3]此处所主张的法治主义的刑事政策观正是以法治化为前提的政策观，它是在刑事立法、司法和执行实践中重刑主义刑事政策观大行其道、轻刑主义刑事政策观表象化的背景下应当秉承的刑事政策观。法治主义的刑事政策观的要旨是刑事政策对于立法、司法、执行的宏观指导都必须在法律的限度内进行，它是摒弃重刑主义政策而主张宽严相济的基本刑事政策的实际体现。

相对于重刑主义的刑事政策观与法治主义的刑事政策观，指导监狱行刑的刑事政策观也可以被界分为重刑化的监狱行刑政策观与法治化的监狱行刑政策观。把监狱行刑政策观区分为重刑化的监狱行刑政策观和法治化的监狱行刑政策观是由本书之研究要旨决定的。监狱惩罚权本质上属于国家权力体

---

〔1〕 梁根林：《刑事制裁：方式与选择》，法律出版社 2006 年版，第 32~33 页。

〔2〕 参见刘崇亮："'重重'刑罚观对监狱行刑的效果——以刑法修正案（八）对刑罚结构的调整为分析视角"，载《法制与社会发展》2013 年第 6 期。

〔3〕 卢建平："刑事政策与刑法关系论纲"，载《法治研究》2011 年第 5 期。

系中重要的组成部分，监狱代表国家对罪犯行使惩罚权力，于是，监狱惩罚权与犯罪人权利成了一个硬币的两面，它的正面是监狱的惩罚权，相对应的面则是罪犯的权利。权力与权利在监狱管理的运行机制中具有各自的特点，遵循着守恒的定律：监狱惩罚权和罪犯享有的权利之和自监狱诞生之日起直至监狱消失之前一直处于恒定的状态，但随着国家历史发展阶段及社会发展水平的不同，两者又随时会发生变化，即国家文明程度和法治水平越高，监狱惩罚权的比重就越低，而罪犯的权利总量和保障水平也就越高。相反，国家文明程度和法治水平越低，监狱惩罚权的比重就越高，而罪犯权利的总量和保障水平就越低。从权力与权利的总量守恒定律来看，监狱惩罚权与犯罪人权利呈现反比关系，关键问题的是，监狱惩罚权本质上属于权力，而权力的扩张性为其本质特征，所以，监狱惩罚权总是容易压缩犯罪人权利的空间。与之相关联的是，我国的监狱行刑权更容易受到刑事政策的影响与制约。而要把监狱对罪犯的惩罚权控制在一定的合理限度内，就应当清除重刑化的行刑政策观，以保障监狱中的罪犯权利得到理性化的保护，最终实现一般预防与特殊预防的目的。在摒弃重刑化的监狱行刑政策观的同时，我们应当树立起一种最为理性的行刑政策观，即本书所主张的法治主义的行刑政策观，其既可以把监狱惩罚机能控制在一定的合理限度内，又可以以法治为底线依法对罪犯的权利进行保护。

三、当代重刑主义监狱行刑政策观与监狱惩罚机能的扩张

监狱行刑权自其诞生起，先天就不同于在刑罚权运动机制中处于超然地位的刑事司法权，它本身属于一种行政权，而行政权相较于刑事立法权、刑事司法权更易受到国家政策的影响。监狱行刑易受到行刑政策的影响最为明显的标志是监狱惩罚机能与改造机能的方向性选择。当监狱行刑政策偏重于重刑主义的行刑政策观时，监狱机能偏向于惩罚便不可避免，而当监狱行刑政策偏向于法治主义的行刑政策观时，监狱机能则可能会偏重于改造。

（1）监狱行刑政策中的重刑主义倾向表现为偏重于监狱惩罚机能。在刑事司法实践中，不管采取何种刑罚哲学，其最终还是需要通过监狱的刑罚执行来完成。福柯认为，刑罚成了现代刑事程序中最为隐蔽的领域，它的效力不是源于物理性的惩罚，不是通过公开惩罚的可怕场面，惩罚从一种制造无

法忍受的感觉的技术转变为了一种暂时剥夺权利的经济机制。〔1〕这种剥夺权利机制的载体是监狱的行刑，而这种抛弃了物理性惩罚的监狱行刑虽然在表象上与身体刑或耻辱刑进行了切割，但监狱行刑只要以刑罚之名存在，痛苦的属性就无法改变。正因为监狱行刑具有痛苦属性，因此自监狱诞生之日起，它总是被刑罚以威慑的名义来实现监狱行刑的目的。"常识认为，刑罚越严厉，就越能威慑犯罪，但是，常识往往只包含总分真理，真理走向极端就会走向谬误，刑罚的严厉也是如此。一般地说，刑罚惩罚的强度与威慑效应存在着正比例关系，加大刑罚强度，可能提高刑罚威慑效应。"〔2〕正因为存在常识性的错误认识，指导监狱行刑的刑事政策观总是倾向于发挥监狱的惩罚机能。当人们在谈论某个时期对严重犯罪的严厉打击时，重刑化的刑事政策就自然会成为首要选项，作为承受这一后果的主体的罪犯，在被监禁于监狱内时，民众仍然趋向于持续要求对其采取严厉的处遇。所以，监狱惩罚机能的偏重也就在所难免，此时监狱的改造机能往往会被忽略。监狱惩罚机能与改造机能的相互关系犹如钟摆效应：当社会的犯罪形势严峻时刑罚多趋向于惩罚，当社会犯罪率下降时，监狱刑罚政策可能会趋向于改造。〔3〕在中国当代监狱行刑功能性的层次上，惩罚机能是国家、社会和民众所组成的结构系统中所要求监狱存在的工具主义认识，是此系统中的内化功能；改造机能是国家、社会、民众所期待的监狱的整体功能，是此结构系统中的外化功能。两者的功能性在价值系统中存在着严重的冲突。〔4〕监狱的惩罚机能与改造机能本身就在价值系统中存在冲突，况且，基于当前中国社会居高不下的重新犯罪率和严重的犯罪规模，监狱系统对监狱机能的选择与民众希冀国家采取体现重刑化的行刑政策观自然会不谋而合。

监狱惩罚机能的扩张在监狱行刑中的表现为过于强调监狱秩序的绝对控制。毫无疑问，对秩序的保护是刑事法律的基本功能，也是监狱行刑的基本功能。人类生活在由秩序编织的网络之中，任何人的行为都是这秩序之网的

---

〔1〕 ［法］米歇尔·福柯：《规训与惩罚》，刘北成、杨远婴译，生活·读书·新知三联书店2007年版，第9~11页。

〔2〕 梁根林：《刑事制裁：方式与选择》，法律出版社2006年版，第87页。

〔3〕 Harry E. Allen & Clifford E. Simonsen, *Corrections in America: An Introduction*, Prentice-Hall, 2001, p. 63.

〔4〕 刘崇亮："监狱惩罚机能与改造机能的冲突与融合"，载《河北法学》2012年第9期。

一个结，秩序是自然和社会进程之中存在着的某种程度的一致性、连续性和稳定性。它的反面是无序，无序反映的是割裂、混乱、无规则，一切事物和行为都将变得不可预测。秩序与社会生活的关联在组织生活中表现得尤其重要，哪怕是在君主专制时期，人类也力图防止不可控制的无序状态出现，试图建立起符合特定阶级利益的井然秩序。与法律相关的制度的主要功能之一是维护社会秩序，不管是恶法还是善法，都把人们的行为纳入到可规制的范畴之中，根据社会的现实需要建立起一整套规范，与违反规范的后果相联系的，正是惩罚所带来的秩序效果。监狱秩序是监狱在对罪犯执行刑罚的过程之中，在一定政策的指导下，树立正确的刑罚执行观念，有条理、有规则和有组织地安排各项规章与制度，惩罚与改造罪犯，以使对罪犯的管理、教育、生活及奖惩达到一个安全、有序、稳定的状态。[1]监狱秩序是监狱实现行刑目的的基本保障，监狱监管安全的实现离不开监狱秩序的稳定。在中国特色的行刑实践中，评价监狱行刑与罪犯改造工作好坏的一个重要方面就是监狱秩序的表现是否稳定。正是基于这种评价体制，监狱在实践中会在制度层面上制订各项保证监狱秩序稳定的措施。严厉的监狱秩序在监狱强大的纪律面前往往容易实现，在稳定压倒一切的目标面前，罪犯所有违反监规纪律的行为都会受到处罚。在我国，监狱制度往往容易受国家对监狱工作的政策以及基本刑事政策的影响，特别是在国家及民众的重刑主义观念的影响下，加强对罪犯的监管往往会成为监狱的本能选择。

但是，过于强调监狱秩序的绝对控制会产生负面的效果。考夫曼在考察监狱时就曾指出，监狱本身就是一个绝对的机构（total institution）。这个绝对机构不同于我们的社会日常生活。监狱中的生活必须整齐划一，受到统一的指挥，日常活动安排受到严密的规划，并且这种规划是由事先制订好的制度规定的。这些集中在一起的活动安排之所以被作为整个理性计划的一部分是因为要实现制度本身所指向的目的。接着，考夫曼又对监狱这个绝对权力机构的社会化的剥夺过程中的三个基本要素进行了解构：一是在某种程度上权力就是等级划分。监狱管理人员拥有一些特定权力规训监狱中所有的罪犯，而社会上的人们只有在违法的时候才不得不面对拥有临时性权力的警察。二是权力的强制性指向人们日常的大量行为，那些社会上的日常行为包括着装、

---

〔1〕　刘崇亮：《本体与维度：监狱惩罚机能研究》，中国长安出版社2012年版，第173页。

举止、行为方式和社会交往。三是罪犯在违反规则时将要面对强制性制裁，这种制裁甚至包括指定睡觉的地方和分配何种工作。[1]

众所周知的是，这种绝对控制的负面后果十分明显，其中最为直接的表现就是容易使得狱内罪犯养成监狱化人格，最终使得罪犯的再社会化困难重重。考夫曼在谈到监狱权力过度控制的后果时认为，我们在谈论罪犯的世界的时候，不得不思考罪犯在这种环境中重新组织化的影响、受辱的过程以及罪犯所建立的背景文化，以及这些最终带给他们的后果。虽然绝对机构通常声称十分关心改造，即重置罪犯的自我适应机制以使他们在出狱后符合狱方的标准，但实际上，这些罪犯很难达到或者永远达不到监狱管理人员想要达到的目标，那种剥夺过程和重新组织化的过程所实现的效果看起来并不持久。[2]

监狱化的人格一旦养成，罪犯的犯罪风险因素必将增加。美国查尔斯·W. 托马斯教授为了证明监狱化人格主要由哪些因素造成，于 1970 年在美国东南部一所高度警戒的州立监狱随机选择了 1000 名罪犯作为调查样本。这些罪犯因为纪律或者安全等原因被分成两组，一组样本随机组成，由 810 名参加劳动的罪犯构成，另一组样本全部从高度警戒单独关押的罪犯中选择。最后收集的有效样本为 276 份，报告数据包括调查和记录。标准的同化反映了罪犯接受所谓罪犯准则（ inmate code），检验了罪犯的监狱化形成的归因。罪犯出狱后的期望、罪犯对身份的认同、对监狱组织的反抗等方面也被课题组分解成了不同的因素，每个因素都被赋值。结果显示，监狱里的多维变量显著影响着罪犯的同化作用，反映同化作用的独立变量能够影响监狱的亚文化。而在反映同化作用的监狱中，有关影响罪犯人格的因素主要集中在监狱的控制因素，如单独关押、高度集中监督等。该项研究进一步证明，高度封闭的剥夺模式对于防止罪犯的监狱化是非常不利的。[3]

---

〔1〕 Erving Goffman, "Characteristics of Total Institutions", Edward J. Latessa & Alexander M. Holsinger Editing, *Correctional Contexts: Contemporary and Classical Readings*, Roxbury Publishing Company, 2006, pp. 77~82.

〔2〕 Erving Goffman, "Characteristics of Total Institutions", Edward J. Latessa & Alexander M. Holsinger Editing, *Correctional Contexts: Contemporary and Classical Readings*, Roxbury Publishing Company, 2006, p. 88.

〔3〕 Charles W. Thomas, "Prisonization in the Inmate Contracultere", *Behavior & Official Delinquency, Social Problems* 13 (Winter).

　　高强度的监狱惩罚机能的扩张，处于绝对封闭环境的罪犯的人格容易被监狱化，但监狱行刑往往容易忽视这些。比如，以罪犯的隔控管理为例，其在性质上是属于惩戒制度的一部分，根本目的是防止犯罪人到处交帮结友，以防止（如犯罪人脱逃等）安全事故的发生，达到秩序上的绝对控制。另外，为了防止犯罪人的交叉感染，我国监狱目前大多实行分管分押，每个分监区大概押犯几十人到几百人，分类依据主要是犯罪类型和犯罪性质。我国传统监狱学理论认为，任由犯罪人自由流动可能会加剧犯罪人的交叉感染。所以，在行刑实践中，犯罪人在"三大现场"中的流动是严格受到约束的，劳动现场、生活现场、学习现场没有不受到严格监视的，他们所有的行为几乎都要受到一定程度的控制。人的因素再加上科技手段使得犯罪人的自由在某种程度上受到了严厉的压制。犯罪人要从一个所谓的"隔控区"到另外一个"隔控区"，必须要事先进行报告，在报告取得同意的前提下，由两个管理人员带领到另外一个活动的地方。由此，完全封闭式的管理制度日益成为实务界和学术界批评的对象。犯罪人监狱化人格的主要成因就是犯罪人长期与外面社会完全隔绝，以及犯罪人缺少正常的社会化交往。而我国大部分监狱隔控区严格的封闭式管理制度加剧了犯罪人的监狱化人格倾向。在行刑实践中，非常值得人们思考的是，在日益强调秩序与安全的监狱管理中，这种隔控管理制度的严格性和规范化越来越得到强化，但对于其巨大的负面影响却从未引起来深刻的检讨。[1]

　　我们必须要指出的是，重刑主义刑罚观导致的监狱惩罚机能扩张并不会使监狱惩罚的效果更好。在常识常理中，公众通常会认为监狱惩罚的手段越是严厉越是会对被惩罚的对象产生威慑效果，这也是报应理论所持的基本立场。我们必须要明确的是，报应刑主义与重刑主义是完全不同的刑罚立场，两者在刑罚目的与刑罚的功能认识方面存在着根本区别。报应主义所主张的惩罚是与违反基本刑罚规则相联系，使得公众接受惩罚的条款，这些都是理性、公平与正义的。说是理性的，是因为那些自愿遵守规则的人们不应当承担刑法中规定的那些没有遵守规则的人所要承担的刑罚后果，但如果他们了解到那些违反规则的人们并没有受到相应的处罚的话，他们守法的意愿将会明显降低。公平意味着国家要有公平分配利益与负担的制度，要有防止滥用

---

　　〔1〕　刘崇亮：《本体与维度：监狱惩罚机能研究》，中国长安出版社 2012 年版，第 99 页。

分配利益与负担的机制，制裁仅能给予那些不遵守规则的人。正义意味着惩罚仅是针对那些违反了规则并导致利益与负担没有被公正分配的人，侵犯了多少利益就必须承担多少后果。[1]正是因为报应理论以理性与公平、正义为立论基点，其才得以成为罪刑法定、罪刑均衡、罪责自负等现代刑法基本原则的理论源流，并以此为据构建了现代刑罚制度，使得刑罚自近代刑罚启蒙时代起就开始与肉刑、重刑主义等划清界限。而重刑主义与现代刑罚基本原则相冲突，并与报应主义理论有着明确的界限。重刑主义强调刑罚的威吓，以超出人们的基本心理预期与刑罚基本原则处罚罪犯，虽然重刑主义也以预防犯罪为基本目标，但其往往会突破现有的刑罚界线，包括实体刑法与刑事程序法规定的刑量与步骤。重刑主义针对社会一般人，以刑罚超重处罚违反规则的人们，从而威吓社会一般人，使之不敢违反规则。但问题是，重刑主义首先违背了自近代以来确立的刑罚基本原则，从而与理性、公平与正义相背而行。

表 2-14　刑罚惩罚对阻止罪犯再次犯罪的效果

			害怕惩罚，不会再犯罪	害怕惩罚，但会铤而走险	不害怕惩罚	无所谓	不知道	合计
刑期类型	5年及以下	计数	125	41	23	7	47	243
		比例	51.4%	16.9%	9.5%	2.9%	19.3%	100%
	5年以上	计数	40	48	13	10	26	137
		比例	29.2%	35.0%	9.5%	7.3%	19.0%	100%
合计		计数	165	89	36	17	73	380
		总数比	43.4%	23.4%	9.5%	4.5%	19.2%	100%

　　另外，重刑主义的威慑效果并不明显，还会加重监狱中服刑人的监狱化人格。为了调研刑罚惩罚对罪犯的威慑效果，我们以 J 省某监狱的 380 名罪犯为样本进行描述性统计。结果如表 2-14 所示。在 380 份有效问卷中，仅有

---

〔1〕　Jeffrie G. Murphy, *Punishment and Rehabilitation*, Third Edition, Wadsworth Publishing Company, 1995, p. 76.

43.4%的罪犯表示害怕刑罚惩罚，这其中，被判处 5 年有期徒刑以上的罪犯相比被判处 5 年以下有期徒刑的罪犯"害怕刑罚惩罚但会铤而走险"的比例要大，后者的比例只有 16.9%，而前者的比例则高达 35.0%。表示刑罚惩罚没有威慑感的占到半数以上，且明确表示不害怕惩罚的将近 10%。这让笔者想起了在监狱从事一线改造工作时，一些顽危犯的行为表现。笔者曾经工作过的监狱系一所重刑犯监狱，2/3 以上的罪犯为无期徒刑与死刑缓期执刑。当时监狱的封闭室设有严管中队，该中队单独关押全监所有的顽固犯和危险犯（简称为"顽危犯"）。这些顽危犯的生物特征明显区别于普通人甚至别的罪犯，这些罪犯的认知能力较低，大多性格暴躁，遇事容易冲动，对前途和狱外生活没有期待，基本失去了改造的动力。另外，这些罪犯对惩罚的自我感应能力较低，对痛苦属性的反应能力较常人偏低，加上各种犯因性因素的叠加，导致这类罪犯的再犯罪风险非常之高。如果对这类顽危犯仅顾严厉打击，我们认为不仅不会体现刑罚惩罚的威慑力，有可能还会适得其反，提高这些罪犯的再犯罪风险。

（2）监狱行刑政策中的重刑主义倾向表现为监狱改造机能的弱化。改造机能本质上具有超越惩罚的特性，监狱失败论最早并不是由改造的无效引发的，而是由惩罚的失败引起的变革。改造是以改造犯罪人的弱点和病态人格为表征的，正因为犯罪人通常被预设为具有这样或那样问题的社会个体，而惩罚又使"一个坏人变成一个好人"变得极其困难，于是改造就承载了人们的理想。[1]

在哲学领域，事物的属性可以分为本质属性与非本质属性。本质属性正因为规定了事物的质，所以只要事物存在就是恒定，监狱的本质属性是不会发生变化的，发生变化的只是监狱的自然属性。监狱的自然属性变化表现为随着人类社会的文明与进步，监狱的物质形态和制度形态发生了根本性的变化，而与监狱的惩罚机能反映了监狱的本质属性相对应，监狱的次生机能反映了监狱的自然属性。监狱惩罚是对刑罚的现实兑现，是通过时间、空间和制度等安排实现对惩罚的物化。监狱惩罚的属性从历史与逻辑出发都可以被定性为监狱的本质机能。[2]监狱的次生机能是与监狱的本质机能相对应的，

---

〔1〕　刘崇亮："监狱惩罚机能与改造机能的冲突与融合"，载《河北法学》2012 年第 9 期。

〔2〕　刘崇亮："本体与属性：监狱惩罚的新界定"，载《法律科学（西北政法大学学报）》2012 年第 6 期。

是监狱的正当性根据的次位因素，是社会与监狱同步进化的结合物。对于监狱的改造机能而言，本质机能的层次关系是与监狱的自然属性和社会属性关系相统一的。

监狱的改造活动并不像监狱的惩罚机能决定监狱的存在那样，其产生的时间与监狱产生的时间肯定不会是同步的。虽然在某些国家的特定历史时期，监狱的狱政偶尔也会强调监狱的教化，但其在监狱中的影响力可能微乎其微。在发达国家，监狱的矫正活动正是在启蒙思想运动的指导下慢慢开始走向监狱行刑的历史舞台的，它是监狱自然进化的结果。在监狱史的发展过程中，监狱一开始并没有受到社会化运动的冲击，人们对现代化以前的监狱的认识总是停留在以惩罚模式为主导。对中国监狱史进行考察可能更容易得出上述的结论，无论是奴隶社会抑或是民国时期以前的监狱，狱制的黑暗总是成为人们指责监狱的主要理由。惩罚机能的主要表现形式在于对身体或权利的限制或剥夺，施加有目的的痛苦只是为了引起威慑的效果和人们情感的满足。直到中华人民共和国成立以后，监狱的改造才被正式提高到了"惩罚与改造相结合，以改造人为宗旨"的高度，改造与惩罚才被并列为监狱的两大机能。

改造机能是监狱发展史的理性产物，它有着自身的范畴与运行的机能，在某种程度上是对惩罚机能不可避免的副作用的一种理性补偿。应当说，监狱的负面效应都是监狱自身特点的必然产物，而负面效应却是与惩罚机能紧紧联系在一起的。当惩罚机能在监狱机制中并不是像权力享有者预料的那样可以合乎情理时，惩罚的充分发挥也许并不能完全使一个法律的破坏者变成一个法律的守护者，更不可能使一个道德败坏的人变成一个好人。但纯粹的改造却也面临着尴尬。刑罚惩罚在监狱中的物化如果抽去改造的内容，监狱本质上还是监狱，即并不能改变监狱的实质。但如果监狱对刑罚的执行抽去了监狱惩罚的内容，那么，监狱便失去了其本质属性。没有自由的剥夺、监禁形式、监狱制度规范行为的监狱是不可想象的。所以，监狱的改造机能受制于监狱的惩罚机能，从此意义上看，监狱的惩罚机能是改造机能的前提和条件。改造活动的变化取决于监狱自然属性的变化。改造内容和形式是随着时代的前进而变化的，随着社会民主与社会文明的日益发达，监狱改造的内容也日益人道和科学化，在惩罚的前提下，一些具有开拓性的做法也被大量运用到监狱的改造内容之中。例如，我国监狱制度中的社会帮教制度充分发挥了设施外的社会力量、志愿团体和犯罪的近亲属对犯罪人特殊的感化作用，感召犯罪人的心灵，以唤醒犯罪人的正常道德情操和遵纪守法的观念。这项改造内容只有在文明模式里才能找到，在秩序控制模式下的监狱不可能找到其身影。因为在秩序控制模式下的监狱，罪犯与社会、罪犯与监狱的关系完全处于对立的状态，即罪犯几乎被真正地与社会和社会人隔绝开来，那里只讲究秩序与隐秘。而当监狱与社会的联系被强调之后，开放与透明的社会化的改造愈来愈显得重要和有效果。显然，改造活动的自身变化是监狱的制度管理、运行机制、行刑理念、监狱物质形态等变化的结果，是随着其变化而变化的。

　　当然，从属性上看，监狱惩罚机能与改造机能虽然为本质机能与次生机能的关系，但在现代社会条件下，两者在目标与生成社会性的基础上具有统一性，两者的最终目标都在于使罪犯顺利重返社会，惩罚的内化需求与改造的外化动力为当代监狱的社会功能需求奠定了深刻的社会性生成基础。[1]

　　预防犯罪是监狱行刑最为根本的目标之一，但是，监狱改造最为终极的目标并不仅在于预防犯罪，而是和监狱惩罚的终极目标一样，即"如何使犯罪人顺利重返社会"。然而，正如前文所分析的，在重刑主义刑罚观指导下的监狱行刑政策的影响下，监狱的本质机能与次生机能的关系显然没有得到协调与统一。当两者发生冲突时，本来就处于次生地位的监狱改造机能容易被监狱惩罚机能所遮蔽。加上改造本身在刑罚效益的实现过程中存在的问题，造成了监狱行刑与刑罚史上的一个奇怪现象：当改造无法达到民众的期望值，严重的犯罪形势无法得到根本好转时，人们转向借助监狱的惩罚机能；当监狱对罪犯的惩罚机能超出了其合理限度时，监狱里的重新犯罪率会进一步上升，这时又在一定程度上转向改造，但当重新犯罪率再次上升时，惩罚的力度又进一步升级。所以，体现重刑主义的监狱行刑政策观应当摒弃以惩罚机能为第一的观念，才有可能使得监狱惩罚机能与改造机能两者维系一种较为稳定而且平衡的关系。

　　（3）监狱行刑政策中的重刑主义倾向表现为容易侵犯罪犯的权利。罪犯权利作为特殊个体的权利，较普通人的权利具有几个明显特征。①罪犯权利的不完整性。罪犯的权利较其他普通人的权利范围要小，这是显而易见的。罪犯被监禁在狱内，人身自由被剥夺或者限制，而随附于人身自由的权利不

---

〔1〕　刘崇亮："监狱惩罚机能与改造机能的冲突与融合"，载《河北法学》2012 年第 9 期。

在少数。比如罪犯的抚养权，系指罪犯抚养未成年子女的权利，虽然抚养权是每个自然人的基本权利，是一项非常重要的人身权利，但罪犯的人身自由处于被剥夺状态，因而无法亲自行使抚养权。我国《监狱法》第19明确规定罪犯不得携带子女在监内服刑，以法律的形式明确罪犯虽然拥有抚养权，但因处于监禁状态而无法行使。②罪犯权利的限制性。罪犯权利的限制性是指虽然罪犯有些权利没有被剥夺，并且可以亲自行使，但因为法律的明确规定，罪犯的该项权利处于部分受限状态。例如，罪犯的通信权。通信权作为一项公民基本权利，是一项重要的宪法性权利，其虽然被法律保障，但却处于受限状态。如《监狱法》第47条规定，罪犯在服刑期间可以与他人通信，但是来往信件应当经过监狱检查；监狱发现有碍罪犯改造内容的信件，可以扣留。③罪犯权利义务的不对等性。在公民的权利与义务的法律关系中，权利与义务是相伴相生的，二者是对等的。权利的实现要求义务的履行，义务的履行要求权利的实现，公民享有的权利和应履行的义务是对等的。不能只享有权利而不履行相对应的义务，也不能只履行义务而不享有权利。但是，对于罪犯而言，因为一些权利处于被剥夺状态，因此从总体上看，罪犯的义务大于权利。④罪犯权利的特许性。罪犯的特许权在英语中为"prisoners' privilege"，"privilege"在英文词典中被解释为特殊的权利或待遇（right or advantage）。从特许权的英文解释来看，特许权属于权利的一种，所以罪犯特许权也应当是罪犯的一些特殊权利，但罪犯法定权利和罪犯特许权存在着本质上的区别。罪犯的权利是被法律所明确保护的，当罪犯具有某项权利时，监狱等其他国家机构必须满足这些要求，而这些国家机构则承担着满足罪犯权利的法律义务（legal obligation）。罪犯特许权则是指罪犯在服刑期间通过良好的改造表现而获得的能够给罪犯带来一定好处的利益（或者直接说是权利）。[1]

从上述四个服刑中罪犯的权利特性我们可以看出，罪犯的权利还因为前述四个特性而具有另外一个重要的特征，即罪犯权利的易损性。对于罪犯的权利到底有哪些以及应当在何种程度上享有，恐怕任何国家的法律都不可能全部明确。我国《监狱法》第7条也只是规定罪犯的人格不受侮辱，其人身安全、合法财产和辩护、申诉、控告、检举以及其他未被依法剥夺或者限制

---

〔1〕 Norman A. Carlson, Karen M. Hess & Christine M. H. Orthmann, *Corrections in the* 21 *Centry*: *A Practical Approach*, West Wadsworth, 1999, p. 501.

的权利不受侵犯。虽然《监狱法》分则和《刑事诉讼法》对罪犯的诉讼权利进行了明确，但对于罪犯的一些重大权利（包括健康权和居住权等）法律也没有明确规定。在这种情况下，因为罪犯具有特殊法律地位，面对强大的监狱惩罚机能的扩张，其一些权利的易受损性并不难解释。

　　问题是，狱内罪犯的权利虽然容易被监狱管理人员侵犯，但其保障或者救济却较狱外要困难得多。例如，在美国，罪犯权利的法律地位在其司法系统中一直处于摇摆状态。美国自 20 世纪 70 年代到 90 年代对监狱中的罪犯权利一直采取的是不干涉主义（hand-off doctrine）。直到 20 世纪 90 年代初，在"威尔逊诉塞特案"中，最高法院重置了对监狱管理过程中的罪犯权利的基本态度，并取得了大的跨越。在此案中，最高法院认为，假如罪犯能够证明监狱的管理官员们在管理过程中具有应受责备心态（a culpable state of mind）而起诉不合格（substandard）监禁条件的案件，应当受到《宪法第八修正案》关于罪犯免受残忍和异常惩罚之规定的管辖。在此案中，威尔逊是位中度警戒监狱的罪犯，其认为监狱设施中糟糕的监禁条件违反了《宪法第八修正案》中关于禁止残忍与异常的惩罚的规定。随后，该监狱的一些罪犯向法院起诉俄亥俄州监狱主管部门及监狱的矫正官员。在起诉中他们声称："这些糟糕的监狱环境包括不卫生的就餐环境，不干净的厕所，不达标的取暖、降温和通风，不充分的储存空间，过于嘈杂的噪音，人口拥挤。"[1]但此后，美国最高法院对于《宪法第八修正案》中什么是残忍和不正常的惩罚又纠结了很多年。当美国的矫正官员使用强制力迫使罪犯遵守监狱的规则的时候，罪犯们声称监狱违反了《宪法第八修正案》，甚至当监狱的过度拥挤时，他们也起诉监狱方面违反了《宪法第八修正案》。美国的司法系统通常因为监狱中环境的复杂性（包括监狱过度拥挤、罪犯暴力、较差的卫生和安全环境）很难区别是监狱行刑本身功能就具有的效果还是矫正官员有意使得罪犯面临身体或者心理的伤害。[2]

　　针对罪犯权利侵犯案件的法律规定的缺失加重了监狱惩罚机能的扩张，但我们国家在罪犯权利保障方面之所以还存在着不少问题，根本原因还是在

---

〔1〕　The Supreme Court, "1990 Term Leading Cases, Cruel and Unusual Punishments Clause-Prison Conditions: Wilson V. Seiter", *Harvard Law Review Association November*, 1991.

〔2〕　Dean J. Champion, *Corrections in the United States——A Contemporary Perspective*, Second Edition, Prentice Hall, 1998, p. 345.

于重刑主义行刑政策观的影响。犯罪行为给社会造成了侵害，本身应受到惩罚，所谓善有善报，恶有恶报，刑罚惩罚是国家对这种侵害实施的一种正义的报应，是对犯罪的法律宣示。对罪犯的惩罚是正义的，这种正义性如黑格尔所说：一是因为惩罚体现的是犯罪者本人的法，是罪犯自由意志的要求；二是犯罪的本质是法的侵害，是无价值的。他认为："刑罚惩罚从客观方面来说，这是法律同自身的调和，由于犯罪的扬弃，法律本身回复了原状，从而有效地获得了实现。当法律对他执行时，他本身就在这一过程中找到了正义的满足，看到这只是他自己的行为。"[1]惩罚是为了实现正义，但这种正义的实现是以法的名义给予确证的，惩罚就意味着恢复被破坏的法律秩序，而为了维护法律秩序，这种惩罚又必须在法秩序的限度内。所以，监狱的惩罚是一种法律的基本属性的具体体现，是国家权力的分配的一个重要方面，被法律赋予特殊法律身份的惩罚的对象直接面对和感知着这种权力的平等属性。惩罚如果没有法律平等属性，便会加剧罪犯对法律权威的藐视，监狱秩序的稳定和谐必遭受破坏。[2]但是，当前的实际情况与理想状态下的惩罚并不相符，重刑主义的行刑政策观容易突破法律规定的底线。监狱行刑与刑事司法最大的区别在于，后者是以裁判权为中心的刑事权的运用，它针对的是具体案件，以法律权威为裁判要旨，法官的居间裁判与其说是审理案件，不如说是运用法律技术进行合乎理性的法律逻辑判断。所以，一件案件的审判结果是否公正、合法较为容易判断，即便受重刑主义的影响，法律的适用还须受到刑法、刑诉法规则的限制。而监狱行刑为了实现刑罚效益，其不但依赖法律，更依赖技术、经验、科学人文知识的运用，这意味着监狱行刑活动更多地强调经验性的技术操作。比如，针对作为罪犯权利重要内容之一的罪犯性权利，当前我们国家没有任何有关罪犯夫妻性权利的法律规定，是否需要保障取决监狱管理机关的经验性认识及决策机构的意志。故如果体现重刑主义的刑事政策观占据主导地位，那么很多罪犯的权利若没有法律明确规定便很容易受到严重的限制。

不仅罪犯权利容易受到监狱惩罚机能的限制，一些有利于罪犯教育与改造的活动也容易受到限制，甚至连监狱法律法规规定的一些改造制度也会受

---

〔1〕［德］黑格尔：《法哲学原理》，范扬、张企泰译，商务印书馆 1961 年版，第 108 页。

〔2〕韩玉胜、刘崇亮："监狱惩罚机能及其限制"，载《犯罪与改造研究》2010 年第 4 期。

到破坏。比如，针对罪犯教育改造工作的基本内容，2003 年 6 月颁布实施的《监狱教育改造工作规定》作出了明确的规定。该规定总则第 5 条明确规定，教育改造工作主要包括入监教育、个别教育、"三课学习"、职业技术教育、监区文化建设、社会帮教、心理矫治、出监教育、评选罪犯改造积极分子等。分则对各个教育改造的具体内容作了明确的规定。例如，第四章的第 24 条规定监狱应当办好文化技术学校，对罪犯进行思想、文化、技术教育，成年罪犯的教学时间每年不少于 500 课时，未成年罪犯的教学时间每年不少于 1000 课时。且先不说此条规定的内容是否具有可行性，笔者长期的监狱实践工作经验表明，此条规定在教育改造实践中基本已被虚置。因为管理人员在重刑化观念的支配下认为，为把罪犯变为一个好人而进行的惩罚比之教育似乎更具有优势。所以，在重刑主义的行刑政策观的支配下，监狱行刑权的扩张本性得到了体现。

第三节 "保守"行刑观影响下预防机能的缺失

尽管我们在第一章探讨改造有效与改造无效论时，得出了宏观上改造无效、微观上改造有效的结论。正如我们所主张的，无论是作为监狱行刑理论的研究者还是作为行刑实践的执法者，改造不但在《监狱法》中被明确规定下来，还应当在理论研究中和实践中坚持。只不过在面对各种改造范式的选择时，我们会遇到选择的困境，特别是行刑观若仅停留在唯政策形态甚至政治形态上，监狱预防犯罪的机能将会缺失，将会使得监狱行刑改革面临另一个大问题——监狱预防机能的缺失将会使监狱行刑效益失去依托。为此，保守的行刑观在行刑实践中的表现及其后果是我们在探讨监狱行刑改革范式的选择前必须要明确的重要问题。下文中我们将对此进行深入分析。

一、保守主义行刑观与预防主义行刑观的界分

当美国学者对改造是否有效的学术争论激起了世界范围内的广泛讨论后，不管是学界还是实践部门都不由自主地卷入了这场讨论。"马丁森炸弹"带来的不仅是学术研究的热潮，更是把该问题带入到了影响政策制订和刑事司法资源投入的层面，这也意味着改造是否有效的观念不仅会影响到行刑法律观，还会影响到政治观。美国当时持改造无效论的保守主义者认为，推行改造在

很大程度上削弱了刑罚惩罚的威慑力，反而导致了犯罪率的上升，假释委员会应当让那些罪犯待在监狱，将其隔离在外界从而令其失去犯罪的能力。这些批评最终使得改造在政治上受到了影响，一些改造项目没有得到重视。[1] 保守主义行刑观与预防主义行刑观在理论基点上存在着明显界分。

第一，建构在改造无效论基础之上的保守行刑观是非理性的行刑观。在保守行刑观指导下，因为从根本上否定了监狱改造罪犯的效果，使得监狱全部功能仅体现在监禁、剥夺、管理方面，即只有监狱惩罚功能的存在，甚至连传统上作为监狱改造手段之一的劳动也被当作惩罚的手段。在20世纪的70年代至90年代，改造无效论主宰了美国监狱行刑观，监狱行刑保守主义始终以威慑为底色。更为糟糕的情况是，因为美国的刑事司法系统一直是以一体化机制著称，在整个刑事立法、量刑和行刑的过程中，不但刑事立法会影响量刑和行刑，监狱行刑效益的现状也会反过来影响刑事司法系统的上游。美国20世纪的前半叶被认为是较好的刑事司法年代，但进入下半叶以后，占全世界5%的美国人口中监禁人口却占到1/4，美国的人口监禁率是其他发达国家的4倍~8倍，而在20世纪70年代之前，美国的人口监禁率和其他发达国家的人口监禁率差别并不大。美国联邦监狱和州立监狱监禁人口1972年为20万，而在2014年则超过了156万，人口监禁率相应由93/100 000上升到536/100 000。另外，还有近70万人被关押在郡立看守所，其中有超过2/3的罪犯在等候审判。监狱人口规模增长的一个主要原因当然是犯罪率的上升，相比于监狱人口规模，美国的犯罪率增长开始于20世纪60年代，到1980年犯罪率较1960年增长已经超过了250%，到1990年达到了顶峰，较1960年已经增长了400%。但是，正如我们所看到的，美国的监狱人口规模并不是和犯罪人口规模同步上升的，一直到2010年前，虽然监狱人口规模总体一直处于上升状态，但同期犯罪率一直处于下降状态。[2] 在通常情况下，只要一个国家的刑罚及刑事政策不做出大的改变，那么其犯罪率基本是和同期的监狱人口规模大致相当的，而美国在20世纪80年代以后却出现了相反的情况。这就使得人们不得不从刑事政策对刑事司法系统的影响去寻找原因。在20个世纪末

〔1〕 F. T. Cullen & K. E. Gibert, *Reaffirming Rehabilitation*, Anderson Publishing Co., 1982, p. 154.

〔2〕 John F. Pfaff, *Locked in——The True Causes of Mass Incarceration and How to Achieve Real Reform*, Basic Books, 2017, pp. 3~4.

的 30 年间，英国的监狱人口规模的持续稳定和同时期美国监狱人口规模的成几何倍增的巨大差异原因在于国家基本刑罚观不同。20 世纪 70 年代以来，英国的刑罚轻缓化观念大行其道，广泛采取非监禁刑措施，包括罚金刑、社区刑及其他替代性措施，这些非监禁刑的措施又可被称为福利性的刑事制裁，与此同时对重罪并没有加重处罚，这些都是英国监狱人口规模保持稳定的重要原因。20 世纪 70 年代中期以后，美国犯罪率的不断提升促使国家刑罚观转向惩罚的理念。[1] 随着惩罚情绪的蔓延，美国刑事政策转而走向了"大规模监禁"（mass incarceration），从而使得监禁持续成了制裁罪犯的一种手段，这种急剧的改变不仅意味着罪犯数量的增加，还涉及监狱作用的重新定义。[2]

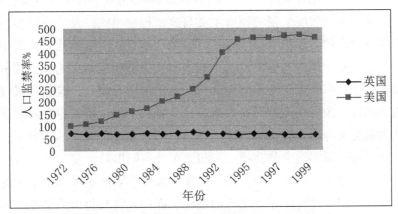

图 2-4　1972 年至 1999 年美国、英国人口监禁率[3]

　　在进入 21 世纪后，美国的监狱人口规模终于开始进入拐点，近几年来，其监狱人口规模开始降低。在长期奉行保守主义的行刑观之后，大规模监禁的失败使得人们开始反思这种失败的行刑政策观，那些认为监禁是最重要的对付犯罪的模式的观点受到了打击，而与之相对应的有选择的监禁政策则被认为是合理的。监狱监禁罪犯有两个一般功能的形式，一个是共同监禁，另

〔1〕　Harrry E. Allen, *Corrections in America：An introduction*，Prentice-Hall，2001，p. 63.

〔2〕　Roger Matthews，*Doing Time*，*An Introduction to the Sociology of Imprisonment*，ST. Martins Press，1999，p. 133.

〔3〕　刘崇亮："'重重'刑罚观对监狱行刑的效果——以刑法修正案（八）对刑罚结构的调整为分析视角"，载《法制与社会发展》2013 年第 6 期。

一个是选择性监禁。选择性监禁模式摒弃了对所有罪犯都采取严厉惩罚的形式，而选择关注对危险与再犯罪风险程度高的罪犯采取更加严厉的措施，对一些非暴力的罪犯则尽量放在监狱外行刑。改造的范式使得罪犯在整个惩罚过程中处于中心位置，罪犯顺利重返社会被认为是改造的成功。[1]

对监狱改造的探讨离不开对惩罚是否有效的讨论，可以肯定的是，如果一个国家的刑罚观与行刑观都仅停留在监狱的惩罚功能体系中，那么监狱的正常功能就不可能完全正常发挥。自监狱现代化改革以来，惩罚与改造的天平倾向于何方，主要决定于当时的政治环境以及刑罚政策观。当保守主义政策观所主导的监狱惩罚负面效果明显时，改造就会引起决策者们的兴趣。

第二，相对于保守刑罚观，监狱行刑领域明确表现为持预防主义行刑观。需要指出的是，笔者所主张的预防主义与改造行刑模式以及重返社会模式等是有着明确界限的，预防主义既包括以监狱改造范式、重返社会模式中合理有效的理论内核为理论基点，也包括威慑模式中有积极意义的理论成分。有人可能会认为我们所主张的预防主义行刑观更像综合模式，既包括威慑又强调改造。的确，预防主义行刑模式强调凡是有利于减少重新犯罪的因素都可以成为预防主义行刑观的核心因素。在当代综合主义刑罚观的影响下，综合刑主义成了理论与实践中的赢家。例如，在"三振出局法案"出台后的几十年间，美国监狱人口规模急剧扩张，这在大部分学者的眼里是该法案的正常后果，正如我们在分析保守主义行刑观的负面后果时所得出的结论。但作为实证研究的一部分，如果没有诸如"三振出局法案"的出台，当时美国社会的犯罪现状和监狱人口规模的现状又将会如何？美国有学者认为，"三振出局法案"实施后的十多年间，美国部分州的暴力犯罪迅速出现下降的势头，有的地方监狱人口规模并没有增加，这主要由于"三振出局法案"发挥了作用。虽然之后有的州出现了大量的监狱人口规模增长的情况，但是"三振出局法案"到底影响有多大还是值得研究的。美国的两极化刑事政策，对严重的犯罪从重甚至加重处罚，表明了国家基本顺从民众报应主义的心理，认同刑罚的威慑。例如，1979年伊利诺伊州有学者对当时严厉的刑罚政策进行了调研。

[1] John F. Pfaff, *Locked in——The True Causes of Mass Incarceration and How to Achieve Real Reform*, Basic Books, 2017, p. 35.

〔1〕该项调查分为两个问题，包括对是否应当对罪犯进行严厉打击以及严厉打击犯罪是否有利于降低犯罪。调查结果如表 2-15 所示。

表 2-15　关于刑事政策评价的调查

调查项目	样本总数/%	公众/%	矫正官/%	立法者/%	法官/%	律师/%	监狱管理人员/%	罪犯/%
因为危害社会应当严厉打击	87.9	93.2	93.5	96.9	94.2	86.8	91.7	68.6
严厉监禁有助于降低犯罪	62.9	80.6	77.4	69.8	64.0	48.1	50.0	22.4

　　我们可以从该表中看出，不管是普通民众还是法律专业人都对刑罚的威慑力保持了高度的认同，对样本持肯定态度的竟然分别达到了 87.9% 和 62.9%。其中，公众对两个问题的认同非常高，分别达到了 93.2% 和 80.6%。而最让我们意外的是，对第一个问题持肯定态度最高比例的样本竟然是立法者，达到 96.9%，而法官意外地达到了 94.2%，就连罪犯也达到了 68.6%。

　　在打击犯罪的威慑方面，连罪犯本身也认同因为自身触犯刑法、危害社会而应当受到严厉的刑罚处罚。这是刑罚本身所具有的功能，即不管从报应刑论还是从教育刑论来看，刑罚的威慑功能都是客观存在的。既然刑罚本身的威慑功能客观存在，那么从实用主义来看，我们为什么非得否定刑罚的威慑力呢？因此，从我们所坚持的行刑预防论的角度来看，罪犯在应当受到相应的刑事处罚的基础上，在监狱受刑也应当受到相应的刑事处遇，从而剥夺其相应的犯罪能力，进而降低其再次犯罪的风险。但是，我们又不得不承认，在行刑预防主义的主张中，威慑的功能或者功效不应当在功能体系中占据绝对的地位。正如表 2-15 关于对第二个问题的回答，认为严厉监禁有助于降低犯罪的罪犯仅占样本的 22.4%，这说明罪犯对严厉的惩罚有助于他们的改造持否定的态度。刑罚惩罚的对象是罪犯，如果连作为对象的罪犯都否定惩罚的效果，那么报应刑理论所主张的绝对惩罚将无法实现刑罚的目的。而另一方面我们还要看到，有 22.4% 的罪犯认为惩罚是有效果的，那么仅需要实施

〔1〕　F. T. Cullen & K. E. Gilbert, *Reaffirming Rehabilitation*, Anderson Publishing, 1982, p. 257.

刑罚惩罚就能够制止这部分人犯罪，并不需要像其他罪犯那样由国家投入大量的资源进行改造。如职务类的罪犯（特别是那些原来在国家机关从事行政工作涉及贪污贿赂犯罪的罪犯）若要重新实施贪污贿赂犯罪基本没有可能。首先，按照国家相关的法律规定，犯罪后他们不可能再在任何国家机关担任职务。其次，从我们现在掌握的资料来看，这部分罪犯出狱后再实施其他的一般刑事犯罪的风险很低。

我们认为，既然主张预防主义的行刑功能，就应当毫不动摇地主张将改造及促进罪犯顺利重返社会作为监狱行刑的主要功能。正如笔者在对监狱行刑机能体系的研究中所主张的那样，监狱的改造机能作为监狱的次生机能是对惩罚机能的必要补充和主动修正，因而监狱功能体系的改造模式中主张且有效的部分都理应成为我们所主张的预防主义行刑观的主要内容。

为此，我们强调的预防主义行刑观既包括威慑刑主义所强调的一般预防，又包括当代发达国家所盛行的矫正主义、复归主义和恢复性司法。在当代发达国家，在对惩罚的局限有了充分认识之后，研究者们又纷纷对矫正主义所代表的监狱改造活动进行深入的研究，使得公众与学者又开始重新审视矫正。正如美国学者弗朗西斯和凯伦发出的警告，摒绝矫正具有放弃一种有价值的思想的危险。其一，不考虑罪犯的具体情况与需要而一味实施强制是存在问题的哲学；其二，以犯罪率上升判定矫正失败，按此逻辑，接下来考虑的问题是：如果实施公正模式后犯罪率仍然上升，公正模式是否也失败了？矫正不仅包含着人类的百年经验，而且寄托人们改恶为善的希望。从情感角度说，人们不愿意放弃矫正。[1]

特别是随着西方实证研究能力和统计技术的进步，研究者对矫正项目本身纷纷展开了实证研究，这些研究极大地促进了监狱矫正技术的进步，同时使得监狱预防主义行刑观得以复活。如美国的大卫·B.威尔逊教授采用回归的实证研究方法对监狱的劳动项目、教育和教育培训等矫正项目本身是否有效进行了研究。如表2-16所示，他们对33个研究和53个比较项目进行了分析，这些研究和比较项目都是公开发表在政府报告或者研究性期刊当中的。这些项目或者研究部分采用了显著性检测，有的则采用了学科层面比赛或者

---

〔1〕　F. T. Cullen & K. E. Gilbert, *Reaffirming Rehabilitation*, Anderson Publishing, 1982, p.19, 转引自翟中东：《国际视域下的重新犯罪防治政策》，北京大学出版社 2010 年版，第35~36 页。

初始小组区分的方法，而显著性检测的方法大概分别占到了研究的 67% 和比较项目的 57%。在这些研究中，比如在对罪犯的大专教育（post-secondary education）效果的研究中，总共 13 个项目中显示有 11 个项目对罪犯有着积极的效果，特别是有 7 个项目最终显示有着统计学的显著意义。而在最大组的职业技术教育项目的研究中，17 个项目有积极效果，其中有 7 个项目有着统计学上的显著意义。该项目的研究者最终在结论中认为，所有涉及本研究的项目，包括教育、职业培训和工作计划，对比那些不参加这些项目对减少重新犯罪具有显著效果。[1]

表 2-16 比较项目与研究方法的描述

变　量	研究		项目比较	
	频率	比例/%	频率	比例/%
比较组的特征				
正常不参与项目及管理	24	72	42	76
治疗退出及不成功参与	2	12	4	8
上面的混合组	4	12	6	11
没有提及	13	1	2	
使用随机安排	39	3	6	
在统计分析使用初始小组区分	7	21	12	23
使用学科层次比赛	9	27	14	26
使用统计显著性检测	22	67	30	57
消耗问题	8	24	10	19

　　从某种意义上讲，基于中国监狱发展的历史进程和自身的政治、社会属性，中国监狱系统更应该高举预防主义行刑观的大旗。中国监狱系统从劳动改造的属性中脱胎而来，最终又超越了劳动改造。但即便是在劳动改造的时

[1] David B. Wilson, Catherine A. Gallagher & Mark B. Coggeshall, "A Quantitative Review and Description of Corrections-Based Education, Vocation, and Work Programs", Edward J. Latessa & Alexander M. Holsinger Editing, *Correctional Contexts: Contemporary and Classical Readings*, Roxbury Publishing Company, 2006, p. 323.

代，作为劳改队性质存在的监狱也一直把改造罪犯作为首要的基本政治任务。从这点上看，也是把预防主义行刑观作为行刑的基础。最后，从横向来看，上述发达国家近年来所主张的矫正主义、复归主义和恢复性司法等行刑模式虽然曾经反复受到怀疑，但改造罪犯作为监狱的日常活动终究没有被否定。因此，从应然的角度看，预防主义的行刑观在天然属性上与罪犯改造具备高度的契合特质，本书所要研究的监狱行刑改革的基本内容自然必须坚持预防主义的行刑观。

二、预防主义行刑观的缺失在行刑实践中的具体体现

毫无疑问，在整个刑事权运行的过程中，行刑权较前面的制刑、求刑和量刑显然难度更大，虽然从法律逻辑的角度看技术性要求可能更低。改造在本质上为一项执法活动，实质上人文属性更强。虽然同样是打击和控制犯罪，也是广义刑事司法系统的一个子系统，但监狱对罪犯的改造不但要求制度、场所还需要观念、技术、机制，而审判系统虽然也需要观念与技术，但在制度与场所上明显不同于监狱系统。一个罪犯因为违反刑法而进入国家所预定的刑事司法系统，其求刑与量刑的过程与监狱行刑的过程完全不同，后者的过程通常更为漫长，与国家权力的融合程度更高。审判更像是一个法律逻辑运用的过程，而监狱的刑罚执行更像是一个人文活动的过程，这个过程更强调有效与无效，而法律逻辑运用的过程更为强调正确与否。显而易见的是，正是因为改造功能不容易实现，所以我们在国家的行刑实践中才会遇到不少关于改造机能实现的问题，其中一个重要方面就是预防主义行刑观在监狱行刑中的缺失。

1. 改造观念的滞后

传统行刑理念中浸透着浓厚的"刀把子"色彩。在社会主义国家的理论中，监狱是国家暴力机关，与军队、法庭、警察一起成为国家专政的工具，带有明显的阶级属性。"刀把子"是阶级斗争年代刑事法律作用的主要标志，即使是在当代刑罚执行过程中，执行者仍带有这些传统思维。再加上行刑权力的绝对化——绝对的机构造就绝对的权力，按照考夫曼的观点，监狱是一个绝对的机构，是一种特殊的国家装置，犯人被剥夺了大社会化，被投入到了监狱社区中，处在行刑权的绝对控制之中。绝对机构是一个具有自身结构和自身文化的小型社会。在这个小型社会中，监狱作为行刑机关具有至高无

上的支配权，它的运行模式为从命令到服从，罪犯不可能真正拥有自决权。在行刑权中，虽然我们国家的《刑事诉讼法》和《监狱法》也规定了相应的权利，但法条的简化导致可操作性相对较弱，从而导致刑罚权的行政机制惯性运作，行刑权往往根据"行政指令—绝对服从"模式运作；另外，监狱的相对封闭、地理位置的偏僻、执法的特殊性都诀定了行刑权缺少新闻舆论和社区群众的监督，这也加剧了行刑权的绝对性，加上罪犯缺乏应有的权利救济机制，使得作为社会秩序的一部分的监狱秩序必定故步自封。[1]受到传统行刑观的支配，监狱行刑实践中，监狱干警的改造观念存在着一些问题，特别是监狱干警在改造罪犯过程中正确的预防主义行刑观的缺失。当人们在询问监狱的功能到底是什么的时候，不同历史时期的监狱干警会有不同的回答。但直到今天，"这是什么地方""你是什么人""到这里干什么"等诸多问题仍然是不少监狱的标语或者口号。我们国家的监狱发展已经到了一个新的历史时期，关于罪犯权利等重大问题的探讨也已经达到了一个新的阶段，但行刑实践中的改造观念仍然存在问题。

首先，对监狱在国家打击和控制犯罪体系中的地位认识存在问题。任何国家打击和控制犯罪的刑事司法系统都十分宏大而复杂，而对于监狱行刑系统在打击犯罪中处于什么地位各个国家在各个历史时期有不同认识。在早期监狱发展的劳动改造时期，劳改刑是我国在当时的狱制模式，劳动对罪犯的改造更多地体现在政治、经济功能上。随着中国刑事法治的现代化，自 21 世纪初首提法制化、科学化和社会化后，监狱的定位基本清晰，即回归到改造罪犯的功能。但即使如此，在行刑实践中，广大的监狱干警仍然对监狱的改造功能存在认识上的偏差。当监狱体制改革把监狱相当多的本不属于监狱本身所具有的功能废除，监狱被真正定位为惩罚与改造罪犯的机关后，监狱的首要标准随即被提出。即监狱所有的监管改造工作务必要把刑释解教人员重新违法犯罪率作为衡量监管工作的首要标准，确保教育改造工作取得实效。把重新违法犯罪率作为评价监狱工作好坏的最重要的标准，不管是在理论界还是在实务部门都存在着较大争议。其中最大的争议就是在整个打击犯罪的系统中，把重新违法犯罪率的降低作为监狱机关的任务有失偏颇。我们认为，

---

[1]　刘崇亮："现代监狱刑事政策与监狱行刑秩序的建构"，载《中国监狱学刊》2009 年第 4 期。

首要标准的提出的确有着其合理的部分，这与当时的监狱体制改革的大背景有着密切关系。在长期的监狱工作实践中，监狱的改造功能受到了经济功能的严重影响，监狱从事企业生产成了阻碍监狱刑罚效益实现的重要因素，加上重新犯罪率的不断上升，将监狱的生产功能正确转换为惩罚与改造功能成了时代的合理响应。但我们必须要指出，将整个刑事司法系统的任务交由监狱机关一家承担，可能有些矫枉过正了。

需要明确的是，预防主义行刑观与首要标准并不完全相同。首要标准考核的是重新犯罪率的高低，而判断决定重新犯罪率高低的前提是教育改造质量的好坏。这一观念承继了"惩罚与改造相结合，以改造人为宗旨；惩罚是手段，改造为目的"的基本原理，是对"监狱是改造机关"的进一步阐述。因此，从这些基本原理来看，预防主义行刑观比首要标准行刑观更广泛，内涵更丰富。如前所述，预防主义行刑观不但包括发达国家的矫正主义、复归模式和恢复性司法等关于预防犯罪的基本内容，还包括监狱惩罚功能的一般预防和个别预防所具有的内容。因此，我们认为，预防主义的行刑观更能够从根本上体现监狱行刑的基本理念。

其次，不能正确树立科学的罪犯观。要有正确的改造观，就必须要有正确的罪犯观。但正确地认识罪犯却并非易事，罪犯作为社会主体的一部分，本身也是一个复杂的社会现象。对罪犯的关注是从近代学派开始的。古典学派仅关注对行为的处罚，在古典学派的眼里，罪犯个体都是理性的人，千人一面，所以仅需要关注其行为及其行为背后的意志即可，这些更具有规范刑法学的意义。但在近代学派眼中，千个罪犯有千种面目，每个罪犯都是一个极其复杂的个体，他们在生理、心理、人格、成长环境等犯罪因素方面千差万别。自矫正时代起，罪犯在监狱行刑中就处于中心位置，特别是在医疗模式下，罪犯被赋予了更多的含义。在医疗模式下，罪犯被认为是病人，包括身体、精神或者社会性，犯罪则被认为是这种疾病的表征。[1]这种认识是科学的，发达国家的医疗模式自 20 世纪 50、60 年代就开始兴起，得益于西方科学（包括生物学、医学、心理学和社会学等科学）的长足进步，学者对罪犯本体的认识变得更加科学。比如，随着传统心理学的发展，犯罪认知理论、

---

〔1〕 Lawrence F. Travis, Martin D. Schwartz & Todd R. Clear, *Corrections-An Issues Approach*, Second Edition, Anderson Publishing Co. , 1983, p. 193.

情景预防理论等开始寻求人的行为背后的原因，并且这些理论开始成为治疗的基础被运用到对罪犯行为的矫正中。认知心理学的影响开始在两个概念性的特别研究中发挥影响。其中一个涉及罪犯的社会认知和社会信息的处理，证据被认为是生成在社会认知和犯罪的关系之间，包括同情、社会问题、道德解释等。另一个是把罪犯描述成理性的决定者，这种方法把认识研究的一个特别分支（即决定认知）运用到理解罪犯的行为，其次是把罪犯作为理性人的观点与古典理论中罪犯是基于自由意志相比较。这些心理学层面的对罪犯的认识极大地促进了矫正罪犯的发展。[1]

作为一项非常复杂的社会活动，改造罪犯有效的因素非常复杂，而人的因素显然是先决性条件，矫正工作者对罪犯改造的认知显然又成了这一先决条件的另一个条件。美国学者认为矫正工作人员在矫正系统中必须具有的个人认识观至少应当包括：[2]

　　具备人文服务活动的基础知识；
　　相信罪犯能够改变；
　　相信重要的矫正活动能够有效；
　　相信自己能够在高水平层次上处理和建构罪犯的关系；
　　相信矫正活动本身的价值；
　　相信减少重新犯罪是一项有价值的追求。

但遗憾的是，在当前中国的行刑实践中，我们还需要树立正确、科学的罪犯观。当法治主义改造观的普及已经不成问题的时候，如何认识罪犯就成了一个亟待解决的问题，它关系着我们所要探讨的监狱行刑改革的基础性问题。"人是可以改造的"这一论断是最早的对罪犯的科学认识，但我们对这一论断的研究一直以来都是在马克思主义哲学领域中进行。正如我们在对改造刑的哲学基础进行探讨时指出的，"人是可以改造的"这一命题是辩证唯物主义在改造刑中的自然延伸，是中国革命哲学在监狱行刑实践中的理论体现，

---

〔1〕　Clive R. Hollin, *Handbook of Offender Assessment and Treatment*, John Wiley & Sons Led, p. 7.

〔2〕　Don A. Andrews , "The Principles of Effective Correctional Programs", Edward J. Latessa & Alexander M. Holsinger, *Correctional Contexts—Contemporary and Classical Reading*, Roxbury Publishing Company, 2006, p. 256.

同时也是历史唯物主义在中国改造刑中的生动体现。而罪犯改造发展到当代，改造已经被认为是一种充满人文技术的社会活动。特别是在当代，无论是经济领域抑或是其他领域，总是试图综合性地去创造多学科的结合，科学主义与人文主义结合得越来越完美，越来越需要采用多元的方法论。对罪犯的准确认识是科学主义与人文主义相结合的最佳途径。

在行刑实践中，各种因素导致监狱管理者对罪犯观有着不同的认识和理解。我们认为，正确的罪犯观之所以在监狱行刑改革中有着重要意义，原因在于罪犯观中最为核心的内容就是罪犯能否被改造。如前所述，"人是可以改造的"是改造刑的哲学论基础，但罪犯是否能够被改造则是"人是可以改造的"哲学命题在行刑实践中的具化。对罪犯是否可以改造的回答涉及心理学、生物学、医学、社会学等多方面的科学，近年来，发达国家的矫正学在这方面取得了长足的进步。如加拿大的罗宾逊教授采用认知技能训练方法对 1990 年至 1994 年的 4072 个样本进行研究。认知技能训练是对罪犯的认知缺陷（包括解决问题、替代性思维、目标取得、原因分析、以自我为中心、社会期望、同情心、关系、冲动、批判性思维、思维刻板和顽固思维等方面）进行评估后的训练。从矫正的效果来看，如表 2-17 所示，相较于控制组来看，参加完项目的实验组中的暴力犯和非暴力犯重新入狱及重新定罪率都有所下降，特别是暴力犯项目，其较控制组的重新入狱比例下降了近 10%。[1]

表 2-17　认知技能训练项目对暴力犯与非暴力犯的影响

重新定罪	暴力犯			非暴力犯		
	控制组	完成组	退出组	控制组	完成组	退出组
重新入狱/%	55.6	45.3	56.0	45.9	43.9	59.2
重新定罪/%	32.08	21.2	31.2	18.4	18.527.6	

因为技术性原因，我们国家到目前为止很少有相应的课题或者项目由心理学家、生物学家、犯罪学家所组成的团队进行实证研究，导致我国的研究较发达国家在对罪犯的认识方面存在着较大差距。

---

〔1〕 D. Robinson, "The Impact of Cognitive Skills Training on Post-Release Recidivism among Canadian Federal Offenders", *Correctional Service*, 1995, 转此自翟中东：《国际视域下的重新犯罪防治政策》，北京大学出版社 2010 年版，第 278~280 页。

就当前的实际来看，中国监狱系统关于罪犯是否可以被改造同样存在着较大的争议，这个本源性的问题严重影响到了正确罪犯观的形成。为此，我们对东、中、西部监狱干警进行了调查问卷。本项调查问卷设置了3个问题，代表了在何种程度上认同罪犯能够改造。调查的样本总数为300个，分别各来自上海、江西和广西三个省市，其中又分别调查了三地的男监狱干警和女监狱干警。结果如表2-18。

表2-18　罪犯能否改造调查问卷的统计结果

干警比例			全部都能被改造			部分能够被改造			绝大部分不能够被改造		
			频数	百分比/%	总数比/%	频数	百分比/%	总数比/%	频数	百分比/%	总数比/%
	男干警	上海	13	26	4.3	23	46	7.6	14	28	4.7
		江西	18	36	6.0	26	52	8.7	6	12	2.0
		广西	14	28	4.7	18	36	6.0	18	36	6.0
	女干警	上海	18	36	6.0	23	46	7.7	9	18	3.0
		江西	11	22	3.7	16	32	5.3	23	46	7.7
		广西	18	36	6.0	22	44	7.3	10	20	3.3
	累计		92	29	30.7	128	42.7	42.6	80	26.7	26.7

从上描述统计来看，差异性比较明显。一是赞同部分罪犯能够改造的占到42.6%，而回答绝大部分不能改造的占到了26.7%。二是各地区差异也较为明显，上海市的监狱干警（包括男女监狱干警）认为绝大部分不可以改造的有6.7%，江西有9.0%，广西有11.0%。三是男女监狱干警对该问题的回答也存在着明显差异，回答"全部都能被改造"的女性干警明显高于男性干警。如在上海市，仅有4.3%的男干警认为罪犯全部都能够被改造，而女干警的比例则达到了6.0%。上述调查问卷结果表明，在东部沿海地区，监狱干警普遍认为罪犯可以被改造，而中西部地区的干警则持不同意见。另外男监狱干警对此问题的赞成度也普遍低于女性干警。值得注意的是，回答"绝大部分的罪犯都不能够被改造"的干警达到了26.7%。另外，女干警的回答普遍比男干警要高。这里需要指出的是，虽然我们在样本数量上故意收集了男女

各为 50 个，但在实践中，每个省份基本上都只有一个女子监狱，男犯的总数
远远超过女犯，所以如果在实践中，回答"绝大部分的罪犯都不能被改造"
的干警的总数比将会远远超过样本得到的数据。这也就说明，在实践中，有
相当多的监狱干警对罪犯能够被改造抱有疑问。这种对罪犯认识的总体情况
并不有利于监狱改造机能的实现。[1]对此，我们可能还须从监狱改造罪犯的
实际效果去寻找答案。作为从事罪犯改造工作的监狱干警，他们面对的是居
高不下的再犯率以及对罪犯进行改造的实际困难，加上一些改造计划或者项
目本身存在问题，如此多的干警对"罪犯能否被改造"持否定性回答也就不
难理解了。

2. 改造专业化不足

当前预防主义行刑观缺失的一个表现就是改造专业化不足，即在监狱对
罪犯的改造过程中，因为专业人才的匮乏，改造的技术性运用不能够满足当
前复杂的罪犯改造实践。我们在谈论监狱干警应当树立正确的犯罪观的时候
就曾指出罪犯改造是一个非常复杂的社会活动。的确，在人类几千年的狱制
演化过程中，正如认识人本身就是一个非常复杂的难题，正确认识罪犯并且
把一个所谓的"坏人"变成"好人"同样是极其困难的技术性命题。改造专
业化的重要性越来越得到当代世界各国的重视，但较之其他的刑事司法系统
仍然存在着巨大的距离。长期以来，法官、检察官队伍在各个国家的刑事司
法系统中集中了最为优秀的法律实务专家，职业准入条件非常严格，比监狱
行刑的专业度要高出很多。

我们国家的监狱干警队伍的改造专业化程度较其他的刑事司法系统略显
不足，这与监狱管理体制有着一定的联系。我们国家的监狱在成立之初借鉴
了苏联的管理体制，基本采用准军事化管理，不管是对干警队伍的建设还是
对罪犯的改造管理。从世界范围内来看，罪犯改造管理体制大概有两种模式，
一种是军警化模式，另一种是行政化模式。军警化管理模式通常在第一代和
第二代狱制中较为常见，它的优点就是权力运行机制通畅，具有绝对机构全
程控制的优势，安全与秩序能够在最大限度内得到保障。当然，其缺点也是
显而易见的，这是因为军警的权力具有极大的扩张性，所以权力总是极易触

---

〔1〕 调查的结果基本与笔者在监狱工作时的经验相吻合。在监狱工作时间越久的监狱干警对罪
犯能否改造的回答就越持否定态度。

犯权利的边界。另外，在军警体制下，改造主体的改造知识较为缺乏，无法形成专业性的知识场域。我国的罪犯管理模式也可被归为非典型的军警化模式，即既有行政化模式的特征，也有军警化管理模式的内容，监狱人民警察为罪犯改造的主体。[1]

　　总体而言，在现代狱制条件下，现代国家基本采用行政化管理模式，军警化管理模式是早期监狱管理体制的特点。从比较优势来看，行政化管理模式更有利于罪犯改造，有利于狱内罪犯权利的保障。毕竟军警化管理体制主要体现为权力型管理模式。美国的巴拉克-格兰茨教授把监狱管理按照管理的人为标准把监狱管理风格划分为几种模式。一是专权模式。这种模式以权力高度集中和独裁为主要特征。仅有少许值得信任的下级管理人员拥有监管权力，罪犯对监狱权力的运作模式无法作出否定的回答。这种模式在美国已经很少被运用。二是权力共享模式（the shared-powers model），这种模式在美国开始盛行起来，即指在某种程度上监狱内的行刑权由矫正官员、行政管理人员以及罪犯共同行使。这种模式反映出了改造罪犯的思想。监狱成立的罪犯委员会能够提起罪犯听证，监狱官员承认罪犯拥有说服别的罪犯遵守监狱规则的能力。监狱官员能够拥有他们的专业技术为罪犯提供某些服务，高质量的管理能够影响罪犯的改造。[2]

　　我们国家监狱管理模式中最大的问题是警察化管理体制下干警专业能力不足。监狱作为改造罪犯的场所，要实现改造罪犯、预防犯罪的目的，监狱管理者起着决定性的作用，而管理者的基本业务素质就成了评判罪犯改造质量好坏的重要因素。可以说，所有狱内的罪犯改造活动基本都是由监狱管理者承担，他们承担着监督、咨询、处罚、保护、服务、奖励、引导、教育、训练等所有狱内日常的活动。在监狱行刑法律关系中，执行者与被执行者、监督者与被监督者在我国由监狱人民警察和罪犯构成，监狱管理基本沿用中华人民共和国成立以来的警察化体制。这种管理体制的优势是能够最大限度地保持狱内秩序的稳定，体现刑罚执行的惩罚性，使得国家刑罚权保持对罪犯的个别威慑和对外的一般威慑，从而有利于实现监狱行刑的预防犯罪的功

---

　　[1]　刘崇亮：《范畴与立场：监狱惩罚的限制》，中国法制出版社2015年版，第29页。
　　[2]　J. C. Dean, *Corrections in the United States—A Contemporary Perspective*, Second Edition, Prentice-Hall, 1998, p. 301.

能。但成为问题的是，这种警察化管理体制最大的缺陷在于不利于干警专业化和队伍技术化。有些干警如果还持有把监狱当成国家刑罚的工具的观念，其作为执法者在国家打击犯罪的社会观念的影响下容易将其与罪犯的关系界定为冲突关系。那么，从其行刑主体的权力运行方式来看，对罪犯的时间、空间安排，除了使罪犯失去了在自由社会活动的机会以外，在监狱内部还表现为对罪犯的日常生活路径、日常接触范畴的圈定，以及对生活、劳动、学习等场所实行的严格"区域化"管理。罪犯一旦违反规定，便要受到相应的处罚。从理性的角度看，此种方式是监狱为了维护自身的安全和稳定，但因为警察化的管理体制及警察权扩张的特性，此种权力的运用一旦超出了合法、合理的界限，便可能会产生巨大的负面影响。〔1〕

反观发达国家，如在英国，监狱工作人员因为岗位的技术性要求不同而不同，大致包括看守人员、行政办公人员、矫正技术人员、牧师等，而矫正技术人员大致包括犯罪学家、心理矫正人员、教师、监狱医疗人员和生产技术指导人员。矫正工作人员的技术性要求较高。奥地利有3600名监狱工作人员，其中3000名是制服工作人员，实施警务化管理，而其他600名为心理医生、教育专家、医生、社会工作者等。〔2〕我们再比较美国的高级矫正官员的专业化背景。美国学者惠特莫尔对宾夕法尼亚州监狱中的高级矫正官员（包括监狱主管和监狱长）的教育背景进行了调查，以分析该州矫正官员的专业能力建设状况。具体调查结果如表2-19。从表2-19我们可以看出，该州的矫正官员的教育学历程度较高，具有（相当于我国的）大专以上学历的大概占到82%，硕士学位占到了18%，博士学位竟然占到了5.45%。而从上述矫正官员的专业背景来看，美国基本实现了较高程度的专业化建设。具有刑事司法专业背景的官员有近一半，刑事司法专业在美国的学科设置中大部分是围绕着监狱、社区矫正而建设的，相当于我们国家的监狱学或者狱政管理专业。另一个非常值得注意的是排在第二名的专业为心理学专业，竟然达到了17.14%。众所周知，在矫正学专业中，心理学是一门基础课程，学术争论归学术争论，在矫正实践中，该州仍然主要采用矫正模式。健保、社会学以及神学比例也达到了较为合理的比重，这说明在矫正模式中，对罪犯的矫正从

---

〔1〕 罗冈、刘崇亮："树立和谐社会的行刑理念研究"，载《中国监狱学刊》2010年第3期。
〔2〕 张福森主编：《各国司法体制简介》，法律出版社2003年版，第59页。

本质上被视为是一项人文社会活动。[1]

表 2-19　1998 年美国加利福尼亚州矫正官员教育背景调查

性质	监狱主管	监狱长	总数	比例/%
教育（N=55）				
高中	0	10	10	18.18
学院	4	11	15	27.27
副学士学位	2	2	4	7.27
学士学位	1	12	13	23.64
硕士学位	5	5	10	18.18
博士学位	2	1	3	5.45
学习专业（35）				
刑事司法	3	14	1	748.57
心理学	3	3	6	17.14
管理	3	1	4	11.43
教育	1	1	2	5.71
历史	2	0	2	5.71
健保	0	1	1	2.86
法科预科	0	1	1	2.86
社会学	1	0	1	2.86
神学	0	1	1	2.86

　　近年来，我国监狱工作人员的队伍建设取得了巨大的进步。特别是自 20 世纪末监狱工作人员招聘采取公务员考试以来，监狱干警被纳入了公务员管

───────────────

〔1〕　笔者于 2017 年 11 月在美国访学期间曾经深入参观访问了纽约市布鲁克林区矫正中心。这是一所隶属于美国联邦监狱系统的矫正中心，该矫正中心有着非常完善的矫正技术队伍。带领我们参观访问的是皮特博士。据他介绍：该矫正中心的心理矫正研究中心共有 5 位心理学研究员及博士。该矫正中心有着非常完善的宗教教诲制度，宗教教诲人员都是神学专业毕业的专职人员。该矫正中心的高级矫正官员全部具有硕士以上的专业背景。该矫正中心的狱内重新犯罪率较低，很多年没有发生大的狱内案件，其在美国联邦监狱系统中是非常难得的。

理系统。《公务员法》规定报考者须具有大专以上学历，这使得监狱工作人员的学历教育较改革以前得到了巨大的改善。但是，比较发达国家来看，我们国家的高学历和专业化人才还是相对缺乏。我们对 2008 年上海监狱系统整体监狱干警的学历文化程度进行调研，发现经过多年的监狱人才队伍建设，干警的学历文化程度取得了巨大的进步。调查结果表 2-20。该表显示，高中学历占到了 19.5%，大专学历将近 49%，但研究生及以上学例仅有 1.3%。高中和大专学历比例过大，而研究生及以上学历比例较美国加利福尼亚州的 24%差距太大。在此，我们还必须指出，我们收集的为加利福尼亚州 1998 年的数据而上海的数据是于 2008 年收集到的，而且上海为中国教育最发达的地区之一，故如果在我们国家的中部或者西部进行采样，其数据指标可能存在着更大的差距。

表 2-20　上海 2008 年监狱干警文化程度状况

文化程度	宝山	新收犯	女子监	白茅岭	军天湖	少管所	提篮桥	五角场	周浦	北新泾	青浦
高中	78	83	71	74	69	34	75	91	92	98	86
大专	246	196	84	106	115	118	348	254	177	194	216
本科	110	85	89	135	129	57	170	98	124	90	99
硕士及以上	1	1	1	17	13	3	3	0	1	2	3

注：数据来源为《上海监狱 2008 年统计年鉴》

表 2-21　J 省 Y 监狱 2015 年干警教育背景调查

学习专业	五大业务科室	监区干警
理工科类	28	106
理学	10	18
工学	12	68
农学	3	15
医学	3	5
文科类	35	261
哲学	3	11

续表

学习专业	五大业务科室	监区干警
经济学	5	23
政治学	4	14
法学	8	39
监狱学	8	56
语言学	2	34
体育学	1	16
教育学	2	18
心理学	2	9
社会学	0	5
其他	0	36

　　为了调查我们国家监狱系统干警的职业技术化程度，我们对 2015 年 J 省 Y 监狱的六大业务科室（包括狱政管理科、狱内侦查科、教育改造科、生活卫生科、劳动改造科、刑罚执行科）和基层监区的全体干警的专业进行了调研，调查结果如表 2-21 所示。从表 2-21 我们可以看出，无论是在业务科室还是在监区中，理工科占比均较高，总比例竟然达到了 31.2%。而且这些理工科除了罪犯医务所中有 3 名医学背景的监狱干警外，其他的专业都与罪犯改造工作完全不相关。即使是在文科类的毕业生中，虽然监狱学背景专业的学生最多，但其比例仍然较低，即便算上法学专业背景的干警，加在一起也仅占 22.1%。另外，心理学专业背景的干警比例太低，与国家已开展多年的心理咨询工作不相称，仅占到 2.6%。干警专业化能力建设不足与我们国家的监狱学专业人才培养、监狱干警公务招聘、监狱干警专业培训等都有关系。

　　另外一个专业化建设不足的表现就是专业化岗位分类不足。如前所述，一些发达国家的管理人才不但专业化程度高，而且专业分类科学，一些技术性的岗位由专业人士担任。英美国家的监狱系统中的重要管理岗位都是由专家甚至是该地区中较有声望的犯罪心理学家、犯罪学家、精神病专家和监狱管理专家担任。这些国家为看守、行政管理人员、矫正专家和技术指导人员（教师或者职业培训师）设置了相应的专门岗位，每个部门的每个岗位都有着不同的专业、学历和职业能力要求。比如，在美国，监狱看守即制服人员，他们有着类似我们国家监狱干警的警衔制度，这些工作人员的晋升也有相应的制度。这些看守人员的学历和专业要求比较低，绝大部分州只需要高中学历，但对身体和职业态度的要求类似我们国家的监狱干警招聘条件。而其他专业或者管理岗位的要求很高，这部分专业人才的薪酬比前者也要高出较多。

但我们国家监狱系统的实际情况是，罪犯改造的专业性岗位设置基本空白，干警队伍分类管理基本空白。对于单个监狱人民警察来说，自进入监狱工作始，既是类似发达国家的监狱看守，又是行政管理人员，还是矫正专家或者技术指导人员。监狱干警既承担着监管职责，还承担着罪犯的思想教育、文化教育或者职业教育；既承担着对罪犯的犯情掌控，防止罪犯发生重大狱内事件，还要负责罪犯生产的监督管理；既要现场承担罪犯的监督管理，又要承担监舍内的值勤。这种粗放式的干警队伍分类管理非常不利于提高罪犯改造的专业化和技术化，非常不利于监狱罪犯改造效果的提高。我们认为，当前监狱干警专业化能力建设不足以及专业分类管理空白的根本原因在于监狱预防主义行刑观的严重缺乏，只有真正从根本上树立行刑预防主义行刑观，才能围绕提高罪犯改造效果、发挥监狱预防功能而实现改造的专业化和技术化。

3. 改造项目不科学

罪犯改造是一项复杂的人文社会活动，它注定不能像生产流水线那样简单地把合格的产品推向社会，监狱改造罪犯的活动也不像法官在法庭上那样运用法律及其逻辑进行判断。由于当今各个国家和地区所处的发展阶段不一样以及影响改造的社会环境存在差异，监狱的改造手段与改造内容也千差万别，这些差异不可避免地会对改造效果产生影响。我们在验证宏观因素对改造的影响时，得出了虽投入诸多国家资源但改造效果仍然不佳的结论，但在微观上考察具体的个案改造项目的实施，却发现改造效果明显，这就使得我们同时又相信改造项目本身是值得研究的内容。

在我国的改造实践中，改造项目从形式到内容都存在着不少问题。下文我们将尝试着对这些具体问题进行分析，以有助于我们后文探讨监狱行刑改革的方向和具体措施。

(1) 关于改造项目的过度强制性。我国《监狱法》明确规定了监狱对罪犯实行刑罚执行，包括两项基本功能，即惩罚与改造。就强制性而言，惩罚毫无疑义就是刑罚的强制性不利后果，具体表现为按照法律通过剥夺自由或者其他权利使罪犯感受到痛苦的一种法律后果。那么，改造项目内容本身是否应当具有强制性呢？要声明的是，这里的改造并不同于通常我们所说的监狱是改造机关，这里的改造机关其实是指"广义"的改造，即既包括惩罚又包括改造，它是20世纪90年代《监狱法》颁布之前约定俗成的说法。

　　为了改造受刑者，对罪犯的强制是必要的，至于强制，并不意味着不必要的惩罚。[1]改造从本质上看是具有一项权力特征的人类活动，因为改造包括自愿改造和强制性改造，而因为主体具有特定性，自愿改造的现象在监狱行刑中并没有成为普遍现象的可能性，强制性对于改造而言倒是应有之义。这种权力意志的强制性如果被贯彻在改造中，改造便会完全成为犯罪人必须接受的一种刑罚性的义务，也属于刑罚内容的一部分了。[2]

　　当改造成为一种罪犯必须接受的强制性刑罚性义务的时候，改造效果将会值得怀疑。美国教授安德鲁斯所论述的矫正有效原则的第3条指出，应采用服务政策而不是依靠报应原则、恢复性司法原则、剥夺原则及威慑原则，应认真考虑和采用一般合适性的原则，而不是司法原则。我们认为，重视把矫正过程视为一般性的服务政策过程，主要区别于司法原则中的强制、剥夺与威慑的惩罚性过程。当然，这种服务性的过程并不指真正意义上的社会上的具有经营或者公共服务部门性质的服务，而是基于强制性的前提，矫正方与被矫正方互相合作的新型管理关系，一方自愿参加改造，一方面提供服务性管理。特别是矫正项目中的基本内容，应当特别注意改造的自主性。

　　美国20世纪采用的矫正模式受到了广泛的关注。由于20世纪70年代矫正无效论与有效论针锋相对，学者开始对矫正中的一些重要的基本概念进行深入的研究，其中就包括什么是矫正、矫正是否适用于所有罪犯、矫正是否具有强制性。关于矫正是否适用于所有罪犯，美国学者认为，矫正在目的意义上当然成立，即矫正应当是监狱执行刑罚的一个理想或者目标，但是否这就意味着国家有权力强迫罪犯参加矫正项目？批评者认为，即使国家有权力强迫罪犯参加矫正项目，但当面对无效的项目时，这是一种权力的滥用。至少过去的诸多文献研究都表明，很多矫正项目都存在着无效的情形。赞成矫

---

〔1〕　［日］王云海：《刑务作业的比较研究（中国、美国、日本）》，信山社2001年版，第48页。
〔2〕　刘崇亮：《本体与维度：监狱惩罚机能研究》，中国长安出版社2012年版，第98页。

正者认为，越来越多的研究表明那些矫正无效的情形是由多方面的缺陷造成的，矫正的目标应当主动追求，但也要防止矫正权力的滥用。防止矫正权力滥用就是要认识到罪犯行为的改变依赖于行为改变合作，是基于选择而不是制订一些严厉的规则。一些合理的强制性矫正的观点是可以接受的，即有限度的干预被广泛采用。这种有限度的干预包括以下四点：一是针对那些实质性再犯罪风险程度高的罪犯，强制性的矫正是被允许的，当然，需要采用合理的方法来确定风险的程度；二是将强制性矫正运用于解决罪犯再犯罪风险因素被认为是合理的，比如强制性治疗毒瘾；三是运用的治疗应该能够证明矫正是有效果的；四是干预必须是最小强制干预的控制风险的方法，罪犯最好能够从大量的项目中自主选择。这就意味着，矫正项目不能仅考虑是否有效，还应该考虑项目本身是否公平、符合道德以及人道。[1]

在我国，理论研究与实践基本很少涉及改造本身的强制性问题。如前所述改造强制性与改造是否有效果并不是同一问题，但又息息相关，改造没有强制性将很难收到效果，如果强制性过度又可能违反改造本身涉及的公平、道德以及人道。这里就需要从罪犯本身的接受度与法律法规对于罪犯改造强制性的规定去分析。例如，规范罪犯行为的《监狱服刑人员行为规范》中关于罪犯学习的规定共有7条：

第十九条 接受法制、道德、形势、政策等思想教育，认清犯罪危害，矫治恶习。

第二十条 接受心理健康教育，配合心理测试，养成健康心理。

第二十一条 尊重教师，遵守学习纪律，爱护教学设施、设备。

第二十二条 接受文化教育，上课认真听讲，按时完成作业，争取良好成绩。

第二十三条 接受技术教育，掌握实用技能，争当劳动能手，增强就业能力。

第二十四条 阅读健康有益书刊，按规定收听、收看广播电视。

第二十五条 参加文娱活动，增强体质，陶冶情操。

从《监狱服刑人员行为规范》中关于罪犯学习行为的规范来看，我国的

---

[1] Leonard J. Hippchen, "Does Treatment Work?", Lawrence F. Travis, Martin D. Schwartz & Todd R. Clear Editing, Anderson Publishing Co., 1983, pp. 175~192.

罪犯改造项目的强制性的确远高于美国。问题是在实践中诸如罪犯集体教育等问题，罪犯基本没有选择的空间，对于其改造效果如何，到目前为止，我们也很难看到相关的研究成果。在此，笔者将结合改造项目本身的强制性问题深入分析监管改造本身的改造效果问题。

（2）关于监管改造中存在的问题。我国传统监狱学理论认为，三大改造手段包括监管改造、教育改造和劳动改造，并且，《监狱法》第4条对此也进行了相应的规定。《监狱法》第4条规定，监狱对罪犯应当依法监管，根据改造罪犯的需要，组织罪犯从事生产劳动，对罪犯进行思想教育、文化教育、技术教育。我们认为，基于监管改造的基本性质，监管改造并不具有改造的性质，它属于惩罚的内容。

对监管改造性质的认定并非没有意义。按照传统的监狱行刑理论，改造是国家相关机关按照法律规定，以罪犯重返社会为目标，在准确执行刑罚的基础之上，通过一系列的综合手段，转化罪犯思想、矫正恶习和培养正常社会公民道德情感的社会活动。[1]改造以促进罪犯重返社会为目标，从而实现预防和减少犯罪。我们认为，改造相比惩罚而言至少应当具有以下几个特征：一是依法性。惩罚需要严格按照法律的规定对罪犯的自由与相关权利进行剥夺。同样，改造属于刑罚执行的内容，也需要按照法律的规定实施。但是，改造本质上毕竟是一项人文社会活动，和其他的刑事司法活动的程序严格性可能有所区别。二是一定程度的自主性。相较于监狱的惩罚活动，改造意味着一定程度的自主性，特别是对一些法律没有明确规定的改造方案，罪犯可以享有一定程度的自主性。三是个别性。对于惩罚而言，其更多地强调公平、正义等价值，表现得更多的是共性，比如对某项权利的剥夺在一定的条件下应当完全平等。而改造则更强调个别化，所谓"病万种药也万种"，每个罪犯的犯因性因素都不完全相同，应当在个别化的基础上，针对每个罪犯制订相应的改造方案。

按照上述改造的内涵与特征，我们来分析一下监管的性质。监管改造是三大改造的手段之一，指的是监狱管理机关为了正确执行刑罚，按照《监狱法》及其相关规定，在对罪犯给予监禁羁押的基础之上，对其进行严格监督与管理，以维护狱内场所的稳定，从而为顺利实现监狱对罪犯的有效改造提

---

[1] 刘崇亮：《本体与维度：监狱惩罚机能研究》，中国长安出版社2011年版，第84页。

供安全保障。从监管改造的定义来看，我们认为监管并非真正意义上的改造。理由包括：

第一，监管改造缺乏自主性的特征。如前所述，对罪犯的监督管理是建立在对罪犯的监禁的基础之上的，依靠监狱的强制力对罪犯进行监督改造，区别于一般改造在一定程度上的自主性，监狱对罪犯的监管不可能依赖罪犯的自主性。对我国而言，对罪犯的监管是基于狱内的秩序稳定，对罪犯强调严格依法管理。从另外一方面说，监管改造的实现是以监狱纪律作为保障的。监狱纪律是指犯人必须遵守的禁止性规定，包括法令规则、具体命令、个别指示，受刑人有服从这些纪律的义务。纪律具有系统性、成文性、禁止性和惩罚性等特征。系统性是指纪律的具体内容包括违反纪律的不同情节、违反纪律的后果、给予纪律处罚的程序、对错误纪律惩罚的补救措施等；成文性是指纪律规范被用明确的文字表达出来，纪律条文通常体现在监狱规则、犯人手册之类的文件和资料中，仅仅口头宣布监狱纪律的情况是极其罕见的；禁止性是指不允许或者禁止犯人进行所提到的事项或者行为，这是监狱纪律与其他监狱规范的根本性区别之一，也是犯人法律义务的重要体现。[1]"从受刑人的法律地位来看，应当成为强制对象的纪律应限于对监狱的存在和维持的必要范围之内。迫使受刑人遵守纪律的方法有强制和处罚：所谓强制是指使用器械手段，包括预防性强制、制止性强制及镇压性强制；为了维持秩序，有必要要求受刑人遵守一定事项，如有违反便进行处罚。纪律具有与保安和矫正处遇相关的两面性。处罚虽不是刑罚，但它也是针对罪犯的一种不利处分，属于行政处罚，因此其实施必须严格依据法定的原则进行，即遵守事项行为以及对该行为惩罚种类都应事先向受刑人予以说明。"[2]福柯也指出，纪律带有一种特殊的惩罚方式，规训处罚所特有的一个惩罚理由是不规范，即不符合准则、偏离准则。[3]从上述纪律的内涵和构成特征我们可以看出，纪律是监狱为了维护自身的秩序和稳定而针对罪犯制订的规则，其本身虽然不是刑罚，但因为其对象和性质具有特殊，导致其具有惩罚的属性。监狱内的纪律处罚和社会上的其他设施机构的纪律处罚在机关性质上的巨大差异决定

---

〔1〕 吴宗宪：《当代西方监狱学》，法律出版社 2005 年版，第 471 页。

〔2〕 ［日］大谷实：《刑事政策学》，黎宏译，法律出版社 2000 年版，第 206～207 页。

〔3〕 ［法］米歇尔·福柯：《规训与惩罚》，刘北成、杨远婴译，生活·读书·新知三联书店 2007 年版，第 9 页。

了其处罚性质相异，监狱为了达到良好的秩序效果往往使纪律遵守变相得到执行。[1]所以，监管改造从监狱纪律层面上看更具有惩罚的性质。

第二，监管改造对罪犯而言更强调共性，缺少改造方面应当具有的个别化特性。监管改造之所以更强调共性，正如在刑罚面前人人平等一样，任何罪犯在刑罚执行权面前，自由及其他权利都会被平等地剥夺。刑罚执行强度与方式并不因为罪犯刑罚的轻重而改变，即使是被判处死刑缓期执行的罪犯，也不能够因此在权利剥夺方面有别于其他被判处轻刑的罪犯。

我们以罪犯的会见权为例。我们国家的《监狱法》与《罪犯会见通信规定》对罪犯的会见进行了明确的规定。其中，《罪犯会见通信规定》第二章对罪犯与亲属、监护人会见的条件、方式和次数都进行了较为明确的规定。该规定第8条规定，会见一般每月1次，每次会见时间一般不超过30分钟，每次会见人数一般不超过3人。未成年罪犯会见的次数和时间，可以适当放宽；因罪犯家庭出现变故等原因需要延长会见时间或者在非规定时间会见的，应当经监狱长批准。按照该条的规定，所有的罪犯，除非按照有利于罪犯改造个别化的原则（这也充分说明罪犯改造的个别化是对无差别化的惩罚功能的主动和必要的补充的原理），所有的罪犯只能每月会见1次。但是，在行刑实践中，有些做法明显违反了此项规定。例如，有的监狱系统把罪犯的分级处遇制度与罪犯的会见次数挂钩。罪犯分级处遇是指监狱根据罪犯的所判刑罚种类、服刑时间及改造表现，将罪犯划分为不同的等级并给予相应的差别待遇，包括生活、会见及其他方面待遇的狱政管理制度。但是，在实践中，有的处遇较高的罪犯（如宽管犯）会见的次数可能比普管犯要多，而严管犯的会见次数则受到严格控制。这种分级处遇制度的规定并没有任何法律依据，并且本身的规定已经违反了《罪犯会见通信规定》。究其原因，监狱机关不自觉地已经把对会见的限制视为监管方面的内容，而监管在性质上就是惩罚的一个方面。但如果已经把监管视为惩罚的内容，那么就不应该在会见方面存在差别，除非有特殊意义上的罪犯改造需要。

由于监管改造被视为三大改造手段之一，因此一些一般性权利也被当作了特许性权利，还使得监管改造在实际运用中过于严厉。我们以监管改造中的准军事化管理为例。我们认为，可以把监管改造模式定义为准军事化管理。

---

〔1〕 韩玉胜、刘崇亮："监狱惩罚机能及其限制"，载《犯罪与改造研究》2010年第4期。

所谓准军事化管理，指的是监狱在对罪犯的监督管理过程中，对罪犯的生产、生活、学习等方面，参照军事组织的管理模式，从严要求，并作为罪犯考核与奖惩的主要依据。我们之所以把监管改造模式定位于准军事化管理，是因为它毕竟和军警组织的完全军事化管理在强度、纪律要求、组织保障等方面都存在着较大的差别。我国之所以采用准军事化管理，一个重要的原因就是中华人民共和国成立之初监狱系统基本借鉴苏联的劳动改造制度。另外，当时的国民党监狱大多被军事单位就地接管，所以沿用准军事管理也就在所难免了。虽然当今的监狱在军事化管理的强度上有所减弱，而且准军事化管理对于保障监狱秩序的稳定具有很大的优势，但我们认为，准军事化管理对于罪犯的改造效果的影响仍然值得研究。

我们对罪犯与干警对严格军事化管理的态度进行了一个简单的调查问卷。此项调查设置的问卷十分简单，内容主要包括罪犯和干警对准军事化管理的态度，调查结果如表2-22。该表结果显示，罪犯和干警的回答意愿存在着较大的差距。对是否愿意接受严格的军事化管理，只有9.8%的罪犯回答"愿意"，而在是否愿意实施严格的准军事化管理的回答中，有近50%的干警回答"愿意"；"无所谓"和"不愿意"接受准军事化管理的罪犯占到了近90%。现代矫正学研究表明，在所有效果较好的矫正项目中，只有接受矫正意愿程度高的罪犯改造项目效果才明显，如果罪犯明显持排斥态度，改造效果往往不佳。

表2-22 关于罪犯与干警对严格军事化管理意愿的调查问卷

问题	罪犯回答/%			干警回答/%		
是否愿意接受（实施）	愿意	无所谓	不愿意	愿意	无所谓	不愿意
	9.8	41.6	48.6	49.3	25.0	25.7
是否能够有利于改造	有	没有	不清楚	有	没有	不清楚
	13.8	35.9	50.3	58.0	32.4	9.6

注明：数据来源为J省Y监狱和江西省女子监狱。

上述调研结果似乎也证明，我们国家的警囚关系一直处于较紧张的状态，毕竟管理方与被管理方在利益诉求方面存在着较为明显的冲突。正是因为所持的立场与角度不同，一方要求严格管理，而另一方要求更为宽松的管理环境，特别是代表国家行使刑罚权的监狱警察更希望维持狱内秩序的稳定，当他们认为狱内秩序的稳定更容易实现改造效果时，警察管理权的扩张就在所难免了。

美国学者认为，监狱管理的首要目标就是剥夺罪犯的再犯罪能力，同时提供矫正项目的服务，保持对监狱的控制目标优先于罪犯的矫正与治疗，但也要特别注意管理方对权力的滥用。监狱管理人员对罪犯的监督与控制是目标实现的基本保障。按照监狱管理人员与罪犯的关系，美国的监狱管理模式大致包括控制模式、责任模式和协调模式。这三个模式中的行政管理义务和行政管理功能都有着区别，包括交流、人际关系、罪犯与工作人员的关系、工作人员行为的自由度、组织训练、制裁、违规行为、决定等八个方面。比如，在控制模式下，监狱管理人员的严格管理范围涉及罪犯所有的监狱生活领域，管理人员必须确保监狱制度的严格实施和对罪犯的严格控制。而在责任模式中，监狱管理人员相信对制度进行有限的控制就能够保持监狱秩序，允许罪犯约束环境下的罪犯自我治理。控制模式、责任模式与协调模式三者之间的主要区别如表 2-23。从表中我们可以看出，控制模式整体的管理宽松度要明显大于责任模式和协调模式。

表 2-23　控制模式、责任模式和协调模式的区别

特　征	控制模式	责任模式	协商模式
交流	通过指挥系统限制工作人员	非正式/权力的交叉运用	控制与责任模式的综合
人际关系	正式/职业关系	保持一个社会类型关系	控制与责任模式的综合
罪犯与工作人员关系	正式/职业关系	稍微正式	正式
工作人员的行为自由度	最大限度的选择度	使用裁量权进行判断完成工作	很少受到限制
组织训练	严格的日常军事训练	维护安全的前提下较多自由	严格的程序控制罪犯的活动
制裁	灵活的惩罚；维持现状	对纪律违反没有正式的行为规定	明确规定了对违纪行为的惩罚

特　征	控制模式	责任模式	协商模式
违规行为	正式的打击力量	与罪犯的协调制裁	明确规定了违规行为处罚
决定	罪犯不可参与	罪犯可参与	控制模式与责任模式的综合

从三者之间的关系来看，虽然在特征方面多有重合，但从当前来看，美国只有少数的州完全实行控制模式。虽然控制模式能够较好地实现监狱的惩罚与控制罪犯的目标，但在人际关系、项目的开展、罪犯的行为合作方面存在着较大的不足，所以目前仅有少数几个州实行，美国大部分的州还是实行第二种或者第三种模式。[1]我国的准军事化监狱管理模式在大部分的管理指标上基本接近于美国的控制模式，并且在某些指标上甚至超出了该模式。

所以，站在预防主义行刑观的立场看，监管改造在性质上基本不属于改造的内容，而是具有惩罚的属性。监狱对罪犯的监管改造在法律上天经地义，但因为具有惩罚的属性，因此其会收到的负面效果也就难以避免了。基于此，在探讨监狱行刑改革的具体路径时，就必须注意到监管改造在预防犯罪方面需要作出的调整。

（3）关于劳动改造存在的问题。劳动改造在我们国家监狱系统对罪犯的改造中占有非常重要的地位，也是区别于发达国家矫正模式的主要方面。在预防主义行刑观的视野里，劳动从本身的性质而言具有十分重要的地位。日本学者大谷实就认为，随着改造刑思想的展开，监狱劳动被理解为以帮助受刑人改造并让其重返社会为目的的手段。罪犯劳动的主要机能在于矫正教育：一是积极方面，通过劳动受刑人养成守法的生活习惯，并通过学习职业技能的职业训练，改造受刑人，让其重返社会；二是消极方面，防止因刑事设施中的不劳而获的单调生活而引起身心颓废。另外，还产生了两大附属的机能：一是维护刑事设施的纪律秩序机能；二是国家经济方面的机能，为国家财政

---

〔1〕 Gevana Lynn Salinas，"A Preliminary Analysis: Prison Models and Prison Management Models and the Texas Prison System"，see file:///C：/Users/relig/Desktop/jj/Prison%20Models%20and%20Prison%20Management%20. pdf，访问日期：2017 年 12 月 5 日。

做出贡献。[1]日本学者吉冈一男认为刑务作业的目的包括四个方面：①刑事设施内的纪律维持的手段；②犯罪者社会复归的手段；③刑罚本身主要的构成内容；④受刑人劳动能力的利用。[2]美国前首席联邦大法官沃伦·伯格认为劳动改造的目的非常明显，监狱方面提供给罪犯一些劳动和就业的机会能够减少犯罪的需求，通过在劳动中提供职业培训能够降低重新犯罪率和累犯率，所以监狱方面应当制订有效而持续的监狱雇佣计划以组织好监狱生产，从而达到改造罪犯的目的。[3]在当代发达国家，罪犯劳动已经成了普遍的现象，劳动目的和劳动改造属性的认识也渐趋统一。发达国家一般认为罪犯劳动不但对罪犯有改造的功能，而且还衍生出了对社会的功能。对罪犯的好处主要包括让罪犯学习劳动和职业技能，养成劳动的习惯，积累劳动经验，获得社会认同感，对纪律遵守的加强，得到劳动报酬，从而减少犯罪恶习，出狱后重新犯罪的风险可得到很大程度的降低。对社会的好处包括能够为社会创造物质财富，减少和节约纳税人的金钱，增加社会对罪犯的容忍与认同感，培养社会公民的守法意识，有助于罪犯与社会的互相理解与沟通，从而达到减少犯罪和促进社会进步的目的。从上述一些国外学者对劳动改造机能的论述我们可以看出，罪犯劳动的立论基点是矫正刑的思想指导，把劳动作为矫正罪犯行为的一种方式，并纳入到罪犯的矫正体系中，是职业培训的一个重要组成部分。[4]

　　我国监狱中的罪犯劳动改造作为一项最为基础的改造项目，除了上述学者对罪犯劳动改造功能的正面评价之外，罪犯劳动在我国还有着重要的功能，即经济功能。特别是在我们国家当前的经济发展水平条件下，近160万的监禁人口需要国家巨大的财政和资源支持，于是，罪犯劳动成为"监狱企业生产"就成了必然的选择。同时，我们也要看到，罪犯劳动既是改造手段，也是改造项目的重要内容，但在实践中却被异化为惩罚的手段：罪犯劳动强度超出了合理的限度，罪犯劳动单纯成为生产手段；罪犯劳动与职业技能相混淆，职业技能教育基本缺乏；罪犯劳动纪律的严厉性超出了合理的限度，劳

〔1〕　[日]大谷实：《刑事政策学》，黎宏译，法律出版社2000年版，第231~232页。

〔2〕　[日]吉冈一男：《刑事制度的基本理念》，成文堂1984年版，第33页。

〔3〕　Josephine R. Potuto, "The Modern Prison: Let's Make It A Factory for Change", *University of Toledo Law Review Fall*, 1986.

〔4〕　刘崇亮：《本体与维度：监狱惩罚机能研究》，中国长安出版社2011年版，第148页。

动甚至被指加速了监狱化人格的养成；劳动报酬制度基本空白，罪犯的劳动则完全变成了罪犯的义务。[1]

从预防主义行刑观的角度来看，当前关于罪犯劳动到底有没有改造效果，这是一个本源的问题，关涉到罪犯劳动的重新定位问题。从世界范围来看，绝大部分国家的监狱系统都会组织罪犯工作或者劳动，以增强罪犯在未来工作中的职业技能。但我国研究者大都是从传统的刑罚理论或者哲学角度抽象地谈论。对此问题，国外学者进行了广泛的实证研究，但研究的结果并不统一。有的认为能够起到矫正效果，有的则认为没有什么效果。据调查，在1995年时全美有94%的监狱系统组织罪犯参加劳动，近2/3的罪犯被监狱企业所雇佣。[2]在美国的监狱系统中，罪犯参加劳动能够获得报酬，所以组织罪犯生产是美国政府在刑事司法系统中的巨大财政投入，故对罪犯生产的矫正项目的效果如何就值得研究者深入探讨。虽然有研究表明失业与犯罪有显著的相关性，但罪犯劳动能否预防犯罪却不得而知。为此，美国学者大卫·B.威尔逊等为了对包括罪犯劳动在内的矫正项目的效果进行明确，采用综合研究的方法，对已经公开并且使用回归分析方法的研究进行分析。研究路径是把参加了矫正项目的罪犯与其他没有参加矫正项目的罪犯进行比较，具体矫正项目包括基础性成人教育、二学位教育、职业教育或训练、罪犯劳动等。这些研究对象包括：①评估对象为已经被判决并关押在狱内参加矫正项目的罪犯，②参加项目后被报告重新犯罪的罪犯，③明确没有参加矫正项目的比较组罪犯，④在1975年以英文公开发表的文献资料。对罪犯的矫正评估不包括生活技巧、认知或者行为方面的训练。如表2-24所示，威尔逊对所有作为研究对象的项目随机分配矫正项目、没有分配参加矫正任务、使用统计显著性差异、使用初始群体差异等，其中19%的比较研究项目有可能使有效性受到质疑。为了对该项目的比值比（odds-ratio）的均值进行统计，需要在结果上发现在95%的置信空间显示这些项目间是否具有显著的差异性（no difference），如果有显著性差异也就意味着这个项目比其他的矫正项目改造效果更

---

[1] 刘崇亮：《本体与维度：监狱惩罚机能研究》，中国长安出版社2011年版，第154~156页。

[2] 在美国的监狱系统中，按照各州的法律，大部分地区的监禁罪犯都不需要被强制要求参加劳动，所以另外2/3的罪犯不参加劳动并不违反监狱规则；而按照我国《监狱法》第69条之规定，有劳动能力的罪犯，必须参加劳动。

显著，即该项目比较其他的项目对于降低重新犯罪更有效果。[1]

表 2-24　研究方法和项目比较的描述性统计

变量	研究		项目比较	
	频率	比例/%	频率	比例/%
比较组的性质				
没有参与一般项目或者管理	24	72	42	79
矫正退出或不成功的参与	4	12	4	8
以上两者的混合	4	12	6	11
无法明确	1	3	1	2
使用随机分配方法	3	9	3	6
在统计分析中使用初始群体差异	7	21	12	23
使用对象水平匹配	9	27	14	26
使用统计显著性检测	22	67	30	57
损耗问题，整体	8	24	10	19

在整个矫正项目中，虽然只有四个有关罪犯劳动的矫正项目，但相比其他项目，成人教育、二学位教育、职业教育或训练等的比值比均更为积极，不过更为重要的是，此四个项目的比值比的均值仍然无统计学意义上的显著差异。如表 2-25 所示，参加罪犯劳动的矫正项目的重新犯罪率与其参加其他矫正项目的重新犯罪效率也没有统计学意义上的显著性。

表 2-25　参加矫正项目后重新犯罪率

二学位教育	36%
职业教育训练	39%
罪犯劳动	40%

---

[1]　David B. Wilson et al., "A Quantitative Review and Description of Corrections—Based Education, Vocation, and Work Programs", Edward J. Latessa & Alexander M. Holsinger, *Correctional Contexts—Contemporary and Classical Reading*, Roxbury Publishing Company, 2006, p. 323.

二学位教育	36%
多项目综合	41%
没有参加矫正项目	36%

当然，美国学者的研究不能代替我国关于罪犯劳动改造效果的研究，毕竟两个国家的罪犯劳动改造制度存在着较大的差异。但因为两国间的罪犯劳动总是存在些许共性，所以在实践中具有可借鉴的意义。我国的罪犯劳动为强制性义务，但在行刑实践中，罪犯劳动被异化为了监狱惩罚的手段，这就可能使得劳动在罪犯当中的接受度更差。试想，如果矫正项目对于罪犯而言不具有自愿性，那么矫正效果自然存在疑问。我们在谈及劳动改造效果有待明确时，就有必要对罪犯劳动制度进行相应的改革，以适应行刑预防主义观念在监狱行刑实践中的确立，从而真正提高罪犯劳动在罪犯改造中的效果。

4. 罪犯分类改造中存在问题

罪犯分类改造是预防主义行刑观在监狱行刑实践中的重要体现。罪犯在整个刑事司法系统中处于核心位置，最终所有的处置都将集中在具体的罪犯个体。真正对个体罪犯予以关注的菲利较其他教育刑论者更具有热情。他认为，犯罪是刑法的对象，但它不是法官全部的注意力所在，罪犯本身才是刑事审判真正的、活动的对象。进而认为，根据古典学派刑法理论和古典派监狱规则建立起来的刑法制度完全忽视了罪犯的生理心理学类型，监狱中犯人退化和相互交往造成的实际后果十分严重。"这意味着现行刑事司法是一部庞大的机器，蚕食并吐出大量的人。这些人流入不断增加的职业犯罪和累犯队伍当中，一般没有希望复原。"近代学派对罪犯倾注了极大的关注，并以罪犯的分类为起点，开启了世界范围内的监狱改革大门，奠定了现代监禁刑的基本原理。罪犯分类改造本身是一个非常复杂的体系，它由一些具体的制度所构成，包括罪犯分级处遇、罪犯分类、监狱分类以及特殊罪犯改造制度。在此，我们将就具体狱政中的问题进行深入分析。

（1）关于分级处遇中存在的问题。在现代监狱改革的过程中，罪犯分级处遇在科学的狱政制度中占有重要的地位，它是现代行刑科学化的重要标志，也是现代预防主义行刑观在行刑实践中的重要体现。罪犯分级处遇是与监狱现代化改革同步进行的，教育刑理论对罪犯个体的充分关注、现代心理学与精神病学的较快发展、人道主义的行刑要求及人们对犯罪预防的迫切需求，使得罪犯分级处遇在世界范围内的狱政制度中得到了较为充分的发展。特别是自 1955 年在日内瓦召开的联合国第一次预防犯罪与犯罪者处遇大会开始，罪犯分级处遇在预防犯罪与狱政制度中渐渐得到广泛传播。分级处遇在概念上是以罪犯处遇制度为基础的，是指监狱依据罪犯的改造表现、服刑时间和剩余刑期的长短，综合考虑罪犯的犯罪性质和恶习程度，将罪犯分为不同的级别，对罪犯按级别实行不同的处置和待遇的制度。[1]

　　罪犯分级处遇之所以在现代狱政制度中具有重要的意义，是因为分级处遇具有重要价值。罪犯分级处遇是分类改造的前提，给予不同的罪犯不同的刑事设施关押、狱政管理、考核奖惩等方面的待遇是改造本身的需要。罪犯分级处遇的价值主要体现在激励作用、规范作用和防范作用上。所谓激励作用是指给予罪犯在希望中改造，让罪犯在改造的过程中对于未来有着积极的改造欲望。由于不同的罪犯有着不同的待遇，特别是体现在刑事奖惩方面，我们国家很多的监狱系统都把罪犯的分级处遇和罪犯的减刑假释相挂钩，使得罪犯在漫长的改造生涯中能够积极改造，以不断地提高自身在分级中的级别而获得更多的刑事奖惩。所谓规范作用就是指为分类改造提供个别化的前提，为行刑个别化提供参考或者标准。从刑事法治的角度出发，所有的罪犯在面对国家的惩罚权时都应当受到平等的对待，但为了提高罪犯的改造积极性，充分发挥监狱的改造机能，监狱需要制订一些狱政制度来实现对罪犯的个别化管理，包括罪犯的奖惩制度、特许权等，而分级化处遇为这些制度的实施提供了参考标准，具有规范的作用。所谓防范作用是指分级处遇对于分级比较低的罪犯进行较为宽松的管理，而对于那些分级较高的罪犯进行较为严格的管理，这种宽严有别的管理方式对于防范狱内案件的发生具有重要意义。

　　但是，我们国家的监狱分级处遇制度却存在一些问题。以江苏省现行的《罪犯分级管理暂行规定》为例，该规定将罪犯处遇分为宽管级（A 级）、从宽级（AB 级）、普管级（B 级）、从严级（BC 级）和严管级（C 级）5 个等级，分别以原判刑期、入监时间、奖励积分和现实改造表现等指标进行分类，以 3 个月为一个周期，主要依据量化考核的奖励分多少进行等级的评定升降。

---

〔1〕　吴宗宪主编：《中国现代化文明监狱研究》，警官教育出版社 1996 年版，第 366 页。

等级的差别化待遇主要体现在减刑假释呈报的限制性条件、罪犯开账购物的品种和额度、拨打亲情电话的次数、通信的次数、娱乐活动的项目和范围等方面。[1]从江苏省监狱系统关于罪犯分级管理评定标准来看，该管理评定标准主要依据刑期与改造表现，而刑期的考核条件主要是指剩余刑期，改造表现的考核条件主要是季度考核奖励分。

表 2-26　江苏省监狱系统罪犯分级管理评定标准

等　级	必要条件	充分条件
宽管级（A 级）	罪犯季度内每月奖励分均在 6 分以上	剩余刑期 1 年以下，季度考核奖励分在 18 分以上
		入监满 1 年，剩余刑期 1 年以上 2 年以下，季度考核奖励分在 21 分以上
		入监满 2 年，剩余刑期 2 年以上五年以下，季度考核奖励分在 24 分以上
		入监满 3 年，剩余刑期 5 年以上 10 年以下，季度考核奖励分在 27 分以上
		入监满 4 年，剩余刑期 10 年以上，季度考核奖励分在 27 分以上
从宽级（AB 级）	罪犯季度内每月奖励分均在 5 分以上	剩余刑期 1 年以下，季度考核奖励分在 15 分以上
		入监满 1 年，剩余刑期 1 年以上 2 年以下，季度考核奖励分在 18 分以上
		入监满 2 年，剩余刑期 2 年以上 5 年以下，季度考核奖励分在 21 分以上
		入监满 3 年，剩余刑期 5 年以上 10 年以下，季度考核奖励分在 24 分以上
		入监满 4 年，剩余刑期 10 年以上，季度考核奖励分在 24 分以上
普管级（B 级）	有期徒刑罪犯入监满 6 个月，季度考核奖励分在 12 分以上	
	死缓、无期徒刑罪犯入监满 1 年，季度考核奖励分在 18 分以上	

---

〔1〕 参见韩昌志："罪犯分级处遇实证研究"，苏州大学 2016 年硕士学位论文。

续表

等　级	必要条件	充分条件
从严级（BC 级）	有期徒刑罪犯入监未满 6 个月，或入监满 6 个月、季度考核奖励分未满 12 分	
	死缓、无期徒刑罪犯入监未满 1 年，或入监满 1 年、季度考核奖励分未满 18 分	
严管级（C 级）	狱内又犯罪或有余罪（主动交代余罪的除外）正在审查期间	
	受到警告、记过、禁闭等处罚后未满 1 个月	
	因有行凶、脱逃等现实危险，在加戴戒具期间及解除戒具后未满 1 个月	
	正在单独监禁	
	因严重违规违纪正在被严管	

注：该表引自韩昌志的硕士学位论文《罪犯分级实证研究》，该表内容系江苏省现行实施的《罪犯分级管理暂行规定》制作而成。

从该省实施的现行《罪犯分级管理规定》来看，总体上具有分级较为合理、分级条件较为明确、便于操作等优点。近年来，各地监狱系统之所以纷纷制订并且实施罪犯分级处遇制度，是因为我们国家在法律法规层面对该制度的规定较为粗略，缺乏具体的操作性。虽然司法部于 1991 年根据《监狱法》颁布实施了《对罪犯实施分押、分管、分教的试行意见》，但该试行意见仅规定了"横向分类、纵向分级，分级处遇"的罪犯分级处遇的指导性原则。近年来，各地制订的具体罪犯分级处遇制度则基本实现了具体的可操作性。可以说，罪犯分级处遇制度的实施标志着中国监狱系统在分类改造制度的建构中取得了较大的成就，是行刑科学化和法治化的具体体现。但是，鉴于当前各地分级处遇制度本身存在的问题，我国仍存在一些不利于罪犯改造的情形。

第一，分级制度以剩余刑期和考核奖惩分来作为罪犯分级的主要参考依据并不十分科学。从江苏省的罪犯分级评定标准来看，所有入监未满 6 个月的被判处有期徒刑的罪犯和所有入监未满 12 个月的原判死缓的罪犯和无期徒刑的罪犯都应当被评定为严管犯，而剩余刑期在 1 年以下的罪犯都有可能被评定为宽管犯，我们认为，评定标准的科学性存疑。根据分级处遇的功能来看，分级不仅是为了给予罪犯不同的待遇，还是预防重新犯罪的重要手段。

从该评定标准中对严管 C 级的评定条件来看，具体包括：①狱内又犯罪或有余罪（主动交代余罪的除外）正在审查期间；②受到警告、记过、禁闭等处罚后未满 1 个月；③因有行凶、脱逃等现实危险，在加戴戒具期间及解除戒具后未满 1 个月；④正在单独监禁、因严重违规违纪正在被严管等。这四项评定标准主要是针对狱内顽危犯或者正在审查期间的罪犯。从此规定可以看出，严管 C 级的评定就是通过对这四类罪犯的严格管理——发挥惩罚的功能，从而达到预防狱内案件的目的。但是，不管是从预防的角度出发，还是从惩罚的角度出发，严管 B 级或者 BC 级可能存在问题。因为不管是入监未满 6 个月的有期徒刑的罪犯，还是未满 1 年的死缓或者无期的罪犯都应当被评定为严管级，这就可能存在着较为严重的问题。按照传统的罪犯教育理论，新入监的罪犯特别是 6 个月左右的新犯，比起"老犯"来说，容易在心理和精神上承受更大的负担，这些罪犯更容易发生"四防事故"（罪犯脱逃、重大狱内案件、重大疫情、重大安全生产事故）。原因在就在于作为"新犯"，刚入监狱，在角色转换、狱内环境、生活条件、人际关系等方面的压力，使得罪犯的精神面临前所未有的困境。从罪犯教育学的角度来看，这些罪犯特别需要有针对性的个别教育，需要制订相应个性化的改造方案。而在这些个性化的改造方案中，罪犯的亲情会见是一个非常好的选择。亲情会见能够使得罪犯缓解压力，接触社会人，减弱监狱化的后果，从而有利于提高罪犯的改造效果。但从我们目前掌握的资料来看，罪犯分级处遇制度通常把"新犯"评定为严管级，而严管级的罪犯在普通会见、亲情会见中较其他普管、宽管罪犯的限制更为严格。从接见次数到会见时间明显与传统的罪犯教育理论中"新犯"更需要亲情会见的常理相冲突。所以，把刑期作为罪犯的分级处遇的最为主要的评定标准可能会造成不利于罪犯改造的情形发生。

分级的另外一个标准是罪犯的考核奖惩分，我们认为，这个标准也存在着问题。众所周知，虽然我们国家各个地区监狱系统对罪犯的考核标准并不统一，但基本上都以思想改造和劳动改造作为主要依据。比如，根据 2007 年颁布实施的《广东省罪犯考核奖惩规定》，罪犯的思想改造包括一些基本的指标，主要包括罪犯的认罪悔罪、遵守行为规范和接受教育改造等方面，劳动改造则是指罪犯劳动任务完成的情况。各地在罪犯奖惩积分制出台前普遍实行的是双百分考核制，即思想改造 100 分、劳动改造 100 分，双百分考核制改成累积分考核制后，不再设基础分。由于不设基础分，监狱对罪犯的考核实行没有扣分项目就达标并相应给予计分，这就导致了罪犯劳动在考核体系中占有重要地位，甚至产生了考核唯劳动论现象。比如 A 与 B 两个罪犯在月考核中都没有重大扣分情形，而且劳动时间都是一致的，但 A 系年轻罪犯，B 系年龄偏大罪犯，A 的劳动能力强于 B，故 A 的考核分远超于 B；C 系老年犯，劳动能力较弱，劳动时间为 A 犯与 B 犯劳动时间的一半，其他方面能够遵守监规监纪，没有扣分情形，显而易见的是，C 犯的月考核积分会远低于 A 与 B。那么，在最终分级的过程中，如果三名罪犯的余下刑期相同，那么决定其分级的标准就只能为月考核的积分了。显然，C 犯较其他两名罪犯评级可能最低。但我们需要指出的是，老年罪犯在大部分地区的考核条例中并没有被单独考核，所以同等条件下，老年罪犯分级处遇更低。这显然与传统的监狱行刑理论相悖。老年犯的再犯能力较年轻罪犯相对较低，并且按照中国传统的伦理来看，老年人更应得到宽恕，但因为低考核分、评定级别低而处遇较低，这明显不利于对老年罪犯的改造。

　　第二，处遇制度中一些相对应的罪犯待遇存在问题。在实践中，按照各地对罪犯的处遇规定，差别化待遇主要体现在减刑假释呈报的限制性条件、罪犯开账购物的品种和额度、拨打亲情电话的次数、通信的次数、娱乐活动的项目和范围等方面。但在分级处遇的对罪犯差别化处遇中规定可能存在问题。大部分地区的监狱系统通常都把上述的项目作为差别化的处遇，但我们认为以这些项目用来作为差别化的管理内容，在一定程度上违反了罪犯特许权的基本设置原则。罪犯特许权是指罪犯在服刑期间通过良好的改造表现而获得的能够给罪犯带来一定好处的利益（或者直接说是权利）。[1]罪犯特许权设置的目的主要是激励罪犯的改造积极性，从而提高罪犯改造效果。罪犯特许权本质上是罪犯权利，但又区别于一般的罪犯权利，主要依靠罪犯的改造表现来获得。但是，特许权设置的一个重要原则就是，一些本身属于一般性罪犯权利的，不能够设置为特许权，否则可能会侵犯罪犯的权利。比如罪犯的通信与会见权。我国《监狱法》第 47 条规定，罪犯在服刑期间可以与他人通信，但是来往信件应当经过监狱检查；第 48 条规定，罪犯在监狱服刑期间，按照规定，可以会见亲属、监护人。从上述规定来看，两条都是采用

---

　　[1]　Norman A. Carlson, Karen M. Hess & Christine M. H. Orthmann, *Corrections in the 21 Centry: A Practical Approach*, West Wadsworth, 1999, p. 501.

"可以"之规定，表明罪犯会见与通信在特定情况下可以受到剥夺，比如按照相关规定，如果罪犯在禁闭期间，其通信与会见应当受到限制。但这并不是特许权的性质，特许权是国家授权监狱许可罪犯是否享有某项权利的权力。特许权使得罪犯不必然享有某些权利，比如监狱组织罪犯某项文体活动，是因为罪犯某些良好行为记录或者其他好的改造表现，基于此监狱方面给予奖励性质的权利。因此，罪犯的通信与会见权都是属于一般权利，并非属于特许权。而在上述各地的分级处遇的规定中，罪犯的通信与会见权被作为特许权的性质，对不同分级的罪犯给予不同的通信与会见的次数，这就明显违背了《监狱法》第47和第48条规定的精神。

另外，罪犯的减刑和假释的限制条件也不应该包含在罪犯的分级处遇制度当中。对罪犯的减刑和假释属于刑罚执行权变更的范畴，《刑法》《刑事诉讼法》及最高人民法院、最高人民检察院的司法解释对减刑和假释的对象条件与实质条件都作了明确的规定。只有在对象条件符合的前提下才去考察罪犯的实质条件，而实质条件基本上是反映罪犯在狱内的改造表现，这与罪犯分级并不属于同一个内容。当然，在一些情况下，宽管犯的表现与减刑、假释的条件相同，这也符合两者的共同点，即狱内改造表现既是分级处遇的考察指标，也是减刑和假释的考察内容，但两者毕竟不属于同一范畴。

总之，监狱在设置分级处遇制度的时候，一定要本着既要有利于监狱秩序的稳定和监管安全的稳定，又要利于预防主义行刑观在监狱内的实现，从而真正提高刑罚执行的效益。

（2）罪犯分类与监狱分类中存在的问题。首先需要指出的是，罪犯分类和罪犯分级处遇是不同的问题。如上所述，罪犯分级处遇是因罪犯改造表现而给予不同的差别化对待，在性质上属于狱政管理措施。而罪犯分类是罪犯分级处遇前的一种改造措施，是教育改造、监管改造和劳动改造的前提。只有科学地对罪犯进行分类，才能够对罪犯进行有效的改造，可以说，罪犯分类是行刑个别化的前提。其次，需要明确的是，罪犯分类与监狱分类虽然是监狱管理的不同问题，但因为监狱分类是以罪犯分类为中心开展的，是罪犯分类的后续，所以罪犯分类中存在的问题同样也是监狱分类中需要解决的问题，故为了论述方便，我们将这两个紧密相连的问题放在一起论述。

无论是中国还是发达国家，在监狱现代化改革之前都并没有罪犯分类与监狱分类。在人类社会早期的狱制中，罪犯通常被视为与社会人有明显区别的人，甚至被视为国家的奴隶。正因为如此，在监狱社会早期，监狱社会中罪犯的境遇较为悲惨，从肉体折磨到精神压制，这时候罪犯混押是普遍状况。男犯与女犯、未成年罪犯与成年罪犯、轻刑犯与重刑犯等通常被关押在一起，这种情况存在着诸多的问题。一是混押容易造成弱势罪犯受到侵犯。在男犯与女犯、成年犯与未成年犯混押的情况下，女犯和未成年犯都是相对较为弱势的群体。特别是与暴力性罪犯的混押下，这些弱势罪犯的权利容易受到侵犯。而将轻刑犯与重刑犯、暴力犯与非暴力犯混押在一起，轻刑犯与非暴力犯通常容易受到伤害。二是不利于监狱秩序的稳定。当所有的罪犯都被不加区分地关押在一起时，不同群体罪犯间的利益冲突可能加剧，而在没有好的解决机制存在时，因为罪犯解决冲突具有特殊性，监狱里的暴力案件可能会成为常态。特别是在鉴别机制不完善的狱政早期，控制型狱政监狱中通常采用粗放式管理，在粗放式管理下监狱稳定无法得到充分保障。这时期的狱政被视为是暴力、黑暗、混乱、罪犯滋生的策源地，这与罪犯混押的情况有很大关系。三是不利于防止罪犯间的交叉感染。因为受制于设施与制度的贫弱，早期的混押监狱监管条件与现代监狱相差太远，重新犯罪率很高。在监狱现代化改革之前，由于罪犯间的混押而导致的罪犯间的交叉感染严重，再犯罪率一直居高不下。特别是在改造功能较弱的狱制中，监狱的惩罚手段体现在各个狱政过程中，而混押的狱制更有利于监狱惩罚功能的实现，但严重的后果就是无法克服混押条件下的罪犯间交叉感染。罪犯间的交叉感染包括两种方式：一种是不同类罪犯间的感染，一种是同类罪犯间的感染。所谓不同类罪犯间的感染指的是不同种犯罪类型罪犯间的犯罪技巧、犯罪观念及犯罪思想间的相互传授与影响，使得一些犯罪恶习不重或者犯罪技巧不精的罪犯因为受到犯罪恶习重或者犯罪技巧精的罪犯的传授而在出狱之后重新犯罪。所谓同类间的罪犯交叉感染指的是犯罪类型相同的罪犯，受到犯罪恶习或者犯罪观念较深的罪犯的影响而走向重新犯罪之路。犯罪学理论认为，从犯罪习得的观点来看，不同类罪犯间的感染较同类间罪犯感染的后果更为严重。

　　监狱分类与罪犯分类的狱制是晚近的事情。刑罚启蒙运动开启了世界范围内的刑罚改革运动，随着报应刑理论与教育刑理论的传播，监狱改革首先是从分类制开始的。在"宾夕法尼亚制"（The Pennsylvania System）诞生之前，美国的已决犯与未决犯、成年犯与未成年犯、男犯与女犯通常被混合关押，但在惩罚哲学的影响下，狱制一直在隐秘的状态下得到发展，监狱中各种罪犯互相影响，改造哲学基本没有什么影响。及至 18 世纪后期，"宾夕法尼亚制"诞生以后，那种纯粹惩罚哲学的思想得到了纠正，即使相信惩罚，惩罚的目的也是改造罪犯而预防其犯罪。"宾夕法尼亚制"开始注意对罪犯的分类及对罪犯进行分类关押，并开始有独居制与杂居制的概念区分，该狱制为美国的其他地方监狱提供了狱制样板。"宾夕法尼亚制"的首创者本杰明·拉什博士认为为了让罪犯重新社会化，就必须要为罪犯创造狱内社会化环境。本杰明·拉什博士认为，应当让罪犯参加劳动，监狱应当组织监狱企业，让罪犯集体参加劳动并以得到的收入平衡监狱的财政。[1] 可以说，"宾夕法尼亚制"是现代狱制的新尝试，但又忽视了罪犯间集体狱制不可避免的混押带来的后果，罪犯间的狱内冲突和不同罪犯间的交叉感染使得狱内秩序受到严重威胁，而且过于注重狱内的社会化生产和军事化训练，改造效果并没有让纳税人感到满意。在这种情形下，"奥本制"（the Auburn State Penitentiary）作为一种比较典型的狱制在美国开始得到广泛关注。1816 年，纽约矫正当局创设了一种新型监狱——奥本州立监狱。这所监狱被设计成为不同的层关压不同的罪犯，美国当代大部分的监狱仍然按照这种设计思路建设。单词"penitentiary"被用来专指关押罪犯的场所，不但使罪犯与社会分隔开来，还使得罪犯彼此之间相互隔离。"Penitentiary"最初的含义即为罪犯对他们自己的行为进行思考、反思、忏悔以及改造的场所，"Penitentiary"与"Prison"之间通常可以互换，就是因为"Prison"一般具有单独关押罪犯的设施及给予不同监禁程度的罪犯监禁的场所。"奥本制"的特色之一在于每个州的监狱系统都会设置不同的监狱来监禁该区最为危险的罪犯。"奥本制"借鉴了"the old Walnut Street Jail"中的一些特征，如单独关押。罪犯在晚上会被单独关押在单人监舍，单独监禁仍然是当今美国大型监狱中实施的行政性管理措施。"奥本制"的一个特色被称为群居制（congregate system），就是允许罪犯白天在一起工作，餐厅与劳动车间大到足以容纳数百名罪犯。"奥本制"也为不同性质的罪犯提供不同的监禁，不同层的监狱关押不同的罪犯。一些层关押最不遵守监规的罪犯，最危险的罪犯会被长时间关押，从而作为一种惩罚手段，单独监禁期限由几天到几个月，主要取决于罪犯违反监规的程度。"奥本制"

---

〔1〕 J. C. Dean, *Corrections in the United States—A Contemporary Perspective*, Second Edition, Prentice-Hall, 1998, p. 239.

在狱政史上具有重要的历史地位，现代监狱中关于低度警戒、中度警戒和高度警戒监狱的划分，正是从"奥本制"开始。另外，在"奥本制"中，罪犯需要穿上不同的囚服来给予区分，危险程度不同的罪犯需要穿上不同颜色的囚服，以方便分类管理。[1]"奥本制"对罪犯实施较为科学的分类监禁和管理，对发达国家的影响十分深远，现代发达国家至今仍然大部分保留了"奥本制"的狱政特色。"奥本制"之所以能够具有如此之深远的影响，本质在于该狱制非常好地体现了报应刑论与教育刑论的折中，是综合刑论在刑罚执行上的较好反映。一方面将表现较好的罪犯集中起来生产与学习，这有利于罪犯的再社会化，有利于提高罪犯改造效果；另一方面对危险程度高的罪犯能够分别关押，而对于危险程度最高的罪犯给予单独关押，这又体现了监狱惩罚的实质，有利于提高惩罚的威慑力。而且，值得一提的是，"奥本制"已经开始注重对不同犯罪性质（the nature of offenses）的罪犯进行分别关押，从而有利于降低不同犯罪性质的罪犯间的交叉感染，为罪犯的分类提供了参考方案。

当代美国监狱的分类依据多种标准，包括犯罪的严重程度、犯罪记录、潜在的违法记录等。全美所有的监狱都有分类计划，以保证不同的罪犯被分配在不同的监狱，分类计划的效用取决于最初分类的目的，例如鉴别那些有可能实施攻击或者有违反记录的情形。现实情况是，不管是联邦监狱系统还是州立监狱系统，美国监狱都是按照警戒程度划分为4种监狱类型，即低度警戒监狱、中度警戒监狱、高度警戒监狱和超高度警戒监狱。低度警戒监狱主要用来关押低风险及非暴力罪犯，在通常情况下，该场所中的罪犯刑期较短。有时候该类型监狱的功能被作为一种过渡——高风险的罪犯在经过一段时间的改造后再犯罪风险程度降低，适时被移送到低度警戒监狱。此类型的监狱有着较高品质的宿舍，监舍周围环境与其说是监狱，倒不如说是大学校园。罪犯自由活动的空间很大，矫正官员的经常性任务是防止公众不加区分地进入监狱的场地。因为给予罪犯更多的信任，该类型监狱通常被认为能够促进罪犯的自信与自尊，特别强调罪犯重新融入社会。有很多矫正项目被提供给罪犯，对家庭会见少有限制，监狱运行成本较中高度警戒监狱要低得多。

---

〔1〕 J. C. Dean, *Corrections in the United States—A Contemporary Perspective*, Second Edition, Prentice-Hall, 1998, p. 240.

中度警戒监狱在各方面的限制都比低度警戒监狱要多，会见、罪犯的特许权要更为严格，罪犯的教育和职业训练、心理治疗更为紧束，但在限制程度上要比高度警戒监狱小。全美大概约有27%的监狱为中度警戒监狱，19%的监狱为高度警戒监狱。高度警戒监狱中关押的对象为高危险罪犯，那些具有逃跑记录以及实施过暴力性重新犯罪的罪犯们通常被判处于此类监狱监禁。此类监狱的主要特征在于监狱规则非常严格、限制较多，罪犯们被长时间单独隔离开来，矫正官使用闭路电视对监舍及劳动区域进行全方位监控，会见特许权被严格限制，改造方案运用较少。这类监狱发生的狱内暴力案件频率较前面两类监狱要高出很多，监狱骚乱时有发生，对狱内暴力性事件的防范是此类监狱面临的最大难题。超高警戒监狱顾名思义，是所有监狱类型中警戒程度最高、管理最为严格的监狱，其在全美监狱中占比为5%。[1]

分类型狱制的思路是初级分类—监狱分类—罪犯二级分类，因此，当监狱分类确定后，其同类危险的罪犯被关押在一起后，同级危险程度的罪犯还需要进行分类。"宾夕法尼亚制"首次按照年龄、性别、犯罪的严厉性程度标准进行了分类，美国一些区的监狱也开始尝试采用其他不同的标准，例如包括心理、行为以及社会人口统计标准等。没有单一的分类方案被统一使用，但某些分类工具明显使用得更为广泛。例如，梅吉格罪犯分类法（Megargee Inmate Typology）从罪犯心理评估工具——罪犯多阶段性格量表（the Multiphasic Personality Inventory）——中选择一些考察类目，把罪犯分成10种类型，以预测罪犯违反监狱规则的倾向或者侵犯其他罪犯的风险性。该分类法被很多州所采用。该分类工具的根本目的是把不同的罪犯分别监禁在不同区域，以降低风险。但此分类工具也受到了质疑，主要是将罪犯的分类建立在不断变化的罪犯个性的评分基础之上是不可靠的。但罪犯分类的稳定性和科学性必须得到有效的提高，因为全美的监狱分类是建立在罪犯风险的鉴别基础之上的。然而，一些专家们对罪犯分类制度却提出了质疑。罪犯如何被分类最终会直接或者间接影响到罪犯的假释。因为分类制度并不十分完善，如果一个本不应该被划入高度警戒监狱关押的实际风险程度并不高的罪犯被关押在了高度警戒监狱，那么这个罪犯的发展及改造的机会较之于被关押在中

〔1〕 J. C. Dean, *Corrections in the United States—A Contemporary Perspective*, Second Edition, Prentice-Hall, 1998, p. 240.

度警戒监狱就要少得多。另一方面，那些被错误划入低度警戒监狱的罪犯实际风险程度高的罪犯则将获得更多的特许权，并可能通过欺骗假释委员会而获得假释。当前的现实是，关于罪犯分类的制度设计和研究的争议较大，争议结果取决于研究者使用分类工具对选择犯罪人口的支持性结果。[1]

　　对于美国监狱分类与罪犯分类制度的发展现状及争议，我们应当认识到，作为一项处于基础地位的狱政制度，其地位虽然十分重要，但因为分类标准不同，分类制度的效果并非十分理想。就美国的监狱分类制度来说，虽然较为稳固，也在世界范围内形成了一种趋势，但因为当前罪犯分类技术受制于其他学科的发展，本身并不完全成熟。就层级来看，以生理、年龄为主要内容的第一个层次的分类没有问题，但第二个层次的分类就非常复杂了。以心理标准来评价罪犯的风险程度存在着较大的不确定性，而以风险程度为标准评价罪犯应当被关押在何种警戒程度的监狱被认为也存在着问题。因为，从预防主义的行刑角度来看，狱政的措施不仅是为了管理，其最终目的还是改造罪犯和预防犯罪。但美国式的罪犯分类与监狱分类明显存在问题。以风险程度来分类罪犯和监狱，的确有着非常重大的意义：一是能够以不同的监禁设施来分别关押不同风险的罪犯，这就使得监狱系统能够最大限度地对那些风险程度较高的罪犯保持监管，以确保监管秩序的稳定；二是对那些风险程度较低的罪犯投入较少的司法资源体现了刑罚的节俭性。但是，我们认为，仅以风险程度来划分罪犯类型和监狱类型又可能存在问题：一是将风险程度高的罪犯关押在高度警戒监狱中，狱方可提供的改造计划与方案较少，惩罚性的手段过多，不利于罪犯出狱后重新融入社会，美国重新犯罪率高便是与此相关；二是将那些风险程度相等的罪犯关押进相应等级的监狱，但如果不在此基础之上再次进行分类，有可能会增高罪犯间的交叉感染风险；三是如前所述，仅以心理标准分类的技术可靠性不足，存在着误分之情形。

　　我们国家的罪犯分类制度实行得比较晚，通常认为是以1989年司法部出台的《对罪犯试行分押、分管、分教的实施意见》为标志，自此，全国范围内的三分制度正式开展此后，1994年颁布的《监狱法》又以法律的形式对罪犯分类制度进行了明确。司法部也根据法律的颁布进一步深化了"三分"工

---

　　[1]　J. C. Dean, *Corrections in the United States—A Contemporary Perspective*, Second Edition, Prentice-Hall, 1998, p. 270.

作，对罪犯实行分押、分管、分教，并将"横向分类、纵向分级，分级处遇、分类施教"确定为罪犯分类原则，同时提出了分类纯度要求。自此，全国大部分监狱均按"暴力型""财产型""淫欲型"和其他"四大类型"对罪犯实行分别编队。上海市监狱管理局探索尝试进行"一收一放中分类"，即新收犯监狱负责全市罪犯判刑入监后的新收培训和初次分类，集中负责刑满释放出监前的分类管理和教育，其他监狱按照监区、监房、教育等三个层次进行再分类。此种监狱分类模式在全国具有一定的代表性，全国多数省市监狱局基本上都建立了相同的监狱分类模式。四川省监狱局逐步探索出了片区集中收监，经严格的入监培训鉴定再分流关押改造的分类办法。北京市监狱管理局更是形成了以成年健康犯、新收监、即将刑满释放、老病残罪犯、传染病罪犯、女性罪犯、未成年罪犯为分类标准的特色监狱分类模式，监狱分类较为细化，功能设施相对完备。[1]

从实践来看，我们国家的罪犯分类与监狱分类主要是以生理、刑期、犯罪性质为主要标准，以其他标准为辅助标准。生理方面标准主要包括性别、年龄、健康程度等方面，而刑期方面标准主要包括罪犯原判决的刑期。我国的监狱分类比较简单，基本以罪犯的分类为前提，大体包括男子监狱与女子监狱、成年犯监狱与未成年犯监狱、重刑犯监狱与轻刑犯监狱、[2]工业单位监狱与农业单位监狱等。随着沿海一些发达省份监狱分类工作的推进，有的监狱系统还设立了功能性监狱。如上海市为了使新入监的罪犯得到有效、科学的新犯教育而设立了新收犯监狱，为了使老年罪犯和病残犯能够得到更好的专项改造而设立了老残病犯监狱。在上述分类的基础之上，各个监狱按照司法部"三分"工作的实施意见进行内部分类，原则上应当以犯罪性质进行分押。第二次分押则是以监区为标准，在监狱内部进行筛选，以真正体现分押基础上的分管分教。具体的罪犯与监狱分类标准和分类类型大致如下。

---

〔1〕 参见 http：www.bjjgj.gov.cn/lldt/2475.htm，访问日期：2018年2月1日。

〔2〕 在监狱体制改革之前，我国通常把重刑犯监狱设置为工业单位性质的监狱，而通常把轻刑犯关押在劳改农场，从事农业生产。在监狱体制改革后，所有省市的监狱均要求罪犯从事劳务加工，工业与农业的监狱区分基本不存在，而之前关押重刑犯的工业监狱因为监管设施较好，仍然基本保留为重刑监狱，关押轻刑犯的劳改农场虽然监管设施得到了改善，但仍然只关押刑期较短的罪犯。

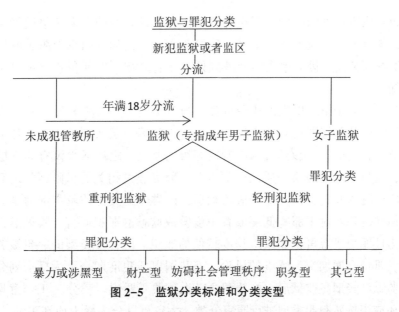

图 2-5 监狱分类标准和分类类型

注：其他型包括除前述四种类型的罪犯，如危害国家安全、军人违反职责等犯罪。

从理论上看，我们国家基本实现了基础性的监狱分类和罪犯分类，这种分类与英美等国的监狱和罪犯分类有着较大的差别。

第一，如图 2-5 所示，我们虽然和发达国家的监狱和罪犯分类标准一样也以生理（性别、年龄）为基础，但最大的区别在于第一层次的罪犯分类。英美国家的罪犯分类是以罪犯的犯罪风险高低为标准进行分类，而我国则是主要以刑期长短进行分类。以再犯罪风险高低进行分类有利于对高风险罪犯的控制，从而有利于监管秩序的稳定。对高度警戒监狱中的罪犯进行严格管理，而对低风险的罪犯以较宽松的管理，这种分类的目的主要是便于管理，从而体现惩罚保障下的罪犯改造，特别是对那些高风险的罪犯强调一定强度的惩罚效果。而我国以刑期长短为标准，我们认为这背后的法理基础仍然是以监管风险为标准的分类，只不过是我们的监狱系统以刑期长短来评定监管风险的高低较英美国家的以再犯罪风险评估标准（包括心理、行为、犯罪性质等）的分类要简单。众所周知，刑期轻重是指人民法院判决的发生法律效力的刑期长短及刑种的轻重，刑期的轻重主要由犯罪的性质、犯罪情节、主观恶习程度以及再犯情况等所决定。不过，刑期轻重与再犯罪风险程度并非完全一致。虽然刑期的轻重能够在一定程度上反映罪犯的风险程度，但罪犯的再犯罪风险程度的评价因素更为复杂，既包括犯罪的因素又包括犯罪人的因素，甚至还包括犯罪人的职业、家庭等因素。比如，因犯受贿罪被判处无期徒刑的职务犯与因多次盗窃而被判处 8 年有期徒刑的罪犯相比再犯风险显然较低。

第二，关于第二层次的罪犯分类，与英美国家的分类相比，我国的分类更为科学。英美等国在对罪犯进行监狱分类和第一层次分类过后，各个风险相同的罪犯会被关押在具有相应警戒等级的监狱，之后通常没有第二层次的分类，这与其监狱的第一层次分类有关。因为经过相关的风险评估之后，比如高度风险的罪犯关押在高警戒监狱后，此类监狱关押的基本都为暴力性罪犯。但问题是，对于那些低度或者中度警戒监狱的罪犯而言，其虽然大都为非暴力性罪犯或者再犯罪风险程度较低的罪犯，但各种类型的罪犯被关押在一起，难免会增加交叉感染的风险。而我国以罪犯刑期轻重为标准划分为重刑犯监狱和轻刑犯监狱后，按照司法部上述关于罪犯"三分"工作意见的规定，还应当按照犯罪类型进行罪犯分类，大致可以分为暴力或涉黑型、财产型、妨碍社会管理秩序型、职务型或者其他型等。如前所述，这种第二层次分类能够最大限度地防止交叉感染，而且在分类技术上简单、易操作。

为了对我们国家的罪犯分类现状进行了解，我们对 J 省女子监狱的罪犯分押情况进行了调研，调研结果如下表。该表表明：该监狱的罪犯分押基本处于缺失状态。该监狱三个监区四种类型的罪犯都有分布，基本分析不出该监狱分类关押的规律。该监狱为该省唯一的女子监狱，按理应该比较容易实现分类关押。另外，我们也对该监狱的三个监区的各个刑期分布情况进行了调研，结果发现，即便按照传统的刑期划分方法，该监狱同样也未能实现有效分押。

表 2-27　J 女子监狱 2018 年 5 月各监区分押情况

	暴力性犯罪	破坏社会主义市场经济秩序罪	妨害社会管理秩序罪	侵犯财产类犯罪
一监区	254	19	222	132
三监区	130	16	144	103
四监区	63	13	80	58
合计	447	48	446	293

表 2-28　J 省女子监狱 2018 年 5 月各监区刑期分布情况

	5 年以下 （含）	5 年~10 年 （含）	10 年~15 年 （含）	15 年~20 年 （含）	无期	死缓
一监区	193	268	45	1	72	67
三监区	137	110	74	0	47	28
四监区	82	45	53	3	22	15
合计	412	423	172	4	141	110

　　随着英美国家的狱政经验和理念被传播到我国，其罪犯分类和监狱分类中以风险程度为标准的分类法也开始被我国所借鉴，在一些省份进行试点后被规定于相关的法律文件当中。司法部分析总结了国内已建监狱的经验教训，重新编制了《监狱建设标准》，经住房和城乡建设部、国家发展和改革委员会批准，于 2010 年 9 月下发了《监狱建设标准》。该标准是全国监狱建设项目决策及合理确定监狱建设水平的统一标准，是审议编制、评估和审批监狱建设项目建议书、可行性研究报告的重要依据，是有关部门审查项目初步设计和监督、检查项目建设全过程的尺度。[1]其中该建设标准中有关于警戒程度监狱的设置起点较高，在借鉴英美等国的监狱分类的基础上，也根据中国监狱行刑的具体实践作出了相应的规定。该标准首次提出建设中度和高度警戒监狱，并对此类监狱提出了相应的标准：

　　第一，规模。该标准第 9 条规定，高度戒备监狱建设规模以关押人数在1000 人~3000 人为宜。

　　第二，关于监狱功能区分。①中度戒备监狱围墙内建筑物距围墙距离不应小于 10 米，高度戒备监狱围墙内建筑物距围墙距离不应小于 15 米。②中度戒备监狱罪犯的学习、劳动、生活等区域应有明确的功能划分，主要建筑物之间应当以不低于 3 米高的防攀爬金属隔离网进行隔离并应有通道相连。③高度戒备监狱应分设若干监区，每个监区封闭独立，应包括罪犯监舍、教育学习、劳动改造、文体活动和警察管理等功能用房，并设检查巡视专用通道；各功能用房之间应设置必要的隔离防护设施等。④高度戒备监狱内各监区、家属会见室、罪犯伙房、罪犯医院、禁闭室等区域之间均应以不低于 4 米高

---

　　〔1〕　参见 http://www.bjjgj.gov.cn/lldt/2475.html，访问日期：2018 年 2 月 2 日。

的防攀爬金属隔离网进行隔离，并用封闭通道相连；封闭通道与各区域连通处应设置牢固的金属防护门；封闭通道内应根据监管安全的实际需要分段设置牢固的金属防护门。⑤中度戒备监狱内的高度戒备监区应自成一区，封闭独立，且应布置在武警岗哨的观察视线范围内，与其他监区、建筑物的距离不宜小于 20 米，并应以不低于 4 米高的防攀爬金属隔离网进行封闭隔离。

第三，关于中度与高度警戒监狱的罪犯与干警人均建筑用房的规定，包括罪犯监舍、罪犯教育用房、禁闭室、家属会见室、干警办公用房等，具体规定为每人平均多少平方米。

第四，关于高度警戒监狱中的罪犯监舍要求。高度戒备监狱每间寝室关押罪犯不应超过 8 人，寝室宜按 5% 单人间、30% 四人间、65% 六至八人间的标准设置，其中单人间应设独立放风间。

第五，关于安全警戒设施。该标准对中度、高度警戒的围墙、电网、电压等标准进行了明确规定。中度戒备监狱围墙一般应高出地面 5.5 米，墙体应达到 0.49 米厚实心砖墙的安全防护要求，围墙上部宜设置武装巡逻道。高度警戒监狱围墙应高出地面 7 米，墙体应达到 0.3 米厚钢筋混凝土的安全防护要求，上部应设置武装巡逻道。高度戒备监狱罪犯室外活动区域宜设置必要的防航空器劫持的设施。

从上述关于中度警戒监狱与高度警戒监狱的标准来看，在近年来各地开展的监狱改建、扩建和新建活动中，现有监狱设施取得了巨大的进步，使得监狱的监管设施完全适应了新时期监狱刑罚执行的要求。但在此我们仍然需要指出，在当前的中国特色中度警戒监狱与高度警戒监狱建设中，存在一些较为突出的问题，概括为以下三点：

第一，监狱建设新标准中关于中、高度警戒监狱建设标准的规定非常详细，实践中监狱的改、扩、建必须按照此标准实施，但却没有公布低度警戒监狱的标准。这里就产生了一个比较大的问题，低度警戒监狱建设的参照标准应当低于中度和高度警戒监狱，但是标准是什么？如前所述，美国的低度警戒的建筑或者设施的任务在于防止设施外的人闯入，可见，低度警戒监狱安全设施的级别非常之低。但在此我们必须指出，按照英美国家警戒等级的划分标准，我国所有的监狱安全警戒设施都是按照高度警戒的监狱标准建设的。不管是监狱人口规模、监狱功能划分、狱政管理设施还是安全警戒设施基本都是可以被划入到高度警戒监狱建设标准的，只不过个别指标（如监狱围墙）可能存在不同。如一般监狱的围墙可能是 5 米，而中高度的警戒监狱是 7 米。但对于有关罪犯活动自由、权利空间、会见标准、罪犯生产空间等并无区别。毕竟英美国家的低度警戒监狱设置的目的主要在于最大限度地模拟监狱中的社会环境，以宽松的监狱规则，最大限度地减少罪犯监狱社会化的过程及负面的后果，为罪犯顺利地重返社会创造条件。而我们国家在未来的监狱分类与罪犯分类的过程中，如果不以预防犯罪为最终目标，那将会使得其监狱行刑功能异化。

第二，在建设中度和高度警戒监狱的过程中，监狱建筑仅为其中一部分，更为关键的问题在于如何构建成熟的狱政管理、监管改造、教育改造、劳动改造、会见、职业培训、禁闭与严管的制度。如果说不同警戒程度的监狱建筑只是不同类型监狱的整体框架，那么不同类型的监狱制度才是体现其本质的东西。因此，如果仅在监管设施上体现关押高风险罪犯的安全性，则与此监狱分类的初衷相违背。监狱监管只是为监狱的惩罚与改造机能的实现提供前提与保障而已，但真正要实现预防主义的行刑观，还必须依靠所有体现惩罚与改造机能的狱政管理、教育改造、劳动改造等制度的科学实施。另外，既然在监管设施上不同等级的警戒监狱有明确的区分，那么在体现惩罚与改造机能的制度方面也应当有所区别。比如，对高度警戒监狱的会见限制应当比中度或者低度警戒监狱的会见更加严格。具体改革的路径还有待后文作详细探究。

第三，当前的罪犯风险鉴别技术并没有被真正开发。既然我们国家的监狱系统在法规上已经被明确在未来监狱的改、扩、建时应当按照不同的警戒等级建设，那么不同警戒等级的监狱建设便是强制性的规定，而在作为硬件的监管设施和作为软件的监管制度齐备的情况下，监狱分类和罪犯分类中的分类技术就成了关键的环节。但遗憾的是，我们至今仍没有看到相关的鉴别工具得到正式开发。而在研究领域，基本也都是介绍或者完全照搬英美等国的罪犯风险评估系统。各个国家的刑罚执行制度、监狱发展状况、犯罪和罪犯情况都有着较大的差异，因此若仅照搬他国的罪犯风险评估系统而不加以本土化，评估的有效性、实用性、可操作性都会大打折扣。

　　狱制随社会形态的发展经历了不同的发展形态，它与人类社会的发展形态似乎一致。从刑罚进化论的观点来看，刑罚及监狱进化论是社会进化论的一个特殊理论组成部分，在社会形态进化的过程中，刑罚的演化作为其中的一部分，是和社会形态相适应的。监狱作为刑罚发展过程的历史选择产物，在根源上离不开社会有机体整体性力量的组合与演化，是人类社会集体意识的选择结果。据此，从理论预设的角度来看，当代中国社会需要的监狱也应当是和中国整个社会发展情状相契合的，既不应当滞后于社会的发展，也不可能远超当前的社会发展水平。[1]前述第二章所阐述的中国监狱的发展面临着诸多问题，监狱行刑改革同样面临着方向性的选择。当我们认清了中国监狱行刑改革面临的诸多问题时，我们才能够在此基础之上对监狱行刑改革的目标、范式进行深入探讨。

第一节　监狱行刑改革的目标选择：以再犯罪风险控制为导向

　　当中国社会的改革已经进入深水区时，面临的最大问题就是要认清改革所要达到的目标，这就是所谓的"顶层设计"。如果连改革的基本目标都无法认清，那么监狱行刑改革必将失去基本方向，从而浪费有限的国家刑事司法资源。因此，如何定位监狱行刑改革的目标具有重要的意义。

一、监狱行刑改革的目标与监狱行刑目的的二元区分

　　监狱行刑的目标与监狱行刑改革的目标并非同一层次。监狱行刑的目标

――――――――――

　　[1]　刘崇亮：《范畴与立场：监狱惩罚的限制》，中国法制出版社 2015 年版，第 1 页。

即刑罚执行的目标，或被称为刑罚执行的目的，正如刑罚的本质、刑罚的功能、刑罚的目的共同构成刑罚哲学的复杂体系，刑罚执行同样也在本质、功能及目的意义上成立。刑罚执行的本质、功能及目的是通过所有刑罚执行制度、法律、政策以及行刑实践的具体行为证明的，但又具有自己的内涵与特征。我们在谈及监狱行刑改革的目标选择之前，必须要清楚地界定监狱行刑的本质、功能及目的。刑罚执行的本质、功能及目的是刑罚的本质、功能及目的理论的一部分，是刑罚理论的进一步深化。在国家主体性权力的形成过程中，惩罚权是先于国家主体形成的。原始社会的对等惩罚与报复可以说明，在惩罚权漫长的衍化过程中，它的成熟成了国家形成的必要条件，而国家在形成的漫长过程里，对罪犯的专有惩罚权又渐渐地归属国家的主体性的权力。在国家与权力衍化的架构中，即资本主义国家形成以前的一般国家形态中，国家权力是一体化的，对犯罪人的行刑权和惩罚权的权力配置并没有被单独分化出来，通常是被认为和国家的行政权混合在一起的，在古代中国的表现尤为如此。刑罚权被科学划分，源于资本主义国家形成过程中三权分立的国家权力架构建立，立法权、行政权和司法权分别由立法机关、行政机关和司法机关行使，形成了互相制约、互相监督的权力运行机制。在刑事法治日益完善的过程中，形成了关于涉及人身自由的法律必须由国家最高立法机关制定的立法原则和刑事司法公正独立审判原则，依附于裁判权的刑罚执行权最终被分离出来。在国家刑罚权的完全构成中，制刑权、求刑权、量刑权和行刑权被分别配置在刑罚权运行的立法、侦查、起诉、审判和执行等五阶段之中，刑罚权的四项权能构成了国家刑罚权力的完整体系，前一权能是后一权能的条件和前提，后一权能是前一权能的承续和运行结果。在国家刑罚权的五个阶段和四项权能的理性配置过程中，监狱最终成了最为主要的行刑权的载体。[1]当刑罚权被解构成四个运行机制时，刑罚理论才有了更为科学的阐述和具化。当刑罚权的运行被分成四个部分时，刑罚的本质、功能及目的也相应地被分成四个部分，而刑罚执行的本质、功能及目的则也可被视为规范的行刑哲学命题。

　　刑罚理论一般认为，刑罚权是刑罚创制权、刑罚裁量权和刑罚执行权的统一，在解决刑罚本质是报应刑还是目的刑的争论时，迈耶提出了分配主义。

---

　　〔1〕　刘崇亮：《本体与维度：监狱惩罚机能研究》，中国长安出版社 2012 年版，第 177 页。

其在解决刑罚的本质时，虽然也承认刑罚的本质仍然在于报应，但也有条件地承认刑罚的预防目的。他把刑罚运行活动分为立法、量刑和行刑，与之相对，刑罚权也被划分为刑罚立法权、刑罚裁量权和刑罚执行权。按照刑罚权的分配，刑罚的本质属性在三个阶段和三个方面反映的侧重点实际上并不一样。在刑罚立法权的行使阶段，刑罚的本质主要表现为报应刑；在刑罚裁量权的行使阶段，刑罚的本质主要表现为法的确证；在刑罚的执行阶段，刑罚的本质主要表现为目的刑。迈耶的分配理论为报应刑和教育刑针锋相对的争论提供了一个新的解决方向，即刑罚本质是综合刑主义，此后，综合刑主义在刑事立法和刑事司法实践中得到迅速发展。[1]

在关于刑罚本质理论的争议成为刑法流派之争的一个重要内容后，刑罚功能与刑罚目的理论也日趋成熟。刑罚理论的成熟使得行刑哲学理论有了更为坚实的基础。关于刑罚执行的本质，我们认为，它是刑罚本质理论的一部分，同时其本身也具有属于自己的范畴。

在谈及监狱刑罚执行的目的时，我们必须先区分刑罚执行的功能与目的。惩罚和改造只是作为监狱行刑的机能或者说功能，从文义上区分，功能是使监狱行刑活动可能产生的积极社会作用，它是刑罚的功能在刑事执行中的具体体现，是刑罚本质的外化。通说认为，刑罚的本质一是报应，二是改造。目的是主体从事某种活动所预期的结果，所以，刑事执行立法的目的实际上也是行刑主体对行刑活动的一种主观要求。从根本上说，刑事执行目的的实现有赖于刑事执行功能的整体发挥。既然惩罚和改造是作为刑事执行的功能而存在的，那么惩罚和改造能不能作为刑事执行的目的而存在呢？比如说，电视遥控器的功能就是遥控，而通过使用它以达到不用去使用电视机开关的方便目的，从此小例即可说明两者根本不能画等号。因此，有的学者把行刑的功能作为第一或第二次的目的，其实正是混淆了功能和目的的本来含义。

刑罚执行的目的只能是预防犯罪，其中包括一般预防和特殊预防。如果硬要从法条注释学的角度来解读，我国《监狱法》第 1 条规定的"为了正确执行刑罚，惩罚和改造罪犯，减少和预防犯罪"确实是分层次的立法。正确执行刑罚、惩罚和改造罪犯、减少和预防犯罪呈现递进性：执行刑罚是刑事执行的主要内容和根本任务，而为了完成这一根本任务，惩罚和改造罪犯是

---

〔1〕 刘崇亮：《本体与维度：监狱惩罚机能研究》，中国长安出版社 2012 年版，第 59 页。

行刑必须具备的基本功能，预防和减少犯罪是根本目的，根本目的的实现取决于功能的整体发挥。"对于犯罪预防中的一般预防和特殊预防，虽然刑罚权实现的每个环节都能有所体现，但是刑罚权行使的不同阶段对于一般预防和特殊预防的偏重是不同的。一般而言在刑罚的制定阶段侧重于一般预防，在定罪量刑阶段一般预防与特殊预防地位平等，而在刑罚的执行阶段则更侧重于特殊预防。在监狱的刑罚执行阶段，特殊预防占主要地位，一般预防占次要地位。刑罚一般预防的目的在刑罚权的前期权能行使过程中已经得到充分体现，一般预防的目的也基本达到。到了刑罚的执行阶段，特别是监狱的刑罚执行阶段，特殊预防的地位就提高了。"[1]

　　既然刑罚执行的根本目的是预防犯罪，那么我们倡导的监狱行刑改革就必须围绕着监狱刑罚执行的根本目的展开。但是，监狱行刑改革的目标不但是针对刑罚执行的根本目的，还应当与监狱刑罚执行的本质与功能相契合，即监狱行刑改革的目标应当旨在满足监狱刑罚执行的目的、本质与功能的正面需求。因为监狱刑罚执行的目的、本质与功能都是体现监狱行刑的正面因素，其摒弃了监狱行刑的负面因素而突出了"监狱的正能量"，所以监狱行刑改革也只能反映监狱行刑的本质，实现监狱行刑的目的，发挥监狱行刑的功能。而监狱行刑改革的目标看似多元，因为监狱行刑的本质是报应与教育，属于二元，监狱行刑的根本目的为预防犯罪，属于一元，监狱行刑的功能包括威慑、挽救、改造、经济补偿、生产等，属于多元。但我们所要谈论的改革必须以一个目标为导向，使得监狱行刑改革在真正意义上迎合了上述三者的需求。

二、再犯罪风险控制的目标选择与刑罚执行改革相契合的基础论证

　　如上所述，我们把刑罚执行的本质界定为报应与教育的综合，把刑罚执行的功能界定为惩罚与改造，把刑罚执行的目的界定为预防犯罪。因此，在未来的监狱改革中，改革的目标应当体现刑罚执行的本质、发挥刑罚执行的功能、实现刑罚执行的目标，因此，监狱行刑改革的目标选择只能与三者都互相契合。我们认为，再犯罪风险控制应当是监狱行刑改革的目标选择，即

[1]　韩玉胜、刘崇亮："刑事执行立法的目的与原则"，载《昆明理工大学学报（社会科学版）》2010年第3期。

在未来的监狱行刑改革中应当以再犯罪风险控制为导向。

（1）再犯罪风险控制与刑罚执行的本质相契合。刑罚执行的本质在迈耶看来是目的刑，即实现对罪犯的矫正，使罪犯成为好人。但我们难以赞成此观点。作为刑罚权的最后一道工序，监狱刑罚执行的首要任务就是要把罪犯改造成为一个好人。但正如刑罚权的其他阶段一样，刑罚执行的本质还不止于把罪犯改造成一个好人。从历史与逻辑出发，监狱的刑罚执行的本质还在于惩罚或者报应。惩罚与监狱的关系自监狱的诞生那天起就本能地存在着，教育或者改造只不过是随着现代狱制文明的崛起对惩罚负面效果的补充。作为现代监狱存在的根据，如果只是将改造作为其唯一根据，那么监狱所有内在与外在的与惩罚相关联的从器物到制度都可以被免除，若没有惩罚属性的存在，监狱还能够成为监狱么？因此，我们认为，监狱刑罚执行的本质既在于改造或者教育，更在于报应或者惩罚，综合刑主义仍然适用于反映刑罚执行的本质。那么，为什么我们所倡导的再犯罪风险控制与综合刑主义能够契合呢？再犯罪风险控制指的是狱内的所有刑罚执行的制度与活动都应该以减少全体罪犯的再犯罪风险为出发点。

首先，再犯罪风险控制与刑罚执行的报应属性相契合。报应刑论的核心观点对于监狱的刑罚执行来说，意味着通过对狱中服刑的罪犯的自由及其他权利进行依法的剥夺或者限制，以实现所谓的"法的确证"。这种法的确证有两方面的含义：一方面，监狱通过对罪犯剥夺自由及权利，向罪犯宣示因为破坏法的秩序而应该受到必要而及时的法的报应，以恢复法的秩序，最终体现法的正义；另一方面，监狱通过对罪犯执行刑罚，回应了被害人及其家属对于报应需求的情感，最终保护了正义。我们认为，报应不仅在于对罪犯的单纯已然之罪的直接报复，还在于旨在防止进一步的危害。正如尼采所言，对罪犯所实施的惩罚一方面是为了消除犯罪的危害，另一方面则旨在防止进一步的危害；惩罚可以为犯罪人制造恐惧以及抵消犯罪人所得到的利益。而对于非利害相关人而言，目睹惩罚的方式和场面会成为一种预防式的记忆。[1]这本身就是一个问题的两个侧面。将行刑定位于惩罚或者报应，本质上还是为了实现法的正义，而如果进一步把对罪犯施以惩罚或者报应的效果提升到把一个罪犯变成好人，惩罚或者报应就在更高的层次上实现了法的确证。而把

---

〔1〕［德］尼采：《论道德的谱系》，周红译，生活·读书·新知三联书店 1992 年版，第 59 页。

再犯罪风险控制作为监狱行刑改革的目标正是契合了监狱行刑的惩罚或者报应的本质。罪犯作为实施了社会危害行为的人，被监禁在狱内，监狱通过对罪犯自由或者其他权利的剥夺，最大限度地剥夺了罪犯的再犯罪能力；通过对罪犯的特殊威慑，即如果在狱内不思忏悔仍然想重新破坏法的秩序甚至重新犯罪，将受到更进一步的惩罚或者报应，从而最大限度地控制罪犯的再犯罪风险。所以，就刑罚执行的惩罚属性来看，再犯罪风险控制与监狱行刑改革是相契合的。监狱行刑改革体现在监狱惩罚属性方面的内容，不应当仅为惩罚而惩罚、仅为报应而报应，还应当体现以再犯罪风险控制为导向。那些的确能够体现惩罚的属性而且不违反现有监狱行刑法律和制度的措施，若会增加再犯罪风险，则应当坚决给予废除。

其次，再犯罪风险控制与刑罚执行的教育属性相契合。刑罚执行的教育属性体现在个别矫正或者改造意义上。从现代意义上看，将教育刑作为刑罚的本质是近代刑法学向现代刑法学发展的主要标志。近代学派主张刑罚的关注点应当由行为转投行为人，刑罚的意义在于教育罪犯不再犯罪。如贝卡里亚指出："预防犯罪的最可靠但也是最艰难的措施是：完善教育。……教育的基本准则：教育不在于课目繁多而无成果，而在于选择上的准确，当偶然性和随意性向青年稚嫩的心灵提供道德现象和物理现象的摹本时，教育起着正本清源的作用；教育通过感情的捷径，把年轻的心灵引向道德，为了防止它们误入歧途，教育借助的是指出需要和危害的无可辩驳性，而不是捉摸不定的命令，命令得来的只是虚假的和暂时的服从。"[1]边沁指出："在下列情况下惩罚无必要：用较小的代价便可以有效地防止犯罪行径的目的，例如教育，就像依靠恐惧一样有效；依靠晓之以理，就像依靠直接影响意愿一样成功。"[2]刑罚执行在整个刑罚权的运行过程中，较前面所有的环节更能体现教育的属性。在边沁所指出的刑罚执行过程中，教育或者改造对于那些无太多惩罚必要性的罪犯可以用最小的代价实现预防犯罪，再犯罪风险的控制技术使得边沁的理论具有实现的可能。如果说刑罚的教育属性只是启蒙时代给予刑罚执行中罪犯改造的正确定位，从而使得刑罚的强制性适用于所有犯罪人而具有存在的合理性，那么再犯罪风险控制便给罪犯改造提供了技术基础。特别是在

---

〔1〕 ［意］切萨雷·贝卡里亚：《论犯罪与刑罚》，黄风译，中国法制出版社2002年版，第132页。
〔2〕 ［英］边沁：《道德与立法原理导论》，时殷弘译，商务印书馆2000年版，第223页。

当代，滥觞于英美等国的风险预测、评估及治疗技术的成熟，惩罚与改造的天平倾斜于惩罚的监狱行刑，即改造在英美等国的监狱系统中开始盛行，并且改造效果较以前的时代更具有说服力。使用客观的再犯罪风险或者分类工具可以追溯到美国的学者伯吉斯于 1928 年研制的预测假释的工具。伯吉斯研制的量表既包括罪犯的犯罪史、家庭史和社会因素，还包括调整或者变化因素。

伯吉斯给每个因素赋值，制成预测量表，得分越高的罪犯假释的可能性越高。虽然此后美国的控制再犯罪风险技术不断提高，但对于罪犯的风险预测仍基本沿用了该模式。随着罪犯风险水平鉴别技术的日益成熟，选择性的监禁和根据不同的危险水平给予相应的教育或者改造，使得 1980 年以来美国大部分地区的监狱人口的风险水平渐趋下降。如图 3-1，在 1980 到 1998 年间，监狱人口的平均危险水平从最高的 7.58% 下降到了 7.01%。[1]

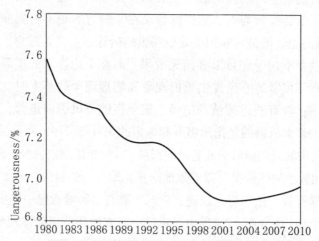

图 3-1　1980 年至 2010 年美国加利福尼亚州立监狱危险水平变化图

对于我国来说，再犯罪风险控制与刑罚执行的教育属性更具有契合性。改革开放以来，随着监狱人口规模的不断扩大，狱内刑期结构不断趋重，监狱的监管风险不断提升。监狱面临的一个较为窘迫的问题就是如何鉴别罪犯

---

〔1〕 Kathleen Auerhahn, *Dangerousness and Incapacitation: A Predictive Evaluation of Sentencing Policy Reform in California*, Bell & Howell Information and Learning Company, p. 224.

的风险，真正实现罪犯的分类，然后在分类的基础之上对罪犯实行真正意义上的分类改造。笔者在第二章谈及监狱分类改造中的问题时就指出，监狱仅以刑期长短来作为罪犯危险程度的划分依据，并以此来作为分类关押的标准存在着严重缺陷，而对罪犯的风险进行合理鉴别才是更为科学的做法。只有把改造与罪犯的再犯罪风险控制技术结合起来，才有可能使得改造的效果有坚实的基础。

（2）再犯罪风险控制与刑罚执行的目的与功能相契合。刑罚执行的目的与功能通常被结合在一起论述，因为刑罚执行的目的必须通过刑罚执行功能的正常发挥来实现，而刑罚功能的正常发挥是以监狱执行的目的为基本条件的。在此，我们试着分析再犯罪风险控制作为监狱行刑改革的目标选择：它不仅是监狱行刑本质的准确反映，还与刑罚执行的目的和功能相契合。我们已经论及了监狱行刑的根本目的为预防犯罪，包括一般预防和特殊预防。可以说，不管刑罚执行的性质是持报应刑论还是持教育刑论，监狱对罪犯执行刑罚的目的都是为了预防犯罪。所谓的一般预防指的是监狱通过对罪犯的刑罚执行防止社会一般人犯罪。一般预防的对象是社会一般人，既包括有犯罪危险的人，也包括没有犯罪倾向的人。

首先，再犯罪风险控制作为监狱行刑改革的目标导向是由一般预防的刑罚目的所决定的。刑罚执行的一般预防的目的是通过刑罚执行的功能来实现的，包括威慑、抚慰、教育等功能。

所谓刑罚执行的威慑功能指的是监狱通过对罪犯的监禁、自由及其他权利的剥夺等，警告那些有犯罪倾向或者犯罪危险的公民，如果危害社会则会受到同等的处罚。当然，刑罚执行的威慑功能也反映了行刑的报应属性，如果监狱这一报应的存在物失去了报应的属性，那么监狱就会失去存在的正当性根据，与学校、医院等社会组织将没有根本区别。监狱首先是通过发挥对罪犯的威慑而实现对罪犯的风险控制，使其在狱内的犯罪能力受到根本性的剥夺，从而顺利实现监狱刑罚执行的一般预防目的。

所谓监狱执行中的抚慰功能，指的是监狱通过对罪犯的自由及其他权利的剥夺，从而实现对被害人及其家属的情感安慰。而再犯罪风险控制对于监狱的抚慰功能来说也的确具有重大的导向性作用。从各自的内涵和外延来看，二者的关联性似乎并不强，有人甚至会认为两者根本没有关联。但我们认为，再犯罪风险控制基于其本身的技术性鉴别作用，对于监狱的抚慰功能同样能够起导向作用，从而有利于实现一般预防的功能。比如夫妻同居会见制度就是一个较好的例子。在 1970 年以前，美国只有加利福尼亚州实行罪犯夫妻会见（conjugal visit），到后来扩展到 7 个州，后因国家监狱刑事政策趋紧，夫妻会见于 20 世纪 90 年代被普遍废除，现行美国监狱系统对罪犯的夫妻会见持反对态度。[1]我国 20 世纪 90 年代中期兴起罪犯夫妻同居会见，后来甚至扩展到了优待会见制度，即同居会见的范围不仅限于夫妻，甚至还包括父子、母女、兄弟、姐妹间。该制度实施了几年后到 20 世纪 90 年代末期在全国范围内基本被废除，虽然也有些地区保留，但仅在个别地区试点运行。夫妻同居会见制度被有关的新闻报道后遭到了专家学者和民众的广泛质疑。[2]可以说，正是公众对夫妻会见制度的广泛质疑，使得该制度在实践中受到了严格限制。而公众最为直观的质疑是，允许罪犯拥有夫妻同居的性权利是对受害人情感的第二次伤害。因此，罪犯夫妻同居制度有可能会违反刑罚执行的情感抚慰功能，从而不利于一般预防目的的实现。那么，为什么再犯罪风险控制对于罪犯的夫妻同居制度具有导向作用呢？理由在于罪犯的夫妻同居制度不但有违刑罚抚慰受害人及其家属的功能，其对于罪犯的改造有多大的效果到目前为止还并没有实证意义上的结论，具体效果还有待日后相关的实证研究。至少到目前为止，如果我们作简单的相关性判断，会发现罪犯夫妻同居制度对于再犯罪风险的控制并没有明显的效果。我国在实施罪犯夫妻同居制度期间，作为犯罪率重要的统计指标的人口监禁率在 1992 年到 2000 年期间，从 152/100 000 持续上升到 169/100 000，在不到八年的时间人口监禁率上升了 17/100 000。同期犯罪率的明显上升足以说明该制度本身的改造效果具有局限性。

所谓刑罚执行对一般人的教育功能就是基于监狱对罪犯执行刑罚，教育公众不应当违反刑法，否则也会同样受到刑罚的惩罚。在刑罚理论中，部分学者并不认同一般预防的对象包括公众，而是认为一般预防的对象只能是有

---

〔1〕 Harry E. Allen & Clifford E. Simonsen, "Corrections in America: An Introduction", *Upper Saddle River*, Prentice-Hall, 2011, p. 447.

〔2〕 如《中国青年报》2002 年 2 月份的一篇题为《质疑监狱的夫妻同居》的报道就对该制度进行了批评。该报道认为："给予特殊'待遇'是个教育、促进的好办法，但同是失去自由的犯人，夫妻同居权随之也都丧失，现在监狱又法外开恩，给 A 级犯人这样的权利，难道夫妻同居权能作为奖励的东西而存在，而不必人人平等吗？按照权利法定的原则，犯人入监后，失去的权利都被法律明明白白地列出，谁也没有权力弹性地收放，即便是为了利于改造也不行，否则就是背离法律。"

犯罪倾向或者不稳定的社会分子。我们认为，刑罚执行的功能是刑罚执行过程中可能起到的正面效果，它是刑罚执行目的在实现过程中所必须具备的条件，即刑罚执行没有良好的效果便可能无法实现刑罚的目的。刑罚执行本身是执法的过程，正如法的作用包括法的指引与教育功能一样，刑罚执行也应当具有教育功能，即刑罚执行的正面效果让公众明白只有守法才不会承担刑罚义务。而以再犯罪风险控制作为监狱行刑改革的目标也体现了刑罚执行的教育功能。只有当把再犯罪风险的控制作为监狱行刑改革的目标选择时，即当再犯罪风险控制实现时，公众才有可能对刑罚执行积极效果表示认同，而只有公众对刑罚执行的效果表示认同时，刑罚执行的教育功能才能实现最大化，从而最大限度地实现一般预防的刑罚目的。

其次，再犯罪风险控制作为监狱行刑改革的目标导向是由个别预防的刑罚目的所决定的。个别预防对于监狱的刑罚执行具有特别的意义。个别预防是随着近代学派的兴起而昌盛的，指的是刑罚执行的目的在于对罪犯进行个别化矫正，预防其重新犯罪，所以个别预防的对象仅为罪犯。可以说，个别预防是从罪犯矫正意义出发的，近代学派的个别预防论为近代监狱改革提供了理论基础。欧洲的监狱系统在 19 世纪末及 20 世纪初秩序十分混乱，重新犯罪率高，监狱成了负面的代词。以龙布罗梭、菲利、李斯特为代表的近代学派的学者力主对监狱进行分类，对罪犯进行分类，并分别给予矫正，从而实现个别预防的刑罚目的。对犯罪人的根本关注，促使近代学派与古典学派在犯罪学领域及刑法学领域形成了根本对立。以个别预防为理念的近代学派，既关注到了人本身的犯罪性因素，即生物学因素，又由个人责任过渡到社会责任，即社会因素也是主要的犯罪性作用，另外还认识到地理性或者自然环境因素在一定条件下也对某些罪犯起着驱动性因素。当三元论得到近代学派代表人物的承认后，犯罪学才真正成为显学，并对刑罚理论以及矫正理论产生显著影响。

近代学派对罪犯的关注体现在以犯罪恶习及人身危险性程度来揭示犯罪倾向和提供相应的矫治对策。虽然一般预防论也将人身危险性和犯罪恶习程度作为惩罚罪犯的根据，但个别预防论从人身危险性的假定中推出的是运用刑罚对特定的个人予以教育、矫正与改造的必要性；剥夺犯罪能力论则从这一假定中得出了运用刑罚阻止人身危险性外化为危害行为的必要性。个别预防论认为，对能够改造的具有人身危险性的罪犯，国家必须组织足够的力量，有组织、有计划地予以教育与改造，而对不可矫正的具有人身危险性的罪犯有必要剥夺其犯罪能力，那些具有重大人身危险且没有改造可能性的罪犯应当被终身监禁在监狱之中。比如，菲利根据犯罪的恶习程度和人身危险性大小的不同，将犯罪人分为五类：①天生犯罪人，亦即"天生具有某种犯罪倾向的人"；②精神病犯，"患有某种刑法所承认的精神病的犯罪人"；③习惯性罪犯，即"主要是由于社会对犯罪的预防和镇压措施无效而染上犯罪习惯的人"；④偶犯，"指一个人犯了一种轻罪，与其说他是为其退化人格的攻击驱力所支使，不如说是被其社会环境导入歧途"；⑤情感犯，即受情感支配而犯罪的人。菲利认为，前三类犯罪人的人身危险性大，后两类犯罪人的人身危险性小。李斯特将犯罪人分为"偶发犯"与"危险犯"两类，前者是指受外界环境之影响而偶然发生犯罪行为之犯罪人，亦即并非由于犯人内在的不良性格上的因素，而是由于外在情况的因素而造成犯罪的人。而后者则是内在的不良性格起主要作用的犯罪人，又分为有矫治可能性者与无矫治可能性者（亦即习惯犯）两种。李斯特认为，偶发犯的人身危险性最小，有矫治可能性的情况犯的人身危险性稍大，无矫治可能性的情况犯（亦即习惯犯）的人身危险性最大。[1]

以再犯罪风险控制作为监狱行刑改革的目标导向，个别预防理论相较一般预防理论可谓具有更高的契合度。因为相比于威慑和惩罚，监狱对罪犯的改造更能够实现对再犯罪的风险控制。从另外一个侧面看，再犯罪风险控制技术为罪犯的改造提供了技术基础。近代学派眼中的人身危险性与我们所主张的再犯罪风险控制一脉相承，但再犯罪风险控制理论中的风险比人身危险中的危险内涵与外延更广。再犯罪风险控制理论不仅指罪犯的人身危险性评价，还包括再犯罪风险评估以及在评估基础之上的鉴别、循证及改造。比如，人身危险性的评价因素大部分包括罪犯的犯罪情节、主观恶习、精神状态以及罪后态度等，而再犯罪风险评估则不但应当涵盖所有的人身危险性的评价要素，还应当包括诸如其成长史、家庭环境、教育经验、工作经历以及在监狱服刑期间所有的表现（本书后面将作深入的研究）。特别是以再犯罪风险控制作为监狱行刑改革的目标具有更多现实的意义，从个别预防理论的角度来看，只有对罪犯的刑罚执行完毕后，罪犯重返社会，其再犯罪风险才能真正

---

〔1〕 参见马克昌主编：《近代西方刑法学说史略》，中国检察出版社 2004 年版，第 89 页。

得到控制，人身危险性降低，监狱刑罚执行的个别预防目的才能真正实现。

三、再犯罪风险控制：新刑罚理论的理论核心

当人类社会进入工业社会后，特别是在后工业化时代，风险的概念在政治、经济、文化、法律等领域成为核心词汇。在刑罚领域，人们在把报应作为刑罚的存在根据时，发现纯粹的情感、道德、观念上的报复无法保障社会的稳定，当报应无法保障社会稳定时，近代学派转而迈向未来之罪，即在风险社会的条件下，使犯罪风险得以控制从而保卫社会。在风险社会条件下，再犯罪风险控制应当成为刑罚理论的新理念，我们尝试对其进行深入分析。

毫无疑问，当代社会相较以前的社会，可谓是风险社会。"突然间，公众和政治将它们的规则延展到工厂管理的私人领域——产品计划和技术设施。公众有关风险定义的讨论的要点，在这里以一种典范的方式展现出来：那不仅是自然和人类的健康的次级问题，而且是这些副作用所带来的社会的、经济的和政治的后果——市场崩溃、资本贬值、对工业决策的官僚审查……法律程序和威信的丧失。风险社会是一个灾难社会。在其中，异常的情况有成为屡见不鲜的情况的危险。"[1]当代社会学的研究表明，工业社会经由其本身系统制造的危险而身不由己地突变为风险社会。"在现代社会中，社会的财富生产总体上是伴随着社会风险的产生而产生的，相应地，和社会财富分配相关的问题和冲突是来源于科学技术产生的风险的发生、界定和分配过程中的问题和冲突相重叠的。人类社会由稀缺社会的财富分配逻辑转变到后现代的风险分配逻辑至少和两个条件相关：一是至少现在已经被承认的，在某种程度上，客观的物质需要通过人类和科技生产力的发展及福利国家和法律制度的保护规制而被客观地减少和社会化地孤立，二是这种类别的改变同样取决于这样的事实，即在现代化的过程中随着生产力的指数级地倍增，损害和潜在的威胁以前所未有的速度被释放。"与传统风险相比，现代意义的风险表现出了以下几个特质：一是风险的人为化，即人为风险超过自然风险成为现代风险结构中的主导内容；二是风险开辟了更多自由选择可能性的效果，即风险本身具有不确定性与危险；三是从风险的时间和空间的分布上，其影响力具有延展性；四是风险影响途径的不确定性，即风险往往会超出人类自然感

---

〔1〕 ［德］乌尔里希·贝克：《风险社会》，何博闻译，译林出版社2003年版，第23页。

知的范围，在人类的认识能力之外；五是风险的建构本性，即风险本身是社会建构过程的产物。[1] 在表现出上述特质的现代风险社会里，因为风险人为存在具有不确定性，以及时间空间分布和对人类影响的非规律性，在超出人类可控制的非理性的认识范畴时，灾难像其他纷繁复杂的社会现象一样（如从交通事故、食品安全事故、环境污染事故、安全生产事故到其他的危害人类社会公共安全的事故等）总是困扰着人类的福祉。

"风险是一个复杂的现象，不仅是计算故障、损害和危险的概率。尽管常常被作为一个通俗易懂和价值无涉的术语，随着对可能性、影响和后果等观点的激烈争鸣，风险逐渐被认为是高度政治化和高度价值化了的。对风险的争论和批评已经开始进入了公众、政治和私人的领域了。"[2] 赫兹·肯肖尔把风险认定为是一个与价值无涉的概念，因为其对社会生活的影响渗透到了社会环境中的每一个角落。应当承认，对于那些自然界中的损害或灾难，在纯物理性的考察中确实是没有被价值化，但是，因为人类活动也参与到其中，由于受人为因素（比如故意或过失的心理态度）所支配，再由法作系统评价，于是风险便被价值化了。在刑事法的领域中，因为法的评价系统的价值观念表现得尤其突出，因此刑法对风险概念的价值维度的评价应当比其他的政治或法律制度的评价都要细致、认真。刑法具有社会保护和人权保障机能以及生杀予夺的本质，风险不但不囿于故意犯及过失结果犯被规制，过失行为犯在现代风险社会中也被犯罪个别化了。"后现代被认为具有全球性的风险，对这种风险可能性偶然的了解及未来影响和结果的不确定性，刑法学家也开始把这些术语用于分析风险和犯罪，他们把注意力集中在风险和后现代主义新的刑罚形式关系上，以及把注意力重点集中在因应付风险而不断出现的社会控制形式上。"[3] 作为社会控制形式之一的刑法控制，把过失行为从故意行为中分离出来，其重要的原因之一就是：在风险社会中，与风险的无所不在相伴的是人们对诸多影响自身生活际遇的事件的无力控制感的蔓延。风险意识加剧了公众的焦虑感和危机感，"如何为个人的存在提供制度上的安全保障"，开始支配公共政策的走向，面对如此多的挑战与不确定性，不

---

〔1〕 劳东燕：《刑法基础的理论展开》，北京大学出版社 2008 年版，第 8 页。

〔2〕 Hazel Kemshall, *Risk, Social Policy And Welfare*, Open university Press, 2001, p. 4.

〔3〕 Hazel Kemshall, *Risk, Social Policy And Welfare*, Open university Press, 2001, p. 4.

仅个人需要不断地进行风险管理，现代国家也必须更多地以管理不安全性为目标。[1]

相较犯罪论领域中的犯罪过失设置的前提，刑罚领域对风险概念的引入更具有理论与现实意义。20世纪在英美等国家中兴起的新刑罚理论，更多地引入了风险概念。新刑罚理论较旧刑罚理论的改变被认为包括三个方面：

第一，新的叙事语言出现。新的叙事语言主要包括可能性、风险增加，它们取代了原先的临床与报应性判断（clinical diagnosis and retributive judgement）。

第二，刑罚制度新目标的形成。理想中，新刑罚的目标不是简单的新而是在某种程度上的综合。我们感兴趣的是内部制度过程的有效控制。像减少累犯这样的目标已经以重要的方式内在的形成。

第三，新技术的运用。新技术的目标就是把罪犯作为一个整体以取代传统的把罪犯作为完全单个的个体。[2]

新刑罚理论更注重整体目标，虽然也不排斥传统意义上的个体的改造或者对具体罪行的控制，但随着一些国家的犯罪人口规模和刑罚量的不断增加，原有的矫正理论在刑罚领域受到了质疑。当然，传统意义上的罪责与矫正理论不会受到根本否定，但新刑罚理论在目标、语言叙事和新技术的运用上呈现出了新的表述。与旧刑罚理论相比，新刑罚明显更不关心责任、过错、道德、干预或者对个体的矫治。相反，它更关心运用新技术鉴别、分类或者管理风险。任务是管理而非管理性质，它追求管理或者规制越轨的水平，而不是对个体违法者或者越轨者的干预。新刑罚学并没有谈及有问题的个体需要矫正或者道德上不负责任的罪犯需要为他们的行为负起责任，而是更多地考虑刑事司法制度本身追求的是系统的理性和有效性。另外一个比较突出的特点是，新刑罚学追求的分类和划分等级，把危险性较低和危险性较高罪犯的区分开来，以便更理性地制订控制政策。而这些所运用的工具都是技术性指标，包括预测量表、人口方案等等。在方法上，单个诊断和回应被整体上的

---

〔1〕　刘崇亮："风险社会视野下过失犯构成设置模式之思考"，载《中国人民公安大学学报（社会科学版）》2010年第4期。

〔2〕　Malcolm M. Feeley & Jonathan Simon, "The New Penology: Notes on the Emerging Strategy of Corrections and Its Implications", *Berkeley Law Scholarship Repository*, 1992（1）.

归类制度所替代，以便用以监督、监禁和控制。[1]

在当代风险社会条件下，再犯罪风险控制之所以会成为新刑罚理论的核心主题，是因人们在对传统刑罚理论未能顺利解决打击犯罪和改造罪犯的问题时出现的新的思考方向。当代刑罚研究领域之所以能够把风险控制与刑罚理论结合在一起，还是与人们对风险社会的诸多不确定的因素随着预测技术的发达而能够被大致预测有关。风险社会概念被提出的时代背景大概是20世纪50年代工业发展给人类社会发展带来了极不稳定的因素，风险认知是对各种风险因素的主观认识和评价，是社会和文化的意识范畴，不同社会环境及文化背景下生活的人们所具有的价值观、文化认知和历史认同，其本身就是特定的心理模式。虽然有关风险认知的演变和观点看上去复杂而难以捉摸，其实风险认知就是对风险的态度和直觉的判断，理论与实践共同影响这种判断，其中包括对于风险的认知和判断、主观的评价与偏好、风险应对的态度和行为等。其实，风险认知已经悄然扎根于现代社会的每个个人和集体的意识之中，对于目前全球的风险因素，大家都有一定的认识，包括饥荒、恐怖主义、传染病、污染等，尤其是像交通和食品这样的日常生活中的风险是人们最为关注的问题。[2]而在传统刑法理论中，人们对风险的认知导致了风险刑法的诞生，刑法规制社会生活领域的触角大大提前，不仅过失犯被各种具体的类型化，危险犯及保安处分等刑法概念也扩大了刑事处罚的范围。而在刑罚领域中，随着人类在其他领域对风险防范技术的日益精进，包括心理科学、生物科学、社会科学、统计科学等，人们也希望能够对犯罪这个人类社会的顽症进行防范，从而在整体上控制犯罪的危害。于是，再犯罪风险控制与新刑罚理论一拍即合，迅速在现代刑罚改革中起到积极的导向作用。其基本内容主要体现在三个方面：

第一，风险管理开始出现在刑罚改革中。传统刑罚理论也关注犯罪风险，再犯罪风险评估自缓刑与假释制度产生时便开始受到重视，但彼时的对再犯罪风险的关注更多的是对个体风险的鉴别与分类。当风险社会条件下的风险防范成为刑罚学的概念时，其不但强调对个体风险的关注，还对整体的风险

---

[1] Malcolm M. Feeley & Jonathan Simon, "The New Penology: Notes on the Emerging Strategy of Corrections and Its Implications", *Berkeley Law Scholarship Repository*, 1992 (1).

[2] 陈治国："乌尔里希·贝克风险社会理论探析"，首都师范大学2008年硕士学位论文。

给予了特别强调，即再犯罪风险的控制重点在于对风险的管理。矫正实践中出现的所谓的监禁连续体（custodial continuum）并没有像20世纪60年代所讨论的矫正连续体，针对单个罪犯的特别需求设计刑罚措施，而是依据罪犯风险的侧面，按照管理控制的程度把单个罪犯进行分类。比如，对具有极端风险的罪犯以高成本提供了最高警戒，而对那些仅具有最低风险的罪犯则提供了最低成本的监督。在两者之间中间程度的监督技术的运用不断得到增长。这种与新刑罚理论相关的管理概念，相较于旧刑罚理论的改造概念，在多种新的中间制裁（intermediate sanctions）中得到了广泛运用。[1]当然，在我国，在刑罚理论（特别是关于刑罚改革的理论）中，人们已经也开始使用风险管理的概念。在实践中，人们已经初步运用风险管理来进行对犯罪进行控制，而且效果显著。当然，实践中的人们并没有对风险管理的理论进行解读，即这种实践中的运用属于自觉的过程。比如，近年来在有的地区试点的司法分流就是风险管理在刑罚改革实践中得以运用的典型例子。所谓司法分流就是把违法犯罪的未成年人从司法程序中有条件地分流出来进行取保候审，从而最大限度地避免监禁，减少送进监狱和拘留所的未成年人人数，让他们在正常的社会环境中接受家庭、学校、社区、派出所的教育、感化和挽救，尽快悔过自新，回归正道。昆明市盘龙区"未成年人司法试点"项目启动以来，仅2019年至今，就有近五百名违法未成年人被进行了"司法分流"，从而最大限度地挽救了诚心悔改的触法未成年人。据悉，"盘龙区未成年人司法试点"项目，是由英国救助儿童会与昆明市盘龙区政府合作开展的，项目的主要工作是对触法未成年人有条件地、最大限度地适用非监禁措施进行刑事、诉讼或非监禁处罚，尽量避免触法未成年人进拘留所或监狱。通过这样的项目把触法未成年人从司法程序中分流出来，接受家庭、学校、社区的帮助、教育及挽救，使其在相对自由的环境中改过自新。据介绍，"司法分流"试点工作于2002年5月份启动，仅2004年至2005年便分流触法未成年人近500人，其中2005年1月至8月，盘龙区公安机关"分流"触法未成年人209人，检察院"分流"触法未成年人16人，法院"分流"触法未成年人5人。[2]司

---

〔1〕　Malcolm M. Feeley & Jonathan Simon, "The New Penology: Notes on the Emerging Strategy of Corrections and Its Implications", *Berkeley Law Scholarship Repository*, 1992（1）.

〔2〕　参见 http://news. sina. com. cn/s/2005-10-28/09427296788s. shtml，访问日期：2018年3月2日。

法分流的实质是风险管理理念在刑罚改革的运用。当未成年在狱内人口数量过高时，人们就会思考如何在一定程度上管控这种趋势。修改法律（比如修改刑事责任年龄等）的司法成本和社会成本太高；而不修改刑法，在司法过程中提高未成年人的入罪标准又会违反刑法的基本原则。而司法分流则有可能既不违反刑法原则又可节约社会成本，从而实现对未成年犯总量的控制。要实现司法分流，降低未成年罪犯的交叉感染、人格犯罪化风险，就必须在分流技术上实现再犯罪风险评估的科学和有效，从而实现在整体司法上鉴别分类。原理上就是风险程度高的未成年人应当进入下一个司法程序，甚至最后被定罪量刑，入监服刑，对于风险程度较低的罪犯则应当运用监禁替代措施完成整个刑事司法程序，对符合要求的应当在社区服刑，进行社区矫正，对于非刑罚处罚的就可以实现罪刑相称则应当给予非刑罚处罚。而中间那部分的罪犯则也可以考虑刑罚处罚与风险程度的相适应，以最大限度地对这部分罪犯实现风险管理。在监狱行刑中，对风险的管理可能比其他刑罚权的环节更加注重，后文再详细论述。

第二，风险控制的技术在刑罚改革中被广泛运用。随着当代社会条件下各种知识与技术的调整发展，人们对刑罚制度的运用也要求现代知识与技术将服务于刑罚改革。特别是与再犯罪风险控制相关的各种现代技术开始被运用于刑罚制度之中，并且较好地促进了刑罚改革。一是统计技术极大地促进了刑罚制度的改革。人们早在犯罪学诞生之初就开始运用犯罪统计技术描述和分析犯罪，使得犯罪学一开始就具有了实证意义上的学科特质。随着现代计算和统计技术的巨大进步，人们开始能够把这些成就围绕着刑罚制度进行改革，特别是对再犯罪的风险预测技术和犯因性相关因素的研究推动了刑罚的进步。二是犯罪侦测与控制技术在风险控制中的运用推动了刑罚方面的改革。例如，现代毒品检测技术的运用就推动了刑罚制度的改革。对毒品使用的侦测与控制已经成为刑罚执行制度方面的重要内容。今天，没有人不力主持续使用严峻刑罚来打击毒品使用者，主张将所有涉毒罪犯都送往监狱。当然，一方面，毒品的治疗和检测是20世纪50、60年代的罪犯改造模式的标志，近年来涉毒犯的急剧增加要归咎于社会对毒品的严苛态度，使得罪犯采用成瘾性更强的新型毒品。而现在的做法是使用风险指标，而不是一味地强调矫治，即更为有效的方法就是——快速、有效地鉴别高风险的罪犯，主要是指毒品检测。快速毒品检测技术的作用不只是标示个体越轨行为，而是鉴别一个高风险群体。"因此，人们会发现在今天的矫正制度中更多强调毒品的检测而不是毒品矫治。这也反映了政策上不同标准间的差别及对新型毒品滥用的矫治的困难，而检测却在新刑罚学中起着不同的功能，甚至取代了毒品的治疗。依靠监督、检测技术在犯罪人口中合理分配风险等级，使得稀缺的刑罚资源被更好地利用。"[1]当风险社会中的风险探测技术在物理属性上更先进和更可靠时，人们对风险的分配和管理就可能更愿意从整体上加以考虑，这样又反过来会促进个体风险控制的高效。而当整体上的风险可进行再分配和管理时，刑事程序中各个阶段的当事主体就有可能对原先的刑罚措施和内容进行修改，以便对再犯罪风险加以控制。如在上海市南汇监狱内设的法庭上，在上海市第一中级人民法院审判监督庭合议庭法官宣读完对罪犯陈某予以假释的刑事裁定书后，社区矫正机构工作人员随即上前在陈某的脚腕部佩戴上内含 GPS 芯片和 SIM 卡的"电子脚镣"。这意味着陈某在裁定书载明的接下来 6 个月中，将通过这一电子设备接受无间断的实时监管。这也是全国法院首次出现通过法律文书对假释对象实施电子实时定位监管予以明确。据上海市第一中级人民法院审监庭副庭长屠春含介绍，该院在假释案件中首次启用"电子脚镣"的同时，还推出了与上海市社区矫正管理局刑罚执行处共同制定的《关于对特定假释对象实时电子实时定位监管的办法（试行）》。其中就佩戴使用的启动建议、主要使用对象、拟假释罪犯佩戴意愿征求程序的设置、审查决定的依据、裁定书的表述以及擅自摘除或破坏"电子脚镣"的法律后果等作出了详尽规定。[2]相比于我国，英美等国在运用电子跟踪设施方面时间较早。正是这些高科技在罪犯的非监禁刑中的广泛运用，极大地促进了非监禁刑的刑种及执行方式等方面改革。可以预见的是，在我国，随着电子监督等高科技被广泛运用于非监禁刑的执行中，缓刑、假释、管制刑的适用与执行情况都会发生变化。例如，造成当前我国假释适用率非常低的主要原因就是对罪犯假释期间的再犯罪风险进行准确预测的能力不足，以及期假释期间对再犯罪风险的控制力不足。而随着诸如"电子脚镣"等高科技设施被运用到假释罪犯的执行之中，对假释期间罪犯的再犯罪风险的控制能

---

〔1〕　Malcolm M. Feeley & Jonathan Simon, "The New Penology: Notes on the Emerging Strategy of Corrections and Its Implications", *Berkeley Law Scholarship Repository*, 1992 (1).

〔2〕　参见《中国青年报》2014 年 12 月 22 日电子版：http://zqb. cyol. com/html/2014 - 12/22/nw. D110000zgqnb_ 20141222_ 4 - 03. html, 访问日期：2018 年 3 月 4 日。

力增强，我国应当可以考虑扩大假释的适用率。

第三，风险预测技术在刑罚改革中被广泛运用。要充分实现对再犯罪风险的管理与控制，最为关键的是要科学、有效地鉴别高风险与低风险罪犯，即使再犯罪风险的预测成功率达到一定的指标。在非监禁刑的发展历史中，最容易受到关注的问题即是如何做到让一个本应该在狱内服刑的罪犯在社会上服刑且不发生再次犯罪。针对这个问题，早期的风险预测技术基本为依靠矫正官员们的专业判断及生活经验。英美国家在 20 个世纪初的假释制度与缓刑制度中对罪犯的风险基本依靠官员们的临床判断，但是其最大的缺陷在于预测具有不精确性，依靠经验性判断毕竟多属于个人主观性的判断，容易发生主观判断的偏差及个性喜好的随意性。虽然我国的《刑法修正案（八）》把再犯罪危险规定为缓刑与假释适用的实质条件，但至少到目前为止，虽然有些个别地区的监狱系统尝试着研究或者借鉴英美等国的风险评估工具，但这些实践并无法律效力。实际上，不管是监狱对罪犯的提请减刑假释的意见，还是人民法院对假释或者缓刑的裁定，对罪犯的再犯罪风险评估都是经验性或者临床性的。而在英美等国，随着与再犯罪风险统计、评估、判断相关的技术的快速发展，其再犯罪风险判断已经成为较为成熟的预测技术。这种精算统计性质的再犯罪风险预测方法是指经过大量量化、统计与实证，对项目中所有能够反映再犯罪风险的因素进行赋值，最终按照不同的分值评定为不同的等级。

风险预测与评估被设计最主要的目的就是认定罪犯在未来的社会生活中将会从事犯罪活动或者不轨行为的可能性，这种可能性是决定矫正项目和监管安全的依据。这种风险预测与评估技术对于罪犯的矫正具有非常重要的意义，在很大程度上推动了刑罚的改革。风险评估工具使得矫正官和管理人员能够强调那些导致罪犯有罪判决的问题，而一旦这些问题能够得到确定，具体的服务或者矫正便能能够得到有计划的安排。18 世纪早期的罪犯分类制度归功于诸多基督教徒的改革运动，随着 20 纪初的行为科学家（特别是心理学家和精神病学家）的研究，监禁中的罪犯行为能够使用某些心理特征作为预测因素并以此进行分类。这些分类计划能够被盛行的犯罪学理论影响，对于罪犯管理与矫治有着多种后果。20 世纪 20 年代以后，犯罪学家和刑事司法学者持续不断地设计风险评估量表，使用心理学、社会学、社会经济学、人口学因素以及相关的其他指标来对罪犯进行风险和行为预测。及至当代的美国，所有的刑事司法系统都采用犯罪风险评估工具，当然，不同地区的风险评估工具具有不同的目标。例如，爱荷华州的分类风险评估量表（Iowa's Classification Risk Assessment Scale）使用下列目标：①项目计划；②资源的预算与利用；③评估服务、项目、程序与执行；④检测立法和政策改变的潜在影响；⑤通过标准提高责任；⑥平等地分配工作量；⑦提高矫正服务的质量。而"Ohio parole board"风险评估工具主要用来通过假释决定罪犯的早期释放，其具有指导性的风险评估工具的主要目标包括：①对那些重复暴力或者其他严重犯罪的高风险的罪犯不给予释放，以保护公众；②对犯罪提供一定持续的制裁；③在矫正设施内与矫正管理合作，提供安全和人道的监管环境；④承认那些特殊的与犯罪行为有相关问题的罪犯取得的成果，这些成果是上述罪犯参加了减轻他们自身问题的矫正项目取得的；⑤使得成年假释委员会的决定过程对公众和罪犯更加开放、平等或可理解。可以看出，该犯罪风险评估工具更多地关切公众安全和社区对于假释过程的知情。[1]可以说，受到新刑罚理论的影响，美国对犯罪风险的整体的管理和控制不再依赖于纯粹意义上的改造或者心理矫治，而是随着风险预测的技术的日益成熟，使得刑事司法系统在罪犯的缓刑和假释中鉴别风险程度，实现司法分流。这种司法分流促进了刑事司法系统里资源的最佳利用，高风险程度的罪犯在警戒与管理上应当投入更多的资源，以保证这类的风险得到最大程度的管理与控制，对于能够通过矫正项目取得的改造效果应当制订详细的矫正计划，以从真正意义上降低再犯罪风险。而对于那些再犯罪风险程度低的罪犯，相对于高风险程度的罪犯可在监管预算上减少投入，实施相对应的矫正方案，或者制订提前释放计划，在危险控制的前提下实施分类管理，真正实现行刑个别化。

第二节 监狱行刑改革的范式选择：对改造刑的改造

在确定以再犯罪风险控制为监狱行刑改革的导向后，我们就可以在此基础之上继续深入探讨应当以何种行刑模式来作为未来的中国监狱行刑实践的

---

[1] Dean J. Champion, *Measuring Offender Risk—A Criminal Justice Sourcebook*, Greenwood Press, 1994, pp. 23~26.

范式。这种行刑改革的范式必须既契合再犯罪风险控制的改革导向，又符合当前中国监狱行刑的改革现状。但问题是，我们对当代中国的改造刑模式一直未作深刻的反思。在监狱的知识形态中，建构在监狱制度之上的形而上的理念按照一定的标准可以被划分为不同的类型，这些理念、原则、思想凝结而成的综合类型在行刑实践中反过来成了不同地区或不同监狱制度间的行刑范式，我们可以称之为监狱行刑模式。监狱行刑模式的外延至少包括监狱的器物形态、监狱的行刑制度等。在发达国家，矫正刑模式虽然仍为主流的行刑模式，但在当代已广受质疑。我们在没有对矫正模式与中国行刑实践是否契合进行深入反思的情况下，却在监狱行刑实践及理论研究中大有全面否定改造刑模式的趋势。[1]为此，我们需要对矫正刑模式与改造刑模式进行深入分析，以鉴别何种模式最为适合中国的监狱行刑改革道路，从而最大限度地降低再犯罪率，实现对再犯罪风险的最佳控制。

一、监狱行刑模式的评介

美国有学者将重新犯罪防治政策的范式以刑罚的目的类型作为划分依据，将之划分为矫正、威慑、报应、剥夺等。而翟中东教授根据上述四个类型的不足，将重新犯罪防治政策的范式划分为威慑范式、矫治范式、重返社会范式、剥夺范式与综合范式。[2]作为重新犯罪防治制度中的一个重要组成部分，从属性上来看，监狱行刑或者罪犯矫正制度就是重新犯罪防治政策的根本。我们所要分析的监狱行刑模式，因为划分标准不同而存在较大分歧。英美等国对监狱行刑模式的划分通常以刑罚哲学为基准。如美国学者迪恩·J.昌平教授认为，对监狱行刑的功能最好的理解就是研究一些对立的刑罚哲学。这些哲学已经演化为不同的模式和方案，这些模式和方案被用来建构不同的矫正项目。任何矫正项目经过详细的研究都能够显示出受一个特定行刑模式的影响。每个行刑模式对罪犯及犯因性因素都有不同的认识，这种逻辑的背景是每个罪犯背后都有犯罪的具体因素和过程，而对这种具体因素和过程需要找到具体的补救办法和方案。该学者以此为依据把行刑模式划分为：

（1）医疗或者矫正模式（the Medical or Treatment Model）。该模式认为犯

---

〔1〕 具体参见刘崇亮、储槐植："以知识为主的综合改造刑"，载《河北法学》2014年第3期。
〔2〕 翟中东：《国际视域下的重新犯罪防治政策》，北京大学出版社2010年版，第1页。

罪行为是由可治疗的心理及生物因素所决定的，罪犯之所以能成为罪犯是因为他们有着特别的生物、心理条件或问题，对之进行针对性治疗是挽救这些罪犯的重要路径。该医疗模式被国家矫正协会（the National Prison Association）于1870年通过《原则性宣言》（the Declaration of Principles）给予承认。医疗模式最明显的运用就是对毒品使用者的治疗。但是，医疗模式的治疗效果并不明显，经过多年的观察，许多矫正工作人员都十分排斥医疗模式。该模式一直流行到20世纪的50年代后，渐渐被其他更易接受的模式所代替。

（2）改造模式（the Rehabilitation Model）。该模式与医疗模式最为接近，特别强调改造和归正。该模式最早可以追溯到1876年的"Zebulon Brrockway's Elmira Reformatory"，直到1930年联邦监狱局成立，联邦政府才确定将改造作为一个主要的矫正目标。最早的联邦监狱局的法令强调和呼吁通过职业培训和教育来改造罪犯，同时强调在传统医疗模式下对罪犯个体进行心理矫治。近年来，集体性的治疗和其他政策被联邦监狱所采用。但是，自20世纪50年代到20世纪末，美国监狱系统里的罪犯骚乱和监狱秩序紊乱十分严重，这使得人们对改造模式的效果产生了深深的怀疑。此模式还有一个致命的缺陷，即和医疗模式一样，因为改造模式十分强调对罪犯个体的改造，结果对罪犯的制裁也个别化了，这意味着那些犯罪危害程度相同的罪犯可能会受到不同的改造或者惩罚，这种不平等的情况是十分明显的。

（3）社区模式（the Community Model）。社区模式是一种相对比较新的建立在以使罪犯融入社区为目标基础上的行刑模式，因此，该模式有时候又被称为"重返社会模式"。该模式强调适应社区生活，其最大的优点在于使得罪犯能够有机会重建家庭和社区关系，能够有机会工作并且获得收入以便用来对被害人进行补偿、支付罚金及支付项目的维护费用。另外，罪犯也能够参加心理矫治、教育、职业训练，以提高他们的工作和社会生活技巧。该模式也支持社区志愿者加入到罪犯重返社区的过程中。近年来，社区罪犯项目的管理者们也深切地意识到了建立罪犯与社区关系的重要性。

（4）公平惩罚或者报应模式（the Just deserts or Retribution Model）。报应模式强调惩罚应当与犯罪的严重程度相适应。该模式明确拒绝把改造作为行刑的目的，宣称罪犯应当受到的惩罚和他们的犯罪的严重程度应当绝对对等，改造虽然没有什么不好，但也是非必要的。那些盗窃犯应当被关押在仅有少量看守的低度警戒监狱，相对应的，那些抢劫犯、强奸犯和杀人犯则应当被关押在高度警戒监狱，进行高强度的监管。此模式随着矫正模式的式微而在美国的一些地方流行起来，另外也由于公众主张以重刑对待严重的刑事犯罪而得以扩张。

（5）正义模式（the Justice Model）。同报应或者公平惩罚模式一样，正义模式不承认将改造作为行刑的目的。对相同罪行的罪犯施以不同刑罚被认为违反了罪刑均衡原则。该模式并不强调威慑和改造。公众的安全值得保护，但对罪犯的刑罚应当是在法律的限度内予以适用，对此，刑罚也应当在刑法的限度内执行。[1]

上述五类行刑模式是纵向与横向交叉的基本分类，即以刑罚哲学在行刑领域的具体实现和基本内容为线索展开的分类。它基本展现了历史上监狱行刑模式的大致概况，这些界分的模式存在不少叠加情形。特别是自人类社会进入 20 世纪以来，任何一个国家在特定的时代虽然可能会偏向于刑罚哲学的一个方向（即惩罚或者改造、报应或者教育），但行刑实践中仅以一个方向来践行刑罚执行绝无可行性。在整个世界范围内，监狱行刑模式变革的引领者首推美国。刑罚观念的每一次变革都会推动美国犯罪控制政策的变革，在犯罪形势、民众观念及政党政治的影响下，一些制度性创新在世界范围内深刻地影响着刑罚执行的潮流。比如，缓刑与假释制度都产生于美国 20 世纪初的激进主义时代，半个世纪后，这两个刑罚制度在世界范围内被普遍实施。因此，我们有必要了解美国行刑模式变迁过程中的制度特征与哲学基础，毕竟其在人类刑罚执行史上影响深远。美国学者托德·R. 克莱尔教授认为，自 18 世纪以来，美国监狱系统中的行刑模式先后大概经历了六个模式，即监禁、改造、激进主义、医疗、社区及犯罪控制。克莱尔教授认为这六个模式的特征与行刑理论基础如表 3-1 所示。从表 3-1 我们可以看出，这六个模式在时间顺序上基本是承前启后，在模式的特征上也各有重点。[2]

---

〔1〕 J. C. Dean, *Corrections in the United States—A Contemporary Perspective*, Second Edition, Prentice-Hall, 1998, pp. 21~24.

〔2〕 Todd R. Clear, George E. Cole & Michael D. Reisig, *American Corrections*, Eighth Edition, Thomson Wadsworth, 2016, p. 60.

表 3-1　美国行刑模式的时代变迁

模式	监禁 1790 年至 1860 年	改造 1870 年至 1890 年	激进主义 1890 年至 1930 年	医疗 1930 年至 1960 年	社区 1960 年至 1970 年	犯罪控制 1970 年至 当代
特征	主要强调单独监禁；从事体力劳动，日常纪律训练；按照犯罪严重程度进行惩罚。	不定期刑；假释产生；根据犯罪的程度进行分类；改造项目，青少年单独矫正。	矫正个案的运用；管理性的鉴别；更广泛的适用假释与缓刑；青少年法庭。	改造作为监禁的重点；心理测试和分类；多种类型的矫正项目。	重返社会；避免监禁；职业和教育项目。	定期刑；法定刑；量刑指南；风险管理。
哲学基础	人类理性的力量；宗教教诲及改造的力量。	犯罪作为道德方面产生的疾病；罪犯作为社会失范的牺牲品。	改造年代的激进主义流派；按照罪犯的需要进行惩罚；聚焦于罪犯。	生物医疗科学；精神与心理学科；社会工作实践；犯罪作为个人心理问题的产物。	罪犯民事权利运动；对监狱的批评；小型监狱更为利于罪犯。	犯罪控制；上升的犯罪率使得刑事政策转向新惩罚时代。

　　上述以刑罚哲学为划分根据的监狱行刑模式，基本反映了刑罚哲学在监狱刑罚执行的基础地位。从上述学者们对监狱行刑模式的分类及论述我们可以看出，在刑罚哲学的领域中，不管研究的水平或者走向如何，其仍然是以刑罚的本质（即报应与改造）为基础。不管是翟中东教授所主张的重新犯罪防治范式中的威慑范式、矫治范式、重返社会范式、剥夺范式，还是迪恩·J. 昌平教授所主张的医疗或者矫正模式、改造模式、社区模式、公平惩罚或者报应模式、正义模式，这些模式都是以报应或者改造为基础展开论述的。其中，威慑模式、剥夺范式、公平惩罚或者报应模式、正义模式，都离不开古典学派中诸如贝卡里亚所主张的报应刑论的一般法则。在报应刑论中，成文法主义所主张的罪刑法定认为理性的人们本应当知道何为正当的行为，何为错误的行为。而理性的人们在知道何为不法的时候仍然要去违反刑法，不管是站在国家报应主义、法律报应主义的立场上，还是站在道义报应主义的立场上，所有的犯罪行为都应当受到处罚，并且应当遵循重罪重罚、轻罪轻罚

之原则。当罚当其罪实现时，可以通过对罪犯的惩罚之威慑，剥夺其犯罪能力，满足人们的报复或者正义之心底情感。所以，威慑模式、剥夺模式、公平模式、报应模式及正义模式不管如何表述，都是建立在报应刑论的基础之上的。当然，各个报应主义行刑模式为了建构自己的行刑侧重点，在理论表述不同的同时，报应刑实现的方式也略有不同。需要指出的是，行刑模式的变迁基本上反映了同时期的刑罚制度理论与实践的嬗变，有进步性，也有时代的缺陷性。

首先，我们分析以报应主义为哲学基础的威慑模式、公平模式及正义模式。威慑模式在监狱行刑的过程中更强调狱内服刑中的惩罚措施足以实现个别威慑和一般威慑，现代美国的高度警戒监狱中严苛的狱政制度无一不体现威慑主义的行刑目的论。当然，对于这种威慑的行刑目的是否能够实现至少在当代是受到质疑的。威慑模式不仅难以实现一般威慑和个别威慑的目的，而且其最大的缺陷在于容易突破惩罚正义的限度。所以，使用刑罚威慑作为监狱行刑的模式必须要实现三个前提条件：一是对罪犯的威慑必须要人道；二是对罪犯的威慑必须要保证公平和正义；三是对罪犯的威慑必须要考虑有效性。特别是对于刑罚的有效性原则，刑罚执行要考虑刑罚与威慑的关系。如果刑罚能够威慑罪犯，使罪犯能够感到痛苦，刑罚便具有有效性；如果刑罚不能够威慑，或者不能充分威慑罪犯，刑罚便不具有有效性，或者有效性低。[1]该模式在本质上仍然属于报应主义模式的范畴。而至于公平模式与正义模式，这两个模式虽然被分开论述，但基本上可以认为两者在刑罚哲学、行刑特征或者内容方面并没有本质上的区别。两者都认为应当进行重罪重罚、轻罪轻罚，并且都主张改造或者矫正在各自的理论体系中找不到应该有的位置。这两个行刑模式同样属于典型的报应主义行刑模式，当人们对改造的效果产生质疑的时候，此模式就会在左右的方向之争上胜出。但成为问题的是，不管是正义模式还是公平模式，都不可能长期作为唯一的行刑模式。特别是在现代行刑条件下，任何放弃改造或者矫正的做法都绝不可取。一个现代法治的监狱行刑系统里，如果只看到惩罚或者报应，实现所谓的正义或者公平，在结论上不可能最终实现刑罚的目的。要想把一个所谓的坏人变成好人，或者防止一个坏人危害社会，仅仅依靠惩罚、剥夺、威慑来实现基本不可能。

---

〔1〕 翟中东：《国际视域下的重新犯罪防治政策》，北京大学出版社 2010 年版，第 15 页。

从另一个侧面来看，即使监狱完全实现了对重罪与轻罪的犯罪人的绝对分别行刑，但现代行刑理论早已经证明，单纯惩罚与报应的负面效果十分明显。正是因为监狱的惩罚或者报应的负面效果持续而深远，罪犯的监狱化人格难以避免，才有了现代行刑条件下行刑的变革。

我们再分析一下建构在教育刑主义基础之上的医疗模式、改造模式、社区模式。需要指出的是，这些模式都是基于教育刑主义发展而来的。改造时代的来临宣告了监狱的功能与角色的正式转变，后来的医疗模式、重返社会模式或者社区模式都可以被看作是对改造模式的某种程度的修改。19世纪中叶以后混乱的监狱秩序与美国日益改进的民主与法治气氛相抵触，呼吁对监狱行刑的模式渐起。特别是美国监狱协会于1870年通过的《原则性宣言》(the Declaration of Principles) 意味着改造时代的来临。这个著名的宣言宣称监狱的运行应当源于对罪犯的改变，依据对罪犯的改造表现对罪犯进行释放，不定期刑开始取代定期刑。强调对罪犯的分类和制订改造项目，组织罪犯进行必要的劳动。改造主义一直延续到20世纪70年代后，随着学者们对改造效果的发出广泛质疑，以马丁森为代表的学者陆续采用实证的方法对一些改造项目的效果分析，该模式已经失去了刚产生之初的那种影响力。医疗模式完全把罪犯看作为带病的个体，认为所有的罪犯都是因为精神或者心理原因才犯罪，这种理论基础是不完整或者是不完全科学的。如果说惩罚主义的负面后果出现后，心理科学和精神科学在监狱行刑领域开始大行其道是由于激进主义和科学主义蓬勃发展，那么医疗模式之所以渐渐式微，同样也是由于激进主义时代诸多变革举措的失败。比如，采用定期刑，使罪犯的最终刑期取决于改造表现就存在着严重的缺陷。无论何种原因，当监狱的心理与精神治疗达不到理想效果时，监狱里的人口只会日益拥挤，从而导致监狱秩序紊乱。另外，不定期刑对罪刑法定主义和罪刑均衡主义等现代刑法基本原则造成了破坏，这使得人们最终放弃了激进时代的医疗模式的理想主义。[1]当改造模式与医疗模式都无法解决美国社会日益严重的犯罪和监狱人口规模一直居高不下的问题时，社区模式开始被一些地区所采纳，进而发展成了一个有影响的行刑模式。20世纪70年代以来，学者们呼吁除了对少部分的暴力性和

[1] Todd R. Clear, George E. Cole & Michael D. Reisig, *American Corrections*, Eighth Edition, Thomson Wadsworth, 2016, p. 57.

危险性罪犯施行监禁外，应当使其他罪犯在社区内行刑。这种行刑方式能够有效地帮助罪犯参加职业培训、就业指导、医疗服务和金融帮助等。另一方面能够有效地促进罪犯重新融入社会，从而避免监狱中的交叉感染和监狱化人格的养成。但是，现有的数据证明，20 世纪 70 年代以来，虽然社区服刑的罪犯数量超过了监狱，但是成为问题的是，美国的监狱人口和社区服刑的人口一直在增长。因此，社区模式的行刑效果同样得不到有效的验证，但此模式的理论精髓仍然在当代的行刑实践中被运用。

　　关于是否存在着综合刑主义模式的问题。刑罚哲学领域已经形成两个基本流派，即主张报应刑论的古典学派和主张教育刑论的近代学派，相对应的行刑模式基本以报应模式和矫正模式为基础，在此基础之上多多少少进行扩张。而笔者在查找英美相关的监狱行刑资料的时候，竟然没有发现有关建构在综合刑主义基础之上的行刑模式。在当代的刑罚哲学领域，当报应刑论与教育刑论两方都无法彻底说服对方之时，综合刑主义走出了刑罚哲学领域的前台。建构在两种不同的社会观念基础之上的惩罚与改造，虽然存在着天然的冲突，但事实上还是一如既往地作为一个惩罚与改造的统一体，它既被惩罚与改造的矛盾所割裂，又在社会性的生成基础上具有高度的统一性。在监狱行刑的目标功能上，惩罚与改造造成的冲突虽然被限制在监狱的有形围墙内，但二者在由监狱角色转向到社会结构的系统中，则变成了社会性的功能所要研究的范畴。在监狱与社会构成的社会结构系统中，具有犯罪人与监狱、犯罪人与社会、犯罪人与国家、监狱与国家等构成元素，在这个结构系统中，以犯罪人为中心的功能指向了惩罚与改造，而二者的存在价值是有所冲突的。那么，基于社会性的功能需要，监狱与国家在这种结构系统中必须要有一种特殊的运行机制，使得两者的冲突被控制在某一个可以允许的范围内，而不至于使得冲突失控。在功能性的层次上，惩罚机能是国家、社会和民众所组成的结构系统中要求监狱存在的工具主义认识，是此系统中内化功能；改造机能是国家、社会和民众所期待的监狱的整体功能，是此结构系统中的外化功能，两者的功能性冲突在价值系统中不应存在着严重的对立或反向的认识，否则会产生相对的严重后果。一是可能使得行刑功能在社会功能中的需要产生偏向，偏向的要么是惩罚，要么是改造，任何的偏向都有可能使得监狱的两个行刑机能达不到所要实现的目标。二是如果两种机能冲突不能得到谐调，那么，两者冲突的最低限度便不能达到民众所期望的效果，罪犯、监狱与社会、民众在结构系统中可能会失去整合，即监狱的行刑机制有可能会失去来自社会与民众的基础支撑，监狱的封闭性运行机制便又回到了从前。[1]

所以，在考察当代主要发达国家的监狱行刑模式时，我们很难发现某一个纯粹的行刑模式。而如上所述，如果监狱惩罚与改造功能的冲突能够协调在社会性的基础支撑之上，那么，以综合性主义作为刑罚哲学基础的行刑模式自然就成了当代监狱行刑模式的不二之选。当美国社会经历了20世纪70年代到20世纪90年代的监狱人口暴涨之后，不论是站在惩罚主义的立场还是站在矫正主义的立场，人们都无法容忍诸如"三振出局法案"所带来重刑主义的恶果，也无法回避国家大量投入财政而无法收到预期的预防犯罪效果的矛盾。过去百年来的美国监狱行刑史表明，虽然经过了理论上认定的六个行刑模式的变化发展期间，不管是在改造时代还是威慑时代抑或社区模式时代，美国监狱人口规模都经历了持续的增长，在整体走势上呈现出上升趋势。当然，个别地区采取的特殊政策也可能会暂时使得监狱人口规模发生变化。加利福尼亚州监狱系统在1925年到1996年间，监狱人口规模整体上一直处于上升趋势。但是需要特别指出的是，1965年到1975年间，加利福尼亚州在此十年间监狱人口规模反而持续下降。而这十年间正是"三振出局法案"在加利福尼亚州实施的十年。"该法实施十年来，成千的暴力犯罪与严重的犯罪被制止，而上万的人们得到了保护。三振出局法案已经直接发挥了控制犯罪的作用，为降低犯罪率发挥了很大的作用。"[2]但问题的是，即使"三振出局法案"使得该地区监狱人口规模下降，但在后面的年份中，监狱人口规模仍然处于上升通道之中，而此时该法案也仍然在实施。"三振出局法案"是威慑刑主义在刑事司法实践中的典型运用，但单纯运用一个行刑模式无法在真正意义上控制犯罪。

翟中东教授认为，综合刑主义所支持的综合范式是从包容性状态发展走向范式的结合。这些范式的有机结合可以包括：①威慑范式与矫正范式可以相互结合；②重返社会范式需要与威慑范式结合；③重返社会范式与剥夺范

〔1〕　刘崇亮："监狱惩罚机能与改造机能的冲突与融合"，载《河北法学》2012年第9期。

〔2〕　California District Attorneys Association, *Prosecutors' Perspective on California's Three Strikes Law—A 10-Year Retrospective*, 2004.

式相互平衡；④矫正范式与重返社会范式相互支持；⑤矫正范式与剥夺范式相互补充。[1]

笔者曾经在拙著《范畴与立场：监狱惩罚的限制》中把监狱行刑模式划分为控制模式、文明模式及综合模式。认为考察当代世界范围内（包括中国）监狱的行刑模式，其已经和上述历史上存在过的监狱行刑模式有着较大的差别。这体现在各个方面，包括器物形态、行刑制度、行刑理念、行刑原则等。笔者主张的行刑模式划分标准显然与发达国家主张以刑罚哲学为划分标准有着显著的不同。以上述的差异为标准，我们可以把当代的行刑模式分为三种，即控制模式、文明模式、综合模式。现代意义上的控制模式决然不同于未启蒙或极权时代的人治监狱，控制模式表现为对秩序的追求成为绝对目的。在适用此类模式的监狱里，管理或看守人员严格地遵守准军事路线，官方制订的条例和规则被严厉地执行。对于我国的监狱而言，在监狱体制改革之前可以把之归为控制模式，无论从监狱的罪犯管理方式、运行机制、罪犯与监狱人民警察的关系，还是从监狱人民警察的选拔和培训等方面考察，几乎都以秩序的稳定为监狱管理的基本出发点。而在文明行刑模式中，监狱管理人员的选拔和培训相比控制模式要严格和规范得多，专业化和知识化在这些监狱的管理人员中成了最低的限度要求，监狱的高端管理人员既是管理型专家又是监狱学或犯罪学专家。文明模式下，所有监狱构成要素都体现了改造功能，最大限度地弱化了惩罚机能扩张的负面效果。我国的当代监狱行刑模式总体上处于以控制模式为主、文明模式为辅，并且控制模式向文明模式过渡的阶段。综合模式下的监狱行刑是报应刑和教育刑理论相结合的产物，基本上符合监狱运行的规律，由惩罚和改造一起组成的监狱机能找到了一个更为恰当的实现载体。一方面，秩序的控制使得惩罚机能顺利实现，满足了监狱的自我存在证明，满足了民众对秩序、正义报应的渴望；另一方面，重视康复、治疗等矫正活动，使罪犯尽早地重返社会，从而使改造机能得以顺利实现，满足了罪犯自我改造的需求。[2]

当前，我国的监狱行刑模式主要表现为以控制模式为主、文明模式为辅，但需要要指出的是，此种模式更多的是以监狱行刑特征为主的划分。笔者在

---

〔1〕 翟中东：《国际视域下的重新犯罪防治政策》，北京大学出版社 2010 年版，第 86 页。

〔2〕 刘崇亮：《范畴与立场：监狱惩罚的限制》，中国法制出版社 2015 年版，第 8~13 页。

以前的关于中国特色的行刑模式的研究中曾指出，可以以"改造刑"作为概括中国特色的行刑模式的根本特性。"改造刑"高度概括了中国六十多年的刑罚执行活动与经验的本体，在功能和目的意义上成立。改造既是与惩罚罪犯相并立的监狱行刑功能，又是在法律意义上的监狱行刑的最终目的。改造刑在中国六十多年的发展中历经了两种发展方向，所以我们可以把改造刑划分为两个历史阶段，即"政治模式的改造刑"和"法治模式的改造刑"。国家体制下的主导话语权仍然是变革过程中的主导力量，把罪犯改造成为"新人"仍然是监狱行刑的目标，政治话语权仍然是罪犯改造过程中的主导性权力。所以，在20世纪80年代至90年代中期，可以说，监狱行刑潮流完全与当时社会发展形态相适应，即农业社会向工业社会过渡且并存的发展形态，也就意味着中国式的罪犯改造正处于由政治模式向法治模式过渡的阶段。20世纪90年代中期，中国的社会改革迎来了春天，随着《监狱法》的颁布，中国监狱行刑的法治化时代拉开了序幕。随着中国社会改革的深化，经济领域内市场化运作日益规范，市场经济关系本质是法治型经济形态，它进而蔓延到其他领域也要求法治化。同时，市场经济对监狱本身运行机制造成了巨大冲击，监狱职能由分散到专一充分说明了经济形态决定政治形态的法则，当然也就对罪犯改造制度产生了深远而广泛的影响。[1]

从上文的论述中我们可以看出，监狱行刑模式作为对一个国家狱制内涵、行刑理念、刑罚哲学基础的总成，在当代法治国家中，只有使之被综合运用才可能使得行刑效益最大化。受一个国家刑事政策、大众观念、社会基础、政党政治、历史传统、文化习惯甚至自然环境的影响，在特定阶段，每个国家或者地区都有可能在行刑模式的方向选择上偏好于一方，但也不可能完全杜绝一种模式。

二、发达国家矫正刑与中国改造刑的排异

对当代中国而言，正处于改革开放的新时代，如何有效借鉴发达国家有益处的做法而构建真正属于适合自身的制度文明显得尤其重要。监狱行刑模式属于西方文明的一个重要组成部分，如何借鉴其先进做法弥补中国监狱行刑理论与实践的不足属于当代中国改革与开放过程中的一个子系统。问题是，

---

〔1〕 刘崇亮：《范畴与立场：监狱惩罚的限制》，中国法制出版社2015年版，第21~22页。

我们对发达国家的六种行刑模式进行了评析，对于当代中国而言，何种模式能够最大限度地为中国行刑理论与实践所借鉴呢？

我们认为，不管何种行刑模式，只要有利于实现对犯罪风险控制的监狱行刑改革，都可以为我们未来的行刑改革所借鉴。所以，本着此原则，首先，以报应主义为刑罚哲学基础的威慑刑模式、剥夺范式、公平模式或者正义模式等对中国行刑实践与理论虽然具有确证意义上的价值，但从一般意义上而言也仅有确证的意义。不管是威慑模式、剥夺范式还是公平模式、正义模式，它们更多的是强调监狱行刑机能体系中的惩罚机能的正常发挥。对于惩罚机能而言，因为其强调的更多的是公平、正义、法治等价值理性，所以惩罚更多关注的是共性，其在现实的监狱制度中表现得较为明显，因为惩罚的本质内容是关于权利的剥夺等有目的地施加痛苦，对于犯罪人而言强调的是一律平等，是对所有犯罪人都起作用的机能。比如，关于对自由的剥夺，每个犯罪人在监狱里都是被完全封闭起来，与外界阻隔了联系，是监狱刑罚执行权对国家刑罚权的照搬履行。按照惩罚权的一般原理，监狱依法对犯罪人的刑事判决书付诸实施，不允许任意改变刑事判决书的相关内容，这是惩罚的必须要求，也是基于正义、公平和法治的价值理性的需要。惩罚机能在这里强调的更多的是共性，这也就意味着不能有此例外，要不就是对正义、公平和法治的严重背离。"刑罚制度应当要求制订相关的法令以使得惩罚更为公正和有效，对于监禁而言，国家只是为了阻隔他再次犯罪而从社区中完全隔离出去，这也是无须去证明的目的性要求。任何犯罪人都必须接受的法律后果，况且我们必须证明监禁是有效的，那么任何犯罪人都必须遵守的法则。"[1]对上述的理解就是，刑罚执行是不能随意改变判决的内容，监禁的刑期也是不可以随意更改的，因为与惩罚机能相对应的是古典学派强调的重罪重罚、轻罪轻罚，罪刑相适应。[2]因此，我们认为，对发达国家狱政模式的借鉴，对威慑范式、剥夺范式、公正范式或者正义范式的学习，因为监狱惩罚机能具有共性，对报应主义行刑模式的借鉴更多地在于理念方面。毕竟对自由或者其他权利的剥夺主要集中体现在法律的规定上，而非制度性的安排上。

而对于英美等国的医疗模式、改造模式、社区模式或者重返社会模式，

〔1〕 Peter Lang, *The End of Punishment*, Frankfurt am Main, 2007, p. 97.
〔2〕 刘崇亮：《本体与维度：监狱惩罚机能研究》，中国长安出版社2011年版，96页。

笔者统一称为矫正刑模式。之所以称之为矫正刑模式，是因为这四种模式不仅都是把教育刑论作为自身的哲学基础，还都是把矫正罪犯作为自己的根本任务。我们在谈论当代英美等国的罪犯矫正制度时，通常也都是在上述模式的综合意义上说的。正如前述，当代美国的监狱系统不会单纯运用一个模式来矫正罪犯。实质上，美国在经历了对矫正效果质疑的冲击后，对罪犯矫正的效果认识又在一定程度上得到了改观。特别是随着西方科学技术和社会科学等取得的进步在矫正领域被广泛使用，越来越多的矫正项目被开发出来。一些原来被认为是有效且经过认证的项目在一定程度上得到修正，并在实践中得到检验。矫正的风险评估技术对罪犯矫正的推动以及循证矫正技术的发展都在很大程度上促使了矫正在监狱行刑中的复兴。在此情况下，我们有必要对中西方的罪犯改造或者矫正制度进行对比，找出两者之间的差异与共同性，为未来中国的监狱行刑改革提供思路。

关于中国的改造刑与发达国家矫正刑的排斥或者差异。改造刑与矫正刑都强调对罪犯的教育，都试图把一个社会秩序的破坏者转变成为一个社会秩序的维护者。我们国家的罪犯改造制度如前所述具有改造刑的特性，其在行刑文化、行刑理论与制度安排上都与发达国家的矫正刑存在着显著差别。具述如下：

第一，哲学基础不同。不同于惩罚方面（不管是中国还是发达国家都是把对罪犯的惩罚建立在报应主义的观念基础之上），中国与发达国家的罪犯改造制度的哲学基础完全不同。发达国家的医疗模式、改造模式、社区模式或者重返社会模式都是强调对罪犯进行矫正，其都是以近代学派所主张的教育刑论为哲学基础——每个罪犯的犯因性因素都存在着差别，不外是受到社会环境、自然环境以及个人因素的影响。而要成功矫正罪犯就必须正确评估这些犯因性因素，并有针对性地对这些犯因性因素制订相应的矫正措施。当然，矫正模式不同，理论基础的侧重点可能会不同。

（1）医疗模式的立论基础通常为精神病学与心理学，把罪犯视为在精神或者心理上存在着问题的病人，对其采取精神或者心理方面的治疗，在认知与行为上进行规范化训练，使其在根本上得到矫正，防止其重新犯罪。

（2）改造模式的立论基础是把罪犯视为道德上有问题的人，犯罪是社会环境与秩序紊乱的结果，因此对罪犯进行道德教化，对罪犯采取不定期刑，采用累进处遇的办法，将罪犯的改造表现作为提前释放的主要根据。

（3）社区模式的立论基础则是重返社会理论，认为监狱惩罚的负面后果显著，因此包括监狱行刑、社区行刑都应当积极促进罪犯重新融入社会，动用社区的正面影响力，消除罪犯的各个犯因性因素，阻止其重新犯罪。

中国改造刑模式的立论基础则侧重于马克思主义哲学理论。如果说发达国家矫正刑理论更强调在各个学科之间寻找立论基础，注重矫正的技术性运用，那么中国的改造刑便更强调将政治哲学作为自身的理论基础。特别是早期党和国家领导人在新中国罪犯改造事业初创时的一些观点和论述被监狱理论与实务者们直接引用为改造工作的理论基础。

（1）马克思主义改造论。"人是可以改造的"，罪犯也是人，因此罪犯也是可以改造的，并且罪犯改造事业是人类改造事业的一个重要组成部分。

（2）马克思主义实践论。实践出真知，主体只有不断针对客体发挥主观能动性，才能认识和改造客体。反映在监狱对罪犯的改造过程中便是不断发挥主观能动性，化消极因素为积极因素，将罪犯改造为理想中的对象。

（3）马克思主义劳动理论。"劳动创造了人本身"是马克思主义劳动学说中的一个基本观点，它充分认识到了劳动在人类社会形成过程中的基础作用，是历史唯物主义的根本体现。很多财产罪犯、经济罪犯都没有养成正确的劳动观。对罪犯进行改造的实质内容，就是要实现对罪犯的本质改造。对罪犯的劳动改造使罪犯的思想改造具备了可能性。[1]从上面的论述我们可以看出，立论基础的不同体现了不同的行刑文化和行刑理念，中国与欧美国家在哲学基础上的差异也反映了各自之间的历史与逻辑的自洽，不能说孰是孰非、谁对谁错。

第二，基本手段不同。立论基础不同导致中国与欧美国家在基本手段上存在差异。欧美国家矫正刑在经历了威慑刑的失败后，转而走向了罪犯矫正，但问题是，如果说对罪犯的惩罚是天经地义的，是违反刑法的法律后果，那么矫正是否是一种法律给予的义务呢？对于是否应当坚持矫正，自20世纪70年代以来有不少学者持否定态度，其否定矫正的理由大多是意识形态及道德。他们认为，刑法的目的仅是鉴别哪些罪犯违反了刑法，并以此为理由惩罚他们。据此，对已经判刑了的罪犯给予强制性矫正超越了合法的边界。国家拥有对罪犯施加惩罚的权力，但是否拥有矫正罪犯的权力则值得质疑。而有些

---

〔1〕 力康泰主编：《劳动改造法学研究综述》，中国人民大学出版社1993年版，第253页。

学者则走得更远，他们甚至认为即使国家有权力对罪犯进行矫正，矫正项目也大多没有效果，越来越多的文献表明矫正并没有太大的效果，并且监狱更容易滥用矫正权力，从而侵犯罪犯的权利。但是，越来越多的学者认为，随着评估技术的进步，对罪犯的矫正项目应当重新进行科学技术评估，以便讨论其是否有效。赞成罪犯矫正的学者们认为，基于功利主义的目的，对罪犯的惩罚与矫正都是刑罚执行的目的，矫正一直都是和刑事司法联系在一起的。[1]随着人们对矫正的认识科学化，美国社会开始对矫正的有效性越来越持正面的看法，矫正手段也具有多种选择性。综上所述，相比于改造刑，矫正刑在手段上具有几个较为明显的特征。

（1）更具有自愿性。当代美国早已经否定了罪犯奴隶说，针对罪犯权利的一系列判例使得罪犯权利的范围得到了很大的发展。在这种情况下，罪犯矫正的强制性受到了广泛质疑，对于矫正到底是权力还是权利，到目前为止仍然没有清晰的结论。但可以肯定的是，大部分矫正项目的罪犯都具有一定程度的选择自主性。比如，对于罪犯工作，美国相关的监狱规则并没有明确规定罪犯参加劳动是法定义务。而我们国家的罪犯劳动是法定义务，《监狱法》明确规定有劳动能力的罪犯应当参加劳动。

（2）更注重技术性。在我国的行刑实践中，监狱对罪犯的改造手段比较固定，相关的监狱法律法规对罪犯改造手段进行了较为明确的规定。教育改造与劳动改造成了我们国家监狱改造的最基础手段，而教育改造则包括思想政治教育、职业技术教育、文化教育及政策法律形势教育、前途教育等。而且，这些教育基本采用的是以课堂教育为主，以个别教育为辅的教育形式。在美国，虽然相关的法律法规没有强制性规定罪犯的矫正手段，立法与司法对罪犯矫正通常采取不干预主义，但这并不意味着在监狱行刑过程中对矫正手段的选择简单化。美国的矫正手段通常更注重项目的有效性与科学性。比如，近年来美国兴起的循证矫正在一定程度上体现了美国矫正制度的特点。在20世纪70年代，当矫正无效论冲击着美国的行刑制度时，研究人员针对矫正项目的综合性研究表明，矫正项目更多地具有正面效果。一种新的探讨罪犯行为、罪犯矫正与刑事司法的实践旨在探索什么是有效减少重新犯罪的

---

[1] Lawrence F. Travis, Martin D. Schwartz & Todd R. Clear, *Corrections An Issues Approach*, Second Edition, Anderson Publishing Co., 1983, pp. 181~182.

基本原则和核心要素。这些核心要素被指为"循证实践"(evidence-based practices),即在多学科上使用来描述那些通过严格的专业研究来产生理想中结果的术语。循证实践在罪犯矫正活动中的运用在美国全国范围内催生了"改造矫正与刑事司法实践"运动,以期使得监狱的矫正项目有效。循证矫正的核心要素主要包括:[1]

○基于风险与需要评估制订干预的目的。即经过风险评估后,对那些具有高风险的罪犯应当使用强度更高的干预措施,并且确定动态的犯因性需要(dynamic criminogenic needs)。对那些风险程度低的罪犯干预并不会收到理想的结果,甚至可能会增加重新犯罪率。

○认知行为干预(Cognitive Behavioral Interventions)。矫正服务最为有效的路径是在犯因性需要确定后通过认知行为和社会学习技术的综合运用,使得罪犯的反社会网络与人格被修正。

○正常社区的支持(Engage Support of Natural Communities)。相当多的研究证明,正常的社区支持和亲社会支持能够收获减少重新犯罪的积极结果。

○响应(Responsivity)。现有研究表明,项目管理和矫正服务只有在与罪犯的学习风格、动机、性格和有关的人口统计学因素相适应时才能产生最大效果。

○强化深入(Reinforcement Approach)。研究表明,在项目管理中,管理人员要与罪犯互动,强调罪犯的优点胜过缺点,强化积极方面的因素,同时关注罪犯大量的反社会因素。

○平衡监管与矫正(Balancing Surveillance with Treatment)。研究表明,惩罚无法减少重新犯罪,过分地强调对罪犯的监管是无效的资源使用,并且可能会产生损害结果。正确的做法是,把重点放在对已经确定目标的认知行为服务上,同时对有必要改善风险的提供相应的控制措施。

○项目质量(Program Quality)。研究表明,项目质量对于减少重新犯罪影响最大,而有效的项目是建立在已经证实的课程体系、方案被训练有素的工作人员正确实施的基础之上的。理想地来看,一个质量可靠的制度能够发展成为矫正项目必须确保满足项目的主要标准和组织架构具有完整性。

---

[1] Kimberly A. Weibrecht, "Evidence-based Practices and Criminal Defense: Opportunities, Challenges, and Practical Considerations", *the National Institute of Corrections*, 2008.

○结果检验（Outcome Measures）。一个非常重要的核心要素是某个矫正项目在何种程度上能够有效地减少重新犯罪，对此，需要对结果进行检验，并对检验的结果进行反馈。管理人员应当确保项目实施结束后的结果被检验并反馈，以便项目的成功因素得到确认并且能够得到及时调整。

从美国学者对循证矫正项目实施的基本原则的论述中我们可以看出，循证矫正与其说是矫正手段的创新，还不如说是一场由统计科学、风险评估技术、管理科学等在罪犯矫正领域的广泛使用推动的改革。近年来，我国监狱系统也在借鉴英美等国的循证矫正技术，但从目前实施的情况来看，因为改造刑与矫正刑在话语体系和制度特性等方面差异巨大，效果并不十分理想。

第三，改造的客体不同。因为改造刑与矫正刑在哲学基础上存在显著差异，使得两者所作用的客体不同。所谓改造客体是指监狱对罪犯进行改造或者矫正所指向的对象。罪犯不是改造的客体，其与监狱干警或者管理者一起构成监狱行刑法律关系的主体。为此，我们认为，改造的客体实际上就是在明确地把罪犯视为被改造的法律关系的主体后，罪犯哪方面需要被改造或者被矫正。我国的改造刑的客体归结到一点就是罪犯的思想。"中国式改造模式的侧重点在于犯罪人的思想，即思想改造统率罪犯改造工作的整体，是监狱改造工作应当遵循的基本原则，并且也是马克思主义哲学论在罪犯改造领域的根本体现。"[1]相比较改造刑而言，发达国家矫正刑改造的客体更多地体现在针对罪犯的犯因性需要，即反社会因素。所谓犯因性需要指的是罪犯在社会生活中因为各种原因而形成了对犯罪生涯的依赖，表现为各种具体的因素。而这些因素又可以被具体细分为动态性犯因性需要与静态性犯因性需要。动态因素是指影响犯罪人的一直处于变化之中的因素，如罪犯的职业；静态因素是指影响犯罪人的一直稳定不变的因素，如性别。矫正刑最值得期待的是日益重视对动态的犯因性因素的改变，毕竟静态性犯因性需要无法改变。矫正服务的最佳路径就是减少最主要的动态性风险因素，提高罪犯亲社会因素。在主要的动态风险因素中，最有希望改变的目标包括消除反社会认知和反社会情感，减少反社会交往，增加反犯罪交往，增强自我管理、自我控制和自

---

[1]　刘崇亮：《本体与维度：监狱惩罚机能研究》，中国长安出版社2011年版，86页。

我解决问题的能力。[1]区别于改造刑的侧重点在于罪犯的思想改造，矫正刑更倾向于罪犯的反社会态度、行为认知、心理健康等方面，即矫正刑的改造客体既包括思想观念，也包括心理、行为、认知、情感、思维、生理、精神等各个方面。

三、发达国家矫正刑与中国改造刑的契合

东西方行刑制度的天然差异使得我们容易走向两个极端。一个方向是整体排斥，即认为建构在西方文明与政治制度之上的监狱行刑模式从形式到内容都与我们国家的狱政文明完全不同，中国改造刑已经完全成熟，发达国家矫正刑的经验与技术在中国监狱行刑模式中并没有可以生根的土壤。另一个方向就是在对发达国家的矫正模式没有充分反思的境况下，以"矫正"取代"改造"，两个词汇的变更不仅在于行刑思潮的跌宕，更在于制度领域的先行。矫正一时间成了中国当下监狱行刑实践中最为时髦的词语，基于政治理念的行刑模式几乎被全部否定，所谓的"改造刑论"几近被批驳得"体无完肤"。[2]

为此，我们在界定了改造刑与矫正刑的差异后，还应当寻找两者之间是否真的就因为存在着显著的差异而必然相互排斥。要彻底明白这一点，我们还需要研究发达国家的矫正刑与中国改造刑在哪些方面具有一定程度的契合，即可以让中国改造刑更好地弥补其不足。我们认为两者相契合的地方至少可体现以下几个方面：

第一，根本目的契合。中外古今的狱政制度的最终目的不外是两种，一种是纯粹为了惩罚而惩罚，另一种是为了把一个坏人变成好人。就矫正刑而言，其最初的医疗模式最重要的特征就是要对罪犯的犯罪人格或者心理进行治疗，防止其重新犯罪。不言而喻，改造刑的最终目标同样是预防犯罪，甚至把此写入了《监狱法》。此处不再累述。

第二，一般观念契合。何谓矫正刑与改造刑的一般观念契合？一般意义上来说，不管是矫正刑还是改造刑，两者都具有多种一般性观念，这些基本

〔1〕 Don A. Andrews, "The Principles of Effective Correctional Programs", Edward J. Latessa & Alexander M. Holsinger, *Correctional Contexts—Contemporary and Classical Reading*, Roxbury Publishing Company, 2006, p.253.

〔2〕 刘崇亮：《本体与维度：监狱惩罚机能研究》，中国长安出版社 2011 年版，第 23 页。

观念各自构成了两种行刑模式的基本内涵。譬如，矫正刑强调树立矫正个别化观念、矫正节俭化观念、矫正社会化观念，同样，改造刑也强调树立改造个别化观念、改造效率化观念及改造社会化观念 。由此可以看出，两种模式在一般性观念上也存在着诸多的契合。特别值得强调的是，不管是矫正刑还是改造刑都持"罪犯是可以被改造的"的基本观念。英美等国的矫正刑之所以在某些特定历史阶段受到了质疑，就是因为一些学者对矫正有效持反对态度。但在当代，或许受到某些观念的影响，以矫正为主的监狱制度从未在行刑实践中消失，反而越来越受到重视。弗朗西斯·库林教授在其有较大影响力的专著《重申改造》中认为，矫正比惩罚更具有人道性，而且当矫正项目和计划设计得合理时，罪犯的矫正是有效的。其在对大量的矫正案例进行评估后，认为矫正项目在正常情况下具有明显的效果。而就改造刑而言，如前所述，"罪犯是可以改造的"在我国都被上升为立论基础。在罪犯改造实践中，我们的改造效果虽然很少像外国学者那样以实证方法对矫正项目的效果进行评估，但至少我们一直秉持改造有效的理念。所以，矫正刑与改造刑在一般理念上具有高度的契合性，这对于改造刑的发展而言具有重要的意义。

四、对改造刑的改造——以再犯罪风险控制为中心

如前所述，对于矫正刑的借鉴，我们认为，完全否定和完全照搬都不是正确的做法。在监狱人口规模日益增长和重新犯罪率居高不下的状况没有得到根本解决的情况下，我们必须借鉴矫正刑中的先进做法。对于改造刑本身存在的问题，笔者曾经进行过较为深入的研究，也引起了较大的争议。

（一）改造刑的改造理由

到目前为止，笔者仍然持这些观点，即改造刑有着不少的缺陷，从逻辑上看，这些缺陷便是改造刑改造的理由。

（1）政治改造模式仍然如影随形。鉴于当前我们国家监狱行刑理论与实践的现状，当法治主义改造模式还未完全确立时，政治改造模式还仍然在一定形式与内容上存在。政治改造是监狱工作政治化的最初体现，特别是在罪犯教育中强调对罪犯的思想教育，采取政治思想教育的方法。这些都是新中国监狱事业成立之初监狱工作政治化的体现，由于监狱具有封闭性与特殊性，监狱法治化改革较设施外的变革具有一定程度的迟延性。

表 3-2　罪犯对思想改造的认同

认同程度	人数	比例/%
完全认同	20	6.8
较认同	38	12.9
不太认同	152	51.5
完全不认同	85	28.8

数据来源：J省女子监狱2017年8月提供。

譬如，作为政治改造模式的重要内容之一的思想改造效果并没有达到预期的效果，原因之一就是罪犯本身对思想的认同感较差。我们对罪犯思想改造的现状进行了调研。调研的对象为J省女子监狱的295名女犯，主要调研的内容为罪犯对思想改造的认同。设计的认同程度主要包括完全认同、较认同、不太认同和完全不认同。调研结果如表3-2所示，回答完全认同的仅有6.8%，而完全不认同的却占到28.8%，不太认同的竟然占到51.5%。在行刑实践中，罪犯的思想改造占有十分重要的地位，如果思想改造扣分达到一定程度罪犯就将会失去行政奖励的机会。因此，政治改造模式的转向与变革就显得较为重要和迫切了。

（2）权力形态输进模式弊端凸显。改造刑区别于矫正刑的一个本质特征表现为改造刑更依赖于权力的输进。因为监狱基本采用军事化管理，这使得警察权的扩张性表现得更为明显。当权力的扩张超过一定合理程度时，其负面后果便会显现出来。改造刑中的改造从本质上看的确为权力的强制性输入，但是如果没有技术性的配合，仅依靠强制性的思想改造和劳动改造肯定无法取得良好的改造效果。在具体的行刑实践中，这种权力形态的输进模式容易使得惩罚机制与改造功能相混淆。如劳动改造本来就属于改造的一种，但在实践中，严格的劳动纪律、无劳动报酬、超时劳动等使得劳动具有了惩罚的属性。实质上，劳动改造的功能除了具有明显的经济功能外，到底在何种意义上具有改造功能到现在仍然没有实证意义上的证明。

（3）改造刑的实现路径过于单一。改造刑相较于矫正刑来说一个最大的缺陷可能在于过于保守和不易变化。因为政治改造模式明显，而政治话语系统下的制度又总是容易变动不居，因此改造刑的实现路径过于单一就不难理解了。当设施外的制度话语日益向前流动时，改造制度还仍然停留在几十年前的状况，一些所谓的创新手段也只是在表面上发挥作用，并不能改变路径单一的状况。比如，所谓的三大改造手段，监管改造在性质上并不属于改造，而在教育改造和劳动改造中，劳动改造现在和将来的形式与内容都不可能发生变化，教育改造的内涵与外延又都十分丰富。

（4）改造刑的知识生产过于贫乏。从本质上来看，罪犯的改造或者矫正作为一项人文活动，其过程十分复杂，知识或者技术性要求苛刻，毕竟要把一个坏人变成一个好人是一项社会系统工程。福柯把诞生于 19 世纪 40 年代的梅特莱少年感化院作为"监狱体制"最终形成的日期。"因为它是对各种行为进行强制的技术集大成的标本，该感化院的长官不能是纯粹的法官、教师、工头，他们在某种意义上是行为的技师，即品行工程师和个性矫正师，他们的学习技术训练导致了各种行为模式，产生了一整套的有关规训的知识与技术。"[1]当福柯把知识的本质视为权力时，考察监狱的罪犯矫正无疑最具有标本意义。不管是何种模式，因为改造的客体无非包括思想、观念、行为、心理、精神、认知等，而要使这些客体通过矫正主体的活动最终回归到一般社会人的状态，没有知识或者技术贯穿其中是难以完成的。从整体上看，相比较于矫正刑而言，改造刑的知识生产仍然处于初级阶段。在改革开放后的一些制度创新中，改造刑基本上是对发达国家的狱政文明的借用，从心理矫治到循证矫正再到改造质量评估。我们的话语体系与知识生产的问题主要体现在改造主体、改造内容与改造方法方面。如我们前面分析的改造专业化建设不足，相关的专业技能并不专业，导致改造的专业技术运用在改造过程中严重不足。改造内容在项目技术化与专业化上也明显不足。当劳动改造与教育改造成了一种重复性的改造内容时，其与改造技术的结合明显不足，改造内容包括生理学、心理学、行为科学等多方面的支持。或者更为直接的表述就是，当改造内容仅表现为一种平面的行政管理形式时，改造的知识化生产很难收获良好的成果。同样，因为主体与内容的知识生产过于贫乏，改造的方法同样难免平面化。即使将英美等国的一些较为先进的矫正理论或者方法引介到改造刑中，同样也会因为没有相关的知识或者技术作为支撑而在运用过程中显得水土不

---

〔1〕　［法］米歇尔·福柯：《规训与惩罚》，刘北成、杨远婴译，生活·读书·新知·三联书店 2007 年版，第 337 页以下。

服，无论是理论还是实践都显得过于平面，更遑论在借鉴基础之上的创新了。

（二）改造刑改造的方向选择：以再犯罪风险控制为中心

针对上述改造刑的缺陷，在既不盲目照搬矫正刑也不故步自封的原则下，我们坚定地认为，应当对改造刑进行科学而综合化的改造。这种改造必须以再犯罪风险控制为中心，在突出自身改造刑特色的同时，又在某些方法和技术上符合世界最为前沿的矫正技术和方法，以最大限度地实现监狱的罪犯改造功能。因此，我们必须按照中间道路的正确做法，即凡是能够有利于犯罪风险控制的具体做法都应该成为我们借鉴的对象。毕竟，如前所述，两者都是以预防犯罪为最终目标的。

首先，应当以再犯罪风险控制为标准来改造改造刑中一些不科学的做法，从而最大限度降低再犯罪风险。针对改造刑存在的弊端，我们应当有针对性地对这些问题进行改造，而这种改造的目标是以再犯罪风险控制为中心展开的。改造刑的改造方向之所以应当以再犯罪风险控制为中心，是因为前述存在的一些问题或是不能有效改造罪犯，或者是无法得到有效证实。比如对于队列训练，作为军事化管理的一个重要特征，一直被我国的监狱系统所重视。传统改造刑理论认为，队列训练在整个罪犯的改造期间占有重要的地位，其能够使罪犯在指令过程中养成服从习惯，从而有利于罪犯的养成教育，增加罪犯的身份意识，促使罪犯找准角色，服从监狱的监规监纪。但问题是，军事性质的队列训练是否真的有利于罪犯的改造效果？对再犯罪的风险控制是否真的有利？至少到目前为止，该改造项目并没有在一些实证意义上得到验证。我们认为，从队列训练制度设立的初衷来看，其是为了使罪犯树立服从意识，即增强罪犯的身份意识，这就是改造刑具体制度的典型体现。从管理的角度来看，队列训练可能有利于狱内秩序的稳定，但如果在强度上或者方式上完全等同于军事化，甚至把队列训练视为一种惩罚罪犯的手段，就会使得队列训练在功能与价值上被异化。如果说队列训练能够使得罪犯更加服从监狱指令，那么这种服从如果超过了一定程度便可能会加重服刑人员的监狱化过程，而监狱化人格一旦养成便意味着罪犯重返社会后将困难重重，再犯罪风险极高。鉴于此，我们认为可能会加深监狱化人格形成的队列训练在实施过程中应当加以必要的引导，在强度与方式上与军事训练中的队列训练加以区分。

其次，应当借鉴矫正刑实证意义上的技术与方法，科学认识再犯罪风险控制。对于什么矫正项目有效、什么矫正项目无效，目前我国很少在此问题上进行正本清源式的研究。国家对刑事司法资源的投入总是十分有限，如果有的矫正项目或者方案本身不但不具有正面的矫正意义而且还具有负面的效果，则其对行刑节俭性原则的违背便不言而喻了。美国学者爱德华·J. 莱特塞认为当前的矫正项目之所以在降低再犯罪风险上并不能够取得有效结果，是因为人们在监狱矫正实践上无法避免研究方法上的困境，即缺乏实证意义上的技术与方法。这种困境集中表现在四个方面：[1]

第一，表现为项目设计上的研究失败。每个矫正机关都必须决定在监管条件下如何对待罪犯，包括选择什么样的项目和干预措施。但是，监狱通常没有真正地选择，因为项目总是从以前的管理中自然延续下来的。而对这些传统人们很少会问"有没有什么真实证据表明我们的真实意图和效果是什么"。实践中，几十年的发展证明有三种有效干预的知识体系：①在决定罪犯重新犯罪的因素预测方面取得了较大的进步。特别是在反社会价值、反社会观念、较差自我控制与自我管理、正常家庭功能紊乱、过往的犯罪经历等因素经过实证意义上的检验得到了证实。但问题是，一些监狱机关在传统延续下来的项目中总是被一些"传统犯罪理论"所强调。②如表 3-3 所示，已经有越来越多的文献证明，在罪犯矫正中，有些项目并没有矫正效果（如训练营、高强度约束、无针对性的心理治疗）。③已经有越来越多的文献运用实证的手段证明有些罪犯矫正项目有矫正效果。

表 3-3　机构项目中一些未经证实的犯罪理论

"我是过来人"理论	罪犯缺乏创造性理论
罪犯需要回到自然中理论	为我工作理论
罪犯缺乏纪律理论	罪犯缺乏组织技巧理论
罪犯低自尊理论	罪犯仅需要快乐理论
罪犯需要在狱中有宠物理论	罪犯需要戏剧治疗理论

---

〔1〕　Edward J. Latessa, Francis T. Cullen & Paul Gendreau, "Beyond Correctional Quackery: Professionalism and the possibility of Effective Treatment", Edward J. Latessa & Alexander M. Holsinger, *Correctional Contexts—Contemporary and Classical Reading*, Roxbury Publishing Company, 2006, pp. 337~345.

第二，合适的评估分类实践失败。不断涌进监狱的罪犯如同不断涌进医院的病人，在得到有效的治疗之前，一个有效的步骤就是对病情进行初步诊断或者评估。同样，在对罪犯采取有效的矫正措施之前，应当对罪犯的风险与犯因性进行科学的评估。这种有效的评估与分类被一些风险评估工具所支配，极大地促进了评估与分类的实践。但是，在实践中，一些监狱系统并没有开展对罪犯的有效评价与分类评估，或者即使开展了也会因为实践中的各种原因而没有达标。罪犯的评估与分类是需要采用多数据并建构在实证研究的基础之上才能展开的技术性矫正工作的前提。

第三，有效矫正措施的失败。在评估的基础之上，必须要对罪犯有针对性地采取矫正措施。此阶段的关键是"什么是有效"（what works），但往往容易忽略什么是有效的项目。在以往的对矫正项目的研究中，马修斯在对 240 个矫正项目的研究中发现：2/3 的成年人矫正项目和近 50%的未成年人矫正项目没有矫正效果。安德鲁斯则在 1999 年采用多元分析法对 230 个矫正进行评估，得到了 374 个有效检验结果，结果显示仅有 13%的测试有合适的效果。由此可以证明，对于矫正措施的实证研究具有举足轻重的意义，因此我们必须采用科学、合理的评估方法，否则仅用建构在经验基础之上的临床判断很难得出真实的结论。

第四，对于结果评估的失败。欺骗式矫正盛行已久，因为矫正机构大多没有对项目最终的结果进行评估或者评估不科学。评估实际上意味着一种责任和承诺，它表明已经采取的措施可能需要改变。因此，从此角度上看，评估并非是可有可无的措施。理想的状况应当是矫正机构对矫正活动的结果进行处理，参加矫正实践的罪犯应当被随机分配到矫正组和控制组，经过一定期间对实践结果进行比对。但在通常情况下，由于像一些被治疗过后的病人并没有得到有效的医疗后监测一样，那些对矫正项目的评估往往容易被忽略，最终会在整体上影响矫正的质量。

因此，从专业的角度看来，对矫正刑的借鉴并不一定意味着对其改造项目的照搬，而是应当充分意识到对其方法论的借鉴。这种方法论建立在循证意义上所有科学的技术过程的基础上。改造刑被视为中国七十年的经验总成，但这种经验恰恰类似欧美国家矫正刑的早期临床阶段，对再犯罪风险的诊断仅依据实践的临床经验，缺乏具有统计数据意义的精确诊断、制订措施及案后评估等。正是基于此，改造刑应当在自身的行刑哲学基础之上，在不否定本身的存在根据的同时借鉴其对再犯罪风险控制的有效方法。循证意义上的改造方法论要求的专业程度很高。它不但是统计意义上的实证方法论，还应当包括心理学、精神病学、社会学、法学、管理学、认知与行为科学的综合性运用。这种方法论是建构在经验基础之上的实证判断，而非传统改造刑的逻辑判断，传统改造刑的逻辑判断通常是非此即彼的，而实证判断是在逻辑判断的基础之上在量上进行准确预判与评估。

最后，应当坚持科学的改造观，坚持改造刑中的传统特色，建立正确的再犯罪风险控制观。应当在坚持矫正有效观念的同时，树立科学的改造观，对改造刑进行科学的改造。所谓科学的改造观指的是在承认改造有效的同时，承认罪犯改造的艰巨性、复杂性。在第一章分析中国矫正刑是否有效的时候，笔者从宏观角度考察与微观考察角度得出了相反的结论，这也意味着改造不仅是监狱行刑的一个过程，还是一个非常复杂的系统。在这个复杂的系统中，监狱只不过是核心环节之一，还包括全社会反应的环节。毕竟，罪犯虽然被监禁在监狱中，但仍然是社会中的人，而且绝大部分罪犯最终都要走向社会，改造的效果最终仍然要由社会来检验。另外，承认改造的复杂性就必须要承认不是所有的改造活动都会取得好的效果。

因为研究方法更为科学，美国学者对矫正有效的问题的认识比我们对改造效果的认识可能更为全面。我们将对美国的"绿光项目"（the Greenlight program）进行介绍，以说明矫正刑方法论的科学性及矫正的复杂性。绿光项目指的是由纽约州司法部矫正局与维拉司法所共同合作开展的一个项目。该项目采用理性与改造认知—行为项目模式。该矫正干预的文献显示认知—行为方法与重新犯罪率的减少相关。认知—行为项目是为了解决大部分与犯罪行为相关的动态因素，具体包括冲动、不正常的思考方式、反社会的人格与态度、较差的社会性技巧、吸毒等。另外，该项目还提供了别的旨在减少重新犯罪的支持，包括就业帮助、住房帮助、毒品教育、反复预防、释放计划、实践技术培训、社会保险支持等。最后，该项目被认为超过了标准模式的强度，更多的课程量使得项目更难得到有效的实施。在该项目实施结束后的第12个月及第30个月后，对这些释放的罪犯进行跟踪，以考察重新逮捕率及假释撤销率。矫正组成员由345名罪犯组成，被转移到特定的试验场所参加绿光项目。这个组的名称为"Greenlight"（英文简写为GL）。第二组则有278名罪犯参加，同样被转移到试验场所，但被分配到纽约矫正局接受过渡项目

（NY Department of Corrections Transitional Services Program），成了初始的控制组。这个小组的英文简写为 TSP。第三组 113 名罪犯则满足了参加项目的标准，但因为场所的限制而并没有被转移到相关的试验场所。这些罪犯并没有参加释放前项目就被直接释放。这个小组英文名称简写为 UPS。在参加绿光项目的罪犯被释放 1 年后，调查人员对他们进行回访，结果发现，GL 组的重新逮捕率和假释撤销率比 TSP 和 UPS 组都要高。如表 3-4 所示，不管是 6 个月后还是 12 个月后，参加了绿光项目的罪犯的重新犯罪情况均比没有参加的严重得多。12 个月后的 GL 组逮捕率要比 UPS 组高出 7.3%，假释撤销的情况更为严重，12 个月后的 GL 组的假释撤销率比 UPS 组高出了 11.9%。

表 3-4　项目组成员释放后 6 月至 12 月后的重新逮捕及撤销假释情况

	GL（N=345）	TSP（N=278）	UPS（N=113）
逮捕情况 6 个月后 12 个月后	17.2 34.1	13.0 24.2	14.4 26.8
重罪逮捕 6 个月后 12 个月后	8.3 18.0	6.6 13.0	7.2 12.0
假释撤销 6 个月后 12 个月后	9.8 25.1	9.4 21.0	7.4 13.2

　　项目组在 30 个月后对重新犯罪与摊销假释的结果再进行调查，逮捕情况虽然发生了较大的变化，但仍然显示参加 GL 组的逮捕率明显高于没有参加干预的 TSP 与 UPS 组。结果显示：没有逮捕者中，GL 组仅为 47.5%，TSP 组则为 51.8%，而没有参加任何干预措施的 UPS 组则高达 66.4%，并且在 0.001 意义上的 P 值具有显著的统计学意义。如表 3-5 显示，项目组还分别调查了三组成员的再犯罪风险水平。从整个样本的数据来看，那些一年矫正评估结果再犯罪率高的 GL 组与在三年后社区内的再犯罪风险程度一样高，在 P<0.01 意义上具有显著统计学意义。这表明耗费了巨大司法资源的绿光项目的矫正措施反而提高了再犯罪风险。这到底是什么原因呢？是因为矫正中的措施完全没有矫正效果，甚至是相反的效果吗？这种情况让人产生了深深的疑

惑。项目组对三年后罪犯的再犯罪风险水平进行测试的结果表明，再犯罪率取决于再犯罪风险水平。风险原则（risk principle）认为，对于中度风险罪犯及高度风险罪犯才应当进行高强度的干预措施，但是实际情况是大部分低度风险罪犯都参加了此项目。表 3-5 表明，参加 GL 组的罪犯中，低度风险占到了 80.4%。相比之下，高风险 TSP 组的成员比高风险的 GL 组成员更容易躲避逮捕。两组数据最终证明，该项目的初始设计就存在着致命的缺陷，即更容易犯罪的试验组成员被错误地分组——GL 组成员具有更高的再犯罪风险，而 TSP 组成员再犯罪风险程度又高于 UPS。明显可以看出，三个试验小组在矫正过程中被进行了相反程度的干预。[1]

表 3-5　30 个月后没有逮捕者风险程度

	GL	TSP	UPS
风险水平	（N＝345）	（N＝278）	（N＝113）
总样本数	47.5	51.8	66.4 **
低度风险	80.4	70.0	86.4
中度风险	44.0	51.7	69.0 **
高度风险	23.7	33.8 *	32.1

注：所有统计显著性都是与 GL 组对比得出，＊是指 $p<0.05$，＊＊是指 $p<0.01$。

从美国纽约矫正局的"绿光项目"的整个试验过程来看，矫正罪犯从某种程度来说更像是一个程序异常复杂且精细的工程，任何一个环节的失误都有可能失去原先预想的结果。另一方面，此项目的失败也告诉我们，坚持"矫正有效"的科学观念，在实践中也就意味着并不是所有的改造实践活动都能够取得如期的效果。这并不等同于"所有的罪犯都能够被改造"，在此我们仅想要表达的是，既然对高度风险及中度风险的罪犯矫正系一项复杂的综合机制，那么这将意味着在此机制中任何环节出现失误都将可能使矫正效果受到影响。在认识到改造的复杂性后，我们应当坚持中国改造刑中传统优良且有效果的改造措施。比如，我们对思想教育的科学性和有效性进行反思，

---

〔1〕　James A. Wilson & Christine Zozula，"Reconsidering the Project Greenlight Intervention：Why Thinking About Risk Matters"，file：///C：/Users/relig/Desktop/greenlight%20evaluation. pdf，2018-2-1.

并不意味着要全盘否定个别教育和集体教育。特别是对罪犯的个别教育谈话。作为最具有中国改造刑特色的改造项目，我们应当坚持并在传统教育内容的基础之上进行相应的创新。我国《监狱教育改造规定》第三章第14~18条对个别教育进行了明确的规定：

第14条　监狱应当根据每一名罪犯的具体情况，安排监狱人民警察对其进行有针对性的个别教育。

第15条　个别教育应当坚持法制教育与道德教育相结合，以理服人与以情感人相结合，戒之以规与导之以行相结合，内容的针对性与形式的灵活性相结合，解决思想问题与解决实际问题相结合。

第16条　监狱各监区的人民警察对所管理的罪犯，应当每月至少安排一次个别谈话教育。

第17条　罪犯有下列情形之一的，监狱人民警察应当及时对其进行个别谈话教育：新入监或者服刑监狱、监区变更时；处遇变更或者劳动岗位调换时；受到奖励或者惩处时；罪犯之间产生矛盾或者发生冲突时；离监探亲前后或者家庭出现变故时；无人会见或者家人长时间不与其联络时；行为反常、情绪异常时；主动要求谈话时；暂予监外执行、假释或者刑满释放出监前；其他需要进行个别谈话教育的。

第18条　监狱人民警察对罪犯进行个别谈话教育，应当认真做好记录，并根据罪犯的思想状况和动态，采取有针对性的教育改造措施。

该规定是司法部颁布实施的规范性法律文件，在性质上属于部门规章，系行政法规范。在我们收集的现有英美等国的监狱规则中，很少能够找到相关的规定。当然，在矫正刑的实践当中，欧美国家的监狱系统虽然也有与我国类似的做法，但不像我国这样把个别教育写入部门规章。对于监狱来说，对罪犯进行个别教育既是一项权力，又是一项义务。由于对罪犯的教育没有被写入法规，因此矫正刑不是监狱系统内的法定职责，通常以日常的矫正项目的形式出现，而且罪犯在一定程度上有较大的自愿选择权，故很难开展。特别是像笔者在美国纽约访问时参观的高度警戒监狱那样，所有的高风险罪犯都被严格隔离，矫正官与罪犯间表现为对抗关系，更遑论个别教育谈话了。

吴某教育改造个案 [1]

2007 年经上海市第二中级人民法院以故意杀人罪判处吴犯无期徒刑，剥夺政治权利终身。该犯入监后因失聪、家庭等原因，有严重的自杀倾向。监狱根据该犯的自身特点成立了该犯个案管理攻关小组，研究分析该犯个性特点、心理缺陷、人格特性、现实危险性等。针对以上诸多因素，教育小组制定符合实际、切实可行的个别教育方案。

（一）准确定位罪犯犯因性个性

（1）该犯罪刑期长，心理包袱较重；法律意识淡薄，自控力差。

（2）该犯自卑感强，极少与他犯交流、沟通，经常独自一人，猜疑心强。

（3）该犯由于意识到自己个头矮小，双耳失聪，家庭经济条件较差，加之又是外省籍罪犯，导致自卑感强，认知上有偏差，人格上有障碍，所以害怕被人歧视，在遇到与他犯产生矛盾以及纠纷时，不能客观、公正地判断，有"先下手为强"的心理，容易冲动，丧失理智，往往会采取极端方式和手段处理问题。

（4）该犯于 2009 年 8 月 9 日从上海市提篮桥监狱辗转调到郴州市监狱一监区，虽然在监狱服刑，但跨省调动，无疑会给其带来环境的不适应，焦虑心、猜疑心随之而来，导致焦躁不安，容易情绪失控，行为冲动，走向极端。

（二）春风化雨润心田

针对该犯的特点，民警在该犯服刑改造过程中，始终抱着不嫌弃、不抛弃、不放弃的精神，因材施教，有的放矢，对症下药，利用心理学矫治方法和积极心理学，采用循序渐进的步骤，引导该犯。

（1）对该犯进行前途、政策教育，鼓励该犯树立改造目标，有困难及时找监狱民警解决。

（2）及时进行心理干预，利用心理学原理和方法，要求其适应环境，不断改变自己，完善自己。

（3）针对该犯自身的情况特点，对其进行特殊的人文关怀帮助，采取

---

[1]　该案例摘编于"春风化雨润心田，浪子回头自扬鞭——罪犯吴某飞个案管理成果报告"，载百度文库：https://wenku.baidu.com/view/4a802e780722192e4536f6f2.html，访问日期：2018 年 2 月 10 日。

"润物细无声"的方式，主要突出"细"和"情"，在生活上细心、细致、细微，在改造上倾注感情，感染、感化该犯，让其能切身感受到来自政府和民警的关怀。定期与其家人联系，做好亲情帮教工作，监区主管改造副监区长邓某针对该犯双耳失聪问题，为其配备了助听器，并带其到指定医院做好残犯鉴定，帮助解决改造中的困难和疑惑，为其改造铺平道路。

（4）针对该犯存在的行凶和自杀倾向，在疏导心理的同时，严密布控，做好管控措施，监区民警每周一次做好个别谈话教育和记录，从生产、生活、学习当中发现该犯的优点和闪光点，及时给予肯定和表扬，制定矫治方案，促其实现改造目标。

（三）浪子回头自扬鞭

通过分阶段、分步骤教育，该犯能积极配合民警，转变思想观念，正确地认知自己，正确对待服刑和漫长的刑期；能开阔视野，积极融入监区这个集体，处理好与同犯的关系，性格也逐渐开朗起来；逐步转变了遇事急躁、冲动、偏执、易走极端的性格，凡事尽量做到三思而后行。从该犯近一年的考核走势图及近期给该犯做的各项心理测评量表不难看出，现在该犯具有良好、健康的心理，在生产上克服身体的困难，积极完成任务，在生活上与他犯和睦相处，在学习上涉猎广泛，充实自己，在改造上除了严格要求自己之外，还积极靠拢政府，与违规违纪做斗争，争取早日减刑。有什么样的意识形态就会有什么样的行为动态，该犯现在对未来充满了信心，树立了正确的改造目标，正一步一步走到正确的改造道路上来。

在中国特色的改造刑中，罪犯个别教育被作为监狱干警的职责，有的监狱系统甚至规定每个月每个干警对分管分监区的罪犯必须谈话 3 次。笔者曾经工作过的监狱即是如此。如果说，罪犯教育是改造刑中最具有中国特色的内容，那么罪犯个别教育谈话则是最区别于矫正刑的内容。上述上海市监狱系统吴某教育改造个案就完全证明了这一点。区别于矫正刑中矫正官与罪犯的明显对抗关系，我们国家传统的个别教育是建立在罪犯与监狱干警的互动关系上的，即所谓的"春风化雨润心田"。这种个别教育理念是中国传统教育文化基因中的精髓，强调诲人不倦、循循善诱、因材施教、春风化雨、以情感人。但如前所述，改造刑中的思想教育并非万能之药，它是个别教育的一种基础手段，但绝不可以成为个别教育的全部。在上述案例中，民警能够有效地找准罪犯的性格特征及心理状况，及时进行有效的心理干预，并且能够借助其他手段（例如亲情帮教，生活关照等）。这些都是中国改造刑中个别教育的"法宝"。但让人遗憾的是，在中国当代的改造理论与实践中，我们改造刑中的优良传统在"西风大进"的时代潮流中开始慢慢丢失，当"矫正"与"改造"在所有的场合都被随意互用时，人们或多或少地磨平了两者的界限。循证矫正等矫正理念与矫正技术因为缺乏制度的契合与技术工具的本土化，最终仅是理论研究引介的对象。更为关键的是，一些年轻的监狱干警对改造手段中的优良传统持轻视态度。当前，中国改造刑面临的尴尬境域是：一方面，随着国家经济高速发展，越来越多的财政被投入到监狱行刑中，监狱的监管设施基本实现了现代化，监管制度也基本实现了规范化。近年来，监狱的监管职能较以前已不可同日而语，监狱的"四防事故"和重大狱内案件急剧下降，监管成绩取得了巨大成就。另一方面，当国家的刑事司法资源被越来越多地投入到监狱系统中时，按道理，近年来的国家重新犯罪率应当越来越低。但是，前文我们收集的数据表明，近年来的重新犯罪率并没有下降，反而在持续上升。

　　所以，我们在坚持引进矫正刑的先进理念与矫正技术对改造刑进行相应改造时，必须清醒地意识到，并非所有的矫正刑中的具体制度被借鉴到改造刑中都能够得到充分利用。在已经明确了以再犯罪风险控制为导向的监狱行刑改革的范式是对改造刑进行改造后，本书将对所有关于监狱行刑改革的路径都应该围绕着有利于再犯罪风险控制而展开进行分析。在方法论上采取以实证方法为主的改革方法论，在方向上以再犯罪风险控制为导向，在改革的范式上坚持对改造刑进行改造。三者之间是紧密联系的。所有改造刑的改造都坚持以再犯罪风险为导向，如果不利于对再犯罪风险的控制则不应该作为改革的基本思路，而这一切的实现都应当建立在实证主义的循证改造基础之上。

再犯罪风险控制的技术条件： 第四章
再犯罪风险评估工具及其本土化

第四章
CHAPTER4

　　我们已经明确了监狱行刑改革应当以再犯罪风险控制为导向，那么，如何最大限度地实现以再犯罪风险控制为中心的监狱行刑改革？监狱行刑改革本质上是制度性的发展和创新，而制度的发展和创新应当具备一定的技术储备。既然我们的改革思路是以再犯罪风险控制为中心，那么制度上的发展与创新也应当以再犯罪风险控制为中心展开。再犯罪风险控制作为一种新的刑事司法理论，从刑事一体化的角度来看应当贯穿刑事立法、刑事司法与刑事执行。在刑事执行阶段，刑罚的功能更倾向于个别预防，个别预防不管是矫正还是威慑都须通过对再犯罪风险的降低来实现对重新犯罪的控制。因此，不管是主张威慑刑论还是主张矫正刑论，要实现对再犯罪风险的控制都必须对再犯罪风险进行鉴别、分类、干预及管理，最终使对犯罪的控制达到合理水平。

　　在威慑刑论者看来，要实现对犯罪的预防就必须在鉴别再犯罪风险程度的基础之上对罪犯进行合理管控。对再犯罪风险高的罪犯应当进行高强度的管理与监督。而对再犯罪风险低的罪犯应当进行低强度的管理与监督，甚至可以考虑在设施外进行相应的管理。对没有再犯罪风险的罪犯则应当保持其较大程度的自我管理，对刑罚较轻且没有再犯罪风险的罪犯应当使用缓刑或者假释。在矫正刑论者看来，要实现对犯罪的预防，就必须要在鉴别再犯罪风险的基础之上，对罪犯进行相对应的矫正与治疗。不管是威慑刑论者眼中的再犯罪风险管控，还是矫正刑论者眼中的风险分级前提下的矫正与治疗，都必须对罪犯的风险程度进行科学的评估，否则两个学派都将会失去学理基石。所以，对再犯罪风险评估的具化就成了对再犯罪风险控制的技术性条件。而对中国的改造刑进行相关改造的当务之急就是实现再犯罪风险评估技术的系统化和科学化，在对英美等国再犯罪风险工具借鉴的基础之上，科学构建适合中国本土的再犯罪风险评估工具。本章的研究目的就是在评述英美等国的再犯罪风险评估工具、分析再犯罪风险的基本法理的基础之上，对我们建立的《中国再犯罪风险数据库》利用 SPSS20.0 统计分析工具进行分析，以期构建适合我国的再犯罪风险评估工具，最终为监狱行刑改革视野下的制度创新提供有力的技术支撑。

第一节　再犯罪风险评估的源流、法理与争议

面对各自不同的犯罪整体情势，每个国家的刑罚改革的方法与路径都不同，但最终的归途都在于刑罚效益的实现。20 世纪 70 年代以来，由于刑罚矫正主义与刑罚个别主义遭受空前的危机，强调一般预防又兼顾特殊预防的新古典主义刑罚理论走上前台。持新古典主义刑罚论的学者不但主张以报应作为刑罚实现的评价标准，还认为应当要考虑犯罪人过去与将来的犯罪，但绝对报应论在刑罚兑现过程中并非有完全实现的可能性。在新古典主义的影响下，强调危险评估与控制的新刑罚理论在 20 世纪 90 年代开始受到重视，并导致了旧刑罚理论向新刑罚理论的转换。在新旧刑罚理论转换过程中，再犯罪危险的评估受到了前所未有的重视，并以此为自由刑的改革提供了技术支持。但必须要指出的是，对犯罪风险控制的重视虽然系新刑罚理论的主张，但风险评估并非自 20 世纪 70 年代新古典主义刑罚理论兴起才出现的。为此，我们首先需要对再犯罪风险评估的源流进行梳理，然后才能够在法理上进行深入探究。

一、再犯罪风险评估的历史源流及现状

（一）再犯罪风险评估的历史源流

再犯罪风险评估制度是英美法系国家非监禁刑制度的产物，是刑罚文明进步的一个重要标志。再犯罪风险评估的概念初见于美国在缓刑与假释制度的形成过程中，对其概念的界定并未有太多的争议，对象也是特定的。对于如何让一个被提前释放到社会的罪犯或者被判处缓刑的罪犯最大限度地降低再犯罪风险，需要对再犯罪的风险进行合理评估，这个问题一直长期困扰着非监禁刑。为此，近百年来，人们一直试图解决此问题以保证风险被最大限

度地降低。到目前为止，英美等国的再犯罪风险评估已经经历了四个阶段。

第一个阶段为 20 世纪中叶之前的专业判断（professional judgement），即风险评估由矫正官员及临床专业人员完成，主要依据专业性经验（professional experience）进行判断。这一阶段基本被认为是定性判断。这种判断仅依据评估人员的经验性判断，因此显然有失准确，使得风险评估的真实性存疑。此种状况促使了评估工具的诞生，即第二阶段的循证评估工具。从某种程度上看，我国到目前为止，不管是在对罪犯的假释、缓刑决定中的再犯罪风险评估，还是在监狱管理过程中的风险评估，在评估的依据方面虽然也有类似第二代的数据作为评估证据，但总体上基本仍采用第一代的临床判断，即依靠监狱干警在日常改造生活中对罪犯服刑过程的临床观察，依据经验作出风险程度判断。这一阶段的风险评估因为技术的限制及本身经验的限制，并没有发展成为一个系统的评估工具。但这也并不意味着这一阶段积累下来的做法并不重要。虽然较后面的阶段性评估其在精确性方面有所欠缺，但专业的临床判断也为之后发展出来的工具提供了经验，是系统性风险评估工具的发展不可逾越的阶段。

第二阶段开始于 20 世纪 70 年代的循证评估，其得以产生主要归功于精算和证据科学的发展。精算评估工具主要考虑能够证明会增加再犯罪风险的与犯罪人有关的事项，将这些事项赋予一定量的数值并制作成量表。这些能够证明与犯罪风险相关的事项，一个风险因素的存在能够得到一个相应分值，如果缺乏将无分值。总分值越高，罪犯的重新犯罪风险就越高。这个时期比较有名的精算评估量表主要有美国的“显著因素量表”（the Salient Factor Score）、加拿大矫正局研制的“再犯罪统计信息量表”（the Statistical Information on Recidivism Scale）。这几个量表到现在仍然在被使用并得到了修订。这些量表对罪犯行为的预测要比专业、临床的判断更为准确。精算评估工具的优势被扩展到了多个罪犯群体中，如精神紊乱者、性犯罪者。此类精算工具的优势使得越来越多的矫正系统开始采用此类型的评估工具来对罪犯进行分类，以及安排不同的监管实践。精算评估工具的优点在于能够较为可靠地鉴别低风险与高风险的罪犯。然而，这一阶段的精算评估工具有两个主要缺陷：一是此精算评估工具是非理论的，其中评估因子容易获得且与重新犯罪相关，所以这些因子大都是个体的犯罪史，而那些理论性因素由于不容易获得而没有被选择。二是与那些犯罪史相关的因素都是静止、不可变的因素，这就造成了一个致命的缺陷。如果所有的风险因素都是静止、不可变的，那么就意味着一个罪犯的风险水平也不会发生变化。但是，事实却是很多风险性因素都是可以变化的，例如罪犯原先滥用毒品现在彻底放弃的情形。故量表无法评估那些容易增加或减少的风险因素，这就影响了量表预测的精准性。

第三阶段开始于 20 世纪 80 年代初期，此时期的精算评估工具不但包括犯罪史等静止性风险因素，还包括动态性风险因素。动态性的因素包括就业状况、社会交往及家庭关系等，这些因素被认为是"风险—需要"评估工具。这一阶段的代表性评估工具有 1995 年加拿大的"管理水平量表"（修订）(the Level of Service Inventory-Revised)。此评估量表能够为矫正官提供需要进行干预的信息以及罪犯反应较为敏感的环境因素变化，充分运用这些动态性因素有助于减少再犯罪风险。现在已经有证据表明，"风险—需要"工具中分数的变化是和重新犯罪的变化相联系的。动态性风险因素有效性的证据在于风险分值的变化会改变犯一个新罪的可能性，这些动态性风险因素对于矫正项目和负责管理这些罪犯风险的矫正官来说都是极其重要的。第三代风险评估工具为矫正项目和监管政策有效与无效的检测提供了一个重要的路径，而且，因为这些动态性风险因素（如药物滥用、就业、交往）都在第三代评估工具中被具体化，故工作人员能够直接在动态性风险因素干预中引导被矫正人。

第四阶段是近几年来在英美等国流行起来的风险评估工具，这一代的风险评估工具综合了评价因素与监督因素，区别于上一代的风险评估工具，采取了"风险—需要—响应"的罪犯评估和改造模式。[1]

再犯罪风险评估理论发端于教育刑理论，但真正支撑起犯罪风险评估理论的还是新古典主义视野下的新刑罚理论。旧刑罚理论的要旨是当人们在言及刑法与现代矫正相对立的状况时，核心强调犯罪个体，基于个体惩罚目的进行刑事制裁。美国学者认为，新刑罚理论因为新叙事语言的出现，由仅关注单个主体惩罚的传统刑法学和犯罪学开始转而关注风险评估。[2]在矫正主义与个别化理念的主导下，在新古典主义的影响下，新刑罚理论更重视对犯罪风险的控制和管理。正是重视对犯罪风险的控制与管理，摒弃教育刑论与

〔1〕 James Bonta & D. A. Andrews, "Risk-Need-Responsivity Model for Offender Assessment and Reha-bilitation", *Report of Public Safety Canada*, 2007.

〔2〕 Malcolm M. Feeley & Jonathan Simon, "The New Penology: Notes on the Emerging Strategy of Cor-rections and Its Implications", *Berkeley Law Scholarship Repository*, 1992 (1).

报应刑论之争，新刑罚理论为整体的再犯罪风险评估及罪犯管理和风险控制提供了技术性支撑，从而使得当代再犯罪风险评估制度得以成熟、定型。

（二）再犯罪风险评估的现状

在当代英美等国的刑事司法系统中，再犯罪风险评估具有十分重要的地位，特别是在监狱行刑的罪犯管理中。有些国家的再犯罪风险评估已经从理论研究与实验过渡到了法定化与制度化阶段，在这些国家的刑事司法过程中起着评价、鉴定、分类与指导的作用。

在英国，罪犯评估系统（the Offender Assessment System）作为第四代犯罪风险评估工具，主要被用于对成年人进行风险评估。该风险评估工具在 1999 年到 2001 年由三个小组所共同开发。电子版的评估系统于 2013 年通过，OASYs-R 项目新单个系统已经在英格兰和威尔士全部的监狱系统和缓刑系统内运用。该工具的价值被英美内政部 2002 年总结为——OASYs 是循证实践的重要组成部分，它是实践工作者用以评估罪犯风险程度的工具，并成了他们全部工作中的一个重要组成部分；鉴别风险，决定如何减少风险及如何有效地处理罪犯的行为；OASYs 有助于实践工作者们做出合理而正当的决定。该罪犯评估系统在内政部看来，具有以下明确的目的：

（1）评价一个罪犯有多大可能重新犯罪；

（2）对犯罪相关的需要作出鉴别与分类；

（3）评估严重伤害的风险及对他人的其他风险；

（4）坚持对严重伤害风险的管理；

（5）把评估与量刑计划联结起来；

（6）为进一步的专家评估指明需求；

（7）在罪犯监禁期间监测其变化。

该评估系统作为英国内务部指定的风险评估工具，成了英国罪犯风险管理与控制的重要工具。而且，经过一段时间的运用后，一个持续的研究计划得以坚持，以发展 OASYs，这有助于确保该风险评估工具得以持续成为有效且可靠的评估系统。该评估系统在 2009 年得到了显著的改进，以提高对罪犯风险和需要的评估，研究成果也被适时对外发布。[1]

---

〔1〕 National Offender Management Service，"A Compendium of Research and Analysis on the Offender Assessment System（OASys）2009-2013"，*Ministry of Justice Analytical Series*，July 2015.

由加拿大的安德鲁斯和邦塔研制出的第四代评估工具——"个案管理水平量表"（Level of Service / Case Management Inventory）——在 20 世纪 90 年代就被广泛应用，并且近年来经过多次修改，已经成为第四代再犯罪风险工具的代表。该风险评估最主要的特色不仅在于对风险评估完全采用上一代的标准，即完整包含了静态与动态的风险因子，还在于其更关注"响应"原则，为罪犯的矫正、干预与治疗提供了循证基础。该评估工具近年来被其他再犯罪风险评估工具所借鉴，成了一个具有广泛影响的评估工具。该评估工具体现了历史上的第三代评估工具与第四代评估工具的显著区别，即罪犯评估与改造的"风险—需要—响应模式"（risk-need-responsivity model）。风险原则指的是，如果罪犯的矫正强调与罪犯的风险程度是相适应的，那么再犯罪风险能够得到有效降低。这个原则包括两个方面：一个是矫正强度，另一个是罪犯的再犯罪风险。假如我们的矫正目标是减少再犯罪风险，我们就需要确保有一个可靠的方式来区分高风险与低风险，以提供合适的矫正强度。需要原则意味着矫正的重点应当集中在犯因性需要（criminogenic needs）。犯因性需要是指直接与犯罪行为相关联的动态性风险因素，其与静态性因素最大的区别是：静态性因素无法改变，不可干预；但是，动态性因素则可以通过人为干预发生变化，从而降低再犯罪风险。如表 4-1 所示，七个主要风险/需要因素及次要风险/需要因素为动态性风险因素，在明确这些因素的基础上，就应当相应地制订各个干预目标。这种由风险—需要的评估原则在目标上就是鉴别亲犯罪风险因素，进而对这些亲犯罪风险因素进行干预，以实现亲社会态度，从而降低再犯罪风险。

表 4-1　七个主要风险/需要因素及次要风险/需要因素

主要风险/需要因素	指　标	干预目标
反社会性格模式	冲动，追求冒险、刺激，不计后果，侵犯性，狂躁	增加自我管理技巧，学会生气的自我管理
亲犯罪态度	犯罪合理化，对法律的消极态度	用亲社会化态度对付，增加亲社会认同
对犯罪的社会支持	罪犯朋友，与亲社会朋友分离	以亲社会朋友与同事取代罪犯朋友
药物滥用	酒精及药物滥用	减少药物滥用

主要风险/需要因素	指　标	干预目标
家庭及婚姻关系	不合适的父母管束，较差家庭关系	培养良好父母及家庭关系
教育/工作	较差表现，低层次的满足	提高工作/学习技巧，加强工作与学校中的人际关系
亲社会娱乐活动	缺乏参与亲社会娱乐活动	鼓励参与亲社会娱乐活及动，养成亲社会习惯
非犯因性、次要需要	指　标	
自尊	较差的自尊感及自我价值感	
个人压抑的模糊感觉	焦虑与忧抑	
较大的精神紊乱	精神分裂，狂躁忧郁	
身体健康	身体残疾，营养缺乏	

　　响应原则又称一般性响应原则，即认知性社会学习干预是最为有效的告诉人们新行为的类型。有效的认知社会学习干预方法秉承两个原则：①关系原则，即建立一个温暖、尊重与合作的关系；②建构原则，通过合适的强化、问题解决而影响亲社会的方向。具体的响应模式要求矫正干预考虑罪犯个人的优势和社会—生物的个性因素，治疗应当适应这些因素，因为这些因素有可能促进或者妨碍矫正。这个原则的本质是假如矫正干预专注于那些能够被加强学习的个人风险因素，那么矫正的效果就有可能得到加强。涉及训练罪犯新行为和认知及最大化这种学习经验的罪犯矫正项目要求不仅关注罪犯是否能够接受学习，还须关注其认知性社会因素。[1]

　　可以说，由安德鲁斯和邦塔研制出的第四代评估工具——"个案管理水平量表"（Level of Service/Case Management Inventory）一经问上便立即对英美等国的再犯罪风险评估的理论与实践产生了深远影响。该评估工具最大的特色即在于提出了"风险—需要—响应"的基本原则。特别是响应原则，是该管理水平量表最为显著的标志，其将风险评估与罪犯矫正实践有机地结合起来，扩展了再犯罪风险评估的目标。以前的再犯罪风险评估工具主要是基于

---

　　〔1〕　James Bonta & D. A. Andrews, "Risk-Need-Responsivity Model for Offender Assessment and Rehabilitation", *Report of Public Safety Canada*, 2007.

罪犯的假释与缓刑提供评估，但是，随着循证矫正概念的深入，人们日益感觉到不单是监狱内的罪犯分类的概念具有重要基础地位，在对罪犯的分类矫正中，有针对性的矫正方案也具有重要地位，而这一切都应当是建立在对罪犯的准确认识之上的。

在美国，再犯罪风险评估工具的理论与实践问题要广泛与复杂得多。这主要是因为美国的刑事司法制度比其他英美法系的刑事司法制度要更为复杂。美国的刑事司法系统不但包括联邦层面的刑事司法系统，还包括各个州的刑事司法系统。因此，作为刑事司法制度的一个组成部分，美国虽然在联邦层面有统一的再犯罪风险评估工具，例如著名的"显著因素量表"（the Salient Factor Score），各个州还有自己的再犯罪风险评估工具。各个州的再犯罪风险评估工具的内容存在着非常大的差异，每个州的评估工具的使用范围与使用对象都存在着巨大差别。从我们现有掌握的资料情况来看，美国各个州的评估工具既有综合性的评估工具（既适用于假释也适用于缓刑），又有仅评估社区服刑罪犯或者狱内服刑罪犯的评估工具，还有仅适用于特定对象的评估工具。比如，明尼苏达州的"性罪犯评估表"（Minnesota Sex Offender Screening Tool，MnSOST）。系研究人员于20世纪90年代研制出了专门针对性犯罪的罪犯风险评估工具。该评估工具包括历史/静态的变量共12项；制度性/动态性变量共4项。每个变量又分布有相应的评价因子，并给予这些评价因子不同分值。3分（包括3分）以下为风险一级，4分~7分为风险二级，8分及以上为风险三级。近年来，该量表通过修订已发展到第三代。研制者的多重回归分析使得该量表更具有可靠性。2012年1月，明尼苏达州矫正局用MnSOST-3取代了MnSOST修订版。从MnSOST-3的使用情况来看，该量表由明尼苏达州矫正局委托研制，表明该表的适用对象仅为狱内中服刑的罪犯，且适用对象仅为性罪犯。而由学者瑞斯和哈里斯于1998年研制的"性罪犯危险评估量表"（Sex Offender Risk Appraisal Guide，SORAG）属于学者们自己研制的再犯罪风险评估量表。该量表的起始样本由从最高警戒监狱中被释放出来的原性变态和强奸犯构成，有大量的官方数据公布。该量表与暴力风险评估（the Violence Risk Appraisal Guide）高度相似，但该表在预测性暴力罪犯的准确性方面要更优于暴力风险评估表。该表在加拿大和美国，甚至欧洲都被刑事司法系统所借鉴，影响较广。在2003年，哈里斯和他的同事发现在最佳的条件下，其精确性能够达到 85%。[1]

在我国，再犯罪风险评估理论由学者介绍到中国后，近年来，开始得到广泛关注，特别是监狱系统开始对该理论在行刑实践中予以运用。从总体来看，我国的再犯罪风险评估还处于初始阶段，由于监狱样本与数据获取困难，因此区别于英美等国由学者主导评估工具的研制，现有再犯罪风险评估工具主要由监狱实务部门的课题组主导研制。例如，上海市监狱系统以曾经在狱内服刑的罪犯作为样本，运用多元回归的方法，对其犯因性因素进行分析，建立了共有 12 项预测因素的"重新犯罪预测量表"。江苏省监狱局课题组则研制出了人身危险程度检测表，包括犯罪史、家庭史、心理状况、犯罪归因、恶习状况等方面，筛选出了 25 个预测因子。当然，也有个别学者从理论研究的角度对再犯罪风险评估进行了研制。比如，孔一和黄兴瑞教授采用实验组与对照组比对研究的方法，对 5 年内重新犯罪的 313 名与未重新犯罪的 288 名刑满释放人员进行分析。该研制量表对再犯罪风险因素的获取以罪犯的生命历程为线索，以一些罪犯的犯罪生涯的重要影响因素为变量，共有 51 项变量，在进行给值后按照同一标准确定为预测因子，采用相关性分析，制订出"刑释人员再犯风险评估量表"（RRAI）。该量表的预测因子具体包括家庭、学校、社会成长经历，历次犯罪情况，狱内服刑改造情况，出狱后社会、就业、悔罪等情况。该量表把风险等级按照分值共分为五个风险等级，分值区间 0~14 为低度，分值区间 14~34 为较低度，分值区间 34~55 为中度，分值区间 55~75 为较高度，分值区间75~89 为高度。[2]

与发达国家的再犯罪风险评估工具相比，我国的再犯罪风险评估工具具有三个特征。一是评估工具基本处于发达国家第二代评估工具兼第三代评估工具的某些特征的发展阶段。虽然我国大力引介发达国家当代第四代风险评估工具，为再犯罪风险评估的实践提供了理论基础，但是因为风险评估工具的研制涉及犯罪学、心理学、社会学、生物学、精神病学以及统计学等多个学科，十分复杂，加上实务部门的研制与理论研究部门的研究力量没有得到很好的整合，使得上述评估工具的发展受到了限制。二是评估工具中的预测

---

〔1〕 参见 http://criminal-justice. iresearchnet. com/forensic-psychology/sex-offender-risk-appraisal-guide-sorag，访问日期：2018 年 2 月 18 日。

〔2〕 孔一、黄兴瑞："刑释人员再犯风险评估量表（RRAI）研究"，载《中国刑事法杂志》2011 年第 10 期。

因子存在着问题。变量的科学设计直接决定量表的科学性和有效性，但因为自变量的设计体系十分复杂，一些可能真正影响罪犯的犯因性因素因为并没有被设计为因子，而一些可能完全没有犯因性意义的因子却被纳入了因子检测，虽然在相关性中可能会被检测出，但真正的犯因性因子却无法得到验证。比如，有人认为江苏省的预测表虽然包括静态风险因素，也包括动态风险因素，但在因素的选择上，尤其是犯因需要分类量表中的因素，如"同情心、进取心、宽容心、荣辱观、幸福观、义利观、人生观、自信心、自主性、自知心、自尊心"，一方面无法明确赋值，另一方面在很大程度上无法证明这些因素是导致犯罪的犯因性需求。[1]三是再犯罪风险评估工具的评估目标存在问题。从上述几个犯罪风险评估工具的性质来看，评估工具的目标本身可能存在问题。比如，刑释人员再犯罪风险评估工具的对象为刑释人员。据我们掌握的现有资料来看，再犯罪风险评估工具的对象全部为犯罪人，既包括未决犯，也包括服刑中的罪犯。评估目标为刑罚执行方式的决定或者为罪犯矫正提供风险程度参考标准。而刑释人员再犯罪风险评估感觉是为了评估而评估。四是再犯罪风险评估工具在实践运用中较为混乱。虽然《刑法修正案（八）》把再犯罪危险作为缓刑与假释的实质条件，但至少到目前为止，在国家层面上并没有统一的评估工具。少数地区监狱系统与社区矫正机关研制了相关的评估工具，但这种评估工具在对罪犯的假释评估过程中并没有相应的法律法规规定。据笔者所知，监狱在报请建议罪犯假释意见书时，仍然采用各省制订的假释规则，即仍然主要依据罪犯的奖励或者考核表扬。所以，从总体情况来看，当前我国的再犯罪风险评估工具仍然处于初级阶段。

二、再犯罪风险评估与监狱行刑改革路径之选择

在我国刑法理论中，在再犯罪风险评估理论提出之前，人身危险性成了与社会危害性相对应的概念。人身危险性在我们国家的刑事司法实践中一直被"隐性"采用，但理论界对人身危险性的探讨却从未停止。[2]同时，随着对英美等国的新刑罚理论的介绍和引入，特别是刑法修正案把"再犯罪危险"作为缓刑与假释的实质条件写入刑法，再犯罪风险评估理论在理论界开始受

---

〔1〕 参见 http://jyj.sh.gov.cn/jyw/n14/n91/u1ai4273.html，访问日期：2018 年 2 月 20 日。

〔2〕 游伟、陆建红："人身危险性在我国刑法中的功能定位"，载《法学研究》2004 年第 4 期。

到重视，并且，国内的监狱系统已经在刑罚执行过程中运用再犯罪风险评估技术。[1]

人身危险性被通说认为是再犯可能性，但问题是，我国不少学者不但论证了人身危险性在定罪处刑中具有的功能，还认为人身危险性评价应当在刑罚执行阶段发挥作用。此观点把人身危险性评价与再犯罪风险评估相混淆。概念的混淆不仅导致了理论误区，而且还使得再犯罪风险评估极易在刑事司法实践中被搁置。在众多的人身危险性概念中，再犯可能性即犯罪人再次实施犯罪的危险处于通说地位，这也就是所谓的狭义说。[2]广义说则认为，人身危险性不但应当包括再犯可能性，还应当包括初犯可能性。[3]针对人身危险概念与再犯罪风险评估理论的混淆，我们首先有必要将再犯罪风险理论的相关概念界定清楚。

（一）再犯罪风险评估与人身危险性评价之理论分野

人身危险性与再犯罪风险的界限不清，主要原因在于人们对两者评价对象与对象的评估的认识并不清晰。

1. 评价对象的分野

关于再犯罪风险评估，有学者认为，在拘留、逮捕、取保候审、起诉、缓刑、监禁、假释等决定或裁判的过程中都需要对再犯罪风险进行审查判断，对这些对象的再犯罪风险判断是这些决定或裁判的重要依据之一。[4]翟中东教授则明确借鉴了英美刑法的再犯罪风险评估理论，并结合我国刑法修正案的规定，把再犯罪风险评估定位于适用缓刑与假释的适用对象。[5]当前，国内学者大都把人身危险性评价对象定位为刑事诉讼过程中定罪量刑阶段的犯

---

〔1〕 根据笔者的调研，上海监狱系统根据自身的特点，已经制定出了《再犯罪风险评估量表》，并且在实务中开始运用。

〔2〕 持此观点的早期专著如邱兴隆的《刑罚学》（群众出版社1988年版）、王勇的《定罪导论》（中国人民大学出版社1990年版）；论文有游伟、陆建红的《人身危险性在我国刑法中的功能定位》（《法学研究》2004年第4期）、韩轶的《刑罚裁量视野中的人身危险性论纲》（《法律科学》2001年第6期）、赵永红的《人身危险性概念新论》（《法律科学》2000年第4期）等。

〔3〕 持此观点的主要代表人物有陈兴良教授。具体参见陈兴良：《刑法哲学》，中国政法大学出版社2004年版，第147页。

〔4〕 曾赟："论再犯罪危险的审查判断标准"，载《清华法学》2012年第1期。

〔5〕 具体参见翟中东《缓刑适用中的再犯罪危险评估问题》（载《河南警察学院学报》2012年第2期）及《假释适用中的再犯罪危险评估问题》（载《中国刑事法杂志》2011年第11期）两文。

罪嫌疑人。但也有不少学者认为人身危险性评估应当包括行刑前阶段、行刑中阶段与行刑后阶段的评估，行刑前阶段的评估应当包括犯罪人的犯罪前、犯罪中和犯罪后的评价因素。[1]当然，也有学者认为，人身危险性评估应当适用在行刑阶段，从而为罪犯的分类矫治、减刑假释、再犯预测提供一定的借鉴。[2]甚至有论者认为，应当对刑释人员的人身危险性进行测评研究，以预测获释后 2 年内重新犯罪的情况。[3]

从上述两者的评价对象来看，当前的研究较为混乱，有的本应当属于再犯罪风险的评估内容，却被纳入了人身危险性评价，而一些本属于人身危险性评价的内容却被纳入了再犯罪风险评估，或者兼而有之。那么，人身危险性评价与再犯罪风险评估的研究对象究竟是什么呢？

再犯罪风险评估的对象正如概念所揭示的，是已经被确定为犯罪且具有未来重新犯罪的可能性的罪犯，而人身危险性的评价对象应当为在刑事诉讼过程中未被确定为有罪的对象。这是符合刑法原理与立法规定的。从再犯罪风险评估渊源来看，其是非监禁刑制度的产物，英美等国传统的再犯罪风险评估理论都系围绕着缓刑与假释的适用展开，基本上已经形成了较为固定的风险评估制度，一些基于再犯罪风险评估理论实践而被研制出来的评估工具已经被一些国家的相关部门指定为法定工具。如英国的"罪犯评估系统"（Offender Assessment System）即是如此。英国的监狱管理部门采用的此评估工具系在司法部的指导下完成，旨在缓刑、假释的决定过程中对罪犯进行评估，据此作出有法律效力的决定。[4]而人身危险性评价通常被认为是在定罪与量刑过程中所采用的概念，是非规范性的刑法概念，其评估对象仅为未被确定为犯罪的嫌疑人或被告人。从多数关于人身危险性评价的观点来看，再犯可能性的评价因为是在定罪与量刑的过程中所采用，其评价的实质在于对影响犯罪人的刑事责任的因素进行评价。正如游伟教授所指出的，人身危险

---

〔1〕　陈伟："论人身危险性评估的体系构建"，载《中国人民公安大学学报（社会科学版）》2011 年第 1 期。

〔2〕　许永勤、陈天木："刑罚执行中的人身危险性研究"，载《中国人民公安大学学报（社会科学版）》2006 年第 3 期。

〔3〕　邬庆祥："刑释人员人身危险性的测评研究"，载《心理科学》2005 年第 1 期。

〔4〕　"Using Risk Assessment in Effective Sentence"，http://www.honeoffice.gov.uk/docs2/ridkassess 4.html，2019-5-10.

性在罪责刑结构中并不当然地起决定作用，而只是在一定程度上起着修正作用。[1]

2. 对象评价的分野

正是由于评价对象存在区别，两者的出发点也存在着清楚的界限。

第一，在通常情况下，人身危险性使用的是"评价"，而再犯罪风险使用的是"评估"，这种区分使用是约定俗成还是另有新意呢？在英语世界中，评估通常使用"assessment"，而评价则通常使用"estimate"。据《牛津英语大辞典》释义，"assessment"是指根据事物的性质、数量、能力及重要性进行估算，更多地强调在使用某概念之前对其作出精确评价，以作最后决定的依据。而"estimate"虽然也有估算的意思，但更加强调个人的主观评价。其实，就两者使用的手段或路径而言，当代再犯罪风险评估使用的工具基本上都是量化的精算工具，已经属于精算统计的评价阶段，而人身危险性的评价主要还是基于法官的自由裁量权，运用专业性的知识作出判断，虽然也包括量化的评价因素，但主要依据的还是定性判断。譬如，作为人身危险性重要内容之一的主观恶习的评价，不管是从犯罪史还是犯罪手段抑或是犯罪后的表现的评价来看，都是评价主体基于上述事实而作出的判断，具有很大程度的主观性。当然，需要指出的是，这并不意味着人身危险性评价标准要比再犯罪风险评估的标准要低，其是由人身危险性的性质所决定。根据我国《刑法》第5条及第61条的规定，具体案件中犯罪的刑罚量主要由犯罪性质、社会危害程度、犯罪情节来决定，而人身危险性仅系犯罪情节的一个部分。尤为重要的是刑法典对诸如自首、累犯、立功等情节已经作了明确的规定，定性的判断基础加上法定量刑及裁量幅度的限定，法官基于专业的判断完全能够对人身危险性作出准确的评价。但是，再犯罪风险评估则不同，如上所述，发达国家基本已经实现了精算性质的工具化和系统化。如英国的"罪犯评估系统"（Offender Assessment System），该工具主要由犯罪史、态度、社会或家庭关系、教育、就业、人际交往等评估因子组成，而面对诸多评估因子，赋值定量统计是最佳选择。故"评价"与"评估"的标准的确存在着明确的界限。

第二，人身危险性评价使用的是"危险"，而再犯罪评估使用的是"风

---

[1] 游伟、陆建红："人身危险性在我国刑法中的功能定位"，载《法学研究》2004年第4期。

险"。虽然我国刑法把英语世界中普遍使用的"再犯罪风险"写成了"再犯罪危险"，但这并不意味着人身危险性评价与再犯罪危险评估可以被混淆。有学者在论证再犯罪风险评估时有时会引用英语世界的再犯罪风险评估理论，有时又会引用人身危险性的概念，甚至把"再犯罪危险"与"危险犯"中的危险等同。[1]在汉语世界中，人们通常会将"危险"和"风险"互相通用。危险是指导致意外损失发生的灾害事故的不确定性，风险是指在某一特定环境下某种损失发生的可能性，两者语义差别看似不太大，但在用语十分精确的法学理论中，两者的用法界限还是清楚的。危险英文为"danger"，风险英文为"risk"。根据《牛津英语词典》的解释，"danger"是指发生伤害、灾害等事故的可能性，这种可能性是指存在的客观性，既包括过去也包括现在，当然还包括未来，既包括确定的危险，也包括不确定的危险，范围很广。而"risk"则通常指未来的风险，既包括高风险，也包括零风险。据此，英语世界对于再犯罪的评估是用风险而非危险，即用"risk"而非"danger"，因为再犯罪风险的评估是对将来发生重新犯罪可能性的判断，并非是对过去行为的评价。而对人身危险性的评价主要是基于行为人过去各种主客观事实，从而影响对行为人的刑事责任的判断。故评价是对过去行为性质的判断，而评估是对未来行为可能性的判断。

（二）再犯罪风险评估与监狱行刑改革的路径选择

在自由刑变革处于停滞的时代，在刑罚整体效益不佳的状况下，如何寻找改革的路径显得尤为重要。在英语系国家中，对犯罪的风险控制与管理在监禁刑的改革中起到了重要作用。"现有犯罪控制的趋势具有后现代社会的多元性和差异性。实践中，通过刑罚措施来确定可能性，通过风险评析鉴别个人身份，隔离和固定某部分阶层（如失序者），通过监督和甄别来建构界限，最终减少犯罪的风险。"[2]英美等国在近年来的刑罚改革中，将对再犯罪的风险控制与管理设定为刑罚改革的基础性目标，在人员分流、强化监督、分类管理、刑罚种类确定等方面，再犯罪风险评估贯穿于整个刑事司法过程。

我国学者对刑罚改革的研究大都集中在刑罚配置及刑罚结构等问题上，近年来，经过刑法修正案对刑罚结构的多次调整，刑罚结构总体上已经较为

---

〔1〕　曾赟："论再犯罪危险的审查判断标准"，载《清华法学》2012年第1期。

〔2〕　Hazel Kemshall, *Understanding Risk in Criminal Justice*, Open University Press, p. 47.

稳定，因此未来的刑罚改革势必要寻找新的路径。在可预期的未来，在中国整体刑罚结构不会进行根本性调整的背景下，监禁刑改革应当是重大命题，其根本原因在于监禁刑在刑罚结构中所占比例最大，而且在刑事司法实践中其判决比例也最大。[1]监狱行刑作为刑事司法系统的最后一道工序被动承受刑罚结构趋重之痛，在"重重"刑罚观没有实质性改变前，我们应当主动构建监狱"安全阀"。[2]特别是，当刑法把"再犯罪危险"规定为缓刑与假释的实质条件后，再犯罪风险评估势必会成为监禁刑改革的新路径。而在探讨这种新路径时，再犯罪风险评估与中国当代监禁刑改革有着天性上的契合。

1. 监禁刑改革的目的趋向：由威慑到危险控制

"围绕着危险预测的问题看上去十年左右就会发生一次变化，而建构这些问题的语言随着科学知识的累积和专业实践的变化而发生微妙的变化，并且改变政治与法律现状。"[3]欧洲刑罚学派之间的激烈争论通常以古典学派的报应理论占据上风，自然的结果就是刑罚仅与刑事责任相关，但在英美等国情形却有所不同。可以说，对犯罪危险的评估与控制成了英美等国刑罚改革的重要议题。20世纪初以来，英国的刑罚与监狱的改革虽然也坚持报应论，但实际上惩罚在新的体制下被看成是没有办法的办法，报应仅系一种补充性目标。"若犯罪仅是与刑事责任相关，就没有今天英国推行的危险评估等概念与活动。"[4]英美等国在抛弃报应论主导后对刑罚进行了改革，在刑罚改革过程中，危险与控制一直处于中心位置，特别是随着再犯罪危险评估技术的日益成熟，对犯罪危险的管理与控制水平也得到了提高，自由刑改革开始朝两个方向衍化。对那些再犯罪危险低与再犯罪危险高的罪犯在评估的基础上区分不同的刑罚处遇。对那些再犯罪风险低、刑事责任确定的罪犯，非监禁刑的

---

〔1〕 比如，2003年我们国家的判决监禁比为70.7%，2004年为67.7%，2005年为65.8%，2006年为63.4%，2007年为62.4%，相对应的所判监禁刑的罪犯数从2003年的516 533人增至2007年的581 448人，这些数字充分说明了监禁刑在我们国家刑事司法实践中的比重。刘崇亮："'重重'刑罚观对监狱行刑的效果——以刑法修正案（八）对刑罚结构的调整为分析视角"，载《法制与社会发展》2013年第6期。

〔2〕 刘崇亮："'重重'刑罚观对监狱行刑的效果——以刑法修正案（八）对刑罚结构的调整为分析视角"，载《法制与社会发展》2013年第6期。

〔3〕 Clive R. Hollin, *The Essential Handbook of Offender Assessment and Treatment*, John Wiley & Sons Ltd, 2001, p. 17.

〔4〕 D. Grand, *Punishment and Welfare—a History of Penal Strategies*, Brookfield Gower Publishing Company Ltd, 1985, p. 29.

运用日益受到重视；而对那些再犯罪风险高的罪犯，在不违背罪刑均衡刑罚原则的基础之上，持续性的延长监禁期限则成了首选。引人注意的是，不管是主张教育刑论的学者们还是主张威慑刑论的学者们，在他们看来，对再犯罪风险的控制都可体现在各自的理论体系当中。在第三代再犯罪风险评估的拥趸们看来，在现代刑事司法中强调风险预测主要由以下重要因素所决定：①成本；②精确鉴别职业犯与那些与犯罪不相称的罪犯；③控制（改变）危险行为前必须进行预测；④面对矫正无效从而强调选择性监禁。[1]新刑罚学强调监禁刑改革的目的应当由威慑过渡到危险控制，而刑事司法领域中的危险控制通常认为由人身危险性评估或者再犯罪风险评估来完成，监禁刑领域中风险控制自然由再犯罪风险评估来担当。

如前所述，在刑罚结构的调整基本已经到位的背景下，当代中国的监禁刑改革同样面临威慑刑理论与教育刑理论的左右选择，在英美等国新刑罚学的影响下，对犯罪的风险控制理论同样也适用于当代中国监禁刑的改革。在面对人口监禁规模居高不下、重新犯罪效率日渐攀升、监禁改造效果不佳等诸多问题时，再犯罪风险控制与社会秩序的维护自然就成了监禁刑改革目的意义上的选择。对再犯罪风险的控制与对秩序的维护不但被确定为新的刑罚目标，还与古典学派的威慑理论及近代学派的矫正理论相融合，以实现终极意义上的犯罪预防。

2. 监禁刑改革的技术支撑：再犯罪风险评估工具的本土化

在将监禁刑改革的目的定位为犯罪风险控制，实现风险控制的技术性手段自然显得尤其重要。建立"安全阀"是控制监禁刑执行压力的重要路径。"安全阀"机制应当是多方位、立体式的，应当包括建立适合条件减刑、假释和暂予监外执行的科学"出口机制"，以构建最大限度地有利于罪犯再社会化的体系。[2]监禁刑改革的出路在于建立"安全阀"，既要在刑法基本原则的限度内寻找出口机制，又需要科学地甄别再犯罪风险监禁人口。而科学地甄别再犯罪风险监禁人口就必须建立有效的再犯罪风险评估工具。虽然欧美国家已经建立起了较为完善的第四代罪犯风险评估工具系统，但那些评估工具

---

〔1〕　Hazel Kemshall, *Understanding Risk in Criminal Justice*, Open University Press, p. 68.

〔2〕　刘崇亮："'重重'刑罚观对监狱行刑的效果——以刑法修正案（八）对刑罚结构的调整为分析视角"，载《法制与社会发展》2013 年第 6 期。

不一定就完全能够适合我国的刑事司法实践。为此，我国的一些监狱已经开始对再犯罪风险评估工具进行初步运用。在刑罚的威慑功能转向控制功能之后，对于如何鉴别出高风险的罪犯与低风险的罪犯，如何对不同风险的罪犯提供不同程度的技术性控制，再犯罪风险评估工具的本土化显然具有重要意义。故再犯罪风险评估如何实现本土化操作是监禁刑改革的一个重要的方法论选择。

3. 再犯罪风险评估与建立现代罪犯矫正制度

作为行刑内容之一的罪犯改造，在刑罚知识系统中从应然的角度上看处于非常重要的位置，但是，对它进行理性的反思总是被有意或无意地疏忽。极具个性的罪犯改造在刑罚知识系统中被疏忽，将在行刑实践中不可避免地带来消极影响。在知识社会条件下，罪犯改造更应当在刑罚知识结构中处于中心位置，刑罚、罪犯、监狱和社会四个面的聚焦点是罪犯改造，它决定了刑罚的效益、社会的反应、罪犯的未来和监狱的走向。[1]

在当代中国刑罚执行的现代化过程中，劳动改造与思想改造仍然是罪犯改造制度的基石，但问题是，这种沿袭了近半个世纪的罪犯改造制度仍然是以经验性操作为主，缺乏技术性支撑。特别是在当代心理科学、行为科学及统计研究手段突飞猛进的时代背景下，面对改造是否有效的质问，以经验为主的罪犯改造仍然停留在认识层面。在现代条件下，应当实现实证科学引领下的制度性变革。这种制度性的变革必须是科学主义与法治主义的综合，经验性的操作显然无法调适，而再犯罪风险评估则应运而生。对于科学主义而言，再犯罪风险评估系当代心理科学、行为科学及统计科学发展之成果。对于法治主义而言，正是因为建构在科学主义之上，以再犯罪风险评估为契机的现代罪犯改造制度才真正有了技术性的支撑。加拿大的安德鲁斯和道登教授在一个对 374 位罪犯的矫正项目实验中发现，不合适的矫正强度会浪费矫正资源，而且，对低风险罪犯提供高强度（intensive）的矫正甚至可能增加罪犯的犯罪行为。监狱对低风险（low risk）罪犯提供的矫正效果并不十分明显，减少重新犯罪总量不到 3%；但是对于高风险（higher risk）罪犯，提供矫正却能够导致重新犯罪的大量减少。[2]由此可以看出，再犯罪风险评估与罪犯

---

〔1〕 刘崇亮、储槐植："以知识为主的综合改造刑论"，载《河北法学》2014 年第 3 期。

〔2〕 James Bonta & D. A. Andrews, "Risk-Need-Responsivity Model for Offender Assessment and Reha-bilitation", *Public Safety Canada Report*, 2007, p.10.

改造具有天然的契合性。为了提供最有利的罪犯改造条件，所有的影响因素都必须被考虑，这些因素是建构在最有效的收集方法之上的。刑事司法的最终的目的在于减少和控制重新犯罪，而只有在甄别风险的基础之上对罪犯有针对性地进行个别化的改造，才可能使改造活动最大限度地取得专业化的效果。正是建立在评估的前提下，有的国家政府的犯罪减少计划是建立在大规模运用循证实践和公共政策领域的基础之上，并且得到了大众和学者的拥护。此外，风险评估不但对于矫正部门具有制度上的优越性，从成本效益的角度来看，建立完善的矫正计划比其他的刑事司法系统计划更具经济性。相对于重新犯罪之后花费在所有的刑事司法环节中的费用，已经被证明了效果的循证矫正明显具有成本投入更少的优势。[1]因此，不管是从理论来看抑或是从实践来看，建立制度化、系统化和可操作化的再犯罪风险评估体系对于罪犯改造现代化都具有重要的价值。

三、再犯罪风险评估的争议

现实地看，随着再犯罪风险评估在刑事司法领域的运用越来越广泛，再犯罪风险评估的可靠性随着其功能的扩展也越来越引起争议。

（1）关于再犯罪风险评估的范围或者阶段之争议。虽然如前所述，再犯罪风险评估是缓刑与假释制度发展的产物，但随着人们对刑事司法过程中的风险控制的科学认识，再犯罪风险评估的范围急剧扩大。从现在的趋势来看，再犯罪风险评估工具的适用范围已经不再仅限于罪犯的缓刑与假释，更多的是适用于对狱内服刑罪犯的矫正。前述的安德鲁斯和道登研制出的水平管理量表即是如此。有学者主张风险评估工具应当被用于罪犯的判决前阶段，认为英美法系国家更强调危险性的概念在刑法中的地位，再犯罪风险评估甚至被运用在了刑事司法的全过程，包括刑事侦查、逮捕、起诉、量刑及执行。其在量刑阶段帮助法官决定刑罚，包括刑罚严厉程度、刑罚种类、刑期。[2]笔者则认为，此处的再犯罪风险评估与我们所主张的再犯罪风险评估有着显著的差别。再犯罪风险评估虽然也在刑事司法的前阶段适用，但笔者认为，

---

〔1〕　Leam A. Graig, Louise Dixon & Theresa A. Gannon, "What Works in Offender Rehabilitation—An Evidence—Based Approach to Assessment and Treatment", *Wiley-Blackwell*, 2013, p.36.
〔2〕　翟中东：《国际视域下的重新犯罪防治政策》，北京大学出版社 2010 年版，第 123 页。

该风险评估与我们所主张的再犯罪风险评估在目的、范围及功能上都有明显的区别，即法官在量刑阶段使用的风险评估明显属于前述人身危险性。

美国有些地区对未成年人使用的是预防性监禁中的风险评估（如在缓刑与假释中使用的再犯罪风险评估）的概念，区别于量刑阶段中法官使用的人身危险性的判断。自 20 世纪 70 年代起，美国立法开始不断出现审判前预防性拘留的内容，以防止在审前嫌疑人再犯罪。现在，联邦和大部分的州已经修改法律，允许法官在认定嫌犯在审前阶段释放对社会有危害之虞时该嫌犯对其实施审前拘留。[1]那么，美国有些地区出现的审前拘留中的风险评估的性质是什么呢？其风险评估与量刑阶段的人身危险性评估明显不同。我们认为，该审前拘留的风险评估与假释或者缓刑适用中的再犯罪风险评估属于同一性质的评估。因为评估的对象与对象的评估都是与再犯罪风险评估相关联，而非犯罪人的犯罪行为评价。但即使如此，对于审前拘留或者我国刑事诉讼措施中的监视居住或者取保候审可以适用再犯罪风险评估吗？法官在量刑过程中可以采用再犯罪风险评估工具对罪犯的人身危险性进行评估吗？

我们认为，法官量刑时使用的人身危险性评价，如前所述，仅是刑法中的非规范性概念，其侧重于对行为的评价。而再犯罪风险评估则侧重于对行为人的评价。法官的人身危险性评价本身就是法律意义上的判断，最终体现在法官的判决上，故人身危险性的评价本身仅可存在于量刑过程中。而再犯罪风险评价的法律性质则需要看该评价的目的与用途。如果仅适用于假释与缓刑，鉴于假释与缓刑的决定仍然属于裁判权，所以仍然具有严格的法律意义。在狱内针对罪犯分类管理使用的再犯罪风险评估（如暴力型罪犯风险评估量表）目的是为罪犯的分类管理、分类教育、分类改造提供技术性支撑，故该表在法律意义或者法律效力上并无约束力。但这里需要指出的是，我国学者研制出了刑满释放人员再犯罪风险评估工具，我们认为，该性质的评估工具从法理的角度考察，是缺乏正当性的。因为，正如我们前面所论述的，再犯罪风险评估的对象要么是已决犯，要么是未决犯，不管从何种角度来看，都涉及对犯罪人的评估。针对刑满释放人员或者普通社会民众，任何机关都没有权力作出犯罪风险评价，而且这种性质的再犯罪风险评价工具的评价目

---

[1] Jeffrey Fagan & Martin Guggenheim, "Preventive Detention and the Judicial Prediction of Dangerousness for Juveniles: a Natural Experiment", *The Journal of Criminal Law & Criminology*, Volume 86, 1996.

标究竟是什么也不明确。所以，论及至此，我们需要解决一个重要的问题，即有关机构是否有权力对评估对象作出评估。这个不仅涉及法律效力，还涉及伦理问题。

（2）关于再犯罪风险评估工具的精确性问题。翟中东教授认为，传统的再犯罪风险评估的临床方法虽然具有简便、容易操作等优势，但该方法在本质上是心理学家在临床上的诊断方法。心理学上的临床方法的精确性较现代评估工具的评估显然要失准得多。但使用统计方法研制出来的再犯罪风险评估工具是否一定准确呢？使用统计方法研制出的评估工具只能是对重新犯罪风险程度的估算，其或许不是最精确的评估工具，但是已是现实中最好的评估方式。[1]的确，在世界范围内，人们在还没有找到更为精确的风险评估办法之前，当前英美国家广泛流行的第三代或者第四代评估工具有其存在的历史必然性与合理性。虽然再犯罪风险评估工具在理论上较临床的经验风险判断要准确，但问题是，正如人的疾病诊断一样，虽然一种方法较另外一种方法更为可靠或者精确，但其也不可能完全准确地诊断疾病，因此这种方法同样存在着问题。而在假释与缓刑决定过程中使用的评估工具的精确性就更为重要了，毕竟它决定着假释与缓刑的适用与否。与疾病的诊断过程不同，疾病的诊断有自然的物质属性基础。而再犯罪风险评估的原理与疾病的评估不同，这种评估毕竟是主观见之于客观的综合，即再犯罪风险的判断标准既包括主观性的因子，又包括客观性的因子。主观性的因子譬如罪犯的认知能力、主观恶习等，客观性的因子譬如罪犯的犯罪经历、家庭状况和就业状况等。这种主观性的评估因子必然会使风险预测的精确性有所降低。

另外，对于犯罪而言，作为一种极其复杂的社会现象，虽然研究者们能够解释大部分的犯因性因素，但犯罪原因正如疾病原因一样，仍然可能因为人们当前的认识水平而无法科学地解释所有犯罪背后的犯因性。特别是一些突发性、偶发性、过失性犯罪更是如此。一些评估工具的精确性程度虽然较高，但评估主体的态度、能力与评估对象的态度与认知等都可能会影响到该评估结果的精确性。

再犯罪风险评估精确所带来的法律问题的确值得思考。在美国的 "United States v. Edwards 案" 中，法官认为，对于风险的预测并不是像正当程序与平

---

〔1〕　翟中东：《国际视域下的重新犯罪防治政策》，北京大学出版社 2010 年版，第 128 页。

等保护内容那样可靠。在"沙尔案"和"萨勒诺案"中，两者都对预防性拘留提出了异议，认为风险评估的能力太差而不能够证明使用的正当性。在"沙尔案"中，法庭强调对将来的犯罪行为的预测没有什么内在的东西不可依附，也应当承认将来的犯罪行为的预测是建立在一系列不能轻易修改变量的经验之上的。然而，风险预测的有效性是未知的，错误的后果仍然将隐藏在预防性拘留的成本之中。[1]随着再犯罪风险评估工具的迅速发展，一些对再犯罪风险评估工具的评估也引起了广泛关注。在北美，有大量的评估工具被用来保护公众远离那些危险的性罪犯或者暴力性罪犯，那些工具在社区通告或者性罪犯社区的登记制度中发挥了重要的作用。但这种评估所带来的法律后果是，给这些人的生活带来巨大的影响，因此这些评估是否精确就显得具有重大的社会意义。基于此，加拿大学者加尔文·M. 兰顿、霍华德·E. 巴巴拉、爱德华·J. 皮凯克、利·哈金斯等人为了验证当代北美使用得最为广泛的评价工具的精确性，对在北美使用得较为广泛的 6 个评估工具进行了效度分析。这 6 个评估工具分别是"性罪犯重新犯罪快速风险评估"（the Rapid Risk Assessment for Sex Offense Recidivism, RRASOR）、"静态-99"（the Static-99）、"暴力风险评价指南"（the Violence Risk Appraisal Guide, VRAG）、"性罪犯风险评估量表"（the Sex Offender Risk Appraisal Guide, SORAG）、"明尼苏达州性罪犯预测工具"（the Minnesota Sex Offender Screening Tool, MnSOST）及"静态-2002"（the Static-2002）。为了检测这 6 个再犯罪风险评估工具的精确性，学者们以加拿大矫正局的沃克沃思性行为临床中心获得了所有样本数据。6 个评估计划根据从临床中心获得的文件资料，对之前已经从监狱设施内被释放的罪犯进行评估，而评估者并不知道罪犯重新犯罪的情况。这些样本总数共为 571 个，都系在加拿大矫正中心 1989 年某个时期服刑的性罪犯，但因为各种原因，最终有效样本数为 476 名性罪犯。其中包括 175 名强奸犯、155 名虐童罪犯、93 名家庭成员性侵罪犯、45 名混合性罪犯、5 名成年男性被害罪犯及 3 名非接触性罪犯。这些样本的数据主要包括人口统计学和临床变量，全部为基本可确认的信息，包括家庭、教育和就业经历，过去和当前的犯罪信息。

---

[1] Jeffrey Fagan & Martin Guggenheim, "Preventive Detention and the Judicial Prediction of Dangerousness for Juveniles: a Natural Experiment", *The Journal of Criminal Law & Criminology*, Volume 86, 1996.

表 4-2　风险评估工具的 AUC（曲线下面积）值比较

评估工具	重新犯罪类型			
	严重暴力		性犯罪	
	AUC	95%CI	AUC	95%CI
VRAG	0.73	0.06~0.82	0.61	0.42~0.78
SORAG	0.65~0.83	0.67	0.53~0.79	
RRASOR	0.61	0.48~0.72	0.77	0.58~0.90
Static-99	0.67	0.56~0.77	0.75	0.59~0.87
Static-2002	0.69	0.59~0.78	0.67	0.51~0.81
MnSOST	0.61	0.46~0.74	0.71	0.55~0.83

注：AUC 为曲线下面积，CI 为置信区间。AUC 值意味着风险评估工具的预测值。严重的重新犯罪是指暴力（包括性犯罪）犯罪的新判决，性重新犯罪指的是接触性犯罪的新判决。

从表 4-2 可以看出，对于严重犯罪，样本检测总的趋势是 AUC 的值轻微增加。例外的是"静态-2002"的 AUC 的值并没有实质的改变，而 RRASOR 和 MnSOST 两个评估工具在改变水平上预测失败。使用单尾检测，"静态-2002"明显要比 RRASOR 精确，SORAG 要比 RRASOR 和 MnSOST 精确。而对于性罪犯而言，例外的是"静态-2002"和 VRAG 的 AUC 值显示两者都并没有显著的可预测性，VRAG 作为评估工具并不是用来设计预测性重新犯罪。[1] 对上述 6 个风险评估工具的精确性评估证明，评估工具并不能对所有的样本都进行准确预测。毕竟，再犯罪风险评估工具仅能对于未来的可能性进行预测，而对于将来的预测又总是具有不确定性，一些偶然事件的发生可能会打破因果关系的自然流程。

正是因为对于再犯罪风险评估工具的精确性存在的争议，人们才会对已经研制且适用的再犯罪风险评估工具不断地进行修改，以力争提高其适用的精确性。另外，在涉及评估的重要法律后果及伦理问题的时候，人们对再犯罪风险评估的适用还较为谨慎。而对于监狱服刑中罪犯的评估，主要是被用于对罪犯的分类与改造，所以，其在适用的精确度与伦理方面的争议自然要

---

〔1〕 Jeffrey Fagan & Martin Guggenheim, "Preventive Detention and the Judicial Prediction of Dangerousness for Juveniles: a Natural Experiment", *The Journal of Criminal Law & Criminology*, Volume 86, 1996.

比其他方面的再犯罪风险评估要小得多。

第二节　发达国家再犯罪风险评估工具的引介

在对英美等国的再犯罪风险评估的理论作出介绍与分析后，有必要对当前英美等发达国家普遍适用的再犯罪风险评估工具给予引介。这些评估工具在理论与实践领域中得到了较大程度的认可，并且在效度检测中都得到了验证。这些评估分别为在美国、英国及加拿大刑事司法领域内适用的工具。

一、明尼苏达州性罪犯风险评估量表（the Minnesota Sex Offender Screening Tool，MnSOST）

明尼苏达州性罪犯风险评估量表在全美的再犯罪风险评估系统中具有较为重要的地位，影响较广。为了回应明尼苏达州矫正局对暴力性罪犯要有一个正式且统一的预测工具的要求，该评估工具于1991年开始研制。当时，系统性的再犯罪风险评估工具极少，主要依靠临床模式。总的来说，研究的结果显示：MnSOST能够增加预测的精确性，特别是对于性重新犯罪。释放后因为另一个性犯罪的量表上的分数明显要高于那些非性罪犯而被逮捕的罪犯。根据应用的结果，该量表于1996年进行了一次大的修改，此次修改主要体现在两方面：一是研制小组借鉴了当时关于性重新犯罪预测的最新研究成果；二是对评估事项与分值根据实证方法进行了相应的修改。[1]

表4-3　明尼苏达州性罪犯风险评估量表（MnSOST-R）

罪犯名字	文件登记号	日期
历史性/静止变量 1. 性或者与性相关判决数量（包括当前判决）： 　1个＝0 　2个及以上＝+2		

---

〔1〕　Douglas L. Epperson, James D. Kaul & Stephen Huot, "Minnesota Sex Offender Screening Tool-Revised (MnSOST-R) Technical Paper: Development, Validation, and Recommended Risk Level Cut Scores", file:///C:/Users/relig/Desktop/Minnesota%20Sex%20Offender%20Screening%20Tool-Revised%20. pdf.

续表

罪犯名字	文件登记号	日期

2. 性犯罪史时长：

　少于 1 年＝－1

　1 年~6 年＝+3

　超过 6 年＝0

3. 是否因犯有性犯最终被判决仍在任何形式的监督下？

　否＝0

　是＝+2

4. 是否在公众场所因犯有性犯罪而受到起诉或者判决：

　否＝0

　是＝+2

5. 在性犯罪中是否使用暴力或者以暴力相威胁使对方顺从：

　否＝－3

　至少一个犯罪中使用＝0

6. 是否有因为对单个受害者实施单个接触行为违反多个法令而受到起诉或者判决？

　否＝－1

　可能但没有完全记录＝0

　是＝+1

7. 在整个性犯罪（起诉或者判决）中不同年龄的受害群体的年龄：

　6 岁及以下

　7 岁至 12 岁

　13 岁~15 岁且罪犯比受害人大 5 岁

　16 岁及以上

　没有或者仅有一个年龄的群体符合

　两个或者更多年龄的群体符合

8. 对一个 13 岁~15 岁的受害人犯罪且比受害人在受到起诉时或者判决时大 5 岁：

　否＝0

　是＝+2

9. 在起诉或者判决的性犯罪或者与性相关的犯罪中受害人是否是陌生人？

　没有受害人是陌生人＝－1

　至少一个受害人是陌生人＝+3

　因为信息缺失不确定＝0

10. 是否有证据表明在青少年时期有反社会行为？

　没有证据＝－1

　有一些相对孤立反社会行为＝0

　有持续重复的行为模式＝+2

11. 作为正犯逮捕前或者假释撤销前 12 个月有药物滥用或者酗酒：

　否＝－1

　是＝+1

续表

罪犯名字	文件登记号	日期

12. 逮捕前 12 个月就业史：
　　一年及以上的稳定就业 = -2
　　操持家务者、退休人员、全日制学生或者残疾/无法工作者 = -2
　　兼职、季节性或者不稳定就业 = 0
　　失业或者重大失业史 = +1
　　文档中无记载信息 = 0

制度性/动态变量

13. 监禁时纪律处罚史（不包括因为没有遵守矫正指导）：
　　没有较大的纪律处分报告或者违反 = 0
　　一个及以上较大的纪律处分报告 = +1

14. 当监禁时进行药物依赖治疗：
　　没有机会 = 0
　　推荐治疗且顺利完成或者释放时治疗 = -2
　　推荐治疗但拒绝、停止或者消极 = +1
　　推荐治疗但被工作人员终止 = +4

15. 当监禁时性罪犯矫正史：
　　没有矫正推荐/无足够时间/无机会 = 0
　　矫正推荐且功能完成或者释放时正在进行 = -1
　　矫正推荐但罪犯拒绝、退出或者消极 = 0
　　矫正推荐但被工作人员终止 = +3

16. 罪犯释放时的年龄：
　　30 岁及以下 = +1
　　31 岁及以上 = -1

MnSOST-R 分值转换成风险水平：	MnSOST-R 得分	风险水平
	3 分及以下	1 级
	4 分~7 分	2 级
	8 分及以上	3 级

　　从表 4-3 所有的评估因子和分值来看，该表在性质上属于专项评估。关于评估因子，与其他第四代评估工具一样，包括静态因子与动态因子。静态因子除了一个因子与就业史有关，其他全部系犯罪史，这表明该评估量表区别于，其他的量表的特殊性在于，性犯罪的再犯罪犯因性因素与犯罪史有着非常密切的关系。动态因子较静态因子则显得明显单薄，仅有 4 项。这表明，性犯罪的矫正性因素对于其重新犯罪较犯罪史在整个犯因性因素中处于次要地位。性罪犯再犯罪风险评估与其他的再犯罪风险评估相比专属性更强，一

些犯因性因素更具有个人或者身份的属性。

二、性罪犯风险评估量表（Sex Offender Risk Appraisal Guide，SORAG）

为了比较同种评估对象量表的相同与不同之处，我们将在此处介绍加拿大使用得较广泛的性犯罪风险评估量表。该量表的初始样本由瑞斯和哈里斯两位教授收集的 1997 年释放的性虐童犯和普通强奸犯组成，这些罪犯在被转移到其他的矫正设施之前都在加拿大最高警戒监狱服刑。样本所有的资料都由官方资料所提供，量表的有效性检验也由后面的一些对性罪犯样本的研究所证明。该量表曾经被用于评估罪犯性犯罪的可能性，虽然这些犯罪只是暴力性犯罪的一部分。在 2006 年，研制者们发现涉及性动机的犯罪通常会被警察部门视为暴力性犯罪，如性动机的杀人通常被视为暴力犯罪，因此，在被视为暴力犯罪方面的性犯罪数据更符合实际性动机犯罪方面的数据。故在如何评估性罪犯的再犯罪风险方面，其对暴力犯的预测似乎比对性犯罪的预测更准确。[1]该量表具体内容与形式如表 4-4。

表 4-4 性罪犯风险评估量表（SORAG） （3/12/99）

姓名： 编号： 出生日期：
犯罪类别： 犯罪日期：
转诊来源： 存档日期/类型：
信息来源： 登记日期：（在提供给每个因子的位置中详细写入）
儿童时期 1. 与生物学父母一起生活到 16 岁（不包括因为死亡而分离） 是=-2 低 否=+3 高 1. 分数_____ 1. 高_____ 低_____

---

〔1〕 http://criminal-justice.iresearchnet.com/forensic-psychology/sex-offender-risk-appraisal-guide-sorag.

2. 小学不适应环境得分（8 年级及以下）

　　没有问题＝－1　　　　　　　　　　　　　　　低

　　轻微的纪律处分/上课问题＝＋2　　　　　　　　高

　　严重的纪律处分/上课问题＝＋5　　　　　　　　高

　　　　　　　　　　　　　　　　　　　　2. 分数＿＿＿＿＿＿

　　　　　　　　　　　　　　　　　　　　2. 高＿＿＿＿＿＿低＿＿＿＿＿＿

　　A. 推迟或者从学校中开除（小学或者初中）

　　　　否＝低　　　　　　　　是＝高

　　B. 最高年级（犯罪前）

　　　　＞九年级＝低　　　　　＜九年级＝高

　　C. 在 16 岁前被逮捕

　　　　否＝低　　　　　　　　是＝高

　　D. 在 16 岁前儿童行为问题

　　　　常常旷课＿＿＿＿＿　被学校停学＿＿＿＿＿过失＿＿＿＿整日逃学（＞2）＿＿＿＿

　　　　重复撒谎＿＿＿＿＿　经常性行为＿＿＿＿＿经常药物滥用＿＿＿＿

　　　　年级＜IQ＿＿＿＿　违反规则（家庭或者学校）＿＿＿＿＿打架＿＿＿＿

　　　　盗窃＿＿＿＿　故意损坏财物＿＿＿＿

　　　　总分：＿＿＿＿　　　　　＜ 3＿＿＿＝低　　　　　＞ 3＝高

成年时期

3. 酒精问题史（每项一分：父母酒精滥用＿＿＿＿＿，少年时期酒精问题＿＿＿＿＿，成年时期酒精问题＿＿＿＿＿，

　　在犯罪过程中使用酒精＿＿＿＿＿）

　　0＝－1 低

　　1 或 2＝0 无影响

　　3＝＋1 高

　　4 或 5＝＋2 高

　　　　　　　　　　　　　3. 分数＿＿＿＿＿

　　　　　　　　　　　　　3. 高＿＿＿＿＿低＿＿＿＿＿

　　　　　　　　　　　　　无影响

4. 婚姻状态（犯罪期间）

　　已婚（或者普通法婚姻超过 6 个月）＝－2 低

　　未婚　　　　　　　　　　　　　　　＝＋1 高

　　　　　　　　　　　　　　　4. 分数＿＿＿＿＿

　　　　　　　　　　　　　　　4. 高＿＿＿＿＿低＿＿＿＿＿

5. 在非暴力犯罪前的起诉的犯罪 Comier-Lang 量表分数

　　　　0＝－2 低

　　　　1 或 2＝0 没有影响

　　　　＞2＝＋3 高

续表

5. 分数_____

5. 高_____低_____

没有影响_____

6. 在暴力犯罪前的起诉的犯罪 Comier-Lang 量表分数

（参阅 Cormier-Lang 量表的分数问题）

0＝-1 低

2＝0 没有影响

>3＝+6 高

6. 分数_____

6. 高_____低_____

7. 此罪前的性犯罪判决个数

0＝-1 低

1 或 2＝+1 高

>3＝+5 高

7. 分数_____

7. 高_____低_____

8. 仅针对女童的性犯罪史（包括指数罪案）

是＝0 无影响

否＝+4 高

8. 分数_____

8. 高_____无影响_____

9. 在指数罪数前有条件释放失败（起诉、假释撤销、缓刑违反、守纪失败等）

否＝0 无影响

是＝+3 高

9. 分数_____

9. 高_____低_____

E. 就业的重点时期（至少 6 个月）

≥6 个月＝低　　　　　　　<6 个月＝高

F. 在指数罪案期间的生活情况

与他人共同生活（包括家庭成员或者其他成员）＝低

单独（自己提供住宿或暂住某地）＝高

G. 矫正许可

否＝低　　　　是＝高

H. 从监禁设施中逃跑或者企图逃跑

否＝低　　　　是＝高

犯罪变量

10. 指数罪案时的年龄（至最后生日之前）　　　　　　指数日期：_____

>39 岁＝-5 低　　　　　　　　　　　　　　　　　出生日期：_____

34~38=-2 低
28~33=-1 低
27=0 无影响
<26=+2 高
犯罪细节：

10. 分数_____
10. 高_____低_____
无显著影响

I. 罪犯与被害人关系
之前认识=低
陌生人（或治安官员，心理矫治人员）=高

诊断信息

11. 符合 DSM-Ⅲ个人性格扭曲标准
否=-2 低
是=+3 高

11. 分数_____
11. 高_____低_____

12. 符合精神病 DSM-Ⅲ标准
是=-3 低
否=+1 高

12. 分数_____
12. 高_____低_____

13. 使用 Z 量表对不正常性爱好区分（均值 Z 量表同意数减去均值 Z 量表的偏离）不
正常性年龄爱好或者不正常性活动爱好（MHCP 结果，使用首次后指数罪案评估）
Z 量表同意数_____
减去 Z 量表偏离数_____
=_____指数

年龄（性虐儿童者）　　　　　活动（强奸犯）
指数>1.5=-3 低　　　　　　　指数>0.5=-4 低
1.5~0.6=-2 低　　　　　　　0.49~0.99=0 无影响
0.61~0.5=0 无影响　　　　　<-1.0=+2 高
-0.51~0.99=+1 高
<-1.0=+2 高
13. 分数_____
13. 高_____低_____
无影响_____

14. 哈瑞精神疾病检测（修订）量表

  <4=-5 低

  5~9=-3 低

  10~14=-1 低

  15~24=0 没有影响

  25~34=+4 高

  35~40=+12 高

14. 分数_____
14. 分数_____

J. IQ 测试结果

  >90=低

  <90=高

K. 亲犯罪态度

  否=低

  是=高

L. 反传统的态度

  否=低

  是=高

风险分数的范围	类别	在 10 年之类暴力犯罪风险的可能性
<-11	1（低）	0.09
-10~-5	2	0.12
-4~+1	3	0.39
+2~+7	4	0.59
+8~+13	5	0.59
+14~+19	6	0.76
+20~+25	7	0.80
+26~+31	8	0.89
>32	9（高）	1.00（100%）

总分_____　　　　　　类别_____

百分比范围_____　　　可能性（%）_____

评估者的名字_____　　评估者的职位_____

评估日期_____

三、管理水平评估量表（修订）（Level of Service Inventory-Revised）

  管理水平评估量表系由风险评估理论的较早研究者即加拿大的安德鲁斯与邦塔两位学者于 1995 年研制成功。该评估工具在理论界与实务领域都有广泛的影响，并引发了世界范围的对再犯罪风险评估理论的热潮。该量表在美国被大量的司法与矫正机构作为正式的评估工具，为某些决定提供参考。比如，在科罗拉多州，管理水平评估量表不仅被用于设施内矫正，还被用于社区矫正、假释与缓刑犯的管理，缓刑与假释的决定。该评估量表为被应用得最广泛的评估工具，1999 年的一项研究表明，在全国所有的矫正机构中有 14% 的机构使用该评估量表，另外还有将近 6% 的机构计划在将来会使用。自 20 世纪 90 年代以来，该评估工具被较多的研究者认为具有较高的可靠性。该评估工具的评估由固定的面试来完成，总共有 54 项风险与需要的影响因子所组成。该评估工具每个影响因子的给值均为 1 分，所有的分值范围都被相应给定为再犯罪可能的百分比例。具体的分值与相对应的再犯罪可能性比例如表 4-5 所示。[1]

表 4-5 管理水平评估量表（修订）分值与相对应的再犯罪可能性比例

LSI 总分值	一年后重新犯罪的可能性比例（基于总分）
0~5	9%
6~10	20%
11~15	25%
16~20	30%
21~25	40%
26~30	43%
31~35	50%
36~40	53%
41~45	58%
46~50	69%
50~54	<70%

该评估工具总共分为十大项，既包括静态性因子（如犯罪史和成长史等方面的内容），也包括动态性因子（如社会关系交往等方面的内容）。该评估量表的具体内容如下。

---

〔1〕 file:///C：/Users/relig/Desktop/The%20LSI%20assessment%20. pdf.

表 4-6　管理水平评估量表（修订）

* **个人犯罪史**（10×1 = 10 分）
1. 本罪前至少受过一次判决
2. 作为成年人受过 2 次判决
3. 作为成年人受过 3 次判决
4. 包括现判决有 3 个以上判决
5. 在 16 岁及以下被逮捕
6. 因为犯罪行为而被监禁
7. 因为违法行为而被监禁
8. 因越轨行为接受惩罚
9. 在监督期间违反纪律或者被起诉
10. 曾经使用暴力或者其他攻击行为

* **教育与就业**（10×1 = 10 分）
1. 现处于失业状态
2. 经常性失业
3. 一年内处于失业状态
4. 被学校开除
5. 10 年级（及以下）辍学
6. 12 年级辍学
7. 被开除
8. 学习成绩
9. 同伴之间的来往情况
10. 与学校之间的关系

* **经济状况**（2×1 = 2 分）
1. 有经济问题
2. 依靠社会救济

* **家庭与婚姻状况**（4×1 = 4 分）
1. 对家庭与婚姻状况不满意
2. 从无赡养父母
3. 从无回报其他家人
4. 有家庭成员犯罪

* **居住状况**（3×1 = 3 分）
1. 对居住情况不满意
2. 上一年度变更居住地 3 次以下
3. 邻居犯罪情况严重

续表

* 休闲娱乐活动（2×1＝2分）
1. 缺乏休闲娱乐活动
2. 能够恰当利用时间，满足需要

*人际交往（5×1＝5分）
1. 与他人较少交往
2. 有犯罪或者正在服刑的朋友
3. 与犯罪前科的人不交往
4. 没有犯罪科学的朋友

* 酒精与毒品问题（9×1＝9分）
1. 有酗酒史
2. 有吸毒史
3. 现在酗酒
4. 现在吸毒
5. 有越轨行为
6. 婚姻与家庭问题
7. 学校与工作问题
8. 有生理问题

*感情与个人问题（5×1＝5分）
1. 情感干预
2. 精神状况
3. 经过矫治后的精神状况
4. 现在精神状况
5. 精神指标

*态度与定位（4×1＝4分）
1. 亲犯罪态度
2. 反传统态度
3. 服刑态度消极
4. 对监管态度消极

四、暴力风险评估量表（Violent Risk Appraisal Guide，VRAG）

此量表由昆西、哈里斯、瑞斯等于1998年研制出来。在过去几十年间再犯罪风险评估专属性越来越强，特别是对于暴力性罪犯及性罪犯，而且针对这两类罪犯的风险评估工具越来越多。其中较早且流传较广的对暴力犯风险

评估的工具是暴力风险评估量表（VRAG）。作为第四代精算评估工具，其将
618 个男性罪犯作为研究样本，这些样本都精神紊乱且被关押在加拿大高度警
戒监狱中进行治疗。对于该评估工具的精确性，在不同的国家至少超过 25 份
研究报告对其可靠性进行研究，而且都是使用那些暴力性罪犯作为研究样本。
该评估工具能够对于未来 15 个月至 10 年内的暴力犯罪进行预测。[1]该评估
工具具体内容如下。

表 4-7　暴力风险评估量表

1. **与亲生父母生活到 16 岁**（不包括父母死亡） （假如罪犯并没有持续与父母亲一起生活到 16 岁则得分为否，假如父母双亡，得分 为是） 是＝-2 否＝3 不清楚
2. **基础教育的不适应**（8 年级及以下） 没有问题＝-1 受到轻微及中等程度的纪律处分或者逃课问题＝2 严重违纪行为或者逃课（如逃课或者破坏行为持续数年或者受到学校开除＝5 不清楚或者没有完整信息）
3. **酒精问题史**（每个事项给值 1 分：父母亲酒精滥用；少年时期酒精问题；成年时期 酒精问题；之前犯罪涉及酒精问题；指数罪案涉及酒精） 0 事项＝-1 1 个或 2 个事项＝0 3 个事项＝1 4 个或 5 事项＝2 不清楚或者信息不完整
4. **婚姻状况**（指数罪案期间） 已婚（或者具有普通法效力的同居超过 6 个月）＝-2 从未结婚＝1 不清楚或者信息不完整

　　[1]　Grant T. Harris, Marnie E. Rice & Joseph A. "Camilleri, Applying a Forensic Actuarial Assessment
(the Violence Risk Appraisal Guide) to Nonforensic Patients", http://citeseerx. ist. psu. edu/viewdoc/down-
load? doi＝10. 1. 1. 913. 4013&rep＝rep1&type＝pdf.

续表

5. **因为之前判决的犯罪史得分及指数罪案前因为非暴力犯罪受到起诉**（从 the Cormier-Lang System 中的 A 表显示）
   使用 Cormier-Lang System 得分：
   得分为 0 = -2
   得分为 1 或者 2 = 0
   得分为 3 及以上 = 3
   不清楚或者信息不完整

6. **以前有条件释放失败**（包括假释违反规定或者撤销；缓刑违反规定或者撤销；保释违反；当在有条件释放期间包括指数罪案的任何起诉）
   否 = 0
   是 = 0
   不清楚或者信息不完整

7. **指数罪案犯罪年龄**
   >39 = -5
   34-38 = -2
   28-33 = -1
   27 = 0
   <26
   不清楚或者信息不完整

8. **被害受害情况**（仅为指数罪案中；最严重的伤害被给值）
   死亡 = -2
   住院 = 0
   治疗即出院 = 1
   无伤害情况 = 2

9. **是否有女性受害人**（仅为指数罪案）
   是 = -1
   否（包括没有受害人）= 1
   不清楚或者不完整信息

10. **因身体残疾符合 DSM-Ⅲ 标准**
    否 = -2
    是 = 3
    （适合使用 DSM-Ⅳ 或者 DSM 版本诊断身体残疾）
    不清楚或者不完整信息

11. 因为精神分裂符合 DSM-Ⅲ 标准 是 = -3 否 = 1 （适用于使用 DSM-Ⅳ 或者其他版本的 DSM） 不清楚或者不完整信息	
12. Hare 心理检测量表（修订）（PCL-R；Hare，1991） <4 = -5 5-9 = -3 10-14 = -1 15-24 = 0 25-34 = 4 >35 = 12 不清楚或者不完整信息	

五、亚拉巴马州罪犯再分类安全水平评估量表（Alabama Inmate Reclassification Security Level）

前面四个再犯罪风险评估的对象虽然各有区别，但评估的范围较广，比如上述的暴力犯罪风险评估既可以被用于假释或者缓刑，也可以被用于监狱中服刑的罪犯或者社区服刑的罪犯。为此，为了使得评估工具的引介更为全面，我们在此介绍一种专门用于罪犯分类的风险评估工具。此类型的评估工具当推亚拉巴马州的再分类安全水平评估量表。该评估工具评估的风险结果被该州的监狱系统作为监禁分类（custody classifications）的标准。按照该工具评估的风险结果，监禁分类结果可以被分为以下类别：[1]

（1）严密监禁（Close Custody）。严密监禁指的是最严格的监禁水平，以防止罪犯逃跑或者拒绝遵守监狱规则。严密监禁的罪犯被单独监禁在单个人的监舍中，仅允许在锻炼、洗澡时走出监舍。

（2）中等监禁（Medium Custody）。中等监禁比严密监禁具有更少程度的监督，罪犯被允许与其他罪犯被安置在合适的场所。这些罪犯需要额外的观察，但又适合集体的宿舍生活及参加矫正项目和工作计划。如果这些罪犯需要外出监狱，必须由配备武器的矫正官员负责监督。

---

[1] "Alabama Department of Corrections", *Male Inmate Handbook*, pp. 6~8.

（3）低度监禁（Minimum Custody）。低度监禁是最少约束的监禁水平，主要适合那些能够适应监狱规则的罪犯。此类型的监禁又可以包括：

*狱内低度监禁。该类型监禁适用于那些对于自己和别人都没有风险的罪犯。工作安排必须考虑工作性质，必须在非保安工作人员监督下进行，那些须离开监狱的工作要求监狱矫正官进行相应的监督。

*狱外低度监禁。该类型的监禁适用于那些对于所有人都没有危险的罪犯，能够被安排在监狱设施外没有矫正官员监督进行工作。这些罪犯大部分被安排在社区工作中心（Community Work Centers）。

*最低社区监督。该类型的监禁仅适用于那些对所有人没有危险的罪犯。这些罪犯能够被允许在社区中工作，并且他们没有工作的时候被允许在社区中居住。

该评估风险工具根据得分把罪犯共分为7个安全水平：

1级——指的是可在社区工作的安全水平；

2级——指的是能够在社区中工作且接受最低程度监督的安全水平；

3级——指的是中等与低度之间且在设施内的安全水平；

4级——指的是中等监禁且需要更多的安全水平；

5级及以上——指的是等候死刑判决及执行的安全水平。

亚拉巴马州的罪犯再分类评估工具内容与格式具体如下。

表4-8 亚拉巴马州罪犯再分类安全水平评估量表

姓名_____ 编号_____

分类专家_____ 日期_____

1. 狱内暴力史（在设施内最近五年严重暴力）	得分_____
没有使用暴力	0
没有使用武器或者伤害的攻击行为	3
使用武器攻击或者造成严重伤害（任一项）	5
使用武器攻击且（或）造成严重伤害或者死亡	7
2. 当前犯罪的严重程度（指的是犯罪的规模；如果有 多个判决指最严重的犯罪）	得分_____
低	0
中低	2
中	3
高	4
最高	6

3. 以前的攻击性犯罪史（给罪犯的犯罪史中最严重的犯罪 　打分，指的是犯罪的严重程度） 　没有、低或者中低 　中度 　高度 　最高度 　假如五年前没有被监禁从"最高度"得分中减去1分	得分＿＿＿＿ 0 2 4 6 −1
4. 逃跑史（在近五年的监禁期中） 　没有逃跑或者企图逃跑 　在1年内 　使用暴力或者暴力威胁从Ⅲ级警戒或者更高程度警戒设施或者 　从最低警戒设施中逃跑或者企图逃跑： 　　超过1年 　　最后1年 　　2年或者超过5年 　　总分（四项之和） 　假如分值为10及以上，使用A表，假如分值在10以下，完成第5~9项。	得分＿＿＿＿ 0 3 5 7 8 得分＿＿＿＿
5. 最早提前释放的时间 　0~6个月 　7个月~12个月 　13个月~24个月 　25个月~36个月 　超过36个月	得分＿＿＿＿ 0 1 3 4 5
6. 酒精及药物滥用 　没有 　滥用引起临时的法律及社会不适应问题 　严重的滥用，严重的功能性失调	得分＿＿＿＿ 0 1 3
7. 当前羁押状况 　无 　因轻罪羁押 　涉及引渡之轻罪 　因重罪羁押 　涉及引渡之重罪的羁押	得分＿＿＿＿ 0 1 3 4 6
8. 以前的重罪判决 　没有 　1个 　2个及以上	得分＿＿＿＿ 0 2 4

续表

9. 稳定性因素	得分 _____
35 岁及以上	−2
高中文凭	−1
逮捕时有效的就业或者在校上学超过 6 个以上	
第一次逮捕时年龄为 15 岁及以下	−1
总分（第 1~9 项）	得分 _____
表 A（第 1~4 项）	
7 级	15 及以上
6 级	10~14
使用表 B	
表 B（所有的打分项）	
7 级	21 及以上
6 级	17~20
5 级（分类中心）	接受所有罪犯
4 级	11~16
3 级	10
2 级	7~9
1 级	6 及以下

在上述五个罪犯风险评估量表的引介中，我们主要针对评估对象及范围、功能的不同而对诸多的再犯罪风险评估工具进行筛选，特意选择了针对特定罪犯评估、针对普通罪犯评估及用于罪犯分类的风险评估。在上述评估量表中，所有的影响因子都是通过对样本的实证意义上的研究而被筛选出来的，而且经过了相应的效度检验。但值得注意的是，在上述五个再犯罪风险评估工具中，因为研制者所使用的研究方法不同以及筛选的影响因子不同，在最后的评估因子方面，既有相同的方面，也有不同的方面。但总体上主要体现在犯罪史、成长史、家庭及社会关系、个人生理及心理状况等方面，既有静态性影响因子，也有动态性影响因子。当然，在具体的评估因子方面的评估内容及相应的赋值存在着较大的差距。比如，关于罪犯的犯罪史方面的评估因子就存在着较大的差距。

亚拉巴马州罪犯再分类安全水平评估量表主要是考察罪犯的暴力及攻击史，这明显属于根据犯罪手段、方式来反映罪犯主观上对犯罪的认知态度，以最终反映该罪犯再犯罪风险的评估水平。

　　暴力风险评估量表主要是考察罪犯的犯罪类型以及犯罪时的年龄。罪犯犯罪时的年龄越低给值越高，表明再犯罪风险水平越高。而犯罪类型则主要根据"指数罪案"中的一些社会危害大、严重侵犯人身安全的犯罪来进行赋值。谋杀罪及其他一些对人身进行攻击的犯罪的赋值较高，评估的时候的人身危险性也高。

　　管理水平评估量表（修订）的个体犯罪史则主要包括犯罪的判决数量、犯罪时的年龄、犯罪的严重等级以及是否使用暴力手段等评估因子。同理，这些评估因子主要是根据犯罪恶习以及客观危害的程度来反映再犯罪的可能性，赋值越高，再犯罪的风险程度就越高，再犯罪的可能性就越大。

　　性罪犯风险评估量表主要是集中在犯罪对象、性犯罪判决数量及犯罪类型三个方面。前三个再犯罪风险评估工具中的评估因子中同样也包括判决数量、犯罪的类型、犯罪对象等三个方面，但因评估对象具有特定性，该量表的评估对象主要集中在被性侵的受害人。需要指出的是，此种静态性的评估因子的评估功能也主要在于对罪犯的犯罪恶习进行评估，以说明未来之罪发生的可能性。

　　明尼苏达州性罪犯风险评估量表的评估因子主要为判决数量、实施犯罪的场所、方式与手段、被害对象的年龄及是否熟悉等。这些评估因子与性暴力犯罪量表在评估内容上更为详细。比如，在考察罪犯实施犯罪时的情况与犯罪的场所、方式与手段等在给值上更为具体。

　　从上述五个评估量表对犯罪史的评估内容来看，因为在经验上的判断使得经过样本分析结果的筛选后基本集中在暴力犯罪史、犯罪判决的数量、犯罪手段或者方式、犯罪时的年龄、犯罪对象的情况等，而且，这种筛选后的评估因子的取舍与经验上的判断虽然在方向上大体相同，但并不与具体的事项保持完全一致。例如，水平量表上的犯罪严重等级与其他四个犯罪史内容的判断并不完全相同。但从经验上判断，至少在暴力犯罪的重新犯罪史中的评估因子能够反映犯罪的严重等级，也许是一个较理想的事项，但对样本考进行的筛选却并没有进入该评估工具的给值事项中。当然，这里也必须指出的是，因为每个评估工具的研制专家在经验、专业背景、研究方向、研究兴趣、调研对象、调研区域、文化背景甚至思维习惯上都存在不同，其设置的评估因素可能会存在着较大的差别。因此，最后形成的评估工具在内容和形式上都会存在着较大的差别。当然，需要指出的是，评估工具研制之初的功能或者价值决定了该评估工具在内容和形式上与其他评估工具的差别。但不管存在着何种差异，评估工具毕竟是经过研究人员对大量样本的观察而得出的最终结论，其在评估性能上通常要优于基于经验的临床判断。这也是上述五个评估工具被视为官方正式的评估工具的根本原因。

第三节　中国服刑人员再犯罪风险评估工具（CORAY）构建

在介绍过了发达国家再犯罪风险评估的现状和主流的评估工具之后，接下来就是要解决我国的再犯罪风险评估工具的研制问题。虽然欧美国家的再犯罪风险评估工具较其他的刑事司法问题不管是在理论领域还是在司法实践领域都起步较晚，但在过去的二十多年时间里，再犯罪风险的理论与实践都取得了巨大的进步，极大地促进了这些国家的刑事司法事业发展。但他国的再犯罪风险评估工具无论如何先进，都只是他国刑事司法制度的一个部分，对于我国而言，最为关键的还是在于如何对再犯罪风险评估工具进行本土化改造，以便使其最大限度地契合中国的刑事司法制度。对于中国的再犯罪风险评估工具的研制来说，当前最大的困难在于技术性条件储备不足，而监狱行刑实践中再犯罪风险评估工具的巨大价值使之满足了现实需求的条件。基于此，本节之主旨在于以再犯罪风险控制为导向的监狱行刑改革之探讨，故构建适合中国本土的再犯罪风险评估工具为监狱行刑改革奠定技术性条件具有重要的现实意义。

一、研究目的、研究逻辑及研究假设

前述的再犯罪风险评估工具的适用对象各有侧重，反映了研究目的的差异。为此，我们也必须明确再犯罪风险评估工具的适用对象与目的。本评估工具的适用对象为正在服刑的罪犯，研制的目的为对正在服刑的罪犯进行风险评估，以此为依据对其进行相应的分类，并根据"风险—需要—改造"的原则，对各个风险程度的罪犯进行有针对性的教育改造，真正实现监狱行刑个别化原则。

本再犯罪风险评估工具的构建是建立在所有影响犯因性因素的假设基础上的，接着对这些所有的假设因素用 SPSS 20. 0 加以检验，以真正筛选出影响

再犯罪风险的评估因子。众所周知，在人文社科中，对因果关系流程的研究最大的问题在于变量的设计，况且罪犯的自身人格特征、社会关系、成长历程、犯罪史的演变、改造性因素的变化组成了一个庞杂的可能性影响因子体系。其中哪些影响因子体系真正与再犯罪风险具有显著相关性关涉到一个问题，即必须设定所有可能影响罪犯再犯罪的因子。为此，我们此次对作为变量的影响因子在三个方面给予选取：

第一，根据犯罪学原理及监狱行刑理论，对一般性意义上的犯因性因素进行选取。比如，犯罪史，根据犯罪学原理，一些特定的犯罪经历能够反映出犯罪人的犯罪人格，而具有特定犯罪人格的罪犯的再犯罪倾向性比那些不具备此犯因性因素的罪犯的再犯倾向性要更高，这些人在特定的犯罪场中容易重新犯罪。

第二，将当前发达国家再犯罪风险评估工具中已经经过效度检验的有效性因素选定为影响因子。虽然我国的罪犯与欧美国家的罪犯在生物属性和社会环境方面都存在着巨大的差别，但差异中应当存在着共同的规律。但那些因子对于评估中国服刑人员的再犯罪风险到底有没有效果，还是必须经过标准化的检验。

第三，根据研制者的个人经验及监狱实务部门提供的意见。虽然现有的犯罪理论及其他风险评估工具可供借鉴，但鉴于本评估工具的特定目的性及自身特色，所有可能影响犯罪人的再犯罪风险因素还必须由中国监狱系统中的实务专家提供相关的经验。

鉴于上述影响因子的选取办法，我们设计了《中国监狱服刑人员风险等级评估调查问卷》。该问卷共同设计了 16 个大项，70 个必答问题，具体内容请看该调查问卷。这 70 个调查研究假设，在经过 SPSS 18.0 标准化取值后，即成为假设性研究变量。在这 70 个假设性变量中，在传统再犯罪评估工具体系中被视为静态性的指标和动态性的指标。

第一，关于静态性的指标。在传统的犯罪学理论中，不管是犯罪生物学派还是犯罪情景预防理论，都认为一个人的犯罪与自身静态的个人属性相关，个体的生命过程本身既是一个自然的属性过程（如性别、年龄、种族），也是一个社会化的过程（如家庭、学校及社会环境）。当然，静态性指标的静态性也是相对的，当所属环境改变之后，该指标也会发生相应的变化，比如，婚姻状况。在通常情况下。在对于普通公民而言，婚姻状况属于动态性指标，随时可能处于变化之中；但对于罪犯而言，因为处于特定的隔离环境之中，狱内服刑的罪犯婚姻状况变化的可能性微乎其微。因此，我们认为其应当属于静态性指标。当然，也有学者认为该指标属于动态性指标。[1]在所有的静态性指标中，除了传统犯罪理论上的一些影响因子，我们还针对中国服刑人员区别于其他国家罪犯、具有明显中国特色的因素进行假设选定，比如被捕前的政治面貌。虽然我们现有资料表明所有的再犯罪风险评估工具都不会把被捕前的党派倾向或者政党身份作为假定因子，但鉴于我国的特色，我们还是选取了该因素。在我国，公民的政治面貌属于非常重要的身份属性，从经验上出发，该指标之所以被暂列为假定条件，就在于它能够在一定程度上反映个体的人生历程、社会观念，是个人社会属性的一个重要参考指标。当然，该指标究竟能否成为再犯罪风险评估的影响因子还需要经过标准化检验。

第二，关于动态性的指标。动态性指标在第三代、第四代的再犯罪风险评估工具中的比重越来越高，它反映出犯罪的可能性也是动态与变化的，即随着影响犯罪的犯因性因素本身程度的变化，那么风险也会随着变化。这些动态性指标因为大多涉及罪犯情景行为、个性甄别、心理调查、改造表现等，所以要形成一个完整的假设指标体系十分复杂。从发达国家流行较广的再犯罪风险评估工具来看，罪犯整个行为表现出的评价主要是通过日常行为、内部心理来体现，而这些指标都属于"形成上"的概念，需要在主观上进行一定的判断。比如，对于问卷调查中的关于情感或者心理问题的调查，是否经常处于情绪不稳定、焦虑之中或者存在着抑郁或注意力不集中的问题，这不但需要被调查者主动配合检测，还需要监狱管理人员对该被调查者的日常行为表现进行临床性判断。所以，总体来看，因为动态性指标易受被调查者行为变化及所处环境的影响，动态性指标较静态性指标更不容易设定，在范围上更广，因此只有在边际上设置得更广才可能具有科学性。针对中国特色改造制度，我们设定的改造性指标偏重于罪犯在行政奖惩、狱政考核等方面的硬性指标。这是因为我国的罪犯改造表现主要集中在罪犯的考核奖惩方面。考核奖惩指标在行刑实践就被量化，其价值在于对罪犯的主观恶性矫治、思

---

〔1〕 比如，曾赟教授就认为婚姻状况为动态性指标。参见曾赟："中国监狱罪犯教育改造质量评估研究"，载《中国法学》2013年第3期。

考改造、行为矫正过程的评估的客观化，故更容易进行检测。当然，改造性
指标究竟能否反映出罪犯风险程度，这还取决于后文的标准化检测。

中国服刑人员风险等级评估（CORAY）调查问卷

温馨提示：本调查访问承诺对您所有问题的回答将不涉及用于任何的司
法目的，并承诺严格保护此次访问调查中所涉及您的相关权利。

姓名：_____所在监狱：_____所在监区_____

1. 此次是你第几次判刑：
   A. 1　　　　　　B. 2　　　　　　C. 3 次及以上
2. 性别：
   A. 男　　　　　B. 女
3. 年龄：_____岁
4. 婚姻状况：
   A. 未婚　　　　B. 已婚　　　　C 离异　　　　D 丧偶
5. 被判刑前的政治面貌：
   A. 中共党员　　B. 共青团员　　C. 民主党派　　D. 群众
6. 文化程度：
   A. 文盲　　　　B. 小学　　　　C. 初中
   D. 高中（中等职业技术教育）
   E. 专科　　　　F. 本科　　　　G. 硕士　　　　H. 博士
7. 被捕前的职业是：
   A. 企事业管理人员　　　　　B. 工人/体力工作者
   C. 公司普通职员　　　　　　D. 公务员
   E. 个体经营者/私营业主　　　F. 教师
   G. 学生　　　H. 无业或待业　　I. 退休　　　J. 其他职业
8. 接受学校教育时（7 年级~12 年级的情况）（可多选）：
   A. 非常讨厌学校教育　　　　B. 因为严重违纪被学校处分
   C. 没有获得那个阶段的文凭就退学了　D. 因为严重违纪被学校开除
9. 家庭关系
   A. 与家人（主要是指与父母、子女、兄弟等）的关系是否紧张：
   a. 好　　　　　b. 一般　　　　c. 差
   B. 与配偶的感情：
   a. 好　　　　　b. 一般　　　　c. 差

  C. 少年时期（主要指未满 16 岁）是否受到过虐待：

  a. 是   b. 否

  D. 是否曾受过家庭暴力：

  a. 是   b. 否

  E. 是否在单亲家庭成长：

  a. 是   b. 否

  F. 主要家庭成员是否有过被判刑记录：

  a. 是   b. 否

10. 服刑前的就业及收入情况

  A. 是否有固定的工作及收入：

  a. 是   b. 否

  B. 是否有过长达 6 个月以上的失业经历：

  a. 是   b. 否

  C. 曾经的工作是否具有一定的技术要求：

  a. 是   b. 否

  D. 被捕前是否 6 个月以上没有就业：

  a. 是   b. 否

  E. 对所从事的职业的态度：

  a. 讨厌   b. 无所谓   c. 喜欢

  F. 服刑前是否缴纳社会保险：

  a. 是   b. 否

  G. 非法收入是否为生活收入的主要来源：

  a. 是   b. 否

  H. 是否具有滥用钱财的习惯（如赌博、借高利贷等）：

  a. 是   b. 否

11. 服刑前住宿及社会交往情况

  A. 是否有自己的固定住所：

  a. 是   b. 否

  B. 是否经常主动变换自己的住所：

  a. 是   b. 否

  C. 住所的住宿条件是否舒适：

  a. 是   b. 否

  D. 是否加入过类似足球队的社团组织：

  a. 是   b. 否

E. 是否有很多关系亲密的朋友：

a. 是   b. 否

F. 犯罪是否受到朋友的影响或和朋友有关系：

a. 是   b. 否

G. 是否还会和有前科的朋友联系或交往：

a. 是   b. 否

12. 酗酒和吸毒情况

A. 是否经常酗酒：

a. 是   b. 否

B. 酗酒后是否有使用暴力：

a. 是   b. 否

C. 入狱后是否因喝酒而受到过处分：

a. 是   b. 否

D. 曾经是否吸毒：

a. 是   b. 否

E. 犯罪是否和吸毒有关：

a. 是   b. 否

F. 吸毒后是否有使用过暴力：

a. 是   b. 否

13. 情感或者心理问题

A. 是否经常处于情绪不稳定或焦虑之中：

a. 是   b. 否

B. 是否存在抑郁或注意力不集中的问题：

a. 是   b. 否

C. 是否有过自伤自残甚至自杀的念头：

a. 是   b. 否

D. 曾经是否接受过精神治疗：

a. 是   b. 否

E. 原来的犯罪是否和心理及精神方面存在问题相关：

a. 是   b. 否

14. 行为及思维方面的问题

A. 与人交往是否存在困难：

a. 是   b. 否

B. 遇到对自身不利的情形是否有过通过威胁或暴力解决问题的倾向：

a. 是　　　　　　b. 否

C. 是否难以体会到别人的情感：

a. 是　　　　　　b. 否

D. 对一个问题的分析或解决是否总是难以集中思维：

a. 是　　　　　　b. 否

15. 第一次定罪的情况

A. 此次被判的罪名是：

_____和_____和_____

B. 是否与前次所判罪名相同：

a. 是　　　　　　b. 否

C. 被定罪的个数：

a. 1　　　　　　b. 2　　　　　c. 3　　　　　　d. 4 个及以上

D. 第一次被判决的刑期为：_____

a. 1 年及以下　　b. 1 年~5 年　　c. 6 年~15 年

d. 15 年以上　　e. 无期　　　f. 死缓

E. 第一次犯罪涉及毒品、武器、暴力、胁迫、黑社会性质组织、犯罪集团或犯罪团伙因素有多少项：

a. 0　　　　　　b. 1　　　　　c. 2　　　　　d. 3　　　　e. 4 项及以上

F. 自首或者立功情节：

a. 是　　　　　　b. 否

G. 被害人是否是老弱病残幼：

a. 是　　　　　　b. 否

H. 判刑前是否受过劳动教养、治安拘留处分：

16. 第一次服刑的情况

A. 是否受过警告、记过或禁闭处分：

a. 是　　　　　　b. 否

B. 是否被评过监狱改造积极分子：

a. 是　　　　　　b. 否

C. 是否被评为省级改造积极分子

a. 是　　　　　　b. 否

D. 获减刑的次数为：

a. 1　　　　　　b. 2　　　　　c. 3　　　　　　d. 4 次及以上

E. 最近一年获得考核表扬：

a. 2 个及以下　　b. 3 个~5 个　　c. 6 个~8 个　　d. 9 个及以上

F. 家属是否定期会见：

a. 是　　　　　　b. 否

G. 是否参加过监狱组织的大专以上的高等教育自学考试

a. 是　　　　　　b. 否

H. 是否参加过监狱组织的省级以上的职业技术教育函授班

a. 是　　　　　　b. 否

I. 是否参加过监狱组织的监狱层面上的大型文体竞赛

a. 是　　　　　　b. 否

J. 是否经常会向监狱干警汇报改造思想

a. 是　　　　　　b. 否

K. 是否因为违纪而被监狱严管队严管过

a. 是　　　　　　b. 否

L. 是否有向监狱或者其他单位提供线索而获立功或者嘉奖

a. 是　　　　　　b. 否

M. 是否有因为使用暴力或者其他威胁手段伤害他犯或者干警

a. 是　　　　　　b. 否

N. 是否有因为拉帮结伙、参加聚众滋事或者聚众赌博而受到监狱处分

a. 是　　　　　　b. 否

O. 是否有因为自残而受到相应的监狱处分

a. 是　　　　　　b. 否

P. 是否在服刑人员的"积委会"中担任过相关的职位

a. 是　　　　　　b. 否

Q. 是否有因违反假释、保外就医的规定而收监的情形：

a. 是　　　　　　b. 否

R. 第一次服刑期间是否有定期的接见

a. 是　　　　　　b. 否

二、研究方法

本书的 1861 个调查对象来自 5 所监狱，调查期间为 2014 年 1 月 10 日 ~ 31 日，这 5 所监狱分别为 J 省 Y 监狱、J 省 H 监狱、J 省女子监狱、S 市 N 监狱及 S 市 T 监狱。在 1861 个样本构成中，所有的调查对象均被分为两组，即一组为初犯组，另一组为再犯组（指 2 次犯罪以上），并以初犯组作为控制组，把再犯组作为实验组。从统计学的角度看，将刑满释放且在一定期间内

没有重新犯罪的人员作为对照组，而把刑满且在一定期间内重新犯罪的人员作为实验组，采用一定的标准进行检验是最为科学的统计调查研究方法。但是，因为信息收集存在困难，上述研究路径由于难度太大而被放弃。

为了使得初犯组在整个样本中最大限度地保持控制组的特性，减少样本污染的概率，我们采取了下述较为科学的方法以期规避样本的变异。一是采取随机类型抽样的办法。[1]即考虑到我国监狱分类主要是根据犯罪性质和刑期长短来对罪犯进行关押，为了使得初犯组避免具有实验组的特性，我们将相应扩大初犯组的比例，即扩大 J 省 H 监狱的样本比例，因为该监狱关押的对象绝大多数为初偶犯及过失犯，故样本的独立性较强。二是在总体样本数量利于标准化检测的前提下，我们扩大了初犯组的数量，占样本数量的 67.8%，即控制组的样本为 1261 个，这样就基本能够稀释样本污染的可能性。

5 所监狱的构成分别定位于 J 省女子监狱为女子监狱，J 省 Y 监狱为重刑犯监狱，J 省 H 监狱为轻刑犯监狱，S 市 N 监狱为老年犯监狱，S 市 T 监狱为综合性监狱。调查问卷由课题组发放到各个监狱的监区，由监狱干警集中罪犯现场发放调查问卷，课题组成员负责现场解答。答题有困难的对象由课题组成员进行现场解答。调查问卷由监狱干警统一收回后，发现有效问卷为 1861 份，其中控制组为 1261 份，试验组为 600 份。我们将所有的数据录入到 SPSS 20.0 统计软件中，建立了"中国服刑人员再犯罪风险评估数据库"。

为了检验实验组与控制组之间是否存在着显著性差异，我们采用了独立样本 t 检验方法。初步设想是从比较样本的均值出发，以验证出相应总体的均值是否存在着差异。研究设定 $p<0.05$ 作为显著水平的临界值，以发现所有假定的因子中有哪些与再犯罪有相关性。然后根据显著相关性的有效变量进行给值，最终研制出体系化的中国服刑人员再犯罪风险评估量表。

---

〔1〕 所谓类型抽样法即将总体单位根据样本的特征分成若干类型，然后在这些若干类型中分别随机抽取样本。该抽样的优势在于通过类型化归类，增强各类型中样本的共同性，容易随机抽取具有代表性的调查样本。

三、检验结果分析

1. 关于罪犯的身份属性，包括性别、年龄、婚姻状况及政治面貌

表 4-9　罪犯的身份属性

变量	类别	Sig 值	标准差
初次犯罪年龄小于 18 岁	1	0.022	4.788
	2		6.231
婚姻状况	1	0.190	0.724
	2		0.258
政治面貌	1	0.001	0.009
	2		0.406
性别	1	0.058	0.368
	2		0.237
文化程度	1	0.031	0.816
	2		1.355

注：类别 1 为实验组，类别 2 为控制组；sig 值意味着 p 值在 <0.05 水平

　　从罪犯的身份属性来看，实验组与控制组变量具有显著性差异的依次表现为政治面貌（p 值为 0.001），年龄（0.022），文化程度（p 值为 0.031），变量性别则表现为边缘性显著差异，该变量的 p 值为 0.058。而婚姻状况的 p 值为 0.190，意味着该变量在 p<0.05 水平意义上没有统计学意义上的显著差异。从上述变量的最终情况来看，经过独立样本的 t 检验，与再犯罪风险具有显著相关性的为政治面貌与年龄，具有弱相关性的为性别，不具备相关性的为婚姻状况。此处的标准化检测表明，罪犯如果能够具有党员的身份，其重新犯罪的可能性较低，的确能够反映出政治面貌是一个人价值观、人生观与世界观的侧面反映。这也能够在经验上表明一些具有党员身份的职务犯罪罪犯在走向社会后，因为犯罪条件与环境的特殊性已经消除，基本不可能重新犯职务型罪。年龄也是重新犯罪的一个重要评价因子。上述表格的检验表明，实验组的标准差比控制组的标准差更小，表明初次犯罪年龄更为集中。控制

组的初次犯罪年龄为 26.80 岁，而实验组的初次犯罪年龄为 20.07 岁。这与传统的犯罪学理论相一致，即第一次犯罪年龄低，表明该罪犯的再犯罪危险可能性更高。至于文化程度，也与我们日常经验的判断基本一致，控制组的标准差比实验组的标准差更大，表明实验组的文化程度整体要比控制组的文化程度更集中，小学与初中文化在整个样本中大概占到了 72.6%，而大专及以上文化程度仅占到 3.2%。这表明，在整个人生历程中，文化程度不仅在一定程度上支配了其在整个社会生活阶层中所处的位置，还可能使得其对行为后果、违法认识和社会伦理及道德的选择存在不同。文化程度高的罪犯再犯罪风险低也基本反映了社会日常的一般性经验。

性别检验结果为边缘性显著性差异，也表明在一定程度上女性的确在再犯罪的可能上较男性更低。我们的日常经验也表明，女性罪犯在暴力、枪支等方面的重新犯罪可能性较男性通常更低。但是，除了一些特殊的犯罪类型，女性罪犯的再犯罪可能性与其本身在整个社会人口中较男性罪犯的犯罪率要低的结论基本一致。

2. 在校接受教育状况及家庭关系状况

表 4-10 在校接受教育状况与家庭关系状况

变量	类别	Sig 值	标准差
接受学校教育状况	1	0.014	0.961
	2		0.492
与家人关系	1	0.207	0.632
	2		0.523
与配偶关系	1	0.619	0.598
	2		0.487
少年时期是否受过虐待	1	0.013	0.488
	2		0.184
是否受过家庭暴力	1	0.032	0.458
	2		0.021

续表

变量	类别	Sig 值	标准差
是否在单亲家庭中长大	1	0.065	0.451
	2		0.017
家庭成员判刑记录	1	——	0.000
	2		0.000

　　由表 4-10 可知，本次收集的样本的数据有的能够证明传统犯罪学理论中的犯因性因素的有效性，而有的却不能证明。具体来说，在本次检验中，从接受学校教育的状况来看，p 值为 0.014，显示其在 p<0.05 水平上具有显著的统计学意义。从传统的犯罪风险评估工具来看，该变量在评估因子通常具有重要的评价意义。传统的犯罪学表明，在学校接受教育通常是个人成长史中最为重要的环节，它能够反映出个体早期的行为意识。毕竟在个体的早期成长环境中，学校是其最为重要的环境之一。早期的学校环境中的规则是其最早应当遵循的规则，而此时的越轨行为也往往能够先期预兆个体行为的危险性。在标准化检测中，实验组的标准差达到了 0.961，而控制组仅为 0.492，说明控制组的早期成长历程较实验组的早期成长历程更为稳定和可靠。对罪犯与家人的关系中的评估因子的检测则较为复杂。与配偶、子女、父母、兄弟姐妹的家庭关系，都未能够得到有效的验证，p 值分别为 0.207 和 0.619，标准差也没有显著差异。而至于家庭成员判刑记录则因为数据受到污染，或者是因为没有标准误差而使得样本没有达到独立样本 t 检测的标准，故该变量也无法达到统计学意义上的显著差异，即该变量不能够成为证明与再犯罪风险评估具有显著相关性的评估因子。而在少年时期是否受过虐待及受过家庭暴力的 p 值分别为 0.013 和 0.032，两个变量都达到了 p<0.05。少年时期的受虐待和家庭暴力的经历可能使得当事人形成早期的犯罪人格。少年成长阶段正是人生早期心智成熟的关键时期，可溯性大，此时的受虐待和家庭暴力可能会使得当事人形成强烈的报复心理甚至扭曲的人格。因此这两个经过标准检测的变量也印证了传统犯罪学理论的正确。变量单亲家庭的 p 值为 0.065，在 p<0.05 水平上具有边缘性统计性差异，说明该变量与再犯罪风险具有一定的相关性。单亲家庭同样不利于孩子培养健全的人格，来自单亲家庭的孩子的亲社会态度较其他正常家庭孩子更为欠缺。

3. 被捕前的职业、个人收入状况

表 4-11 被捕前的职业、个人收入状况

变量	类别	Sig 值	标准差
被捕前职业	1	0.001	0.350
	2		0.516
固定工作及收入	1	0.002	0.561
	2		0.321
6 个月以上失业经历	1	0.047	0.687
	2		0.358
工作技术要求	1	0.026	0.507
	2		0.324
被捕前 6 个月失业	1	0.007	0.507
	2		0.352
对从事职业的态度	1	0.152	0.640
	2		0.654
服刑前缴纳社会保险	1	0.012	0.459
	2		0.318
滥用钱财习惯	1	0.014	0.516
	2		0.219
非法收入为生活主要来源	1	0.009	0.488
	2		0.214

上表中控制组与实验组的检测结果能够很好地验证传统犯罪理论中职业与经济状况对重新犯罪的重要意义。具体来看，被捕前职业、固定工作及收入、6 个月以上失业经历、工作技术要求这些变量的 p 值分别为 0.001、0.002、0.047、0.025、0.007，说明这四个变量在 $p<0.05$ 水平上具有统计学意义上的显著差异。其中被捕前职业是国家公职人员（包括国家工作人员、国有企业、事业单位）的罪犯，犯罪类型大多为特殊主体，即职务类犯罪。由于这些特殊主体罪后的特殊身份已灭失，因此已经不具备职务犯罪的资格。

固定工作及收入、失业、工作技术要求是影响重新犯罪的评估因子。这几个变量都是反映罪犯就业状况的重要指标，标准化检测结果也证明了传统犯罪学理论关于罪犯就业状况对重新犯罪影响的一般性经验。关于对从事职业的态度这一变量，因为 p 值>0.005，达到了 0.152，因此没有统计学意义上的显著差异。从生活经验上判断，在现代社会生活、学习和工作节奏快、压力大的背景下，即使是一般公民也难以对本职工作表现出热爱，因此该变量与罪犯的重新犯罪没有显著相关性也就不难理解了。服刑前缴纳社会保险的 p 值为 0.012，具有 $p<0.05$ 水平意义上的统计学显著差异，由此可以看出完善的社会保障不仅在宏观层面上对于防止重新犯罪具有重要的意义，而且在微观层面上同样具有显著影响。滥用钱财、非法收入为生活的主要来源的 p 值分别为 0.014、0.009，在 $p<0.05$ 水平意义上具有统计学的显著差异。说明罪犯对金钱的态度在很大层面上影响了其亲犯罪态度，特别是诸多的涉财性犯罪（包括有组织犯罪、暴力犯罪、财产性犯罪等）都受到了罪犯金钱价值观的影响。

4. 居住和社会交往情况

表 4-12　居住和社会交往情况

变量	类别	Sig 值	标准差
固定住所	1	0.048	0.516
	2		0.324
经常变换住所	1	0.004	0.458
	2		0.149
住宿条件	1	0.004	0.492
	2		0.351
加入社团组织	1	0.045	0.451
	2		0.325
关系亲密的朋友	1	0.009	0.507
	2		0.028
犯罪受朋友影响	1	0.020	0.471
	2		0.521

变量	类别	Sig 值	标准差
有前科朋友	1	0.105	0.507
	2		0.352

从上述控制组与实验组的检测结果来看，除了与有前科的朋友交往的 P 值显示没有统计学意义上的显著差异之外，其他的变量都能与重新犯罪存在高度相关性。具体来说，从居住情况来看，固定住所、经常变换住所及住宿条件三个变量的 p 值分别为 0.048、0.005、0.004，表明三个变量在 $p<0.05$ 水平上具有统计学意义上的显著差异。特别是经常变换住址和住宿条件两个变量，表现得尤其明显，表明罪犯的居住情况与重新犯罪具有很强的相关性。这也可以证明传统犯罪学理论提出的居住情况对于犯罪的影响。对于那些频繁变换住所的人来说，其职业、收入、社会交往具有不稳定性，加剧了其与正常社会关系的冲突。一旦齐备了其他的条件，重新犯罪的风险注定会升高。从社会交往的检测结果来看，加入社团组织、关系亲密的朋友、犯罪受朋友影响、与有前科的朋友交往四个变量的 p 值分别为 0.015、0.009、0.020、0.105，表明前三个变量在 $p<0.05$ 的水平上具有统计学意义上的显著差异。传统犯罪学理论也有非常多的文献支持缺乏正常的社会交往可能会导致反社会的态度。实践中，一些团伙或者有组织犯罪中的犯罪人更容易受到其他成员的影响。至于与有前科的朋友交往 p 值显示未能在 $p<0.05$ 水平上具有统计学意义上的显著差异，我们认为在现实中绝大部分的犯罪人在出狱后可能确定不会与有前科的朋友交往，另外一种可能是样本中的数据取决于服刑人员的主观回答，样本数据是否受到了污染，还有待于日后观察。

5. 酗酒及吸毒情况

表 4-13　酗酒及吸毒情况

变量	类别	Sig 值	标准差
经常酗酒	1	0.229	0.352
	2		0.259

续表

变量	类别	Sig 值	标准差
酗酒后使用暴力	1	0.060	0.258
	2		0.009
入狱后喝酒受到过处分	1	—	—
	2		—
曾经吸毒	1	0.003	0.458
	2		0.007
犯罪和吸毒有关	1	0.000	0.414
	2		0.0101
吸毒后使用过暴力	1	0.032	0.458
	2		0.021

　　从上述控制组与实验组的检测结果来看，在传统犯罪学理论中一些被认为能够影响到重新犯罪的因素在此次的标准化检测中有的能够被证明，有的则被证伪。具体来说，吸毒、犯罪和吸毒有关、吸毒后使用暴力三个变量的 p 值在 $p < 0.05$ 水平上具有统计学意义上的显著差异，p 值分别为 0.003、0.000、0.032。我们所观察到的日常经验也能够证明这三个变量与重新犯罪具有显著的相关性，毕竟作为与当前最为主要的成瘾性药物相关的违法或者犯罪行为，在其他变量控制的情况下，第二次的重复行为较其他类型的犯罪的可能性更高。从控制组与实验组三个变量的标准差也可以看出，没有与吸毒有关的行为的标准差更小，显示控制组的此类行为更为稳定。至于与酗酒相关的变量，除了酗酒后使用暴力具有边缘性差异外，其 p 值为 0.060，经常酗酒的 p 值为 0.229。而至于入狱后因喝酒受到处分因为缺乏足够的数据作为支撑，无法进行标准化检测。毕竟狱内喝酒在行刑实践中实在为非常小概率的事件。

6. 心理、思维及认知方面的问题

表4-14 心理、思维及认知方面的问题

变量	类别	Sig 值	标准差
常处于焦虑之中	1	0.236	0.421
	2		0.465
抑郁或注意力不集中	1	0.002	0.561
	2		0.258
自伤自残自杀的倾向	1	0.326	0.234
	2		0.127
接受过精神治疗	1	—	—
	2		—
犯罪和心理、精神方面问题相关	1	0.237	0.352
	2		0.247
行为及思维方面的问题	1	0.019	0.349
	2		0.251
通过威胁或暴力解决问题	1	0.039	0.488
	2		0.364
难以体会到别人的情感	1	0.099	0.414
	2		0.258
难以集中思维	1	0.068	0.488
	2		0.258

从上述控制组与实验组的检测结果来看，同样是有的变量能被证明，有的则被证伪。具体来看，抑郁或者注意力不集中、行为及思维方面的问题、通过威胁或者暴力解决问题在 $p<0.05$ 水平具有统计学上的显著差异，各 p 值分别为 0.002、0.019、0.039。难以集中思维的 p 值为 0.068，显示其具有边缘差异性，与重新犯罪具有一定的相关性。被排除具有相关性的有常处于焦虑之中、具有自伤自残及自杀的倾向、犯罪与心理、精神方面的问题相关、难以体会到别人的情感，这些变量的 p 值分别为 0.236、0.326、0.237、

0.099，显示出无法在 p<0.05 水平具有统计学意义上的显著差异。而是否接受精神治疗则因为样本数据无法形成独立样本 t 检验，而无法证明其有显著性差异。从上述变量的总体检测结果来看，其与英美等国的大部分评估工具存在一定的差别。这是因为根据我国《刑事诉讼法》《监狱法》的相关规定，罪犯在服刑期间若被诊断为精神病，将被认定为失去了刑事责任能力，从而予以监外执行。

7. 首次定罪的情况

表 4-15　首次定罪的情况

变量	类别	Sig 值	标准差
犯罪类型	1	0.001	0.257
	2		0.450
定罪的个数	1	0.014	0.640
	2		0.021
刑期	1	0.042	0.623
	2		0.238
涉毒、枪、暴、黑犯罪团伙因素	1	0.029	0.654
	2		0.356
自首或者立功情节	1	0.142	0.354
	2		0.289
被害人是老弱病残幼	1	—	—
	2		—

从上述控制组与实验组的检测结果来看，首次定罪中的四个变量与重新犯罪具有很强的相关性。分别是犯罪类型，定罪的个数，刑期，涉毒、枪、暴、黑犯罪团伙等因素，这些变量的 p 值分别为 0.001、0.014、0.042、0.029，在 p<0.05 水平上具有统计学意义上的显著差异。而自首或者立功情节的 p 值为 0.142，在 p<0.05 水平上无法体现统计学意义上的显著差异。对于自首或者立功的情节，该刑事裁量制度之所以被现代刑事法治国家所重视，是基于功利主义的法理，而不一定能够反映犯罪人的悔罪态度。经过标准化的检测后，

自首或者立功情节与重新犯罪并无显著相关也在情理之中。至于被害人是老弱病残幼这一变量因为数据结果而无法进行独立样本 t 检测，故也无法判断是否与重新犯罪显著相关。

8. 首次服刑情况

表 4-16　首次服刑情况

变量	类别	Sig 值	标准差
警告以上处分	1	0.001	0.507
	2		0.213
监狱改造积极分子	1	0.062	0.488
	2		0.289
省级改造积极分子	1	0.008	0.574
	2		0.461
减刑的次数	1	0.004	0.589
	2		0.279
一年获得考核表扬	1	0.009	0.682
	2		0.315
定期会见	1	0.007	0.724
	2		0.524
高等教育自学考试	1	0.026	0.314
	2		0.543
职业技术教育函授班	1	0.022	0.231
	2		0.249
参加大型文体竞赛	1	0.164	0.534
	2		0.751
经常向干警汇报思想	1	0.042	0.349
	2		0.541
积委会成员	1	0.001	0.471
	2		0.367

变量	类别	Sig 值	标准差
违反规定收监	1	0.017	0.517
	2		0.249

经过对上述控制组与实验组的标准化检测，我们发现，除了参加大型文体竞赛外，其他变量都显示出了显著性的差异。具体为受过警告以上的处分 p 值为 0.031，监狱改造积极分子 p 值为 0.062，省级改造积极分子 p 值为 0.008，减刑的次数 p 值为 0.004，一年内获得考核表扬的 p 值为 0.009，定期会见的 p 值为 0.007，高等教育自学考试的 p 值为 0.002，职业技术教育函授班的 p 值为 0.006，经常向干警汇报思想的 p 值为 0.042，积委会成员的 p 值为 0.001，违反规定收监的 p 值为 0.017。就狱内服刑指标本身的性质而言，基本都为动态性指标。这些指标不仅能够为风险评估提供定量性的考察，还在于平时能够为罪犯的考核与奖惩提供参考。就犯罪干预与情景预防理论而言，罪犯在狱内是否能够被成功改造从而在相当的程度上减少再犯罪风险，还是主要取决于把上述的亲犯罪指标减少或者消灭，从而增加亲社会因素。从相反的角度看，对于重新犯罪人的生命历程而言，一个罪犯的再犯风险蕴含在其经历之中，是一种劣势积累和负向强化的过程。[1]罪犯狱内风险评估的指标检测结果也表明，任何有助于罪犯在服刑历程中的亲社会的干预或者主动参与，都能够在一定程度上对具体的罪犯个体的改造态度在微观层面上进行转化，从而最大限度地减少再犯罪风险。

四、量表的分值设定及风险等级划分

从整体来看，设定的 61 项变量在标准化的检测后，共有 13 项被证伪，48 项被视为在 $p<0.05$ 水平上具有统计学意义上的显著差异。在确立了相关性后，我们在此基础上对这 48 项进行赋值。赋值原则首先是正负值的给定，在相关性方向上正相关的为+，相关性方向上负相关的为-。在分值上则以 sig 值的范围来进行确定，若 p 值在 0.05 到 0.07 之间，即通常认为是边缘性显著差

---

〔1〕　陈晓进："生命历程理论：个体犯罪行为的持续和变迁"，载曹立群、任昕主编：《犯罪学》，中国人民大学出版社 2008 年版，第 54 页。

异，则赋值±0.5分。若 p 值在 p<0.001 水平上则赋值±3，p 值在 0.01<p<0.025 则赋值±2，p 值在 0.025<p<0.05 则赋值±1。之所以上述方法进行赋值，原因在于 p 值本身的意义在于显示两个样本之间是否具有显著差异性，而 p 值本身越小就越能够显示两者之间的差异性。具体赋值如表 4-17。

表 4-17 中国服刑人员风险等级评估量表赋值

序号	事项	性质	赋值
1	初次犯罪年龄	小于 18 岁	+2
2	政治面貌	逮捕前为党员	−3
3	性别	女性	−0.5
4	文化程度	文盲	+1
5		小学文化	+0.5
6		大专及以上	−0.5
7	接受学校教育状况	讨厌学习	+1
8		严重违纪受处分	+1
9		开除	+2
10	少年时期是否受过虐待	是	+2
11	是否受过家庭暴力	是	+1
12	是否在单亲家庭中长大	是	+0.5
13	被捕前职业	机关、国有企业、事业单位	−1
14		非国有企业工作人员	+1
15		无职业	+3
16	是否固定工作及收入	否	+2
17	是否 6 个月以上失业经历	是	+1
18	是否工作有技术要求	是	−1
19	是否被捕前 6 个月失业	是	+2
20	是否服刑前缴纳社会保险	否	+2
21	是否滥用钱财习惯	是	+2

序号	事项	性质	赋值
22	是否非法收入为生活主要来源	是	+3
23	是否有固定住所	否	+1
24	是否经常变换住所	是	+2
25	是否住宿条件舒适	否	+2
26	是否加入社团组织	是	−1
27	是否有关系亲密的朋友	否	+3
28	是否犯罪受朋友影响	是	+2
29	是否酗酒后使用暴力	是	+0.5
30	是否曾经吸毒	是	+3
31	是否犯罪和吸毒有关	是	+3
32	是否吸毒后使用过暴力	是	+1
33	是否抑郁或注意力不集中	是	+2
34	是否行为及思维方面有问题	是	+2
35	是否通过威胁或暴力解决问题	是	+1
36	是否难以集中思维	是	+0.5
37	犯罪类型	涉毒	+3
38		涉黑	+3
39		涉枪	+3
40		涉暴	+3
41		涉财	+3
42		性犯罪	+3
43		涉赌	+3
44		涉恐	+3
45	定罪的个数	2个	+1
46		3个	+2
47		4个及以上	+3

序号	事项	性质	赋值
48	刑期	3 年及以下	+2
49		3 年~15 年	+1
51	是否齐备涉毒、枪、暴、黑犯罪及团伙因素	是	+3
52	是否受到警告、记过、禁闭处分	是	+3
53	是否曾评为监狱改造积极分子	是	-0.5
54	是否曾评为省级改造积极分子	是	-3
55	减刑的次数	0 次	+3
56		1 次	-1
57		2 次	-2
58		3 次及以上	-3
59	一年获得考核表扬次数	0 次	+1
60		1~3 次	-1
61		3~6 次	-2
62		7 次以上	-3
63	是否有定期会见	是	-3
64	是否参加监狱组织的高等教育自学考试	是	-1
65	是否参加职业技术教育函授班	是	-1
66	是否经常向干警汇报思想	是	-1
67	是否是积委会成员	是	-1
68	是否违反规定收监	是	+3

我们在对各个有效变量进行赋值以后，接下来就应当对再犯罪风险等级进行划分。在英美等国的传统再犯罪风险评估中，风险通常被划分为 5 个等级，即高度风险、中高度风险、中度风险、低中度风险、低度风险。我们决定也采用此 5 个风险等级的划分。

首先，我们确定全距的分值为 66.5，然后根据正态分布理论模型确定 5 个风险等级的比例。各比例具体为：高度风险与低度风险各为 15%，中度为

40%，中高度各为 15%。各风险等级的所处区域设置公式为：66.5×0.15；66.5×0.15；66.5×0.40；66.5×0.15；66.5×0.15。最终各风险等级分值区域表如下：

表 4-18　风险等级分值区域

风险等级	高度	中高度	中度	中低度	低度
分值区域	66.5~57	56~47	46~21	20~11	10~0

如表 4-18 所示，在每个区域中，每个分值区域都意味着相对应的风险等级。在对罪犯进行风险评估时，应当注意以下几点：

（1）对罪犯的评估虽然以该量表的各事项进行回答，但应当坚持以案卷查阅与现场问答的方式进行，以尽量做到客观真实。有些事项查阅档案便可以进行，而且我们认为也应当查阅档案。如"罪犯是否参加监狱组织的高等教育自学考试"事项即是如此。

（2）对涉及罪犯心理、行为及认知方面的事项应当尽量坚持临床判断，而此种临床判断必须由主管干警结合罪犯自身的汇报进行分析，以实现回答的客观真实。

（3）对于事项中的"是"或者"否"的回答，仅需要根据量表中"性质"项进行选择，而不能进行反向的回答。

我们必须要指出，构建适合中国本土的再犯罪风险评估工具在具有巨大的实践价值的同时，也会具有一定的不稳定性，毕竟就全国范围来看，由官方组织或者由学者们在学术研究中研制出的再犯罪风险评估工具并没有做到理论研究与实践经验的最佳结合。就本再犯罪风险评估工具而言，该量表是基于学术研究的角度，借鉴当今英美国家的传统再犯罪风险评估工具而根据我们国家的样本组的实际情况研制出来的。因此，本量表仅代表学术研究与理论分析的结晶，效果如何还有待日后的检验。

监狱行刑改革的具体路径选择：
以再犯罪风险控制为中心

　　前文详细地论述了中国行刑改革的基本法理、改革的基本范式以及基础技术支撑，最后应当积极探索监狱行刑改革的基本路径。在当代社会，我国需要什么样的监狱？这是新中国成立以来，我们主动选择基本行刑制度时必须要回答的问题。它应当是与中国社会当前的发展阶段相适应的，又应当是在一些特定方面对当前中国监狱发展阶段的超越；它既应当与刑事司法系统相契合，也应当在监狱传统行刑理念的基础上进行改革与创新。就监狱行刑改革而言，它是在制度与形态上的改革。就制度性构成而言，从一般意义上的形态的概念出发，由于形态包括物质形态和技术（知识）形态两个层面，因此监狱形态也应当包括监狱的物质形态和技术（知识）形态两个方面。监狱的物质形态是指监狱作为一种社会系统中的存在物，是历史进程中刑罚执行机构在物化层面上的有机构成，是监狱惩罚机能和改造机能依托的载体。监狱的（技术）知识形态是指监狱作为一种文化符号，在历史谱系中的制度、文化和理论模式演变过程中的表现形式，是人们对监狱器物的客观形态的主观反映，属于监狱惩罚的技术性构成，主要是指监狱制度等。[1]就监狱形态而言，除了制度构成之外，还包括器物构成。如果说器物构成是监狱形态构成的物质基础，那么制度构成则明显就是监狱形态构成的精神基础。当前，随着中国社会与经济的高速发展，监狱基础设施之类的器物获得了前所未有的发展，但制度性构成则仍然滞后于器物形态的发展。为此，就改革的重点而言，我们需要对监狱制度及其所属的形态进行改革。

　　对监狱行刑改革的具体路径的选择，我们认为应当坚持两点：一是针对第二章我们所论述的中国监狱行刑面临的现实与问题，从问题意识的角度出发，

---

　　〔1〕 刘崇亮：《本体与维度：监狱惩罚机能研究》，中国长安出版社 2012 年版，第 24 页。

我们的具体路径分析应当完整契合上述存在的问题，并作出应有的回应。当然，这种对策性的研究只是定位在具体的路径选择上，而并不完全等同于具体制度的构建，既包括宏观制度层面上的建构，也包括具体制度框架的设定。二是应当坚持以再犯罪风险的控制为中心来对监狱行刑制度的改革进行设计。在长达六十多年的由政治改造向法治改造的演进中，监狱制度形态已经基本形成。但就其本性而言，鉴于当前的制度形态在刑罚效益实现方面上仍然存在着诸多的缺陷，即便我们的行刑制度在主体上已经基本完成，在技术性环节上也仍然总体落后。为此，我们应当专注于在技术性环节对监狱行刑改革的支持，使得改革过程中的监狱制度性构成更为科学，在再犯罪风险的控制方面更具有高效率性。当我们研制出《中国服刑人员再犯罪风险评估量表》之后，对监狱行刑改革的技术性支撑就有了坚实的基础。

我们的总体设想为：首先对作为监狱物质性构成基础的监狱人口规模进行技术性的控制，再针对当前中国监狱惩罚机能扩张与紧束性行刑政策的负面后果提出扩大罪犯的改造自主权，进而在此基础之上对罪犯分类制度、监狱分类制度、罪犯矫正方案设计制度进行相应的改革与创新，以适应未来监狱形态的科学发展。而这种改革的设想是在坚持刑事公平与刑事正义的前提下，以再犯罪风险的控制为中心实现刑罚效益。

第一节　风险分流：建立科学的狱内人口规模平衡机制

我们在第二章的第一节深入分析了当前中国监狱面临的最大现实问题——监狱人口规模的日益扩张对中国监狱行刑效益造成的负面后果，即日益庞大的监狱人口规模与监狱安全的冲突、出口不畅的运行机制与监狱改造效果的冲突。当一个国家的监狱人口规模在总量上突破了其合理的界限时，监狱行刑的负面效果就会集中体现。由此，监狱紧束性行刑政策及监狱惩罚机能的扩张两方面后果的重叠使得监狱人口规模居高不下也就不难理解了。为此，从总体上降低狱内再犯罪风险是监狱改革的基础性条件，即依赖再犯罪风险评估技术对狱内罪犯的风险分流，建立科学、合理的狱内人口规模出口机制，使得狱内人口规模既是当前犯罪态势的正常反应，最大限度地反映刑罚的公平与正义，同时又能实现刑罚效益最大化。

一、再犯罪风险评估与构建合理的监狱人口规模之入口机制

储槐植教授认为，我国刑法运行情况的制约即从犯罪到刑罚。这是一个有缺陷的机制，健全的刑事机制应当是双向的制约：即"犯罪情况—刑罚—行刑效果"，刑法运行不仅要受犯罪情况的制约而且还要受到刑罚执行情况的制约。对此，储槐植教授提出了刑事一体化的思想，其基本点是刑法和刑法运行处于内外协调状态才能发挥最佳刑法功能，必须处理好刑法之前的犯罪状况、刑法之后的刑罚执行情况的关系。[1]我国刑罚权在实践中的运行机制存在"瞻前不顾后"的严重脱节之情形。制刑权与量刑权虽然也并非协调，但在刑事司法中，法官尚能考察犯罪之外、构成要件之上的包括犯罪人的一些从重、从轻、减轻之情形。这意味着法官至少要在法条与犯罪现实情势中寻找平衡。但是，行刑权却在刑事一体化的机制中被严重忽视了。在刑罚结构的调整最终承受的压力转向了刑事司法系统中的最后一道工序后，监狱行刑权在刑罚权的动态运行机制中较刑事立法权和刑事司法权处于较为被动的境地，从某种程度上看，行刑权甚至依附于刑事司法权。

其实，从本质上而言，行刑权较刑事立法权和刑事司法权应当具有主动性和灵活性。[2]一方面，站在国家主义的立场看，控制犯罪是行刑的主要目的，监狱看起来更像是一个强有力的社会控制武器。在社会民众看来，监狱是"社会垃圾"的集中地，在平衡犯罪的危害和权力对罪犯造成伤害之间存在担心，所以希望政府在政策的实施上能够灵活和主动，以便足以对付犯罪这种社会现象。[3]在刑罚权动态运行机制中，政治或政策对监狱行刑权的影响最大。立法权与司法权因为本身的性质原因，政治或政策充其量只会在间接或宏观上造成影响，但对监狱行刑权而言却会造成直接甚至是微观的影响。另一方面，监狱行刑权本质上属于行政权，所以与政治或政策的关系更为紧密，当此种紧密联系达到一定程度时，监狱行刑便会表现为政治的工具。[4]

因此，当刑罚执行成为制刑与量刑的有力制约机制、监狱成为犯罪人口

---

〔1〕 储槐植：《刑事一体化论要》，北京大学出版社 2007 年版，第 25~26 页。
〔2〕 刘崇亮：《本体与维度：监狱惩罚机能研究》，中国长安出版社 2012 年版，第 138 页。
〔3〕 Jonathan Simon, "Complexion of Crime: Politics and the Power", *Berkeley La Raza Law Journal* 2008 (2).
〔4〕 刘崇亮：《本体与维度：监狱惩罚机能研究》，中国长安出版社 2012 年版，第 138 页。

规模的有力控制武器时，它不仅应当成为调节犯罪气候的"安全阀"，还应当
成为刑罚结构的"参照系"。在本书第二章第一节分析国家人口监禁率时提取
的样本国家中，服刑人口监禁率较低国家的刑罚执行制度对于刑罚具有"调
节阀"的作用。在服刑人口监禁率较低的国家中，德、日、印等国对假释的
刑期条件以及禁止条件规定得都较为宽松。我们对样本中有期徒刑的假释条
件进行考察，发现服刑人口监禁率与假释服刑时间为显著正相关。相反，我
国在情绪性的立法影响下，自 1979 年《刑法》颁布实施以来，从假释的对象
禁止条件到最低服刑时间的延长，再到贪污贿赂犯罪的终身监禁刑，行刑权
可谓在制刑权及量刑权面前"逆来顺受"。因此，在服刑人口监禁率日益被人
为"制造"的背景下，在一体化的运行机制中，行刑权应当反过来制约前面
的制刑与量刑权，以提高刑罚的实际效益。

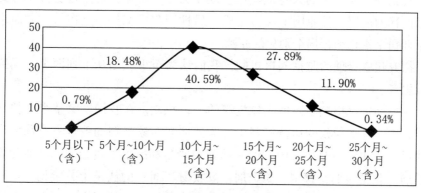

图5-1　J省女子监狱罪犯人均减刑幅度

　　监狱行刑权的被动可能会使得刑罚权的运行机制在一定程度上失去制约
或者平衡。制刑权和量刑权对行刑权基本予以忽视，而行刑权又无法得到制
刑权和量刑权的照顾，三者之间势必脱节。当前我国的监狱人口规模一直居
高不下就是这一现状的现实反映。我们对 J 省女子监狱的罪犯人均减刑情况
进行了调研，结果显示：该监狱关押的罪犯全部为女性罪犯，所有罪犯减刑
的中位数为 10 个月~15 个月，即大概在 1 年左右，这也意味着近一半左右的
罪犯在服刑期间减刑了 1 年左右，减刑 2 年或者 2 年以上的仅占 10%。另外，
一个更为重要的现实情况是，我国的假释率非常低。1998 年到 2005 年的 8 年
间，北京地区的囚犯假释率，从趋势上看有小幅增长，但是幅度很低，达到

3%的很罕见，减刑率在29%和37%之间波动，减刑平均比例大约是34%。司法部1996年至2001年间全国假释数和假释率的统计数据显示：7年间假释平均适用率为2.1%。[1]以J省女子监狱为例，该监狱的提前释放（包括减刑和假释）率非常低，因为假释率从当前的全国平均值来看一般保持在2%左右，实践中，我们调研的人均减刑期非常低，使得该监狱的人口规模始终居高不下。《监狱法》第39条第1款规定监狱对成年男犯、女犯和未成年犯实行分开关押和管理，对未成年犯和女犯的改造，应当照顾其生理、心理特点；第39条第2款规定监狱根据罪犯的犯罪类型、刑罚种类、刑期、改造表现等情况，对罪犯实行分别关押，采取不同方式管理。虽然《监狱法》并没有明确规定女犯和未成年犯的减刑和假释适用的从宽，但我们认为，根据《监狱法》第39条之规定精神，根据女犯和未成年犯的生理和心理特点，从这方面来说，女犯和未成年犯的人身危险性较成年男犯均更小，可塑性更强，因此减刑和假释的适用条件原则上应当比成年男性罪犯更宽松，这在另一方面也体现了刑罚个别化和行刑个别化的原则。

探究建立合理的监狱入口机制，我们认为至少应当从下列两个方面路径进行思考。

一方面，严格控制监狱人口规模的入口机制。在我们国家整个刑罚结构的配置中，在刑罚权的运行机制中，监禁刑与非监禁刑的地位不对称情形十分明显。在我国的刑法典中，绝大部分的罪名都配置了监禁刑，单纯配置非监禁刑（包括缓刑、管制、罚金刑、没收财产刑）的法条十分罕见。这种以监禁刑为本位的刑事立法主义使得刑事司法实践中监禁刑在整个实际刑罚结构中占据绝对支配的地位。我们在分析中国与G20国家服刑人口监禁率与刑罚结构是否存在着相关性时，采用两项相关分析检测出两者的Pearson相关系数为0.799，且p值为0.000，表明两者具有较强的正相关性。即当一个国家的刑罚结构表现为趋重时，该国的监狱人口规模趋大基本难以避免。我们国家的刑罚结构在G20国家样本中处于较重的位置。样本国家中罪名刑期赋值最大的为美国的550，最小值为日本的172，均值为265。我国的罪名刑期赋值为341，在样本国家中排名第二，高于俄罗斯的324。在我国刑罚结构趋重的情形下，刑事司法实践中的监禁刑人口规模控制机制一旦不顺畅，狱内人

---

〔1〕 樊文："犯罪控制的惩罚主义及其效果"，载《法学研究》2011年第3期。

口规模就可能进一步扩大。

在我国，属于非监禁刑的主刑仅有管制刑，而作为附加刑的罚金刑和没收财产刑能够独立适用的法定情形非常之少。而在世界范围内，在行刑社会化思潮的影响下，监禁刑的替代措施日益受到重视。联合国大会于1990年通过的《非拘禁措施最低限度标准规则》提出，法官在作出判决时应当考虑到罪犯改过自新的需要，制订非监禁的刑罚措施，以同时实现保护社会和改造罪犯的功能。这些非监禁刑的制裁措施包括：警告制裁、有条件的撤销、资格刑罚、罚金或罚款、没收或征用令、对被害者追复原物或赔偿令、中止或推迟判决、缓刑和司法监督、社区服务令、送管教中心、家庭监禁、其他的非监禁方式，以及上述非监禁方式的综合运用。一些发达国家不但在刑法典中扩大了监禁替代措施的处罚范围，还在刑事司法实践中大量适用非监禁刑。在美国，其缓刑率为536/100 000，监禁率为389/100 000；在加拿大，缓刑率为268/100 000，监禁率为97/100 000；在英国，缓刑率为217/100 000，而监禁率也只有95/100 000；在苏格兰，缓刑率为117/100 000，监禁率为109/100 000；在荷兰，缓刑率为79/100 000，监禁率为57/100 000；在日本，缓刑率为30/100 000，监禁率为47/100 000。不但如此，上述国家其他监禁刑替代措施的适用率也很高，通常也都高于监禁率。比如，在英国，缓刑仅占非监禁刑数量的7%左右。同样，在日本，缓刑也仅占所使用的非监禁刑数量的0.43%，其他的99.57%都被判处别的非监禁刑；在加拿，大缓刑占非监禁刑的28%，其余72%被判处其他的非监禁刑。[1]

相比之下，我国的非监禁刑的适用率就显得过低了。以管制刑为例，从表5-1可以看出，2003年到2007年，法院判处的缓刑和管制刑在总量上处于上升趋势，但是需要指出的是，缓刑虽然5年间连续上升了6%，但是判决人数总量的增速却远远大于6%，达到了25%，管制刑判决率则变化不大。所以，总的来说，从绝对数看，非监禁刑是增加了，但是从比例来看，非监禁刑的判决率处于下降的趋势。

---

〔1〕　郭建安："刑罚的历史趋势呼唤行刑体制改革"，载《犯罪与改造研究》2000年第7期。

表 5-1　2003 年至 2007 年法院判处缓刑及管制刑情况表

年份	判决总人数	缓刑	管制	缓刑比例/%	管制比例/%
2003	747 096	134 927	11 508	18.06	1.54
2004	767 951	154 429	12 553	20.11	1.63
2005	844 717	184 366	14 604	21.83	1.73
2006	890 755	206 541	16 166	23.19	1.81
2007	933 156	227 959	15 882	24.43	1.70

数据来源:《中国法律统计年鉴》。

　　鉴于非监禁刑具有诸多优点,但其判决率又不高,我国可以修订刑法中的管制刑与缓刑条款,以提高管制刑和缓刑在司法实践中的运用率。我们可以借鉴《刑法修正案(八)》对第 72 条进一步明确缓刑的适用条件,在总则中进一步明确适用管制刑的适用条件,如此或可改变法官动用消极管制刑的尴尬局面。另外,可以考虑增加应当适用管制刑和缓刑的情形,比如可以考虑对具备危害结果不大或犯罪情节较轻,认罪态度较好,没有再犯罪风险并且法定刑较轻的过失犯、预备犯、中止犯、自首犯等适用管制刑。[1]

　　另一方面,建立完善的缓刑等再犯罪风险评估制度,扩大非监禁刑的适用。到目前为止,在非监禁刑适用条件中,只有缓刑把“没有再犯罪风险”作为其适用条件。《刑法》第 72 条规定,对于犯罪情节较轻、有悔罪表现、没有再犯罪的危险、宣告缓刑对居住社区没有重大不良影响的被判处拘役和三年以下有期徒刑的犯罪人可以宣告缓刑,而对不满 18 周岁、怀孕妇女和已满 75 周岁的人应当宣告缓刑。从第 72 条的规定内容来看,该法条把“没有再犯罪的危险”与犯罪情节较轻、有悔罪表现、没有再犯罪的危险、宣告缓刑对居住社区没有重大不良影响等列为同等性质的条件,从此规定来看,虽然较修法前不致再危害社会的规定更为明确、具体,但在规范性上可能同样存在着欠缺。正如前文我们对再犯罪风险法理与源流进行介绍时所指出的,对缓刑的判决实际上是对罪犯的再犯罪风险进行评估,而对再犯罪风险进行评估的专业性很强。在体系性的再犯罪风险评估中,犯罪情节、悔罪表现、

---

　　[1]　刘崇亮:《范畴与立场:监狱惩罚的限制》,中国法制出版社 2015 年版,第 175 页。

宣告缓刑对居住社区没有重大不良影响都是此体系中的重要组成部分。英美等国适用于缓刑的再犯罪风险评估量表通常都会包括犯罪情节、悔罪表现等。如在上述的管理水平量表中，对亲犯罪态度和对监管态度就是对悔罪的表现。再如，英国内务部所使用的罪犯评估系统（OASYs），其评估的对象包括缓刑犯的判决适用，该量表的其中第 A2 部分，所涉及的犯罪情节具体如下：

使用武器	1 分
暴力威胁	1 分
手段的操纵性	1 分
行为的迷恋性	1 分
行为的恐吓性	1 分
背信	1 分
对财产的破坏	1 分
行为的预谋	1 分
有性暴力的因素	1 分

　　区别于上述精确性量表评估制度，我国的缓刑判决中对再犯罪风险的判断仍然是典型的第一代的临床式的经验判断，即法官对整个案件基于自由裁量的原则对再犯罪风险进行判断并作出判决。但是，在刑事司法过程中，法官对案件的准确判断被列为其职业生涯的重要参考指标，担心适用缓刑后罪犯在考察期间被撤销缓刑或者重新犯罪的现象在实践中成为常态。毕竟，基于日常生活与经验对再犯罪风险的判断是个人主观判断的成分更多些，但精确性量表评估制度则可以打消法官对当事人日后再犯罪的顾虑。因此，制订适用于缓刑的"再犯罪风险评估量表"在现实中具有重要的意义且具有紧迫性。可以乐观设想的是，适合中国缓刑判决中的再犯罪风险量表被制订出来后，缓刑的适用或可迎来较大幅度的增长。

二、再犯罪风险评估与刑罚执行变更制度方向上的选择

　　我国的刑罚执行变更制度需要调整，即实行"减刑为主、假释为辅"的刑事奖惩模式。如图 5-2 所示，我国自 2001 年至 2015 年，假释率基本控制

在2%以内，而减刑率则控制在25%～28%之间，证明减刑在我国的刑罚执行制度中占有绝对地位。

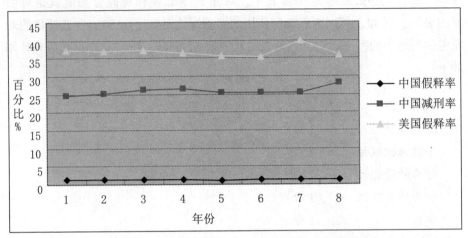

图 5-2　中美两国 2001 年至 2015 年减刑假释曲线图

数据来源：中国数据来自于《中国法律年鉴》，美国数据来自于美国司法部统计局，参见：www. bjs. gov/index. cfm? ty=pbdetail&iid。

相比于我国，美国在这 15 年间的假释基本在 35% 以上，特别是随着近年来美国监狱人口不断剧增，其监狱系统加大了假释力度。根据美国司法部统计局公布的数据：2007 年到 2015 年间，美国假释罪犯由 826 100 人增加到了870 500 人，增长率为 5.37%，而同期其监狱在押人口由 2007 年的 2 296 400人下降到了 2015 年的 2 173 800 人，意味着美国在不断扩大假释人口规模。[1]相反，随着我国刑法修正案对刑罚执行变更制度进行修改，以及近年来对假释严格控制政策的实施，假释人口将被进一步削减。

"减刑为主、假释为辅"的模式至少存在着下列缺陷：一是造成了严重的悖论。即社会危害性越小，刑期越短，减刑的次数越小，获得减刑的幅度越小；而社会危害性越大，刑期越长，减刑的幅度越大。因为法律规定了减刑间隔期，所以长刑期罪犯比短刑期罪犯更容易获得假释。[2]二是减刑制度本

---

〔1〕　数据来自于美国司法部统计局官网公布的报表。参见 http://www. bjs. gov/index. cfm? ty=pbdetail&iid，访问日期：2017 年 12 月 17 日。

〔2〕　刘崇亮：《范畴与立场：监狱惩罚的限制》，中国法制出版社 2015 年版，第 165 页。

身与罪刑理论相抵牾。从罪刑的关系来看，刑罚因罪而引起，减少罪责应当减轻刑罚，增加罪责应当加重刑罚，罪责一经确定，刑罚即被确定，这也是罪刑相适应刑法基本原则的内核。问题是罪责确定后，经法官判决相应刑罚后，罪犯的刑罚是否还会因为在执行期间的所谓责任的减轻而减轻？不管行为责任论或行为人责任论是否把人身危险性作为刑事责任的指标，罪刑的架构都是借由责任的纽带实现对行为人的评价，刑事责任评介的本质是通过对实施犯罪行为人的人格因素的评价，考虑犯罪人的主观特征，修正已然确定的客观罪行。[1]罪行关系通过刑事责任的微调后，最终形成了"犯罪—刑事责任—刑罚"之三重结构，三者是递进关系，不可以颠倒。因此，刑罚一经确定，按理不应当改变，除非错判。但是，减刑制度是对已经发生法律效力的判决的变更，与罪行关系原理及罪责刑相适应的刑法基本原则相违背。但是假释系有条件的释放，假释犯本质上仍然为罪犯，即假释并不会对罪犯原有的"犯罪—刑事责任—刑罚"之三重结构进行修改，也不会破坏罪行关系原理。三是减刑可以对罪犯减刑前的行为进行肯定，但不能制约其减刑后的行为，缺乏预后的判断，使得罪犯的投机性改造成了普遍现象。[2]

虽然我国学者对此模式多有诟病，但少有对造成此种缺陷的深层次原因进行深入分析的。我国之所以大量运用减刑而少用假释，其背后的原因在于减刑与假释的技术性手段选择存在缺陷。减刑是因为刑期的缩短而导致罪犯较原判决刑期被提前释放，而假释的原判决刑期则并不发生改变，仅是执行方式变化了而已，此释放为有条件的假定释放。基于此，减刑考查的依据仅为罪犯在服刑期间的狱内表现，而假释考查的依据不仅为罪犯在服刑期间的狱内表现，根据我们国家现有刑法的规定，至少还应当包括犯罪性质及犯罪类型等。这两种刑罚执行变更方式的本质不同导致两者在行刑实践中运用规模产生了巨大差异。执行机构考察罪犯在服刑期间是否表现良好总体上是可以量化的，减刑方面的考察似乎是可靠的，故国家大量使用减刑也就不足为奇了。而假释虽然可以对服刑期间的表现进行量化，但因为《刑法》规定的假释条件是"没有再犯罪的风险"（《刑法修正案（八）》出台前为不致再危

〔1〕 郑延谱："从罪刑均衡到罪责刑相适应——兼论刑法中'人'的消隐与凸显"，载《法律科学（西北政法大学学报）》2014年第6期。

〔2〕 刘崇亮：《范畴与立场：监狱惩罚的限制》，中国法制出版社2015年版，第167页。

害社会），其考察的因素是综合、复杂的，即应对所有可能影响再犯罪风险的因素进行评估，而罪犯在服刑期间的表现仅为其中一部分。但在实践中，我国对罪犯假释的考察除了包括《刑法》第81条规定的假释禁止条件外，还包括罪犯在监狱服刑期间的表现。而"没有再犯罪危险"的评价标准仅囿于狱内表现则明显存在重大缺陷。

为此，在再犯罪风险评估技术成熟的基础上，"减刑为主，假释为辅"的模式应当转向假释模式，并可以考虑废除减刑制度，与世界范围内的刑罚执行变更制度相契合。随着刑罚执行中的"一体两翼"中的非监禁刑人口规模比例逐步增加及社区行刑的日益成熟，以再犯罪风险评估为导向的假释制度应当作为监禁刑改革的新路径。

第二节　基于风险控制条件下的罪犯改造自主权之扩大

我们在第二章分析监狱行刑改革面临的现实环境时，指出重刑主义刑罚观将会使得监狱的惩罚机能扩张，弱化监狱的改造机能，侵犯罪犯的权利。监狱惩罚机能的扩张将会使罪犯的改造空间被大大压缩，而罪犯的改造空间如果太过狭窄，将会产生消极的改造效果。这种消极的改造效果包括两个方面：一方面，使得罪犯在行为的自由度受到严格的限制，这将会加剧罪犯人格的监狱化，让罪犯出狱后困难重重，使得罪犯的再犯罪风险升高；另一方面，监狱过度使用严格的纪律将会使得罪犯与监狱管理方的冲突关系加剧，狱内过于紧张的警囚关系会弱化改造的基本功能，从而最终影响改造效果。正是基于此，我们应当立足于以再犯罪风险控制为目的导向，扩大罪犯改造自主权，在一定程度上降低由监狱惩罚机能扩张带来的负面后果。

一、罪犯改造自治权的基本法理

在监狱行刑法律关系中，行刑法律关系的参加主体，不仅包括监狱、检察机关和人民法院，还包括罪犯。罪犯在所有的行刑法律关系的参加主体中，是法律关系的被动参与者，是义务的一方，所以，理论及实务部门的观点凡是言及改造，总是认为改造是罪犯的绝对义务。对于国家而言，改造是权力，作为监狱行刑的次生机能而存在，与惩罚机能一起组成了国家对罪犯刑罚执行的全部。[1]但是，若把改造仅当作罪犯的绝对义务，则不但会阻碍改造机能的顺利实现，还终将阻碍刑罚效益的实现。其实，改造作为绝对义务仅从对象意义上成立，而若从主体意义上说还应当具有自治权利的样态。鉴于此，本书在此处尝试对罪犯改造的自治权进行深入分析。

罪犯改造这一社会存在物，是人类有组织、有计划的社会实践活动。即便我们在认识论上解决了改造的哲学基础，但作为社会实践的改造活动如何才能使得行刑效益的最大化才是问题的关键。但不管是思想改造、心理矫治、道德教化、行为养成，还是职业技术教育、文化教育、劳动改造，这些改造的内容都是作为强制性的义务而存在的，而这种义务是否意味着绝对的强制性？还是改造本身也存在着一定的自主性？或者说，从某种角度来看，改造对于罪犯而言也是一种权利？

在以控制模式为主的监狱形态中，不但惩罚机能的发挥以控制为主，改造机能的发挥也呈现出绝对控制的样态。在那些主张以惩罚或威慑论为主导观念的行刑理论中，因为改造是在惩罚机能或威慑功能发挥的基础之上进行的，所以改造也应当具有绝对的强制性。只是这种绝对的强制性改造相较于基于自愿的改造负面效果更加显著。

就当前，从我们对东、中、西部6所监狱调研建立的重新犯罪数据库来看，我国的重新犯罪形势非常严峻，这6所监狱中，两次以上犯罪的罪犯共占到押犯总数的27%，并且，此种情况还有加重的趋势。所以，在此情势下，如何提高对罪犯的改造效益自然成了我国当前的重要命题。就世界范围内而言，各个国家因为对改造的基本态度不同，即主导性的刑罚观不同，刑罚的效益实现情况也大不相同。如图5-3所示，英国的监狱人口规模自1970年到1999年的几乎没有增长，而同时期的美国监狱人口规模在过去的30年间则几乎增长了3倍。[2]众所周知，自20世纪70年代以来，美国的刑罚思想与政策变得更为保守，主张对日益严重的犯罪采取更为严厉的措施，取消对罪犯的

---

〔1〕　刘崇亮："本体与属性：监狱惩罚的新界定"，载《法律科学（西北政法大学学报）》2012年第6期。

〔2〕　刘崇亮："'重重'刑罚观对监狱行刑的效果——以刑法修正案（八）对刑罚结构的调整为分析视角"，载《法制与社会发展》2013年第6期。

诊断与治疗，从而导致了监禁人口的爆炸式增加。[1]相反，同时代的英国基于刑罚观的趋于轻缓化，除了广泛采取福利性的刑事制裁措施之外，还不断加大对罪犯的矫正力度，扩大罪犯的权利。[2]

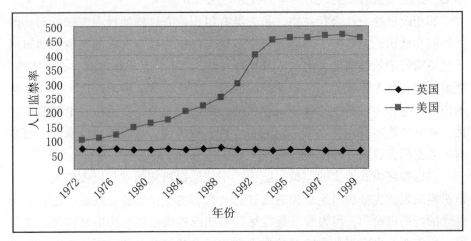

图 5-3　1972 年至 1994 年英、美两国人口监禁率变化图

近年来，随着社会福利主义行刑观念的兴起，改造过程也是罪犯权利保障过程的观点开始被表达。这种观点认为，尽管罪犯因过去的犯罪行为必须接受报应和惩罚，但这种报应和惩罚并不是漫无边际的，而仅限于被拘禁在狱内服从一定的监管纪律，除此之外，受刑人与公民一样，属于宪法上的权利主体，享有基本的权利。为了能够让受刑人享受或实现这种权利，国家应积极地为受刑人无偿提供（诸如治疗等）改造活动。这种基于人权主义的改造论发端于 20 世纪 70 年代初期，发挥着促进监狱行刑的科学化和人权化的作用，至今仍被一些学者和部分国家奉为监狱行刑的重要理论。[3]这种人权主义改造观是权利主义高涨时代的产物，是法治主义改造观向前发展的必然。其把对罪犯的改造活动视为个人追求幸福和福利的权利，相反，对于国家和

----

〔1〕　Malcolm M. Feeley & Jonathan Simon, "The New Penology: Notes on the Emerging Strategy of Corrections and Its Implications", *Berkeley Law Scholarship Repository*.

〔2〕　Roger Matthews, *Doing Time, An Introduction to the Sociology of Imprisonment*, ST. Martins Press, 1999, p. 29.

〔3〕　王云海：《监狱行刑的法理》，中国人民大学出版社 2010 年版，第 67~68 页。

监狱来讲，对罪犯的改造活动则被视为义务。两者在论证上并不存在冲突，监狱对罪犯的改造活动不管其本性和特征如何发生变化，都不可能改变国家对罪犯的改造是一种特殊权力的事实。既然改造是国家的一种权力，对于罪犯而言就必须具有一定的强制性，这种强制性表现为罪犯服从国家安排的一系列改造活动，换句话说，改造对于罪犯而言是地地道道的义务。

但是，强制性的义务并不是绝对的，它在现代法治条件下还意味着罪犯改造具有一定的自主性，即罪犯应当享有一定的自治权。罪犯享有一定的改造自主权并不意味着改造就是一种纯粹的权利，它的真正内涵应当指的是国家在对罪犯进行强制性改造约束的前提下，可以让罪犯享受一定的自治权，自主约束、自我改造，甚至可以在一定程度上选择改造计划或方案。按照近代外国宪法条件下的自由主义式"自我决定权"，成年公民本人拥有完全决定自己行为并对此负责的自我决定权。但是，因为违反了刑法被国家施加一定刑罚的罪犯不可能拥有完全意义上的自我决定权。罪犯只能在监狱行刑法律关系中参与改造活动，也即意味着罪犯的任何活动都要受到行刑法律关系的约束。人权主义改造论者认为，罪犯有追求幸福的权利是指国家有义务保障罪犯在被行刑过程中被提供相应的管理和服务，对于那些没有被明确剥夺的权利国家当然要创造条件提供，比如罪犯的娱乐权、休息权、文化学习权等。从这个意义上讲，罪犯改造的过程当然是罪犯权利享有的过程。

二、罪犯改造自治权的价值分析

罪犯作为狱内行刑法律关系的主要参加者，其行刑法律关系的内容体现为两个方面：一是如何实现权利的依法保护，二是实现重返社会的目标。而监狱惩罚机能的扩张属性通常会阻碍这两个目标的实现，罪犯改造自主权的提倡则有利于这两个目标的实现。

（1）罪犯改造自主权的提倡有利于罪犯权利保障的实现。罪犯权利具有不完整性、限制性和单向性的特点。[1]所以，在此情形下，本就处于弱势地位的罪犯很难充分行使其权利。罪犯权利保障在监狱行刑法律关系中处于十

---

〔1〕　不完整性是指相对于设施外的普通公民而言，罪犯的有些权利被法律明确剥夺，不能行使；限制性是指罪犯的有些权利虽然没有被法律明确剥夺，但是罪犯因为处于被羁押状态而不能充分行使；单向性是指相对于普通公民权利与义务的对向性而言，罪犯的权利与义务不对称。

分重要的地位，它不仅关系到监狱行刑目标的实现，还是监狱行刑法治化的具体体现。罪犯权利保障是一个十分复杂的系统，它本身要求有一个十分顺畅的保障机制，这个保障机制不仅要有法律与制度的保障，有监管硬件设施，还需要有一个较为合理和宽松的监管机制。但是，事与愿违的是，监狱监管改造方式在人类的大部分历史时期内虽然有很多种，但不管是"宾夕法尼亚制"还是"奥本制"，不管是医疗模式还是复归社会模式，抑或是当代美国的新古典主义行刑模式的盛行，各种的行刑范式都无法克服一个共同的问题，即监狱秩序与罪犯权利无法得到合理的平衡。"监狱秩序并不会以特殊的面目出现，像普通的社会秩序一样，它是通过一个具有复杂的力量影响的系统和大量具有起良好作用的控制策略来获得的，我们通过早期的监狱社会学知道，在犯罪人的社会和文化背景之间有着一个重要的联系，这些联系提供了调和剥夺或监狱所施加的痛苦的一个基本框架。在考夫曼、福柯等的作品中，它们都注意到了机构系统性的问题和惩罚权力运行的关系。"[1]既然监狱惩罚机能的实现过程实则是给罪犯施加痛苦的过程，那么不管在何种改造模式下，监狱都会主张强调监狱秩序在狱内的维护。需要明确的是，即使是改造氛围再良好的狱内秩序，也必须借助监狱权力机制来进行维护，而在权力维护机制的过程中，罪犯权利容易受到侵犯。监狱为了达到良好的秩序效果往往会使纪律遵守变相得到执行，而且因为监狱是个绝对权力机构，纪律的推行往往需要依靠强大的警察权力，这时如果纪律成了惩罚的奴隶，那么秩序和人道的天平便会向秩序倾斜。[2]所以，因为强调监管纪律，罪犯权利难免受到侵害。但需要指出的是，那些千篇一律的绝对式命令在对罪犯的改造或矫正过程中并没有取得良好的效果。以队列训练为例，在国内行刑实践中，监狱非常重视队列训练在罪犯改造中的运用，理论界和实务界普遍认为对罪犯实施队列训练有利于罪犯的行为养成，提高罪犯的身份意识、认罪和悔罪意识。在军事化的管理模式中，罪犯必须严格服从监狱干警的指令，动作整齐划一，令行禁止。这些规定从队列训练进而扩展到罪犯改造所有的领域，包括罪犯的生活现场、学习现场、劳动现场等。

---

〔1〕 Roger Matthews, *Doing Time: An Introduction to the Sociology of Imprisonment*, ST. Martins Press, 1999, p. 79.

〔2〕 韩玉胜、刘崇亮："监狱惩罚机能及其限制"，载《犯罪与改造研究》2010年第4期。

表 5-2　关于对罪犯队列训练的相关调查

事项	问题	回答		
意愿	是否愿意接受队列等严格军事化管理	愿意	无所谓	不愿意
		12.6%	30.3%	57.1%
效果	是否能够有助改造态度的转变	有	没有	不清楚
		15.6%	40.6%	43.8%
方式	如果有心理疏导可供选择你会选择	队列训练	心理疏导	不清楚
		11.5%	55.7%	32.8%

数据来源：J 省 Y 监狱提供，调查的对象为 10 年以上有期徒刑、无期徒刑和死刑缓期两年执行的罪犯。

但是，队列训练等军事化管理模式在行刑实践中效果并不理想，惩罚的权力贯穿始终，罪犯基本丧失了改造的自主性。如表 5-2 所示，对 500 个刑期在 10 年以上的罪犯进行的调查问卷表明：主观上愿意接受队列训练的只占总数的 12.6%，认为有利于转变改造态度的只占 15.6%，相对而言，大部分罪犯更愿意选择心理疏导。我们对军事化管理的调查统计表明，军事化管理本身在狱政管理中并不会明显有利于提高行刑效益。而且，更为值得注意的是，以队列训练为主的军事化的狱政管理使得罪犯改造的自主意愿丧失，并使得罪犯权利空间面临被压缩的处境。相反，对罪犯改造自主性的提倡则会拓展罪犯的权利空间。监狱纪律是维持监狱改造秩序的最为基本的手段之一，但监狱纪律应当以尊重罪犯人格尊严为最低限度原则，监狱纪律既要维护改造秩序的稳定，又要使得罪犯基本权利得到理性保护。监狱纪律适度平衡的一个主要实现路径就是提高罪犯改造的自主性，即提高罪犯的自治权。提高罪犯在改造过程中的改造自主性，则意味着应当对以军事化或半军事化管理为主的改造模式进行较大变革，使得罪犯能够在一定程度上对改造具有主动性，这不但可以提高罪犯的改造效果，还可以为罪犯的权利保护争取到一个较为宽松的外部环境，为罪犯的权利保障提供条件。

（2）罪犯改造自主权的提倡有利于行刑目标的实现。将把罪犯改造成为守法公民作为监狱行刑的目标，是《监狱法》立法的一大进步。《监狱法》颁布实施之前的《罪犯劳动改造条例》的规定为"惩罚与改造相结合，把罪犯改造成为新人"。把改造目标从"新人"改变为"合格的守法公民",具有一定的意义。把罪犯改造成为"新人"是政治改造模式的历史产物,是监狱工作的泛政治化表现,是改造的政治学范畴。在强调革命式改造的特定时代,改造的客体仅在于罪犯的思想,罪犯之所以会犯罪,是因为腐朽、没落的旧思想,所以强调改造思想。这种革命式的改造把目标定位于把罪犯改造成为"新人",罪犯改造的自主权基本丧失了。因为从思想到行为必须要做到高度统一,才能保证罪犯从意识到身份的认同,并且由内到外成为新人。这种罪犯改造自治权的几乎完全剥夺使得罪犯重返社会困难重重。在把罪犯改造成为新人的功利主义观的影响下,监狱惩罚机能的扩张难以避免。吴宗宪教授认为,如果监狱管理人员和罪犯改造人员无限制地进行旨在促使罪犯之间一致化的管理和改造活动,努力按照一个模式管理和改造罪犯,则会进一步加剧罪犯的监狱化烙印,会更加深刻地剥夺罪犯的自主性、能力性。长此以往,就会将罪犯训练成一切服从别人指挥、自己失去思考和判断能力的"机器人"。[1]

一个国家监狱所秉承的改造目的,是这个国家的监狱行刑的方向和目标,它指引着国家行刑的最终归宿,是国家所坚持的预防主义的具体落实。改造的目的在本质上难免具有一定的功利性。中国模式下的改造的具体内容大致包括思想改造、心理矫治、行为矫治、道德教育、文化教育和职业技能教育等。可以说,凡是能够对犯罪人的思想和行为进行转化教育和矫正的措施都可以被划归到监狱的改造范畴中。可是,这种基于强烈功利主义色彩的改造观使得改造效果并不令人满意。虽然现行《监狱法》明确监狱行刑的目标是把罪犯改造成为合格的守法公民,但仍具有功利主义的色彩。笔者认为,改造的目的应当被定位为使罪犯顺利重返社会。此种表述看似与把罪犯改造为合格的守法公民相同,但在内涵上仍然具有重大的区别。合格的守法公民在目标定位上仍然具有一定的理想主义的政治色彩。正如法国等发达狱制国家在监狱行刑法中明确规定,对罪犯的矫正最终在于使罪犯顺利重返社会,这是建构在监狱行刑的现实情况之上的。监狱对罪犯的刑罚执行包括惩罚与改造,惩罚是在监狱本质机能意义上成立的,它是监狱的存在根据,但因为众所周知的原

---

[1] 吴宗宪:《罪犯改造论——罪犯改造的犯因性差异理论初探》,中国人民公安大学出版社2007年版,第232页。

因，监狱的惩罚机能本身具有不可克服的弊端，于是改造则成了救济本质机能的自然选择。惩罚机能最为严重的弊端之一是罪犯监狱人格的养成难以避免，而罪犯监狱人格的养成最终的后果就是罪犯在走向社会后难以重新融入社会。

扩大罪犯改造的自治权，就是明确罪犯以主体的身份参与到罪犯的改造中，改变罪犯完全被动参与改造的境况，并迫使监狱改造范式作出变革。罪犯以主体身份参与到监狱行刑法律关系中，不再是以往那种被动改造，而是以明确重返社会为目标。

表 5-3　在 GRENDON 监狱的试验情况[1]

参加人数：245，包括暴力犯、性罪犯、抢劫犯和盗窃犯，平均刑期为 7 年。
矫正官员：（Correction officer）：监狱长、精神病学家、心理学家、社区执行官员、教师
原则：①民主化：每个成员可以就监狱社区如何管理发表看法；②宽容：容忍他人的错误；③社区主义：鼓励每个成员具有集体责任感；④社区伙伴：改变不良价值观，注重互相帮助的角色关系。

表 5-4　监狱矫正社区试验项目统计表

	比对组	矫正社区项目组
重新被监禁率	41%	30%
重新被捕率	33%	24%

近年来，英美等国家在狱内兴起了矫治社区项目（Therapeutic Community），该项目为了使罪犯充分感受到"社区"的概念，通过结构的、非结构的方法影响罪犯的家庭态度、社会观念与个人行为。1999 年，宾夕法尼亚州矫正局在 5 个监狱开展了矫正社区项目，调查发现：如表 5-4 所示，参加矫正社区项目的罪犯相比于不参加该项目罪犯，重新犯罪率大致能够降低 10% 以上。这说明矫正社区项目对减少罪犯重新犯罪和促使罪犯顺利重返社会作用

---

〔1〕　D. S. Lipton, "The Rapeutic Community Treatment Programming in Corrections", In C. R. Hollin, *Handbook of Assessment and Treatment*, John Wiley & Sons Ltd., 2001, 转引自翟中东：《国际视域下的重新犯罪防治政策》，北京大学出版社 2010 年版，第 318 页。

显著。[1]从该矫正项目的本质来看，促使罪犯在狱内能够积极转变服刑态度的根本是使监狱成为一个罪犯居住的社区。要想扩大罪犯改造自治权，监狱必须提供相应的改革措施，从而从控制模式的监狱形态向文明模式的监狱形态转变，避免把监狱变成一个绝对的权力控制机构，最为理想的状态是促使监狱成为一个真正的正式群体居住的社区。必须把罪犯真正作为社区中的正式居民，对那些无须严厉监管的罪犯给予相应宽松的改造环境，在一定程度上打破封闭，让罪犯在惩罚的机制下主动寻求自我改造，这也是另外一种形式的惩罚机能的内在限制。

三、罪犯改造自治权扩大之实现路径

开放式处遇被认为是当代中国行刑制度的重大变革，以社区矫正为代表的改革迎合了当代中国开放式处遇的发展新路径。而监狱行刑也应当对改造刑中的改造主体、地位、方式进行"自我改造"，以契合知识为主的综合改造刑。[2]郭明教授认为，现代刑罚是一种怪诞的复合刑罚，在刑罚的口袋里，不仅装着报应的正义，而且还装着那些自以为具有政治、道德、人格、知识等优越性的组织或个人，自觉或不自觉地以高尚或正义之名得以实现政治、伦理、人格等超司法利益。[3]然而，改造也可以是某种程度的互相妥协、互相配合。罪犯改造自治权就是刑罚效益实现方式的另一种路径，这种路径或可以采取以下措施实现：

（一）罪犯改造自治权扩大的技术性条件

罪犯是因为违反了刑法而被施加改造的抽象的个体人，而在犯罪学家的眼里则是实实在在、千差万别的生物个体，特别是随着近现代心理学的迅猛发展，科学认识罪犯和解释犯罪成为可能。那种千篇一律地以监狱纪律来管束罪犯的时代已经一去不复返，认为"罪犯是集恶习于一身的人"的观念也渐渐得以改观。人们日益明白，并非所有的犯罪都是由人格缺陷、心理障碍、认识因素、行为养成等造成的。"现代罪犯矫治心理学表明，从当代的研究信

---

〔1〕 翟中东：《国际视域下的重新犯罪防治政策》，北京大学出版社 2010 年版，第 317~318 页。

〔2〕 刘崇亮、储槐植："以知识为主的综合改造刑论"，载《河北法学》2014 年第 3 期。

〔3〕 郭明："改造：现代刑罚的迷误及其批判——兼及刑罚范式革命与制度变革的思考"，载《环球法律评论》2005 年第 5 期。

息来看，对罪犯的治疗根据减少再犯的情形来看，研究虽少但却具有重大成果。当一定的治疗因素被考虑进来时，通过元分析就会发现这些少的成果会极大地提高。对于罪犯而言，这些研究信息提供了描述高效计划特点的可能性。简单说，高效计划有以下特点：治疗重点放在高风险的罪犯身上，治疗应当以具有明确目标的结构性计划来进行，应当由相应的组织机构来技术支持、管理以确保高度地完整性。"[1]随着生物技术、心理学知识、信息科学的巨大进步，人们几乎达成一致——有相当多的罪犯并没有多大的再犯罪风险。比如，对于职务类的犯罪而言，绝大部分学历较高、具有稳定的职业、社会化程度高、犯罪恶习较少，在入狱前与具有犯罪风险的人联系较弱，入狱后随着职务与权力被剥夺，犯罪因素也随之被切断。对于这类罪犯而言，对其再进行所谓的思想、道德、伦理、文化方面的改造可谓是浪费司法资源。而且，对他们的改造会成为一种负面情绪的催化剂，不但不具有改造的效果，还会成为监狱化人格的介质。相反，经过科学评估后，对那些具有再次犯罪高风险的罪犯，必须制订严格的改造方案和对策，包括风险评估、心理干预、劳动改造、教育改造等综合性的改造方案，并且，使这些改造方案贯穿于罪犯服刑期间的全过程。

只有对罪犯进行了科学分类，罪犯的自治权的扩大才会具有坚实的技术性基础。扩大所有的罪犯的改造自治权明显不具有可行性，有的罪犯并不需要施加多少强制性的改造，有的罪犯却需要加大改造力度，所以以分类改造为基础的刑罚执行个别化是扩大罪犯自治权的技术性条件。

分类改造的技术性条件还包括监狱的分类和罪犯的分类，基于行刑个别化的罪犯分类，是监狱分类的技术性条件。但是，在当前我国的监狱行刑实践中，罪犯的分类和监狱的分类通常按照罪犯的性质、生理、年龄、刑期等为依据进行。以生理与年龄为分类基础分为男女监狱、成年犯和未成年犯监狱是恰当的，但以刑期和犯罪性质来划分却缺乏科学性。当前，我国主要以刑期长短和犯罪性质来划分监狱。以刑期长短和犯罪性质来划分，监狱被分为重刑犯监狱、中刑犯监狱和轻刑犯监狱。按照相关的规定，监狱内部通常也应当依据犯罪性质进行分类关押、分类改造。但据笔者调研，如表5-5所

---

[1]　Clive R. Hollin, *The Essential Handbook of Offender Assessment and Treatment*, John Wiley & Sons Ltd, 2004, p. 9.

示，有的监狱的三分工作基本处于虚无的境况。我们对调研监狱三个监区的罪犯分押情况进行了统计，发现三个监区对四种常见犯罪类型的罪犯的关押基本上呈分散状态。暴力性罪犯在三个监区所占的比例分别为 20.6%、10.5% 和 5.1%，其他犯罪类型在各监区也都有分布。

表 5-5　2015 年 12 月份 J 省女子监狱押犯犯罪类型统计表

	暴力性犯罪			经济类犯罪			财产类犯罪			妨碍社会管理秩序罪		
	频数	百分比/%	总数比/%	频数	百分比/%	总数比/%	频数	百分比/%	总数比/%	频数	百分比/%	总数比/%
一监区	254	56.8	20.6	19	39.6	1.5	132	45.1	10.7	222	49.8	18.0
二监区	130	29.1	10.5	16	33.3	1.3	103	35.2	8.3	144	32.3	11.7
三监区	63	14.1	5.1	13	27.1	1.1	58	19.8	4.7	80	17.9	6.5
合计	447	100	36.2	48	100	3.9	293	100	23.7	446	100	36.2

　　这种简单的监狱分类和罪犯分类的缺陷十分明显，从表面上看似是行刑个别化的结果，但是却无法真正体现行刑和改造的个别化。因为，在重刑犯监狱中，中虽然大部分罪犯的犯罪性质较为严重，刑期较长，但是并不意味着重刑犯的再犯罪风险就一定要比轻刑犯的再犯罪风险要高。在我们国家的监狱系统中，有的罪犯虽然刑期较短，犯罪性质也相对较轻，但是人身危险性和再犯罪风险较高，如果对这些罪犯不采取高强度的改造，后果可能十分严重。比如，2014 年 11 在全国产生恶劣影响的"纳河监狱罪犯猎艳案"中，罪犯王东于 2005 年、2009 年分别因抢劫和诈骗罪被判处有期徒刑 2 年和 1 年 6 个月，2012 年又因绑架罪被判处有期徒刑 6 年，于 2014 年在纳河监狱服刑期间先后通过手机聊天的方式以裸聊视频相要挟，骗取 3 名女子十几万元。[1] 虽然是刑期只有 3 年的财产性犯罪的罪犯，但该犯为"三进宫"的累犯，犯罪恶习很深，再犯罪风险明显比一般的短刑期罪犯要高得多，因此将其和普通短刑期罪犯关押在一起，进行同样强度和方式的监管和改造明显缺乏技术性改造基础。

---

　　[1]　参见 http://jiangsu.china.com.cn/html/law/case/974805_ 1.html，访问日期：2018 年 6 月 21 日。

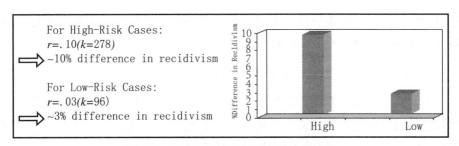

图 5-4　基于风险评估原则的治疗效果图

如图 5-4 所示，对再犯风险低（low risk）的罪犯提供矫正的效果并不十分明显，减少重新犯罪总量不到 3%。甚至有研究表明，对低风险罪犯提供高强度（intensive）的矫正可能增加罪犯的犯罪行为。但是，对于高风险（higher risk）罪犯提供矫正却能够导致重新犯罪的大量减少。加拿大的邦塔教授在一份研究报告中指出，如果对高风险的罪犯没有提供相应高强度矫正，其重新犯罪率超过 51%，而若提供相应高强度矫正，其重新犯罪率将减少几乎一半，仅为 32%。[1]

所以，从此角度来看，以罪犯再犯罪风险评估为导向的罪犯分类和监狱分类是扩大罪犯自治权的基础和技术性条件。应当扩大那些没有再犯罪风险的罪犯在狱内的改造自治权，而相应地限制那些再犯罪风险较高的罪犯的狱内改造自治权。在美国，再犯罪风险程度较低的罪犯会被关押在低度警戒监狱。低度警戒监狱通常较高度警戒监狱赋予了罪犯更多的自治权，监狱为罪犯提供了非常多的矫正方案，诸如职业培训、文化教育、心理矫治、工作释放、学习释放等方案，有的还提供家庭会见，罪犯可以和家庭成员在一起。[2]有的开放式监狱环境与设施外的监狱的环境甚至没有两样，罪犯可以享有较大的活动自由和选择矫正方案的权利，改造的自治权较大。而在最高警戒监狱，监狱的管理十分严格，罪犯受到全方位、不间断的监视，罪犯改造的自治权十分有限，惩罚机能的发挥较低度警戒监狱十分明显。在以后的新建监狱中，我们可以借鉴此类的监狱和罪犯分类法，把那些再犯罪风险较低、管理难度较小的罪犯关押在监管与处遇较为开放的监狱中，扩大那些罪犯的改

〔1〕　James Bonta & D. A. Andrews, "Risk-Need-Responsivity Model for Offender Assessment and Rehabilitation", *Public Safety Canada Report*, 2007.

〔2〕　James A. Inciardi, *Criminal Justice*, Harcourt Brace College Publishers, 1999, p. 452.

造自治权，使惩罚机能发挥的负面效果降到最低，使其监狱化和犯罪化风险降低，从而真正地实现刑罚的效益。

（二）明确罪犯改造自治权的大致内容

在明确了对哪些罪犯可以扩大改造的自治权后，我们应当确定在哪些方面可以扩大罪犯的改造自治权。从有利于罪犯再社会化出发，依据再犯罪风险评估的结果，对再犯罪风险程度高的应当坚持以严格管理为主，并在警戒程度较高、监管力度较大的监狱中改造，而对那些再犯罪风险程度较低的罪犯，则可以考虑在下列方面扩大其改造自治权。

第一，弱化以队列训练、内务卫生为主的军事化管理。如前所述，军事化管理或者半军事化管理改造作用并不明显，特别是对那些没有再犯罪风险的罪犯甚至可能只有负面的影响作用。军事化管理在我们国家的监狱系统中被广泛运用，不管是男监还是女监，也不管是成年犯监狱还是未成年犯监狱，其在监管改造中的作用无法替代。对于罪犯个体而言，自其跨入监狱的第一天起，其就要接受队列训练、内务整理。在军事化管理中，作为被改造的对象，罪犯必须无条件地接受，并被视为踏实改造的具体体现。但笔者认为，既然相关的调研表明其对于提高改造质量并没有多大效果，那么我们还不如在一定程度上弱化军事化管理，活跃狱内的改造气氛。鉴于此，应当弱化军事化管理在罪犯改造中的地位，并赋予罪犯在此方面的自我管理权，体现罪犯改造的主体自觉性。

第二，扩大罪犯在接受教育改造方面的自治权。任何现代法治国家都不可能允许监狱放弃对罪犯的改造，只不过教育改造的手段和方法、改造强度等存在着巨大差异。人们在忙于谈论改造是否有效的时候，却忘记了一个需要正本清源的事实，即"改造方法"（也就是国外矫正学上所讨论的矫正计划）本身是否科学和有效。美国学者约瑟夫·罗格斯把矫正计划（即我国所谓的改造方法）分为四种情形：第一类是对任何犯罪人都没有效果的矫正计划；第二类是只对一些犯罪人有效果的计划；第三类是对某类犯罪人具有特殊效果的矫正计划；第四类是有些罪犯根本不可能得到改造，即本不是矫正本身的问题。[1]在我国，所有改造方法都带有极高的强制性，罪犯几乎没有

---

〔1〕 G. Larry, *Essentials of Corrections*, Wadsworth Publishing, 2004, p. 17.

可以选择的余地。按照约瑟夫·罗格斯的说法，那些对任何罪犯都没有效果的改造方法或者只对一部分人有效果的改造方法，如果强迫另一部分罪犯去接受，那么改造的效果可能适得其反。所以，对那些再犯罪风险不高的罪犯可以适当考虑放宽改造方案，并且，对那些改造表现较好的罪犯可以允许他们适当选择改造方案。比如，在罪犯的休息期间，允许这些罪犯对娱乐项目、文化学习项目、职业技术培训、会见次数进行自主选择。扩大罪犯在这些教育改造项目方面的自主选择权，就意味着这些罪犯可以选择教育改造项目的内容和方式，甚至可以不参与某些教育改造项目。比如，有些罪犯在入狱前本就掌握了某些职业技术，而且他们的犯罪与没有正当职业并没有关系，故此类罪犯可以不参加职业技术培训，而且还不应当影响到该犯在此方面的日常考核。

第三，扩大罪犯在生活方面的自我管理权。吴宗宪教授认为，大多数罪犯和普通的守法者一样，都具有亲社会性。对于在服刑中的罪犯而言，由于受环境和境域的影响，他们的一些基本精神需要特别强烈。[1]对于绝大部分罪犯而言，罪犯的基本精神需要主要体现在人格尊严被尊重、建立正常人际关系交往等方面。就具有亲社会性的罪犯而言，监狱不仅应当考虑他们的基本精神需要，还应当推动他们在监狱环境中的自我管理。美国犯罪心理学家艾森克和阿克斯在研究中都认为，再社会化方案（resocialization programs）都应该得到积极强化，而不应该是惩罚，以便切入亲社会的行为。并且，这些罪犯都应该增强社会、学习和职业技能方面的能力，以使这些个体强化亲社会行为而不是反社会行为。[2]当前，我国罪犯的生活场景几乎完全和社会隔绝，造成了监狱的绝对封闭，罪犯建立亲社会行为的硬性条件几乎不存在。所以，在监狱内模拟一定程度的社会化生活场景（如近年来我们国家监狱系统兴起的亲情会见、公用电话设施、商品超市、体育设施、绿色网吧等），让罪犯在这些社会化的场景中通过正常的社会化交往，建立起亲社会化的人格，为顺利重回社会奠定人格与心理基础。

第四，扩大罪犯在日常管理上的自治权。罪犯管理在监狱刑罚执行过程

〔1〕　吴宗宪：《罪犯改造论——罪犯改造的犯因性差异理论初探》，中国人民公安大学出版社2007年版，第245页。

〔2〕　Clive R. Hollin, *The Essential Handbook of Offender Assessment and Treatment*, John Wiley & Sons Ltd, 2004, p.51.

中占据了相当重要的地位，它涵盖了罪犯在监狱服刑过程中所有的方面，包括劳动改造、监管改造、教育改造等，它是监狱实现其自身功能的必要基础。可以说，凡是日常管理好的监狱不管是改造质量还是监管效益都能够取得较好的成绩。但是，当前罪犯管理中监狱警察占据了绝对的支配地位，即便对于不同的罪犯在管理方式和手段上也都是上千篇一律，一些需要严格管理与一些不需要严格管理的罪犯在管理上不作区分，使得改造质量不佳。在以后的监狱改革中，在低度警戒监狱中，对那些再犯罪风险较低罪犯的日常管理可以考虑扩大其改造的自治权。在大部分发达国家，开放或半开放式监狱中被评为再犯罪风险较低的罪犯的自我管理权均较大。比如，英国的 D 类监狱实际上为开放式监狱，关押那些值得信任的、适合在开放式监狱中服刑的罪犯。这类监狱几乎没有什么严密的监管措施，大多只是象征性的栅栏，监狱不会把罪犯严密监管起来，罪犯通常会自己管理自己房间的钥匙，罪犯可以参加监狱组织的劳动，也可以到周围的社区去工作。[1]虽然我国的监狱的分类改革不可能照搬他国的经验，但这种较好的做法至少可以为我们的改革提供一种有益处的思路。扩大罪犯在日常管理上的自治权，就是要求罪犯在生产、生活和学习管理方面扩大自主管理权。比如，在监舍的生活管理上，可以考虑扩大罪犯的自治管理权，监舍的内务卫生完全可以由罪犯自己进行管理和评比。绝大部分的罪犯最终都要回归社会，监狱应当扩大罪犯在日常生活管理上的自治能力，以便为罪犯回归社会创造良好条件。

扩大罪犯改造自主权是以罪犯改造的适度紧束制度为基础的，当然每个国家的监狱制度都是与该国的刑事司法政策甚至民意基础息息相关的。我国的刑事执行政策通常更倾向于"重重"，而"轻轻"在狱内制度中似乎很难得到体现。"重重"行刑政策观体现在监狱制度中必须要具备合法与合理的双重条件，当然，合理是建立在合法的基础之上的，至于在何种程度的紧束性是合理的值得进一步探讨。监狱制度紧束性的程度应当以再犯罪风险控制与罪犯权利保障为准则。所谓以再犯罪风险控制为准则意味着监狱制订与实施监狱规则必须要防止规则过于严苛而导致罪犯人格监狱化，从而在基础制度建构上完善再犯罪风险控制体系。监狱制度紧束性程度应当以罪犯权利保障为准则，是指所有监狱制度的制订与实施都应当以相应的法律法规为前提，

---

[1] 参见吴宗宪：《当代西方监狱学》，法律出版社 2005 年版，第 82 页。

依法保障所有罪犯的正当性权利。适度的紧束性监狱制度对于维护罪犯权利具有重要意义，而对罪犯权利的合法保护也能够在一定程度上激发罪犯的改造自觉性，从真正意义上建立起罪犯再犯罪风险自我控制的制度基础。

第三节 建立科学的"需要评估—改造预案"制度

我们在第二章第三节分析监狱预防主义行刑观缺失在行刑实践中的具体表现时指出，改造观念落后与改造项目不科学是制约监狱行刑效果的主要因素之一。在当代日益强调刑事司法效益的情景下，当投入诸多刑事资源却无法收到相应的效益时，我们不但应当从制度本身寻找问题，还应当在微观层面上去发现技术性环节存在的问题。为此，我们在分析当前我们国家的监狱改造实践中的改造项目不科学时指出其存在着几大缺陷，主要包括改造项目过于强调强制性、改造项目缺乏罪犯自愿参与性、改造项目缺乏改造后评估等。基于此，在技术层面上实现预防再犯罪是当前监狱行刑改革的重要环节，它不仅能够在微观层面上解决改造技术性手段，还能够实现以最小的资源来达到最大的改造效果。为此，针对第二章我们指出的罪犯改造项目中存在的问题，我们认为，应当建构起科学的"评估—改造预案"制度。

一、树立改造有效的基本准则

当马丁森那篇举世闻名的"矫正无效"的报告发表后，整个刑事司法领域都受到了批评，特别是监狱矫正的成果受到了广泛的质疑。于是，从20世纪70年代开始，"矫正无效"与"矫正有效"的论争使得犯罪与矫正领域的学者对什么是真正有效的改造进行了深入的探讨。在经过了三十多年的深入探讨后，矫正领域基本达成了一致意见，即在论及监狱矫正项目的设计与评估时，必须树立起"矫正有效"的观念，在刑事司法实践中应对所有改造项目的设计与实施进行相应的评估，以便对其进行最终的效果检验。为此，在对所有的矫正项目进行认证时应当对"矫正有效"进行评估，最终实现刑罚效益。

首先必须要承认的是，发达国家之所以能够对罪犯矫正活动进行科学而合理的评估，是因为其得益于当代统计和实证科学技术的发达。这种统计与实证的元分析法（meta-analysis）是现代心理科学与统计科学的结晶，主要是指对众多现有实证文献进行再次统计，对相关文献中的统计指标利用相应的统计公式进行再一次的统计分析，从而根据获得的统计显著性来分析两个变量间真实的关系。[1]比如，科特尔、李与海尔布卢姆等就在他们的一项研究中使用了元分析方法。在这项研究中，他们对24项关于青少年犯罪的文献资料进行了分析。这项研究涉及了1540名参与者的数据处理。他们使用元分析方法来鉴别出与青少年重新犯罪率相关性最强的两个结果，即性方面重新犯罪与暴力方面重新犯罪。在9篇公开出版的文献中1160名参与者符合青少年性方面重新犯罪的标准，这项研究同时又对涉及380名青少年暴力重新犯罪的参与者的4个研究文献进行了检测。在这项研究中作者们对这些犯因性需要进行了相关性分析，并进行了效度检测，最终对所有的24项研究文献进行了有效性检测。[2]

可以肯定的是，随着在犯罪与改造研究领域的理论创新与实务部门的专家对国外犯罪学领域的实证研究方法与手段的借鉴，我国的研究手段在运用水平上基本成熟，已经具备了使用元分析等实证研究方法的能力。为此，当我们已经具备此种能力的时候，就应当运用此研究手段对我们国家的罪犯改造项目的有效性进行深入的研究，对罪犯改造实践中的改造项目实效进行科学评估，以契合我国罪犯改造的具体情况。

那么，什么是改造有效原则呢？这个问题并不会有一个十分标准或者完整的答案，研究者基于研究角度或研究方法不同得出的结论也会不同。但正如纷繁复杂的现象中一定会有某些共同的规律支配着这些现象的共生共荣，所有真正有效的改造项目也一定存在着某些共同点。

学者安德鲁斯在谈到改造项目的有效性原则时，详细分析了多项改造项目应当遵循的原则。[3]

原则一：对罪犯的干预矫正应当建立在犯罪行为的心理学理论的基础之上，这种理论是与生物学、行为学、心理学、社会学、人文主义理论、司法

[1] 参见 https://baike.baidu.com/item/元分析/2566761? fr=aladdin，访问日期：2018年5月2日。

[2] Ria J. Lee, Cindy C. Cottle & Kirk Heilbrun, "The Prediction of Recidivism in Juvenile Sexual and Violent Offenders: A Meta-Analysis", *Juvenile Recidivism*, 2010 (3).

[3] Don A. Andrews, "The Principles of Effective Correctional Programs", Edward J. Latessa & Alexander M. Holsinger, *Correctional Contexts—Contemporary and Classical Reading*, Roxbury Publishing Company, 2006, pp. 251~257.

或者法律中关于正义、社会平等或者严重的犯罪率的观点相对立的。关于建构在犯罪心理学措施上的减少重新犯罪干预的平均效果一直被忽视，假如真正对罪犯行为的个体差别感兴趣，罪犯的行为理论必须可以起到有效的作用。

原则二：被推荐的心理学理论是理解罪犯行为的一个广泛涉及一般个性与社会学习理论的方法。其主要鉴别六个罪犯行为的主要因素：一是罪犯行为的态度、价值、信仰、理性以及认知情感状态的特别支持；二是对反社会行为的直接个人间与社会支持；三是基本的个性与脾气的支持，如对暴躁侵略性和冒险享乐追求的自我控制；四是包括早期攻击等在内的反社会行为的历史；五是家庭、学校、工作及娱乐环境中的消极影响。一般的个性和社会认知观点也鉴别主要的行为影响策略，如合理的、高质量的人际间关系的修补、重固和认知重构。

原则三：采用服务政策而不是依靠报应原则、恢复性司法原则、剥夺原则及威慑原则，认真考虑和采用具有一般合适性的原则，而不是司法原则，包括职业、道德、伦理、合法、体面和有效性。有效性的服务原则应当在正常的条件下得到妥善安排，当然，社会与监狱的矫正服务性的因素应当本着有差别的原则。

原则四：家庭或者社区服务比监禁的矫正效果更好，预防犯罪复发的原则能够为临床性的社区矫提供参考，最好的家庭支持干预发生在家庭和社区自然状态下，而不是在机构或者设施内。

原则五："风险—需要—响应原则"的下的多重服务。更多的服务应当提供给高风险的罪犯，低风险的罪犯重新犯罪率可能性更低，实质上，对那些低风险的罪犯更应当关注正义的追求而不是增加其风险。应当承认在对高风险的罪犯提供服务时控制好结果的研究还需要找到减少了的重新犯罪。需要原则是指犯因性需要，包括动态和静态的犯罪因素，需要鉴别哪些是反社会的犯因性因素，从而强调减少犯因性需要，而不是强调那些非犯因性需要。多重响应就是评估风险和动态因素，从而匹配矫正内容中的风格、动机和态度，最终制订相应的矫正服务的详细计划。

原则六：项目的实施与完成原则。在上述风险、需要和响应原则基础之上，制订项目的完整性取决下述因素：具体而且理性的理论；选择工作人员；培训工作人员；对工作人员的临床性监督；需要对临床性监督人员的咨询服务；打印项目手册；监测项目实施的过程；监测过程的变化；涉及项目设计和项目评估时需要本身感兴趣者。

原则七：对矫正工作人员的关注。对矫正工作人员的选择与培训最能够反映出对项目的支持态度。矫正工作人员的一般性社会认知、学习和反应、工作技巧的原则大致包含 4 个一般性要素，即合作、建构、个人认知支持、有效的社会支持实践。

原则八：有效的管理原则。有效的管理原则要求按照步骤实施项目，矫正项目管理人应当发挥在管理中的决定性作用。

宾夕法尼亚矫正局研究中心采用元分析方法对数百个研究项目进行了分析，认为那些能够减少重新犯罪的好项目具有一些共同的特征，这些共同的特征可以被概括为"罪犯矫正与干预有效的基本原则"。[1]这些基本原则具体为：

（1）确定犯因性需要（Criminogenic Needs）。包括反社会态度、犯罪想法、反社会交往、错误的决定或者解决问题的能力、低水平的教育或者职业成就、较差的自我控制或者调节能力、药物滥用等。

（2）管理好完整的风险与需要评估/制订针对高风险罪犯的改造项目。做好风险与需要的评估。风险指的是罪犯再犯的可能性，需要指的是诱发犯罪的具体问题或者因素。这些问题或者因素在特性上属于动态的，故能够运用矫正项目进行相对应的干预。风险与需要评估具有重要的功能，能够以更好的成本效益方式，利用我们的矫正资源（人力、财政、时间）来取得更好的结果，而不是将这些资源浪费在那些不能够矫正好的罪犯身上。矫正（特别是高强度矫正）应当仅适用于那些具有高度风险的罪犯，矫正能够产生一个积极的作用。低度风险的罪犯应该仅接受最小限度的干预，高度的矫正并不会产生积极的正面效果，有研究表明，其甚至会增加他们的再犯罪风险。

（3）基于一个已经证明的理论模式的设计与实现。有效的矫正项目是在已经得到了证明的犯罪行为理论背景下运行的，已经得到证明的理论包括社会学习理论与认知——行为理论。一些犯罪理论是存在疑问的，包括罪犯能力缺乏理论、罪犯缺乏训练理论、罪犯需要剧本治疗理论等。一些无效的矫正模式包括传统的弗洛伊德精神动力学、医疗模式中的饮食改变和药物学等方法、亚文化/标签理论中的改变社会不利地位、痛苦式惩罚模式中的单纯军事训练营、震击监禁、电子监控等。

〔1〕 Pennsylvania Department of Corrections Office, *Principles of Effective Offender Intervention*, 2007 (2).

（4）使用"认知—行为"方法。思考与行为是互相联系的，罪犯之所以有犯罪的行为，是因为他们具有犯罪的思想。有效的矫正项目总是力图改变罪犯那些保持反社会行为的认知、价值、态度和期望；通过角色扮演、渐进实践、行为演练来强调解决问题、做出决定、理性行为、自我控制及行为修改。好的认知行为项目不仅可以教会罪犯更多的合适的社会行为，而且可以为他们提供更广泛的在不断增加的困难情景中实践、演练的机会。监狱内的每个社会性的互相联系（罪犯间、罪犯与工作人员间、工作人员间）为罪犯提供了教育和实践这些亲社会技巧的机会。

（5）阻断犯罪行为的网络。有效的矫正项目总是能够通过将罪犯置于一个亲社会的情景之中而为其提供一个阻断罪犯行为网络的结构；同时也能够帮助罪犯理解保持罪犯间友谊的后果，角色扮演能够帮助他们在实践中建立新的亲社会友谊。

（6）提供高强度的管理。有效的矫正项目在项目过程中提供的管理占到了罪犯的40%～70%的时间，持续3个月～9个月。项目的实际实施时间通常由每个罪犯的具体需要和项目的具体行为目标所决定。

（7）罪犯的性格、学习风险应当与项目的设置与实施相契合。这就是所谓的回应（responsivity principle）。在罪犯与学习、个性风格间有着重要的相互联系，罪犯的长处与不足都应当在矫正项目中得到考虑，如要求文化程度不高的罪犯在项目中进行广泛阅读是合适的。响应因素的好坏能够影响项目的成果。下列指标能够给罪犯的响应因素提供一些参考：个性变量（焦虑、压抑、精神疾病、社会化、动机）、认知变量（智力、学习障碍、学习风格）、文化、语言、身体残疾等。

（8）应当包含防止反复的因素。这些防止反复的因素包括：演练亲社会反应的替代措施；以增加情景中的困难因素来提高能力从而练习亲社会行为；训练家庭成员和朋友以强化罪犯的亲社会行为；提供辅助药物疗程，使罪犯遵循正式治疗原则。

（9）整合社区管理资源。有效的矫正项目能够把罪犯转到其他有良好效果记录的项目。例如，在一些州实施的 AOD 治疗社区的评估项目已经被证明在减少再犯罪有显著的效果。

（10）强化管理的完整性。有效的矫正项目能够持续监测项目的实施、组织结构、人员培训及其他核心的组织过程，同时，项目的评估也是这个过程的重要组成部分。项目评估的基本思路具体为：需要明确项目评估的真正需求；邀请一个外面的专家来进行项目评估；与该专家形成一个研究小组；与研究伙伴共同形成一个评估计划；参与者准备将报告提交资金独立的第三方；进行最后的评估；利用评估结果对矫正进行修正与提高。

在安德鲁斯教授对矫正项目有效实现的基本原则阐述中，项目本身及实施的条件被十分周详地分析，从方法论、物质技术条件、项目实施、监督到矫正工作人员的原则要求，反映出了改造项目本身的重要性。宾夕法尼亚矫正局研究中心采用元分析方法对所有分析的文献资料所得出的有效原则结论，同样完全体现了从项目本身的设计到项目本身实施的条件、管理到项目的评估的完整过程。两个对有效矫正原则的证成都是对实践中的项目实施的分析，采用了元分析方法，使得该项研究具有较强的说服力。强调实用主义行刑哲学的当代英美等国，在矫正过程中体现的科学运用实证主义的精神值得当代中国监狱行刑改革所借鉴。

我们应普遍树立起"改造有效的基本原则"，对所有在改造实践中运用的改造项目进行实证评估。这种"改造有效"的原则应当做到"普遍考察"，以真正最大限度地实现"改造有效"，从而以最小的刑事司法资源实现最大的刑罚效益。为了真正普遍树立"改造有效基本原则"，我们可以借鉴英美等国的"矫正有效原则"的研究方法。但是，必须指出，下列研究思路仅为当前对于"中国罪犯改造项目真正有效"的一种研究假设。

（1）借鉴元分析方法，对已经公开的研究报告或者研究文献进行收集。但非常可惜的是，从现有的中国知网期刊库中，能够收集到的所有涉及罪犯改造或者矫正的实证及定量分析的论文仅有几篇，而且样本中能够符合要求的数据太少，远远未能达到元分析方法的数据要求。

（2）针对通行的元分析方法无法进行的现状，我们只能采用回归分析的方法，对改造项目的所有特征进行赋值，分别设立控制组与实验组，并严格对实验组的数据进行准确统计。

（3）为了树立矫正有效原则，必须对所有改造项目是否有效进行检测。这种检测的目的不是为了对项目进行检测而检测，而是对当前改造体系中的方案进行有效性审查，基于此，就必须要对所有的项目进行检测。

（4）在对所有的改造体系中的项目都进行了检测后，最后制作评估报告。在评估报告中，应当包含项目开展的所有环节，形成标准化的流程。

（5）这种标准化的流程在日后的改造实践中应当进行不断的践行和修改，在经过多次的检测和修改后，最终形成标准化的流程，这些标准化的流程即为"有效改造的基本原则"。

二、建立改造需要评估与改造预案制订制度

对狱内罪犯的评估不仅在于风险等级的鉴定，在整个行刑制度体系里，风险评估还应当为改造预案的制订提供真正的技术性支撑。从监狱行刑的次生机能来看，整个制度的有机构成最终还是服务于监狱行刑效益的最大化，以最少的资源取得最佳的罪犯改造效果。但是，正如我们在第二章所分析的，当前我国的监狱改造专业化缺乏、技术支撑不足，而要真正克服这种窘境，我们必须要建立适合中国监狱系统实际发展状况的监狱改造制度。适合中国监狱改造实践的专业化与技术支撑应当建构在实证的基础之上，这种建立在实证基础之上的改造制度可以借鉴当代英美等国盛行的循证矫正制度的设计。在美国，基于实证基础之上的刑事司法实践不仅被广泛应用于所有的矫正领域，还拓展到了量刑司法实践之中。英文术语"evidence-based practice"最初被运用于医学领域，但现在被普遍运用到教育、儿童福利、精神健康以及刑事司法领域。它的基本含义为，集中在结果的探索与干预都应当是经过科学检测而证明是有效的，这种明确的结果按照矫正实践都是可以被定义与测量的。[1] 通常认为，循证矫正的基本原则包括：

（1）评估实际风险/需要；

（2）加强内在的动机；

（3）目标干预：

①风险原则：优先把监督与矫正资源提供给风险更高的罪犯；

②需要原则：确定需要干预的犯因性需要；

③响应原则：根据罪犯相应的个性、学习风格、动机、文化、性别等分配矫正项目；

④强度：为高风险罪犯提供 3 个月~9 个月的高强度干预；

⑤矫正：把矫正整合罪犯整个服刑期间。

（4）使用认知行为矫正方法来指导矫正实践，增加积极性的干预；

---

[1] 参见 http://www.courts.ca.gov/5285.htm，访问日期：2018 年 6 月 10 日。

（5）测量相关的过程/实践；

（6）提供各种措施的反馈。

从中国罪犯改造实践出发，根据我们上文提出的罪犯改造有效基本原则之假设，应当建立具有中国特色的"风险—需要—响应"（risk-need-responsity）三原则。我们已经在上一章根据检测的结果研制出了适用中国服刑人员的风险评估量表，在此基础上我们提出构建"改造需要评估—改造预案制订"。

第一，关于如何构建改造需要评估。改造需要评估是在风险评估基础之上的进一步展开，即在运用《中国服刑人员风险评估量表》对具体个案中的罪犯进行严谨的风险评估后，再根据此罪犯在风险方面的评估结果而进一步评估其所谓的犯因性需要。犯因性需要是诱发犯罪人犯罪的主要因素，要把英美等国循证矫正的理论转化为适合中国的罪犯改造实践，第一要务还是在于各个概念与命题的本土化，以便使这些概念和命题在各个细节与程序中更具有可操作性。之所以要明确犯因性需要，是为循证矫正的下一个程序即响应原则提供实证意义上的前提。在中国改造实践的语境下，我们提出了"改造性需要"的概念。所谓的改造性需要，是指在风险评估的基础之上，筛选出罪犯可能会遇到的各种重新犯罪的诱因，在此基础之上从改造有效的基本原则出发，对罪犯的各个动态性因素进行仔细评估，最后确定出该罪犯的哪些方面需要被改造。这些改造需求可以被以由难到易或者由易到难的程度进行合理排序，并最终形成"改造需要评估报告"。

问题是如何确定改造需要的评估因素？这是整个制度构建的前提。每个罪犯的犯因性因素都不同，因此改造需要的内容与范围也有着较大的差异。例如，在美国，监狱系统对一些犯因性需要的评估有着强制的要求，而对另外一些因素却有着不同的态度或者要求。如表5-6所示，对于医疗、精神健康、教育、酒精滥用、毒品滥用等因素，绝大部分的州有着强制性的评估要求；对工作技术、职业需要评估，分别有56%、34%的州有强制性要求；而对于其他的需要评估则只有不到20%的州有强制性要求。

表 5-6　美国需要评估的主要因素概览[1]

需要	强制性适用的州（%）	需要评估的人	负责评估任务的人	评估工具/步骤
医疗	96	所有罪犯	医务人员	检查
精神健康	80	所有罪犯	精神健康工作人员	检查
教育	86	所有罪犯	教育工作人员	TABE
酒精滥用	80	所有罪犯	心理咨询师与精神健康工作人员	SASSI、TCUDDS、ASI 及访谈
毒品滥用	80	所有罪犯	心理咨询师与精神健康工作人员	SASSI、TCUDDS、ASI 及访谈
工作技术	56	要求或者自愿	咨询师及分类专家	自我报告、现场调查或者访谈
职业培训	34	特殊要求	教育工作人员或者个案经理	自我报告、现场调查及访谈
财政管理	10	特殊要求	咨询师	社会性历史与访谈
冲动行为	12	特殊要求	咨询师	MMPI 及访谈
愤怒管理	24	由精神健康工作人员转送	精神健康工作人员	社会性历史、现场调查、MMPI 及现场访谈
性罪犯	20	根据犯罪	精神健康工作人员	社会性和犯罪历史、现场调查及现场访谈
抚育小孩	10	发性罪犯	咨询师	社会性和犯罪历史、现场调查及现场访谈
老年	2	老年罪犯	医疗工作人员	检查
生活技巧	20	由精神或者分类工作人员转送	咨询师及其教育工人人员	社会性与犯罪历史、现场调查及现场访谈

注：SASSI、TCUDDS、ASI、TABE、MMPI 等都是美国各个州的再犯罪风险评估工具的缩写。

翟中东教授根据国外矫正项目的概念与原理，认为矫正需要评估是矫正

---

〔1〕　Morris L. Thigpen, Larry Solomon & Susan M. Hunter, "Prisoner Intake Systems: Assessing Needs and Classifying Prisoners", *Nationsl Institute of Corrections World Wide Web Site*, 2004.

的前提。其评估范围包括：犯罪人以前服刑的情况；出狱后的居住情况；职业培训、教育与就业状况；理财状况；人际关系；生活方式与社会联系；滥用成瘾药物情况；精神健康问题；思考与行为方式。[1]我们认为，矫正性需要与改造性需要的区别正如矫正与改造的区别一样，适用于中国监狱系统罪犯的改造性需要必须要基于实证基础之上得到检测。根据前文研制出的适用中国监狱系统的《中国服刑人员再犯罪风险评估量表》，我们可以利用该量表首先对具体罪犯进行改造需要的评估。具体设想是先对每个罪犯风险进行全面评估，针对评估结果，对在量表评分时为负值的选项，进行评估因子的筛选。然后，根据改造需要因子的性质，将具有针对性的因子列为改造需要的因素。具体内容与范围如表 5-7 所示。

表 5-7 中国罪犯改造需要评估因素

序号	需要事项	性质	评估结果（??）
1	文化程度	文盲	
2		小学文化	
3	接受学校教育状况	讨厌学习	
4		严重违纪受处分	
5		开除	
6	少年时期是否受过虐待	是	
7	是否受过家庭暴力	是	
8	是否固定工作及收入	否	
9	是否 6 个月以上失业经历	是	
10	是否工作有技术要求	是	
11	是否被捕前 6 个月失业	是	
12	是否服刑前缴纳社会保险	否	
13	是否滥用钱财习惯	是	
14	是否非法收入为生活主要来源	是	

---

〔1〕 翟中东：《国际视域下的重新犯罪防治政策》，北京大学出版社 2010 年版，第 331 页。

序号	需要事项	性质	评估结果（??）
15	是否酗酒后使用暴力	是	
16	是否曾经吸毒	是	
17	是否犯罪和吸毒有关	是	
18	是否吸毒后使用过暴力	是	
19	是抑郁或注意力不集中	是	
20	是否行为及思维方面有问题	是	
21	是否通过威胁或暴力解决问题	是	
22	是否难以集中思维	是	
23	犯罪类型	涉毒	
24		涉黑	
25		涉枪	
26		涉暴	
27		涉财	
28		性犯罪	
29		涉赌	
30		涉恐	
31	是否齐备涉毒、枪、暴、黑犯罪及团伙因素	是	
32	是否受到警告、记过、禁闭处分	是	
33	是否有定期会见	否	

上表中的改造性需要表现出了以下几个特点：一是所有的需要在赋值上均为正值，意味着这些指标在性质上本为犯因性需要，与再犯罪具有较强的正相关性，即分值越高，再犯罪风险越高。这就意味着风险越高的罪犯，在改造性需要上的关切程度越高，在未来的改造强度上就需要给予更多的关注。二是所有改造性需要的评估因子在性质上均为社会性因素或者犯罪史，狱内的评估因子反而较少，仅涉及"是否受到警告、记过、禁闭处分"与"是否有定期会见"两个狱内因素。这可能就意味着那种忽略了罪犯的改造需要，而仅关

注罪犯狱内的改造表现会达到主体所期望的改造效果。三是所有的改造需要的评估因子多数为动态性因素。犯因性因素包括静态因素和动态因素，静态因素因为在犯罪人具备后在性能上并不会发生改变，所以对于改造而言并没有太多的意义。但就动态因素而言，其对于改造需要具有非常重要的意义。因为动态因素就其本身性能而言，是能够发生性质上的变化的，而正是因为其在性质上能够发生变化，并且其本质上是犯因性因素，所以针对其作出某些程度的改变，就能够改变其在犯罪诱因上的条件具备，从而有效地降低再犯罪的风险。比如，职业技术缺乏对于罪犯来说是一个非常重要的犯因性因素，对于很多罪犯来说缺乏职业技术是诱发财产犯罪、涉毒犯罪、涉黑类犯罪的一个非常重要的因素。为此，对于特定的罪犯而言，职业技术缺乏就是该罪犯的改造性需要。

第二，关于改造预案制订制度的构建。正如本书在第二章分析监狱改造所面临的预防观念不足问题的时所指出的，预防主义行刑观缺乏技术性的支撑。当我们还集中关注政治与思想改造的时候，有些矫正技术非常发达的国家已经运用循证技术来管理矫正项目了。这种运用循证技术制订的矫正项目就像工程类的技术管理那样精确，使得矫正项目在制订与管理上有着坚实的技术基础。在当代日益强调改造技术化的中国监狱系统中，我们应当大力提倡改造项目技术化的概念。正如翟中东教授所指出的，我们的监狱行刑知识体系与国际社会的监狱行刑知识体系差异很大。矫正领域中的危险评估、危险控制、矫正需要评估及矫正项目等概念在我国的改造话语体系中很难看到，而狱政管理、强制性劳动、劳动与教育相结合、管理与教育相结合、"改造第一，生产第二"、思想改造等术语则是我国监狱行刑理论的专用话语。[1]

当然，近几年，我国也有研究者初步对矫正项目进行了研究。有研究者认为，一个矫正项目，在适用对象、内容设计、进度安排、组织实施、考核评估等方面都要十分严格地遵循矫正项目的内在规律。以树立法制观念的矫正项目为例，一个人的错误法制观念经历了个体认同与内化的过程，如果仅是让其知道甚至背诵法条并不会产生内省自身行为的态度与观念。因此，旨在树立法制观念的矫正项目必须按照内化的规律来精心设计、编制与实施，

---

[1] 翟中东：《国际视域下的重新犯罪的防治政策》，北京大学出版社 2010 年版，第 329 页。

而不仅仅是个别教育式的灌输。[1]另外，也有实务部门的工作人员对具备的自杀预防矫正项目设计与实施提出了自己的具体思路。该矫正项目的具体内容包括：项目目的、预期目标、项目方式、角色扮演、面谈、参加对象、授课时间、项目参加干警、实施过程。其中，项目方式主要包括授课、讲座、观看录像、换位思考、讨论、面谈、情景模拟训练等。具体实施过程则根据整个项目实施中每一天需要落实的活动内容详细制订，并标注对应的目的与步骤。[2]

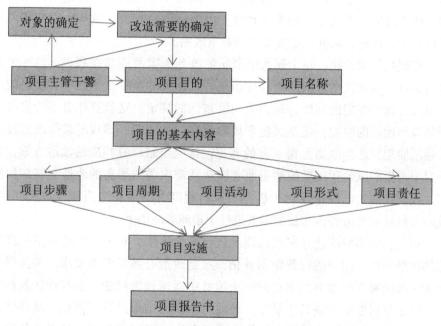

图5-5　罪犯改造方案制订与实施流程图

从上述借鉴英美等国的矫正项目的制订与实施的情况来看，应当说，国外矫正技术开始慢慢对当代中国的改造技术产生影响。预防观念应当建立在坚实的技术性基础之上，类似矫正项目的制订与实施为监狱预防观的实现提

<hr />

〔1〕　周勇、张灵："试论矫正项目是创新教育改造的新思路"，载《犯罪与改造研究》2009年第12期。

〔2〕　胡晓娟："矫正项目——高戒备监狱矫正自杀危险罪犯的新模式"，载《犯罪与改造研究》2008年第5期。

供了技术基础。借鉴发达国家矫正项目的相关经验，我们认为，应当根据中国监狱系统的自身改造实践，建立符合自身实际的罪犯"矫正项目"，我们称之为"罪犯改造预案制度"。

如图 5-5 所示，我们把对罪犯的改造方案的制订与实施简化为流程图。在这里要明确的有几点。一是每个罪犯的改造方案是完全不同的。从行刑个别化的理论出发，在犯罪与矫正的视域下，每个罪犯的犯因性因素千差万别。正如"病千种，药亦千种"，千差万别的改造性需求要求对每个罪犯制订相对应的改造方案。这些改造方案必须要考虑到每个罪犯具体的改造性需求。例如，作为改造性需求之一的文化程度，因为该因素有着文盲与小学文化两种不同程度的指标，因此改造方案应当有所区别。

按照我们的设想，每个新入监罪犯的改造方案都应当在罪犯入监 3 个月之内制订。这种改造方案的制订应当被写入相关的监狱规则之中，使得改造方案成为每个罪犯的标配，从而成为强制性的规定。这就意味着不管是再犯罪风险程度高的罪犯，还是再犯罪风险程度低的罪犯，抑或不管是改造性需求强的罪犯，还是改造性需求弱的罪犯，都应当制订有相应的改造方案。至于对于再犯罪风险程度低的罪犯或者改造性需求弱的罪犯的改造方案如何制订，我们在前文已经论及对于再犯罪风险程度低的罪犯应当减少改造强度，故应当仅针对改造性需求强的因素进行干预或者矫治。

第三，应当对改造方案实施情况进行科学评估。对一个改造方案最终实施的效果如何，应当进行科学的评估，这是改造有效的基本要求。美国学者提姆·拜纳姆等在性类型累犯的矫正项目中运用行为疗法、心理疗法及药物辅助疗法等对性罪犯进行了矫正，最后对干预的结果进行了评估。从评估的结果来看，并不是所有矫正项目的内容都有效。[1]对改造项目的最终效果评估具有重要的意义。只有对每个改造项目结束后的效果进行评估，才能够了解哪些具体内容对此类型的罪犯有效，哪些内容基本无效。在对改造方案进行过评估后，还应当对那些无效或者效果不明显的方案内容进行相应的修改，以提高改造方案的实效性。

---

　　[1] Tim Bynum, "Recidivism of Sex Offenders", Edward J. Latessa & Alexander M. Holsinger, *Correctional Contexts—Contemporary and Classical Reading*, Roxbury Publishing Company, 2006, p. 292.

三、制订具体改造项目目录

虽然对于每个罪犯都应当制订相应的改造方案，但必须明确的是，针对每个改造性需求指标的改造项目内容都应当是相同的。从当前有效的具体改造项目来看，不同的研究者基于不同的研究背景会得出不同的答案。翟中东教授认为，根据需要，矫正项目的种类主要有：劳动技能培训项目、教育类项目、重返社会帮助类项目、认知行为矫治类项目、社会交往技能类项目、情绪控制类项目、家庭矫正类项目、生活能力帮助类项目、戒毒类项目、暴力类防治项目、性犯罪控制项目等。[1]

实践中，美国各地的监狱系统的矫正项目差别很大，特别是近年来，随着心理科学、行为科学、生物科学、精算科学、监控技术取得长足进步，一些新的矫正项目开始出现。但是，不管矫正技术如何进步，一些传统意义上的矫正项目总是占据着美国监狱系统矫正项目的主要位置。具体如下：[2]

（1）心理矫正项目。心理矫正项目是医疗模式下的产物，对于那些有感情与精神问题的罪犯有着显著的矫正效果。心理矫治项目又包括：

①心理疗法。虽然心理疗法至今仍受到很多质疑，但在美国，仍然大概有13%的罪犯要接受心理治疗。狱内的心理治疗主要集中在罪犯入狱后因为环境变化而引起的具体的服刑问题或者在监禁期间处理家庭危机。另外还有10%的罪犯接受精神疾病的医疗，这些都是纯粹由精神疾病引起的问题。

②集体治疗法。这种心理矫治方法是近年来比较流行的狱内矫正项目，主要是让罪犯采用互相讨论、学习和交流的方法来解决罪犯的情感与思想问题。该方法认为，罪犯是群居和社会的动物，他们大部分的行为主要集中在群体中，所以应当要学习定义和解释这些行为。大部分的集体疗法都使用结构性方法，让罪犯参加一些主题的讨论或者活动，旨在让这些罪犯明白自身行为的含义。这种心理疗法通常包括现实疗法、面对面疗法、角色扮演和认知技巧增强。

（2）行为疗法。行为疗法是当代最为盛行的矫正项目之一，该项目认为

---

〔1〕　翟中东：《国际视域下的重新犯罪的防治政策》，北京大学出版社2010年版，第267页。

〔2〕　Todd R. Clear, George E. Cole & Michael D. Reisig, *American Corrections*, Eighth Edition, Thomson Wadsworth, 2016, p. 60.

罪犯与普通民众的区别不在于个体的内部，而在于人们对所处环境中的问题的反应。按照上述理论，需要矫治的不是罪犯的感情或者思想，而是他们的行为；好的行为是可以学习的并且会有好的结果。行为疗法的目标并不是犯罪行为本身，而是大量影响罪犯生活方式的问题行为，如社会生活技巧的缺乏、愤怒或者挫败情绪的控制等。

（3）社会性治疗。社会性治疗被广泛运用于矫正项目中，因为其能够在狱内创造一个亲社会的环境，以帮助罪犯在走向社会后养成非犯罪的生活方式。此矫正项目是建立在人们能够了解违反法律的意义及遵守社会生活规则的行为价值的基础上的。为了养成合法行为，同伴交往和互相行为应当改变。在此项目实施过程中，制度性实践必须要强调民主而不是官僚；项目必须集中在矫正而不是监禁；人文关怀优于制度性的日常。近年来的研究证明，该项目在降低重新犯罪方面具有明显效果。

（4）教育项目。在全美的监狱系统中，有近 2/3 的罪犯没有完成高中学业，所以教育项目是监狱系统中最为普遍的矫正项目。在很多监狱系统，那些没有完成八年级的所有罪犯都被要求全职参加监狱学习。一些监狱系统甚至和大学合作提供大学课程。虽然监狱学校提供的基础教育面临着很多困难，但当前的研究文献表明，参与教育项目所有课程的罪犯出狱后重新犯罪率确有下降。

（5）职业项目。职业项目的目标在于为罪犯培训一个符合市场的工作技能，以便罪犯出狱后能够凭借这些工作技能生存，以减少再犯罪风险。但在美国的有些监狱系统中，职业项目很少能够提供理想的工作培训，因为监狱中的环境与社会差异太大。另外，很多罪犯需要克服对工作技能培训的态度，毕竟有些罪犯正是抱有不劳而获的态度才会犯罪的。尽管面对诸多的问题，但监狱职业项目仍然在实践中受到了众多专家们的支持，现有证据表明，该项目使参与者的职业技能提高，有利于在一定程度上降低某些特定罪犯的再犯罪风险。

（6）药品滥用项目。相关的犯罪与成瘾性药品的联系是如此紧密。全美超过一半的刑事被告人在药检时呈现阳性，这些罪犯必须要在狱内接受相关的治疗。长久以来，该项目一直受到人们的质疑，因为那些出狱的罪犯因为药品滥用而重新受审的比率过高，大部分的罪犯都会重回监狱。但近来越来越多的研究表明，即便失败率过高，毒品治疗也是一个有价值和效果好的减少犯罪的方法。例如，研究者在一个社区项目中发现，毒品治疗计划能够减少高达 43% 的重新犯罪率。该项目经过研究证明，下列要素的具备对于项目的效果最为有利：

项目的周期通常应当持续 6 个月~12 个月；
在居住社区治疗期间，项目参与者渐渐能够获得治疗项目设置特许权；
多个矫正项目应当综合运用，包括个体心理矫治、集体治疗及职业培训；
监狱、社区及工作人员应当对释放计划紧密合作；
释放后矫正应当持续。

（7）性罪犯项目。很多矫正官员认为，性罪犯是矫正最为困难的群体。性罪犯的犯因性非常复杂，有的犯因性需求与其他犯罪完全不相关。越来越多的矫正被提供给性罪犯，但是成功的情况并不完全相同。通常认为，对性罪犯的关注应当集中在下列方面：

不正常的性需求；
不正常的性爱好；
深度的焦虑或者仇恨；
感情管理的困难；
自我调控的困难或者冲动；
反社会的倾向；
亲犯罪态度或者认知扭曲；
私人关系的缺乏或者冲突。

越来越多的性罪犯项目证实，对于性罪犯提供设计良好的有效矫正，大约能够降低超过一半的重新犯罪率，而且潜在的对于社会或者家庭的好处也是一目了然的。

（8）宗教项目。因为宗教在社会生活中对人们的影响，对于美国大部分的监狱发展史而言，宗教项目一直处于补充而非主流的地位。但在近年来，作为解决社会问题的一部分，监狱内的宗教项目开始被重视。已经有不少研究表明，那些皈依宗教的罪犯更少犯罪。部分学者认为宗教是一个有助于罪犯改变生活方式的重要路径。当前在全美至少包括 5 个州（得克萨斯、堪萨斯、明尼苏达、佛罗里达、爱荷华）在各自的监狱系统中展开了宗教项目计划。这些活动受到了广泛关注，被认为对于减少重新犯罪具有一定的意义。

上述改造项目对于当代美国的罪犯矫正活动产生了重要的影响，近几年来，美国大部分地区的重新犯罪率都有一定程度的下降，有学者因此认为狱内矫正项目的广泛开展与之有着较强的相关性。从技术层面上来看，上述的矫正项目都是建立在循证基础之上的，大量的案例与实证数据被精算出来，因此具有较强的说服力。但正如我们所一直强调的，不管他国的矫正制度如何有效和科学，我们都只能借鉴学习。一个项目到底是适合英美等国的矫正，还是适合我国的改造，必须建立在循证基础之上。这种循证基础也应当像上述美国的矫正项目一样，经过大量的个案实践，然后对项目结果进行严格评估。从我国罪犯改造制度的实际出发，我们可以从此路径构建我们国家的罪犯改造项目，即制订我国的罪犯改造项目指南。当然，从研究的角度看，这种路径仅是从研究的假设出发，毕竟诸多改造项目是否有效是个庞大的系统工程，非某个研究者或单个课题所能解决，还必须由监狱系统的改造业务机构来协同完成。区别于发达国家的矫正项目，契合中国的罪犯改造制度实践，我们认为，可以按照以下总体思路来构建中国罪犯改造项目指南。中国特色的罪犯改造项目指南当然与上述主流的矫正项目有相同的地方，但也会有不同的地方。关于相同的项目，下文我们不再论述。例如成瘾性药物治疗项目，这个项目的实施差别并不太大，多是通过药物的辅助治疗及精神戒除等。而不同的项目，如罪犯劳动项目，在我国已经被写入《监狱法》，故劳动是罪犯的强制性义务，而在美国绝大部分地区的狱内劳动都属于自愿性的，所以针对具体罪犯是否实施此矫正项目需要进行合理评估。我们认为，以下改造项目可以被列入改造项目指南，为具体的改造预案提供指导。

（1）心理矫治项目。当前此项目在我们国家所有的监狱系统中都有开展，而且被写入了《监狱法》及监狱规章，在实践中，围绕着心理矫治，大部分的监狱系统还专门成立了相关的组织机构。但从我们在实践中调研的情况来看，对罪犯的心理矫治一方面缺乏高端的专业技术人才，另一方面形式大于内容。鉴于此种情况，我们认为应当与社会中相关的医疗机构合作，把心理矫治项目看成是医疗项目的一部分，是专业技术活动。另外，还必须把心理矫治项目与精神类疾病的医疗区别开来。当然，心理矫治项目具体内容的实施还必须取决于个案的情况。

（2）狱内学校项目。从我们当前掌握的信息来看，我国绝大部分的监狱都设有自己的学校。这些学校承担着扫盲教育、政治教育和技术教育的功能。但具体的项目必须有针对性地开展。学校项目不仅定位在上述教育的功能，还应当包括所有能够通过学校教育功能改变罪犯改造性需求的一些教育项目。例如，艺术与审美教育；伦理与道德教育；传统文化教育；职业技术教育；法律教育。

（3）行为与认知矫正项目。此项目的具体开展仍然决定于个体罪犯的改造性需求的内容。诸多英美等国的行为与认知矫正项目实践均证明，该项目具有重要的改造作用。当然，因为文化、伦理、道德、种族甚至生物等诸多因素的差异，不同国家的罪犯在行为模式与认知思维上有着显著的区别。因此，此项目的开展必须建立在每个罪犯的改造性需求上。比如，对于认知重建、人际关系的正常化、社会交往技能的增强等亲社会的指标，每个罪犯的行为模式与认知都不同。因此，必须对个案制订具体的项目改造预案。

（4）社会帮助项目。这个项目基本为我们国家监狱系统的特色。但当前，社会帮助教育项目沦为了一种集体教育项目。应当专注于为那些家庭亲情缺乏和社会化存在问题的罪犯制订周全的帮助教育。[1]也应当鼓励一些公益组织进入监狱，为罪犯提供多项帮助，增强罪犯的亲社会态度。近年来，有些监狱系统在监狱内举行的社会招聘就是一个很好的社会帮助项目。

（5）特殊类型罪犯改造项目。在此，所谓特殊罪犯是指犯罪危险性较大，且处于特定情景中容易复发同一类型的犯罪的人。这些罪犯在整个重新犯罪人口中占有相当的比重，因此监狱系统重点对这部分罪犯进行高强度的监控可能会取得较好的效果。为此，在英美等国的矫正项目中，特殊类型的罪犯在整个矫正项目中具有十分重要的位置。我们认为，根据我们国家重新犯罪类型的实际情况，改造项目可以被分为暴力型罪犯改造项目、性罪犯改造项目、财产型罪犯改造项目、涉毒罪犯改造项目等。

在此，我们要特别介绍特殊类型罪犯的改造项目。需要指出的是，特殊

---

〔1〕　笔者曾经工作过的监狱每个监区每年都会举办一次"亲情帮助教育"活动。该活动旨在培养罪犯间的家庭观念。监狱通常会邀请所有罪犯的直系家属进入监狱内举行一次活动，包括聚餐、会谈、文娱活动等。

类型罪犯改造项目与其他的改造项目应当存在交叉的关系。比如，对于暴力型罪犯的改造项目而言，同样需要其他的改造项目来作为支撑。在这里我们还是借鉴美国对暴力犯的改造项目的有益经验。在美国20世纪中期所公布的数据中，有将近61%的联邦监狱的罪犯为暴力性犯罪，因此，对于这部分罪犯的矫正就具有十分重要的意义。在对这部分罪犯的矫正过程中，综合性地运用矫正方法十分重要。这些项目具体包括：

行为与认知治疗项目。这种项目并不仅针对暴力性罪犯，当然，此模式已经被证明对于暴力性罪犯十分有效。这种模式建立在"刺激—有机体—反应—后果"的行为理论之上，已经证明的"愤怒控制训练"能够让罪犯承认自己的冲动所带来的不利后果。愤怒管理矫正是最为有效的方法，它旨在矫正具体个案中那些在情绪管理方面非常困难的罪犯。针对此类风险高的罪犯，矫正项目期间应当更长。

认知技巧项目。认知技巧项目主要关注为项目参与者提供一种思考方式及培养在日常生活中解决问题的能力。在项目实施过程中，允许参与者面对困难，并且鉴别他们面对问题的类型，控制他们的冲动，寻找替代性的解决方法，更多地思考其他的选择，理解他人的决定。加拿大矫正局报告，参与该项目的罪犯的重新犯罪率降低了36%。

暴力预防单元项目。该项目为波拉舍科于2005年发起的一个针对暴力型罪犯的矫正项目。该项目在西兰·里姆塔卡监狱中对实验组中的罪犯在28周的时间里高强度地实施了330个小时的矫正。该项目强调参与者的作用以及复制、训练、练习新的技巧，共由8个单独的单元组成：

承认系列犯罪；

改变犯罪的认知性支持；

管理诸如愤怒、痛苦及挫折等情绪；

树立对受害者的同情；

养成良好的道德习惯；

学习解决问题的技巧，如问题的鉴别与深入思考的能力；

交流技巧；

预防反社会因素旧态重发。

改造项目目录的制订后，必须根据每个罪犯的自身情况制订改造预案。必须要指出的是，改造项目目录中的所有改造项目与监狱中的监狱改造、教育改造和劳动改造都是并行不悖的。这三大改造是日常监狱制度的基础内容，大部分被监狱法及其他法规以法律的形式规定下来，具有法定性和强制性。而对改造项目的属性而言，其本身虽然属于三大改造，但是属于可选择性的内容，因为当前我国的监狱规则或者地方监狱颁布规范性文件并未予以明文规定。而且还要明确，职业技术项目应当严格与狱内的罪犯劳动相区别。对此，我们已经多次强调，这里不再累述。

第四节　建立再犯罪风险评估基础之上的罪犯与监狱分类制度

在第二章分析当前我们国家的监狱分类和罪犯分类的现状时，笔者认为，虽然我国是以生理（性别与年龄）为基础对罪犯进行分类，但这种初步的监狱分类不能够完全满足罪犯分类改造的要求。当前这种初步的监狱分类现状应当被归结为缺乏真正的罪犯分类技术。罪犯的分类技术是建立在再犯罪风险评估技术之上的，故再犯罪风险评估技术应当成为监狱分类与罪犯分类的基础。鉴于当前我国对监狱的分类与罪犯的分类基本分离之现状，我们认为，监狱分类的要旨在于罪犯分类，而罪犯分类的要旨则在于再犯罪风险评估技术在罪犯分类中的成熟运用。

一、再犯罪风险评估与科学的罪犯分类制度建构

从再犯罪风险控制的角度来看，罪犯分类制度是监管改造制度、教育改造制度和劳动改造制度的技术性支撑。当前，两个层次的罪犯分类明显无法给科学的罪犯改造制度实践提供技术基础。正如我们在第二章中讨论罪犯分类中存在的问题时所指出的，以生理标准为基础，以刑期标准为前提，按照犯罪类型来对罪犯进行分类——主要是指暴力型、财产型、淫欲型和其他类型。罪犯分类技术是以风险评估技术的发展为支撑的，再犯罪风险评估理论的成熟标志着人们对罪犯的认识水平的极大提高。

罪犯在整个刑事司法系统中处于核心位置，所有的刑事处置最终都将集中在具体的罪犯个体。菲利较其他教育刑论者对个体罪犯更具热情。他认为，犯罪是刑法的对象，但它不是法官全部的注意力所在，罪犯本身才是刑事审

判的真正的、活动的对象。进而认为，根据古典学派刑法理论和古典派监狱规则建立起来的刑法制度完全忽视了罪犯的生理、心理学类型，监狱中犯人的退化和相互交往造成的实际后果十分严重。"这意味着现行刑事司法是一部庞大的机器，蚕食并吐出大量的人。这些人流入不断增加的职业犯罪和累犯队伍当中，一般没有希望复原。"[1]近代学派对罪犯倾注了极大的关注，并以罪犯的分类为起点，开启了世界范围内的监狱改革大门，奠定了现代监狱行刑的基本原理。

在现代监禁刑的发展过程中，随着对罪犯风险评估的完善，以罪犯分类制度为中心的监狱行刑改革取得了长足的进步。在监狱现代化改革前，以古典学派刑罚思想为主导的行刑模式大行其道，强调惩罚为主的报应刑论认为监狱系统中所有的罪犯都是千人一面，罪犯仅是对象行为处罚所附的载体。而在教育刑论甚至新古典学派的理论体系中，罪犯的分类制度则受到了极大的重视。区别于报应刑论理论中罪犯的千人一面，以风险控制为导向的新古典主义刑罚理论是以心理科学、行为科学和认知科学为认识基础的。随着实证科学的进步，对罪犯本体的认识将促进罪犯分类制度的进步。科学的罪犯分类制度是实现再犯罪风险控制的重要环节，也是有效地避免狱内罪犯交叉感染的有效途径。而要对罪犯科学分类、有效甄别罪犯，对罪犯的风险评估就显得至关重要了。

《加拿大矫正与有条件释放法》规定，加拿大矫正局对所有罪犯进行最低警戒、中等警戒或最高警戒的分类。警戒分级的目的就是要保护社会公众和罪犯，并通过合适的机构安置罪犯。当罪犯到达联邦机构时，就要接受初次警戒分级审查，这种评估管理制度包括评估罪犯的行为历史，包括犯罪史与个人历史，且罪犯在服刑期间的各个关键环节中，都要根据其在机构内的行为和进步评定警戒分级。在确定罪犯的初次警戒分类和安置时，加拿大矫正局使用了"监禁评定量表"（CRS）。此量表用于预测将来机构内的处遇措施，减少分类决定的偏差。[2]加拿大对入狱罪犯管理使用的"监禁评定量表"实质上运用了第三代的再犯罪风险评估工具原理。从 20 世纪 80 年代开始，加

---

〔1〕［意］恩里科·菲利：《犯罪社会学》，郭建安译，中国人民公安大学出版社 2004 年版，第 265~267 页。

〔2〕 杨诚、王平主编：《罪犯风险评估与管理：加拿大刑事司法的视角》，知识产权出版社 2009 年版，第 19 页。

拿大学者安德鲁斯从社会学习理论、个别化理论及实证研究理论对罪犯风险——犯因性需要——进行了研究，研制出了第三代风险评估工具——"水平管理工具"（The Level of Service Instruments）。该风险评估工具中的 54 个评估因素既包括罪犯犯罪经历、学习背景和成瘾药物滥用史等所谓静态因素（static items），也包括当前的教育状况、财政情况、家庭婚姻感情状况、人际关系及认罪情况等动态因素（dynamic items）。"水平管理工具"后来被广泛运用于罪犯的甄别、分类管理和再犯罪风险评估，是犯罪行为理论、犯罪社会理论、犯罪心理科学发展的结晶。[1]

在我国的罪犯分类理论中，分类依据主要依据人口学因素和犯罪性质进行简单分类，包括生理因素、犯罪类型和刑期长短等。实践中，根据生理因素，我国监狱系统把罪犯分为男犯与女犯、成年犯和未成年犯进行分别关押，这种分类遵循了现代监狱改革的基本原则。但在此基础之上的后续分类则较为混乱。

这种混押的状态至少存在着以下缺陷：一是交叉感染难以避免。监狱之所以被认为是"大染缸"，就是因为混押状态下掌握不同犯罪技能的罪犯跨界传染，使得改造效果弱化。二是不利于监狱秩序的稳定。由于不同犯罪类型的罪犯羁押在一起，风险高与风险低的罪犯难免会发生冲突。三是不利于刑罚执行个别化的贯彻。刑罚执行个别化是刑罚效益实现的前提，罪犯的科学分类又是刑罚执行个别化的前提，而混押则是监狱惩罚性功能发挥的后果。

相较于混押，一个科学的分类能够有效地减轻监狱系统内的紧张状态。美国的法院系统也强调对监狱中的罪犯进行分类，并有学者提出设置优良的分类指导原则：①分类制度应当顾及绝大多数罪犯；②分类制度应当类别清楚，不重叠；③分类的方法应当可靠，不同的人使用相同的程序应当得到相同的结果；④分类方法应当根据充分，对未来行为的预测必须准确；⑤分类的方法应当允许改变；⑥分类的方法应当涉及对罪犯的治疗与管理；⑦分类的方法应当经济节省。[2]从该学者阐述的罪犯分类原则来看，对罪犯分类的

---

〔1〕　Leam A. Graig, Louise Dixon & Theresa A. Gannon, *What works in Offender Rehabilitation—An Evidence—Based Approach to Assessment and Treatment*, Wiley-Blackwell, 2013, p. 77.

〔2〕　[美] 大卫·E. 杜菲:《美国矫正政策与实践》，吴宗宪译，中国人民公安大学出版社 1992版，第 453 页。

根本目的还是在于对罪犯的风险控制，即所谓的矫正与管理，而犯罪分类的最终实现还要凭借有效的方法。这种有效的方法就是再犯罪风险评估。

在科罗拉多州，每个新入监的罪犯都应当接受有效的再犯罪风险评估，在法定的期间内，监狱须对罪犯的各个风险指标进行严格评估。如表5-8所示，罪犯新入监后，在16项主要的风险领域进行风险评估，其中13项目属于强制性的评估要求，而且所涉及的对象几乎为入监的所有罪犯。负责评估的主体因为评估项目的不同而有所差异，并且专业技术性要求非常强。例如，精神健康的评估负责主体必须为精神健康领域的专业人士，教育评估领域的负责主体为教育工作人员，酒精滥用评估负责主体为该领域的工作人员，性罪犯负责主体为性罪犯诊治工作人员。另外，风险评估的工具也因为评估的指标领域不同而不同，所使用的评估工具都为专业的风险评估工具。例如，关于酒精滥用与毒品滥用领域的评估，该州规定必须采用药物滥用检测量表（the substance abuse subtle screening inventory，SAASSI）。该量表是一个简便且容易运用的心理调查问卷，分为成年人版本和未成年人版本，适用于多元文化背景，能够快速且精确地鉴别出是否具有滥用药物的情形。[1]该州在分类实践中通常分为两个评估步骤，即初步分类（initial classification）和再分类（reclassification）。罪犯管理办公室（the office of prisoner service）负责对分类工作的计划、实施、培训、监督和管理等事务。初步分类包含风险评估因素中的9个因素，包括犯罪史、当前犯罪严重程度等；风险评估除了对于罪犯分类具有决定性的意义，而且对罪犯的医疗、精神健康和性罪犯的治疗也在评估之列。初步分类的目的是确定基本的监禁水平，入监评估监禁建议将被提交管理办公室审查和批准。在评估结束后就能够决定罪犯将会被送到何种类型的设施。再分类是在初步分类之后的程序，是在对风险因素评估后对狱内服刑史的评估，包括在服刑期间的暴力史、逃跑史、纪律处分等，以最终对罪犯的再犯罪风险进行全面评估。[2]

---

〔1〕 参见 https://www.sassi.com，访问日期：2018年6月18日。

〔2〕 Patricia L. Hardyman, James Ausin & Johnette Peyton, "Prisoner Intake Systems: Assessing Needs and Classifying Prisoners", *National Institute of Corrections World Wide Web Site*, 2004. 2.

表 5-8　科罗拉多州罪犯入监评估指标[1]

风险领域	要求	评估对象	负责主体	工具	数据用途
医疗	强制性	所有罪犯	医疗人员	医疗检查	治疗与提供设施确定
精神健康	强制性	所有罪犯	精神健康工作人员	MCMI-Ⅲ	治疗与提供设施
教育	强制性	所有罪犯	教育工作人员	TABE	制订矫正项目
酒精滥用	强制性	所有罪犯	酒精滥用治疗专家	SASSI、LSI-R	治疗与提供设施
毒品滥用	强制性	所有罪犯	毒品滥用治疗专家	SAAAI、LSI-R	治疗与提供设施
工作技巧	强制性	所有罪犯	分类工作人员	访谈	工作与职业教育
职业培训	强制性	所有罪犯	分类工作人员	访谈	职业教育
收入管理	非强制性	所有罪犯			
冲动行为	强制性	需要精神评估的罪犯	精神健康工作人员	访谈	矫正需要和设施安排
愤怒管理	强制性	所有罪犯	精神健康工作人员	MCMI-Ⅲ、犯罪与社会历史	矫正需要与设施安排
性罪犯	强制性	需要评估的罪犯	性罪犯临床诊治工作人员	自我报告问卷调查	矫正需要与设施安排
亲情	非强制性				
老龄	非强制性				
生活技巧	强制性	所有罪犯	分类工作人员	访谈、犯罪与社会性经历	制订矫正项目
休闲娱乐	强制性	所有罪犯	分类工作人员	访谈、犯罪与社会经历	制订矫正项目
释放前	强制性	所有罪犯	分类工作人员	访谈、犯罪与社会经历	制订矫正项目

注：表格中的 MCMI-Ⅲ、TABE、SASSI、LSI-R 系再犯罪风险评估工具。

---

[1] Patricia L. Hardyman & James Ausin & Johnette Peyton, "Prisoner Intake Systems: Assessing Needs and Classifying Prisoners", *National Institute of Corrections World Wide Web Site*, 2004. 2.

再犯罪风险鉴别技术也应当被运用到我国的罪犯分类制度上，尝试新的改革，最大限度地为再犯罪的风险控制提供新的路径。

首先对所有新入监的罪犯进行再犯罪风险评估，进行风险分类。鉴于我国所有的监狱系统都有自己的入监监狱或者入监监区，这为罪犯的风险分类提供了条件。设想是根据我们课题组所研制出的《中国再犯罪风险评估量表》，对所有新入监狱的罪犯进行再犯罪风险评估。

表 5-9 新入监罪犯风险等级分类

风险等级	高度	中高度	中度	中低度	低度
分值区域	66.5~57	56~47	46~21	20~11	10~0

注：此风险等级分类系根据本课题组研制的《中国服刑人员再犯罪风险评估量表》进行的风险等级分类。

当然，这只是初步的分类。根据所有罪犯风险评估的分值，我们可以把罪犯分为高度、中高度、中度、中低度、低度 5 个风险等级。当然，因为我们所主张的罪犯分类的价值在于分押与改造，而考虑到当前监狱硬件设施的状况，在风险等级上也可以适当进行修改。当前，我们国家大部分监狱系统按照刑期和监禁设施条件可以被划分为工业单位监狱和农业单位监狱，工业单位通常为重刑罪犯监狱，农业单位通常为中轻刑罪犯监狱，所以实质上罪犯初次分类被分为长刑期罪犯和中短刑期罪犯。如果按照风险等级的划分，把罪犯划分为 5 类罪犯可能与当前的罪犯分类及监狱分类差别太大。为此，可以考虑把罪犯犯罪风险按照 3 个等级来划分，即高度、中度与低度。把中高度与中低度并入中度，即罪犯在 56~11 分值范围内都应被纳入中度风险。这样，在初步按照风险等级划分后，就能够对某个监狱系统内新入监的罪犯进行分类，为下一个分类步骤确定一个大致的范围。

其次，在对所有新入监的罪犯风险评估的基础之上进行改造需要评估，初步确定改造分类。如果仅以再犯罪风险为标准对罪犯进行分类将与英美等国的罪犯分类制度完全相同，这种罪犯分类制度当然简便易行，但却明显存在着不足——无法完全避免不同类型罪犯的交叉感染。毕竟，仅以再犯罪风险为标准对罪犯进行分类无法体现不同犯罪类型罪犯的分类。为了避免不同犯罪类型罪犯之间的交叉感染的负面后果，我们认为应当按照改造需要评估。

我们之所以主张按照改造需要评估再分类，是因为在改造需要的评估指标中，犯罪类型与犯罪方式能够基本反映出罪犯的类型。

表 5-10 根据改造性需求标准的罪犯分类

序号	行为方式与犯罪类型	分类
1	酗酒后使用暴力	暴力犯
2	曾经吸毒	涉毒犯
3	犯罪和吸毒有关	涉毒犯
4	吸毒后使用过暴力	涉毒犯
5	抑郁或注意力不集中	特殊犯
6	行为及思维方面有问题	特殊犯
7	通过威胁或暴力解决问题	暴力犯
8	难以集中思维	是
9		败毒犯
10		涉黑犯
11		涉枪犯
12	犯罪类型	暴力犯
13		涉财犯
14		性罪犯
15		常习犯
16		涉恐犯
17	涉及犯罪组织及团伙因素	常习犯

根据上表中对罪犯的分类标准，我们可把一些特殊类型罪犯进行分类。这种分类是在已经基本确定了风险等级的前提下再分类，这样就可以进一步在同一个风险等级中把不同的特殊罪犯筛选出来，以防止这些特殊罪犯交叉感染。当然，这里还涉及一个更深层次的问题，即当不同类型的罪犯被分别关押后，虽然能够最大限度地防止不同类型罪犯之间的交叉感染，但却陷入了相同类型罪犯间的深度感染。为此，我们有必要探讨如何防止同类型罪犯间的深度感染问题。我们认为，最为有效的办法就是在初步分类后把一些风

险低的罪犯与风险高的罪犯隔离开，这就把一些风险高的罪犯关押在了一起。虽然相同类型且风险高的罪犯被关押在了一起，但因为风险分值已达最高，这样不但能够防止风险高、恶习重的罪犯影响风险低、无恶习的罪犯，而且有利于集中对这些罪犯实施高强度的矫正项目，最大限度地降低狱内再犯罪风险。

最后，在罪犯服刑过程中对不同罪犯的风险与需要进行评估，在分类上进行相应的调整。风险等级与改造需求不同的罪犯虽然经过了相同期间的服刑，甚至经历过相同强度的改造项目，但因为个体间的巨大差异，其风险等级与改造性需求可能会发生较大的变化。为此，这就需要在罪犯服刑过程中进行相应的风险与改造性需求评估。当然，罪犯服刑时间多久应当进行评估，要取决于罪犯本身的刑期。比如，被判刑期为1年的罪犯，就不一定有必要进行期中评估，而5年以上刑期的罪犯，2年～3年就应当进行相应的评估。在评估结束后，如果风险等级与改造性需求发生了变化，那么就应当对罪犯的监禁条件进行相应的修改。这种监禁条件的相应修改与下文将要探讨的监狱分类的设置有着紧密的联系。

二、构建高、中、低度警戒监狱分类机制及配套制度

建构在再犯罪风险评估基础之上的罪犯分类本质上是以再犯罪风险控制为前提的，在把罪犯分类为五个风险等级后，以再犯罪风险控制为导向的监禁刑改革才有了稳固的基础，特别是为科学的监狱分类提供了技术性支撑。以风险等级为主、犯罪类型为辅的罪犯分类被明确后，以此为基础的监狱分类机制也就容易界定。较当前我国以刑期为主的监狱分类存在的弊端，以罪犯风险等级为主要依据的监狱分类通常具有两方面的优势：

第一，有利于对狱内再犯罪风险的有效控制。以再犯罪风险等级为主要依据把监狱分为高度警戒、中度警戒和低度警戒监狱，这样能够以不同的监禁设施来分别关押不同风险的罪犯，这就使得监狱系统能够最大限度地对那些风险程度高的罪犯保持监管，确保监管秩序的稳定。在对那些风险程度高的罪犯始终保持高强度监管的同时，给予他们高质量的改造项目，高强度且有效地改造他们，最大限度地实现狱内风险的控制。

第二，对那些风险程度小的罪犯以较少的司法资源投入体现了刑罚的节俭性。相较于当前我国的高度警戒监狱或者封闭式监狱而言，英美等国的低

度警戒监狱通常较高度警戒监狱赋予了罪犯更多的自治权，监狱为罪犯提供了非常多的矫正方案，包括职业培训、文化教育、心理矫治、工作释放、学习释放等，有的还提供家庭会见，罪犯可以和家庭成员在一起。[1]低度警戒监狱在警戒设施、警戒人员等经费支出方面较高度警戒监狱要少得多。这些风险程度低的罪犯在宽松的环境中得到高质量的矫正项目能够有效地消除他们的再犯罪风险。据 2015 年美国司法统计局所公布的数据，全国在低度警戒监狱关押的罪犯达到 110 多万。这样庞大的监狱人口被关押在低度警戒监狱中为该国节省了不少的司法资源，体现了刑罚的节俭性。在美国，有的开放式监狱环境与设施外的环境没有两样，罪犯可以享有较大的活动自由，对矫正方案有选择的权力，改造自治权较大。而在最高警戒监狱，监狱的管理十分严格，罪犯受到全方位、不间断的监管。我们可以借鉴此种的监狱和罪犯分类法，把那些再犯罪风险较低、管理难度较小的罪犯关押在监管与处遇较为开放的监狱中，使其监狱化和犯罪化风险降低，从而真正地实现刑罚的效益。[2]

为此，根据监狱一般的分类原则，笔者建议把监狱分为高度、中度与低度警戒监狱。我们国家于 2010 年颁布实施了部门规章《监狱建设标准》，并且在此规章中制订了关于中度警戒监狱与高度警戒监狱的建设标准。我们在第二章分析了该标准存在的几个缺陷，主要为没有规定低度警戒监狱的建设标准、没有建设不同警戒监狱的自身监狱制度、没有罪犯风险鉴别技术作为支撑等。为此，对于这些问题，我们提出了具有针对性的改革路径。

第一，制订高度、中度与低度监狱建设标准，并在相关的法律法规中给予明确。《监狱建设标准》的颁布部门为建设部与国家发改委，似乎在监狱建设的刑罚执行的专业属性方面并不明显。为此，我们认为，在未来的《监狱法》修改的时候，应当将其写入《监狱法》的法典之中，以提高监狱分类在狱制中的应有地位。具体设想是在《监狱法》第二章第 11 条之中加入监狱分类的内容，可考虑设置为第 2 款。具体表述为："监狱的设置、撤销、迁移，由国务院司法行政部门批准。监狱根据分押对象划分为高度警戒监狱、中度警戒监狱、低度警戒监狱。"在《监狱法》法典中规定了监狱分类后，还可以

---

[1]　James A Inciardi, *Criminal Justice*, Harcourt Brace College Publishers, 1999, p. 452.
[2]　刘崇亮："罪犯改造自治权论"，载《当代法学》2016 年第 3 期。

考虑在相关的监狱规则中制订相应的分类标准。

特别是对于低度警戒监狱的设置标准应当予以明确。笔者长期的监狱工作经验表明，从当前我们国家的监狱监禁设施或者条件来看，所有监狱从警戒分类标准来看，在性质上明显都属于高度警戒监狱。所以，根据《监狱建设标准》，当前我国恰恰缺乏的是低度警戒监狱的设置。从上述标准来看，其立法动机应当是规范监狱设施的建设标准，从而达到"关得下，不逃跑"的监管目的。但监管对于刑罚执行而言仅为三大改造手段之一，减少和控制犯罪风险、保护社会才是刑罚执行的最终目的。因此，当在法律及法规层面上明确了低度警戒监狱的设置类型之后，在相应的部门规章中规定低度警戒监狱的建设标准。

第二，制订不同警戒程度监狱的规章制度。监狱制度是对监狱各种活动的知识和技术存量的总和，是监狱惩罚与改造的技术性构成。作为有关监狱事项和罪犯事项的规则、方法、手段、计划和规定总括的监狱制度，具有目的的特定性、形式的特定性和制度功能的特定性。[1]如前所述，我国所有的监狱设施都是按照高度警戒监狱的标准建设的，所以，所有监管改造制度、劳动改造制度和教育改造制度在性质上基本体现为高度警戒监狱制度。特别是监管与劳动改造制度，两者主要体现为监狱惩罚机能的属性，对罪犯活动的空间与时间的限制过多。虽然我们国家的分级处遇也体现了一定的差别对待，然而在整体的制度构成上，因为监狱在整体的罪犯分类上并没有体现警戒程度的强弱，因此，缺乏对那些低度风险罪犯的狱政制度的构建。为此，我们应当对未来的不同警戒监狱设置不同的规章制度，以体现行刑个别化指导下的再犯罪风险控制的监狱改革路径。这些规章制度应当着重体现不同的警戒程度，既要反映出监管的不同等级，又要有利于对罪犯的改造。

三、建立不同警戒等级监狱的协调机制

犯罪分类是一个复杂的工程，监狱分类体系终归是犯罪分类的最终反映。在当下把监管安全放在第一位的大背景下，监狱既关切自身的监管安全，又要实现监狱刑罚执行的基本功能。当前，狱政出现了一个较为流行的趋势，即各个地区的监狱系统都在探索建立高度警戒监区。所谓高度警戒监区就是

---

[1] 刘崇亮：《本体与维度：监狱惩罚机能研究》，中国长安出版社2012年版，第39~40页。

在所有监狱中设立最高级警戒级别的区域，关押对象为那些具有高度危险性罪犯，对这些罪犯实行最高级别的监管，在高度危险性解除之前，对之实施高强度的改造。我们认为，在当前的狱政体系下，探讨在所有的监狱内建立某个高度警戒监区的确具有一定的价值。但这种做法只能是短期内的过渡性措施，真正要建立的是以再犯罪风险控制为导向的监狱行刑体制。因为，在某个监狱内探索建立某个高度警戒监区，无非是当前无风险鉴别下的罪犯分押的结果。我国绝大部分的监狱基本上都为 2000 人左右的监狱人口规模，而且在这种没有风险鉴别的分押状况下，监狱安全压力可想而知，高度警戒监区的设置在一定程度上或可缓解这种压力。但是，这种过渡性的措施并不能从根本上解决当前监狱分类和罪犯分类中存在的问题。不同警戒等级监狱中的押犯也面临着另一个问题——一个罪犯被风险评估后关押在相应警戒等级的监狱中，经过一定时间的改造后，个体的风险因素会发生变化，风险等级也会发生变化，那么仍然关押在该警戒等级监狱明显不合适。为此，应当借鉴英美等国的不同警戒等级监狱中的罪犯能够在评估等级发生变化后转移到相应的警戒等级监狱的做法。

第五节　建立专业化的再犯罪风险控制技术平台

当探讨以再犯罪风险控制为导向的监狱行刑改革的所有路径时，我们必须认识到，不管其必要性与可行性是否具备，其路径选择是否成功都取决于主体的成功性。从康德到黑格尔，都以主体和客体以及它们之间的关系为中心来研究认识论问题，并据此说明认识主体的能动性。康德提出了"先验主体"，把主体理解为类主体，认为"综合是主体的自我能动性的活动"，是形成一切客体知识的条件。在行刑主体与客体对立统一的关系中，监狱行刑主体有着非常独特且复杂的关系。在行刑活动中，改造或者管理主体的认识与实践能力在很大程度上决定着改造质量。在日益强调罪犯改造技术化与专业化的今天，改造主体的专业化与技术化是实现再犯罪风险控制的基础性因素。在第二章分析当前我们国家改造队伍专业化不足中存在的问题时，笔者认为，其主要表现为干警专业化能力不足及干警分类管理不足等问题。为此，针对上述存在的问题，我们认为应当构建专业化的再犯罪风险控制的技术平台。

一、建设专业化的改造技术队伍

针对当前我国监狱改造队伍专业化建设不足的问题，应当大力提倡专业化的队伍建设。需要指出的是，专业化队伍并非指的是全部监狱干警都为专业化的技术性人才，它指的是在分类管理的前提下，直接参与改造项目的管理干警应当是具有一定改造技术水平的人才。为此，可以通过以下路径实现专业化的改造技术队伍。

第一，构建类似其他刑事司法系统的职业准入制。区别于其他刑事司法系统中的主客体关系，改造主体与被改造的对象更多地表现为"人的关系"。法官在审判活动中与罪犯更多地是通过法条与事实之间的逻辑推理发生关系，并无"人的关系"。在法条与事实之间进行逻辑推理能力也是一种非常复杂且专业的能力，而且不但法条纷繁庞杂，对事实的认定同样极为复杂。正是因为这种复杂性，在绝大部分国家的准入体制中法官的选拔程序通常都较为苛刻。毕竟法官关系到正义、公平与自由。但是，相较于极其严格的法官或者检察官的准入制，监狱干警作为普通政法干警招录准入制度要简单得多。法官与检察官需通过司法职业考试才能参加公务员考试从而进入法检系统，职业准入平台非常高。但是，监狱干警的准入制则较法官或者检察官低得多。我们在第二章对我国某些监狱系统干警的文化程度及专业背景进行调查时发现，监狱干警第一学历大部分为大专及以下，监狱学、法学、心理学或者社会学专业的干警还不到1/4。在实践中，监狱系统每年招聘干警通常并无岗位专业要求，录用后也只是简单地教授一些监狱警务知识。

我们一方面批评改造效益的不佳，另一方面又对某些制度的改革有意无意地予以忽视。监狱干警招录制度就是这方面的反映。这与实践中的管理者本身认识存在认识偏差有着紧密联系。长期以来，监狱改造罪犯的活动不管是在设施外的社会民众还是监狱民警本身看来，都属于一种"粗放式"的活动。甚至在有些人看来，监狱干警的活动只是监管，只要能够有效地保证监管安全就被认为是合理的。特别是在中国传统的社会观念中，在监狱里工作的人们一直被视为"狱卒"，在国家治理机器的体系中地位较低。即使在当代的中国，这种传统的不客观认识仍然有一定的市场，在一定程度上阻碍了优秀的专业化和技术化人才的引进。

停留在"管得住，不逃跑"层面的监狱工作显然不合乎时代的发展要求。

为此，我们必须要清楚地认识到，新时代下的改造活动是一种极其复杂和精妙的技术性活动。持有这种观点的福柯甚至把这一技术性活动认定是一个知识与技术的有机整体。福柯把诞生于 19 世纪 40 年代的梅特莱少年感化院作为"监狱体制"最终形成的日期。他认为，该感化院是对各种行为进行强制的技术集大成的标本，该感化院的长官不能是纯粹的法官、教师、工头，他们在某种意义上是行为的技师，即品行工程师和个性矫正师，他们的学习技术训练导致了各种行为模式，产生了一整套有关规训的知识与技术。[1]在当代的罪犯改造活动中，随着对人本身认识各种相关的技术水平得到了极大提高，监狱内的"人的关系"较以前走得更远。但是，在狱内管理者与罪犯间的关系中，管理者要通过一系列的主体活动把罪犯的行为、思维、认知、情绪、态度等转换为另一个更亲社会的侧面。因此，这种直面"人的关系"的活动或许更具难度。但是成为问题的是，改造活动本身是一项非常复杂的技术性活动，这项技术性活动本身并非是简单的人文活动，它是以法学、管理学、医学、生物学、伦理学、社会学等诸学科为学理基础的人文活动。不像法官或者检察官系统，法律逻辑知识是该职业群体的知识话语基础，监狱改造或者管理主体的职业知识或者技术体系更为复杂。在一些发达国家，监狱内的矫正官员本身就是犯罪学专家、心理学专家或者教育学专家。

基于上述认识，监狱系统应当提高职业准入门槛，特别是在相应的改造岗位上应当设置相应的专业岗位。对监狱改造专业岗位相应专业需求的设想如表 5-11 所示。当然，这一专业需求设想仅从学术研究的角度考量，实践中的专业岗位需要何种专业还需要实务部门进行更为实际的考察。

表 5-11　监狱相应改造岗位专业需求

岗位	专业	执业资格	职责范围
专职法务或者援助律师	法学	律师资格	为干警或者罪犯的法律事务提供咨询
心理咨询	心理学	心理咨询师	心理矫正
精神疾病诊治	精神病学	精神疾病医师	为精神类罪犯提供诊治

[1]　[法]米歇尔·福柯：《规训与惩罚》，刘北成、杨远婴译，生活·读书·新知三联书店2007年版，第 337 页以下。

岗位	专业	执业资格	职责范围
教育改造	教育学	教师资格	学历教育
	艺术类	艺术相关专业	艺术教育
	社会学	无	罪犯个别教育管理
	监狱学、政治学、哲学	无	思想教育
狱内侦查	刑事侦查学	侦查员	狱内案情防控与侦破
狱政内勤	监狱学或刑事司法	无	法律或狱政文书起草
狱政干事	监狱学或刑事司法	无	监区罪犯管理
监管干事	监狱学或刑事司法	无	监管安全
生产干事	相应的生产管理专业	相对应的职业资格	指导罪犯生产劳动

当然,专业化的改造队伍建设不仅体现在职业准入上,还应当体现在日常干警队伍的培训与学习上。在改造项目的制订与实施过程中,项目可能涉及的专业并非一两个,而可能是一些专业的综合。因此,改造的专业化并非指干警仅涉及一个专业,还可能会涉及其他专业。

二、建设分类管理的监狱人才库

在粗放式狱政盛行的时代,监狱的各个管理制度(包括改造主体的分类制度)是一元化需求的结果,即最大限度地保证监管安全。但在新时代,随着刑罚执行的效益需求越来越高,这种粗话式的狱政制度明显无法保证效益的实现。监狱干警职位的分类管理的不足与以风险控制为导向的监狱行刑改革思路存在着明显的冲突。有实务部门的同志认为,当前的监狱干警的职位分类存在着两个不足:一是职位分类缺乏标准,职类设置杂乱。从总体上看,监狱警察岗位分为行政管理、监管改造和生产经营三大类,这也是传统的警察岗位分类。现行的国家分类只是参照《公务员法》的要求，并没有具体的标准或分类条件，各地独立探索、自主分类，不仅缺乏科学性，也缺乏科学合理的制度支撑，岗位福利也乱象丛生，没有制度的稳定性、职能的合理性、职责的合法性、和岗位的吸引性，因而职位也就不具有感召力。二是岗位职能、职责不清，警察履职标准和依据模糊。岗位职能、职责不清实质上为岗位职能多元化和虚拟化打开了缺口，大量额外的工作会无休止地掺杂进来，冲击本岗位的本职工作，致使监狱警察不能全身心地投入到岗位工作之中，从而影响了监狱警察的职能。[1]上述观点基本反映了当前监狱干警分类管理的缺陷，这些缺陷也是造成改造专业化和技术化严重不足的主因。针对上述分类管理存在的缺陷，我们认为，应当在监狱系统内建设分类管理的监狱人才库，以提升监狱改造技术的水平。

监狱工作人员的分类管理是保证监狱惩罚机能与改造机能正常发挥的基础性因素。英美等国狱制的成熟是与其较为完善和稳定的监狱组织架构紧密相连的。美国的联邦监狱在组织架构上的功能定位为指挥完整性、指挥有序性和控制的延续性。所谓指挥的完整性是指下级能够最有效和便捷地将情况报告给上级；指挥的有序性是指上级的命令能够被有效和安全地传达给每一个下级，从而确保监狱安全；控制的延续性是指监管能够扩展到另一个工作人员，比如副监狱长不可能对所有矫正项目进行监管，但该矫正官员的监管能够扩展到所有的矫正项目。为了实现上述监狱组织的功能，美国联邦监狱在组织架构上通常分为一线工作人员（line personnel）与管理工作人员（staff personnel）。一线工作人员是直接与罪犯接触的工作人员，包括监禁警戒力量、工作监督人员、咨询人员与医疗技术人员。而管理工作人员在工作性质上支持一线工作人员，主要职责包括后勤、培训和管理。从事警戒的雇员占到工作人员的大部分，包括副监狱长、队长和普通矫正官员。专业技术人员大概占到25%，包括医疗诊治人员、教师、工作监督人员、心理咨询师等，他们的岗位与职责不同于警戒雇员，待遇也并不相同。从岗位的分类来看，他们大致可被分为五类工作人员：

（1）监狱长。当代美国联邦监狱的监狱长代表监狱与外部世界联系，负责监狱的运行，向矫正局报告工作。大部分监狱长本身为有名望的犯罪学和

---

〔1〕　参见 http://www.fjjyj.gov.cn/ar/20180516000089.htm，访问日期：2018 年 7 月 8 日。

刑事司法理论的专家。

（2）管理者。主要负责整个监狱系统的良好运行，其提供的管理与服务通常与罪犯没有直接的联系。

（3）警戒人员。不言而喻，这部分工作人员主要承担有关监狱警戒、安全与秩序的任务。在大部分监狱，警戒人员都有着阶衔之分，如队长、中尉、办事员等。

（4）矫正项目人员。这部分人员通常为专业性的矫正官员，承担着对罪犯矫正项目的制订、实施与评估。罪犯矫正质量的好坏与这部分人员的表现有着紧密的联系。

（5）罪犯劳动管理人员。这部分工作人员主要是为罪犯在车间或者农场里劳动提供管理、指导与咨询服务。[1]

我们可借鉴美国联邦监狱矫正官员职业分类管理的有益经验，结合我们国家监狱系统中监狱干警队伍管理的现状，建设分类管理下的改造技术人才库，为监狱对再犯罪风险控制提供智力支撑。具体分类岗位如图5-6所示，主要包括四类，分别为安全警戒、狱务管理、改造项目、生产管理。

（1）安全警戒。这应当是监狱警察分类管理中的主要构成，数量也应当最大。这类监狱干警应当来自监狱学、刑事司法或者与之相关的专业。其职责是在劳动改造、教育改造、生活现场中对罪犯进行监督与控制，现场负责监管安全，保证现场秩序，维护监规监纪，依法实施惩戒，罪犯外出时负责押送与警戒。这类监狱警察的招聘条件可以是大专以上学历，对于一些优秀的退伍军人也可以考虑录用。这类工作人员的身体素质、业务素质应当达到相应的从事监狱安全警戒工作的条件。

（2）狱务管理。这部分监狱警察主要负责监狱事务中关于罪犯日常行为管理、考核奖惩、法律文书制作、监狱罪犯日常管理制度的核查等。这部分监狱警察的专业应当是法学、监狱学或者刑事司法。该岗位不仅应当在监狱相关的业务科室（如刑罚执行科、狱政管理科、教育改造科、劳动改造科、生活卫生科、狱内侦查科）设置，各个监区中的狱政干事、分监区长等都应当属于狱务管理岗位。

---

〔1〕 Odd R. Clear, George E. Cole & Michael D. Reisig, *American Corrections*, Eighth Edition, Thomson Wadsworth, 2016, pp. 316~319.

（3）教育改造。这类监狱警察岗位应当属于改造专业或者技术类岗位。在未来的职业或者岗位的设置中，该岗位类似于英美等国的矫正官。这类监狱警察应当更注重于鉴别、罪犯分类、评估、项目预案的制订、改造项目的实施等，所以，其专业应当涉及心理学、医学、精神病学、监狱学、教育学等。

（4）生产管理。这类监狱警察在实践中为生产干事，主要职责是为罪犯的生产提供指导、计划、验收和安全生产监督。因为每个监狱组织罪犯劳动的项目不一样，所以这类干警的专业应当由各个监狱组织罪犯的生产性质决定。

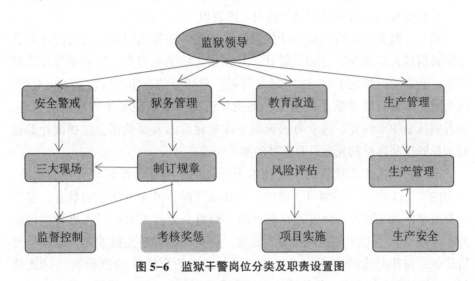

图5-6 监狱干警岗位分类及职责设置图

在再犯罪风险控制压力趋大的背景下，罪犯改造工作越来越要求专业化和技术化，分类管理正是契合了这种趋势。在上述所主张的分类管理基础上，监狱每个岗位的职责和任务都应当制定有详细的岗位说明书和岗位绩效考核细则，警察招录要严格依照监狱岗位任职资格条件进行。现在监狱正逐步向专家治狱模式转变，专业人才应成为监狱警察招录的首选。而要做好这一点，一些要求特殊专业和技术的岗位应当建立职业资格准入制度。同时，可以学习有些政府部门实施的公务员聘任制，进一步加大监狱警察管理的改革力度，对有专业技术特殊需求的岗位实行专业职务聘任制。特别是针对一些要求比较高的技术岗位，可以设置高级专业技术职务，如心理矫治领域的专家。

三、建设监狱再犯罪风险控制信息平台

面对罪犯改造的新常态、新问题和监狱行刑不断出现的新理念、新理论、研究的新动向，原本在封闭状态下运行的监狱行刑机制不应当故步自封，应该由监管型、封闭型转向改造型、技术型及开放型。本节所主张建立的专业化的再犯罪风险控制技术平台，不但应当包括建立技术人才库，还应当包括建立监狱再犯罪风险控制信息平台。

当前，我国的监狱系统所主张的行刑科学化理念在行刑实践中越来越得到体现，但成为问题的是，行刑科学化所强调的犯罪风险控制技术并未在日常的罪犯管理与改造中得到充分运用。这表现在三个方面：

第一，监狱相关的人口统计数据缺失。在一些发达国家，司法统计局会定期对监狱人口数据进行相关统计，并在相关的平台发布。这些数据库非常庞杂，所以美国组建了专门的司法统计局，对所有的犯罪人口建立了数据库。这些数据库具有非常重要的意义，是犯罪治理和重新犯罪防治政策的制订、学者们从事学术研究、民众对国家刑事政策建议的重要依据，这些统计数据对于犯罪控制体系的完善具有重要的参考价值。

第二，狱内改造项目的实证技术十分欠缺。不管是理论研究还是实践，当前的罪犯改造项目的制订、评估、实施及跟踪都基本处于空白状态，整个过程通常依靠经验进行认证甚至是推断。即便是当前相关部门提出的"循证矫正（改造）"也仍然是从经验到经验。英美等国的矫正技术之所以被世界所公认，与其发达的实证技术相关。比如，纽约市矫正局推行的"绿光项目"，该项目旨在验证一些传统的矫正项目对于一年内释放的罪犯的意义。该项目为了对实验组和控制组进行对比，对非常大的样本数据（释放的人员）进行跟踪调查。对所得到的数据进行统计分析，最后得出结论。[1]

第三，社会研究机构或者学者很难参与到监狱改造项目的研究之中。相较于监狱系统与社会上的研究机构或者学者在项目研究上的合作，法院、检察系统与社会研究机构或学者在业务或项目研究上的合作非常紧密，一些法学名家为审判或检察业务的研究或改革提出了许多非常有价值的建议，为国

---

[1] See J. A. Wilson & R. C. Davis, *When Good Intentios Meet Hard Realities: An Evalutation of the Project Greenlight Reentry Program?*, Criminology & Public Policy, 2005, p. 303.

家的法制建设和法学研究提供了强大的智力与人才支持。但是，监狱系统与社会研究机构或者学者的合作基本处于空白。美国的社会研究机构为美国监狱系统的发展提供了强大的技术支持，某些方面的研究甚至会影响国家监狱政策的走向。著名的马丁森"矫正无效报告"就是明例。

为此，针对上述状况，我们应当建设适合中国监狱系统自身发展的再犯罪风险控制技术平台。翟中东教授对我国防治重新犯罪的政策技术平台进行评价时指出，应当尽快建立重新犯罪防治政策制定平台。一是信息平台。其所提供的信息是重新犯罪防治政策制定的根据，也是对重新犯罪防治政策效果进行检验的标准。二是社会关系网络平台。该平台所提供的社会支持，能够为重新犯罪提供稳定的、具有专业性的社会支持。三是智囊库。其为有关部门的决策提供智力上的支持，既包括政府所支持的研究机构，也包括高校及民间研究机构等。这三个平台可以为重新犯罪的防治提供智力、人才、信息等方面的重要支持。[1]我们认为，构建适合中国监狱系统自身发展的再犯罪风险控制技术平台有三条路径。

第一，成立司法统计信息中心。这个中心类似于美国司法统计局，是监狱局中的一个研究机构，职责是对全国监狱系统所有罪犯的人口信息或者再犯罪人口信息进行司法统计。我们认为数据库至少应当包括：每个监狱的押犯数、出入监数量变化、每个犯罪类型人口数量、刑期、罪名、性别、地区、年龄、减刑人口、假释人口、狱内犯罪情况、重新犯罪情况等。此司法统计信息中心应当与监狱管理级别一致，以便在全国范围内做到精确统计。

第二，成立改造项目研究中心。虽然各个省份的监狱系统都会有自己的学术机构，据笔者所知，这些学术机构通常每年都会组织学术论文的调研或者比赛，但从为改造实践提供项目学术支持的角度来看，这些研究基本缺乏改造项目实证研究所需要的技术支持。所以，我们认为，应当在每个监狱系统成立自己的改造项目研究中心，对一些重要的改造项目进行技术认证或者跟踪调查，为监狱系统近年来所开展的"循证矫正（改造）"提供技术力量。

第三，加强监狱与社会研究机构或者学者的合作，为监狱改造提供智力或者人才支撑。随着近年来我国刑事一体化研究的推进，监狱行刑理论、犯

---

〔1〕 翟中东：《国际视域下的重新犯罪防治政策》，北京大学出版社2010年版，第506页。

罪学理论、罪犯矫正理论、犯罪心理学理论都取得了长足的进步。随着具有海外留学或者研究经历的学者的增多，大量国外的矫正理论或者监狱学理论被广泛地引介进中国。这些研究力量都应当能够成为监狱学术研究与监狱行刑改革两相结合的纽带。只有狱外的研究者能够广泛参与到监狱行刑研究中，再犯罪风险控制技术平台的构建才会有坚实的基础。